新编21世纪新闻传播学系列教材

• 新闻学系列 •

当代新闻写作

第二版

News Writing and Reporting

白　贵　彭焕萍　著

中国人民大学出版社

· 北京 ·

作者简介

白贵，博士，河北大学特聘教授，博士生导师，河北大学新闻传播学院创院院长，新闻传播学一级学科博士点学科带头人。教育部高等学校新闻传播学类专业教学指导委员会委员，中国传播学会副会长，中国新闻史学会少数民族新闻传播研究委员会会长。主要研究领域为新闻理论、广播电视新闻、少数民族新闻史、文化传播，主讲课程“新闻学概论”被评为省级优秀精品课。

彭焕萍，博士，河北大学新闻传播学院教授，博士生导师。主要研究方向为新闻采访写作、媒介伦理与法规、文化研究，主讲课程“新闻采访写作”被评为省级精品课、省级精品资源共享课。

内容简介

本教材强调“道器并举”的新型教学思维方式，以历时性、国际化视角切入，全面梳理了新闻写作中新闻理念的嬗变与新闻报道体裁、范式的操作技巧，不仅翔实地介绍了“怎样写新闻”，还着力于阐释“写什么样的新闻”。

全书共分为“范本篇”“体裁篇”“报道方式篇”“新媒体篇”“规范篇”五部分，从优秀作品的构成、通用体裁样式、新闻报道方式、新技术的影响、媒介伦理法规等方面对新闻写作环节进行了全景式的理论观照，具备高度的实用性和可操作性。

第二版修订时重写了“新媒体篇”，内容涵盖“两微一端”的新闻写作、数据新闻的制作、机器新闻写作。“范本篇”“体裁篇”“报道方式篇”主要是更换了一些案例，在文辞上做了一些修改。“规范篇”与时俱进地调整了法律条文的引用和注释，删除了失效的法律规定和相关文件、政策。

总　序

中国人民大学出版社策划出版的“新编21世纪新闻传播学系列教材”，是一套在新闻传播学领域内，皋牢百代，卢牟六合，贯穿古今，笼罩中外，密切联系新闻传播工作的实际，广泛吸收新闻传播学的最新研究成果，高挹遐揽，取精用宏，供新世纪的高等院校新闻传播院系教学使用的系列教材。

20世纪初以来的100年，是世界新闻传播事业飞速发展的100年。这100年来，随着科学技术的不断发展，继报纸、期刊、通讯社之后，广播、电视、网络和多种新媒体相继问世，新闻传播的媒介日趋多元化，新闻传播的手段日趋现代化，“地球村”变得越来越小，新闻传播事业对世界政治、经济和文化的影响则变得越来越大。

这100年，也是中国新闻事业飞速发展的100年。其中最近的30年，即中国改革开放以来的30年，发展得尤为迅猛。

进入新世纪以后，中国新闻事业发展的势头更为迅猛。报纸、期刊、通讯社、广播电台、电视台的数量在宏观调控下，虽无大变化，但软硬件的实力都有了很大的提高。据2011年12月出版的《中国新闻年鉴》的最新统计数字，2010年全国共出版报纸1 939种，平均期印数2.14亿份。共出版期刊9 884种，平均期印数1.63亿份。全国共有广播电台227座，电视台247家，广播电视台2 130家，教育电视台44家。广播综合人口覆盖率为96.78%，电视综合人口覆盖率为97.62%。

另外2012年1月中国互联网络信息中心（CNNIC）发布的《第29次中国互联网络发展状况统计报告》显示，截至2011年12月底，中国网民规模已达到5.13亿，互联网普及率达到38.3%。其中，手机用户数量为3.56亿，博客和个人空间用户数量为3.19亿，微博用户数量为2.5亿，社交网站用户数量为2.44亿，网络视频用户数量为3.25亿。中国居民中具备上网条件和技能的人已经基本转化为网民，大专及以上学历人群中互联网使用率已达96.1%。中国网站总数为230万个，网页数量为866亿个。

这样大的发展规模，这样快的发展速度，在世界和中国新闻事业史上都是空前的。回顾既往，盱衡未来，新闻传播事业在21世纪还将会保持旺盛的发展势头。新闻传播，作为上层建筑中意识形态的一个重要组成部分，在全面准确地宣传党的基本理论、基本路线和基本方针以及各项决策，反映人民群众的伟大业绩和精神风貌，以及推动改革开放和社会主义现代化建设等方面，必将继续发挥重要的作用。

与新闻传播事业的发展相配合，这100年来，为中国的新闻战线培养和输送人才的中国新闻教育，也有了相应的发展。中国的新闻教育起始于20世纪初，迄今有近百年的历史。新中国成立前的30年，虽然先后在个别院校中设立了新闻系或新闻专科，但规模都不大，设备也不够完善，在校学生人数，最多的时候不超过400人，30年间累计培养出来的毕业生还不到3 000人。新中国成立后，为了给新中国的新闻事业培养人才，新闻教育有了新的发展，但到20世纪60年代中期为止，全国的新闻教育机构也还只有14家。当时全国只有343家报社、78座广播电台和13家电视台，革命老区来的新闻工作骨干正当盛年，足以支撑大局，新闻系和新闻专业的学生统招统分，基本上能够满足中央和省市以上新闻单位梯队建设方面的需要。“文化大革命”爆发后，新闻事业进入低谷，新闻人才的培养也被迫中辍。拨乱反正之后，新闻事业有了飞速的发展，但新闻工作的人才却出现了断层，明显供不应求，因而极大地推动了新闻教育的发展。中国的新闻教育得以重振旗鼓并得到空前迅猛的发展，主要是改革开放以来的这30多年的事情。30多年来，中国新闻教育和中国新闻事业同步发展。截至2011年，全国设有新闻传播学类院、系、专业的高校已由改革开放之初的两三所增加到800所以上，各种类型和层次的专业教学点已不下1 000个。新闻专业的教学已从单一的大学本科教育，发展到博士生、硕士生、本科生、大专生、成人教育、函授教育等多层次的格局，不少院系还设置了新闻传播学方向的博士后流动站。改革开放之初，全国在校新闻系科学生总共只有500来人，现在仅在校本科生就有16万人左右，硕士和博士研究生3万人左右，办学层次、办学规模、办学水平都有了很大的提高。进入新世纪以后，随着新闻传播事业的加速发展和新闻战线人才需求的不断增加，中国的新闻教育还将会有更大幅度的发展。

一般说来，新闻教育质量的高低，起决定作用的主要是两个因素：一个是师资，一个是教材。两者之间，教材的作用更大。这是因为，师资的多少和良窳，往往受办学主客观条件的限制，而教材一旦完成，就可以直接嘉惠于学子，风行四海，无远弗届。进一步说，一部好的教材，不仅可以满足教学的需要，培养出一大批人才，而且还可以同时拥有一定的学术含量，推动新闻传播学研究的发展。1919年出版的徐宝璜的《新闻学》，1927年出版的戈公振的《中国报学史》，就是这方面的很好的例子。这两本书都是作者在高等学校从事新闻学理论和新闻史教学时作为教材编写出来的，出版之后，立即引起世人的关注和推崇，一再重版，历久不衰，至今仍然是公认的新闻学理论和新闻史方面的传世之作和经典之作。正因为这样，新闻教育的前辈们，历来十分重视教材的建设。新中国成立初期的十来年，坊间出版的新闻学方面的书籍，绝大部分是教材。改革开放以后，新闻传播学研究空前繁荣，新闻学方面的书籍大量问世，但教材仍然在其中占了很大的比重。这些教材，覆盖了新闻传播学的方方面面，经过出版家和众多作者们的长期努力，门类和品种基本配套齐全，曾经为同时期的新闻教学做出过重要的贡献。但是，随着时间的推移和新闻工作实际的飞速发展，这些教材的体例日显陈旧，观点和内容也亟待调整和更新。一些属于学科前沿和科技含量较高的新开课程的教材尚付阙如，使现有的教材出现了不少缺口。在新世纪已经到来之际，集聚力量，重新编写出一套体系完整，门类齐全，能够为新世纪的新闻教育和新闻人才培养服务的新闻传播学的系列教材，已经成为人们的共识和新闻业界与新闻教育界的迫切需求。

呈现在读者面前的，就是应这样的需求产生的一套系列教材，它将涵盖新闻学、传播学两个二级学科的方方面面内容，满足新闻、广播、电视、广告、媒体经济、新媒体等多个专业的教学需要。负责这些教材编写工作的，是中国人民大学、复旦大学、北京大学、清华大学、中国传媒大学、中国青年政治学院等多所著名院校长期从事新闻传播学方面教学与研究工作的专家学者，其中有相当大的一部分编写者是相关学科的国家级的学术带头人，堪称一时之选。收入本系列的教材中，既有国家级重点教材，也有部级重点教材，其他的也是经过严格筛选的精品，所以，本套系列教材的质量是有保证的，其权威性也将会得到社会的认同。

21 世纪是一个高度信息化的时代，是信息经济和知识经济占主导地位的时代。信息经济和知识经济有两大支柱，一是以高科技为代表的传播技术产业，二是从事新闻和信息产品生产的媒体产业。新闻传播学作为将这两大领域有机联结的桥梁，在今后的国家建设和社会发展中必将发挥越来越重要的作用。中国人民大学出版社经过精心策划，隆重推出这套系列教材，是具有高度的前瞻性和战略眼光的。在这里，我谨代表编委会和全体作者向中国人民大学出版社表示由衷的感谢。

这套系列教材开始策划于 20 世纪的最后一年，21 世纪初起陆续问世，迄今已编写出版了 50 余种。在体例和内容的创新和开拓等方面，远远超过同时期出版的同类教材。其中的有些教材，还根据整个新闻传播理论与实践的发展和新闻传播学教学与研究的发展，陆续作了必要的补充和修订，重新出版，实现了内容的与时俱进。

这批教材的问世，将会为新闻传播事业和新闻教育事业的发展和繁荣、为新世纪新闻传播人才的培养做出其应有的贡献。这是出版者和全体作者共同的一点希望。是为序。

方汉奇

2012 年 3 月

于中国人民大学宜园

前 言

随着媒体市场化程度的不断加深与媒介活动场域的多元化建构，中国传媒业的固有传播格局发生了很大的变化，原来一直尊享新闻传播主导地位的很多传统媒体都面临着影响力弱化的问题，大量的非专业人士和“泛新闻工作者”开始出现并活跃于当下的中国新闻舞台。与此同时，社会转型带来的差异性群体诉求与技术发展催生的多元化表达渠道，使得活跃于不同话语平台的传播主体在资源争夺与议程引导方面发挥着重要作用，极大地丰富着今天的信息流通脉络及意义共享空间。中国传媒社区的整体生态景观正逐步呈现出对抗与制衡、融合与共生为一体的复杂化样态，日臻完备、成熟的现代化传播体系业已初露端倪。

然而，新闻业的外在繁盛无法遮盖一个严峻的现实：作为社会信息主导系统的大众媒介在文本制作与影响力方面的有效动能不容乐观，海量输出的文字符码与无所不在的信息触角无法弥补其在信息产品质量及受众心理期待之间的巨大落差——宣传色调依然浓重，报道失实普遍存在，舆论导向时显偏颇，公信力和影响力不足——传媒无法在信息量增幅的基础上更为有效地提供精神指导、行为参照与价值共享。

诚然，媒介偏向的发生与媒介职能的缺位无疑是多方因素合力作用的产物，但它们更与新闻学科自身的专业化程度及其内在的思维方式休戚相关。从我国新闻学的成长情况观之，与文学、法学、哲学、经济学等较为成熟的专业学科相比，新闻学的起步时间较晚、整体发展根基尚浅、原创性理论稀缺、专业教育理念模糊，所有这些都成为中国新闻行业前行的羁绊。

尽管自20世纪90年代以来新闻传播学成了国内成长速度最快的学科之一，但大多数学术成果往往侧重于相关专业理论的深度发掘与延展，新闻业务方面的优秀成果则相对较少且更新速率缓慢，除了人大社、复旦社、高教社等推出的几部优秀教材之外，便是依靠国外院校流行的一版再版的经典教材。“拿来主义”固然需要提倡，但是拿来的东西如果不经过本土实践的有效改造就会出现“水土不服”。从某种程度而言，重理论而轻业务的学科建设相对失衡，致使新闻专业院校在应用人才培养与输出方面前景堪忧——培养出了相当数量的学术型人才，热衷于坐而论道而轻视实际操作——作为媒体机构预备人才的新闻专业学生无法与媒体人才的需求有效对接，许多资深媒体机构已经开始逐渐放弃对新闻专业人才的渴望与追逐，转而将人才搜索的视线转向其他学科。如何建立新闻传播学科人才的专属特色与竞争优势，如何改变“新闻无学”“新闻人才无用”的尴尬境遇，已经成为亟待解决的棘手难题。

因此，当许多学者满怀雄心壮志，纷纷将媒介研究大旗插向政治、经济、法律、文化、社会等研究范畴的时候，我们仍然愿意从新闻生产本体论与从业者自净化的小角度来重新观照中国的传媒环境，从新闻报道写作这一看似狭小而又无法回避的界面来具体指导广大新闻工作者的业务活动，以期能够锻造出更多有助于记录和影响时代的新闻佳作。

在新闻写作领域，国内具有代表性的教材包括：刘明华与徐泓、张征合著的《新闻写作教程》，高钢的《新闻写作精要》，艾丰的《新闻写作方法论》，刘海贵的《中国新闻采访写作学》，周胜林与尹德刚、梅懿合著的《当代新闻写作》等。从编纂时间上看，由于部分教材的成书年代相对较早，所列举出的报道案例在适用性与指导性方面存在着不同程度与媒介现实脱节的问题，不利于读者的借鉴与仿写。从教学方法上说，现有教材基本沿袭着传统的新闻写作思维，部分理念在今天看来已略显陈旧和呆板，无法适应当前中国新闻界的实际发展现状，不能满足现代化社会对于新型传播方式的需求与应用。这些存在于新闻业务教学体系当中的缺憾正是本教材编纂的逻辑起点。作为新闻写作领域的一部新作，本书力求梳理出中国新闻界在新时期所表现出的阶段性变化并希望成为其发展历程中的一个缩影。

与其他同类新闻写作教材相比，本教材具有如下特色。

一、学理性和实用性兼备

作为一个综合性的应用文体知识体系，新闻写作学有着自身独特的运作规律与精神内涵。然而，以往的教材往往侧重于新闻写作技巧的培养而忽视了新闻写作原理的传授。不难想见，在基本理念尚不明晰的情况下，寄希望于通过形式的装点来解决精神内涵的深层次困境无异于舍本逐末、缘木求鱼，这也可以说是我国新闻写作学长期以来无法形成实质性突破的重要原因。

本教材敏锐地捕捉到了以往教材中新闻写作理念不明的关键问题，不仅充分翔实地介绍了“怎样写新闻”，还着力于阐释“写什么样的新闻”，形成了双管齐下、道器并举的新型教学思维模式。具体说来，本书在范本篇中开宗明义地将新闻专业主义中的部分核心操作理念融贯其中——如准确与完整、客观与独立、简洁与清晰、人情味等构成要素——通过解剖麻雀式的详尽论述，使读者在正式接触新闻写作的相关技法之前能够先行明确何为优秀新闻作品，其文本写作的特殊性、追求旨趣及内在标尺究竟该如何实现。可以说，这种章节与内容上的设计编排，有效地解决了传统新闻写作教材中“只见树木不见森林”的授业模式，既能在新闻写作理论上进行良好的观照，又具备高度的实用性和可操作性。

二、强调特稿写作的重要性

在西方的新闻写作教材中，人们习惯于把新闻分成两大类：纯新闻报道和特稿。特稿因其独特的表现方式——人情味、故事性——而成了西方新闻界的宠儿。在普利策新闻奖获奖名单中，自 1979 年《巴尔的摩太阳报》记者乔恩·富兰克林发表的一篇名为《凯利太太的妖怪》的医学报道得到评委会的高度认可之后，特稿报道便长期占据着牢固的专属地位与稳定的评选数量级。

在我国传统的新闻写作教材中，新闻报道体裁往往被习惯性地划分为消息和通讯，特稿作为一种重要的新闻报道文体并没有得到我国新闻学者的广泛接受与认同。然而，通过对国内新闻报道实践的长期观察与研究，本教材认为传统意义上的通讯写作已经不能充分适应和满足当今新闻事业的发展需要，其传播方式的单一性与局限性常常使得报道对象的固有信息内涵受到不同程度的削弱和消解。

鉴于上述情况，本教材在总体框架设计方面作出了探索性尝试，着力突破传统新闻体裁模式的惯性束缚，舍弃了通讯写作的相关内容，将特稿作为与消息相对应的新闻报道体裁纳入其中。这种探索和尝试的初衷主要基于两方面的考量：首先，传统新闻写作教材对通讯写作的关注与研究已基本达到了饱和状态，无论是院校师生或媒体从业人员对该内容都已十分熟悉，如果盲目地沿袭既有体裁模式则只能是无谓地原地徘徊，无法使读者在阅读与学习过程获得最大限度的信息增值；其次，将特稿列入其中的体裁分类不仅符合当下国际新闻报道的惯例，而且这一文体所彰显的很多新闻理念也有助于实现国内新闻报道实践与国际新闻报道标准的接轨，为我国新闻业务改革的纵深化打下良好的理论与实践基础。

因此，在特稿写作这一章节，本书的传授内容没有停留在对特稿定义、特征、分类等基本常识的讲解与介绍上，而是以一种更为开阔的历时性思维梳理了特稿文体在西方新闻界的发展演变及其在中国的本土化实践，从而使读者对特稿有一种由宏观至微观的全方位认知。另外，在特稿写作的具体操作环节，教材遴选了国内近年来特稿报道领域的优秀成果，从题材选取、结构设计、要素构成等多方面向读者详细讲解了特稿文章的基本操作技巧与成文规范，在详解优秀特稿成功要素的基础上，突出强调了特稿文体的思想内核及价值取向。

三、注重新闻报道方式的变化

在报道方式篇中，本教材将研讨目光投注于当前基础新闻写作教材所忽略的一个领域，首次系统描绘了新闻报道方式领域的最新变化。在过往的新闻报道活动与新闻教学实践中，每当提到采用何种方式报道某一新闻事实时，人们最容易想到的就是报道体裁，而忽略了报道方式的存在，这已经成为一种常态化的认知误区。实际上，就新闻报道的功能广度而言，报道方式的外延要远远大于报道体裁，它涵盖了报道体裁所能容纳的全部表现内容。换言之，报道方式不仅包括了新闻稿件所选用的体裁形式，也包括了结构稿件时所采取的方式方法，可以说，它是新闻工作者在信息传播过程中更深层次思维活动的体现。事实上，1988 年全国好新闻奖对深度报道奖的标定，已经宣告了涵盖连续报道、系列报道和组合报道的深度报道方式的崛起，只是此后除了几部专著之外，基础性新闻写作教材对深度报道的关注明显不够。为此，本书认真梳理了 20 世纪 80 年代以来，新闻写作在报道方式领域的最新进展，以连续报道、系列报道、组合报道三种主要报道方式为研究蓝本，分别从它们各自的定义、特征、优势、写作技巧与报道策划等环节入手，向读者展现了我国新闻报道实践领域的这一重要嬗变，对于指导当下的新闻写作实践无疑有着重要的现实意义。

四、关注新媒体技术视域下的新闻写作

今日的世界，伴随着信息数字化时代的来临，各种新型电子终端产品层出不穷，人类社会

的整体传播方式与思维模式正发生着前所未有的深刻变革。如同历史上任何一次技术革命一样，天性敏锐的媒体又一次走在了时代变局的前列，在接受技术之光惠泽的同时，也积极引领和影响着社会的发展思潮。媒体传播技术的日新月异，无疑对传统新闻写作领域产生了深远而重要的影响。传统新闻报道的写作思维、写作模式、写作结构、语言风格与传阅途径等诸多成文元素都在不经意间发生着翻天覆地的变化，表现出一种颠覆与解构的发展变化趋势。在网络生活方式的影响下，思维模式的非线性、信息元素的动态性、写作过程的交互性等网络传播特征使得许多具有鲜明技术特质的新闻报道文体应运而生。

作为对新媒体时代的回应，本教材专门辟出新媒体篇力求全面反映我国媒介传播技术与传播方式的最新变革对新闻写作的影响，在论述角度切入和平台类型选取方面较之其他新闻写作教材有较大突破。在第八章“两微一端”的新闻写作部分，我们从时下最为火爆的微博、微信、客户端三大信息发布平台入手，深入探讨了新媒体技术背景下写作主体思维方式和新闻报道样态的变化过程，重点介绍了微博新闻写作、微信公众平台新闻写作以及新闻客户端的运营技巧。第九章、第十章中分别介绍了数据新闻制作和机器新闻写作的一般生产流程、关键环节和操作技巧。

文虽有止，思则未央。在本书即将付梓之际，特别感谢那些已经身在新闻界或未来有志于从事新闻行业的读者，你们对本书的阅读、探讨与评价既是对本土新闻教育的积极参与，也是真正的、具有现实意义的传播实践，是对我国新闻学发展建设的最好支持和帮助。

目　录

第一部分　范本篇

第二部分　体裁篇

第三部分 报道方式篇

第四部分 新媒体篇

第五部分 规范篇

第一部分

范本篇

第一章 优秀新闻稿件的一般构成要素

【本章学习要点】

新闻真实、准确的具体要求

保持新闻稿件客观性的操作技巧

新闻稿件简洁的重要性及如何做到简洁

新闻稿件中体现人情味的写作技巧

真实是新闻的第一生命，也是受众对于新闻信息的基本要求。在具体的采写实践中，真实性通常表现为具体事实的准确和相关事实的完整，真实准确地报道事实是新闻界至高无上的法则。真实性之外，客观、公正、简洁、清晰、具有人情味同样是大家公认的优秀新闻稿件的一般构成要素。

第一节 准确与完整

真实性是新闻的生命所在。新闻媒体作为大众传播媒介，肩负着提供信息服务和引导舆论的特殊使命，倘若在其报道中出现了“失实性”的失误，就会在很大程度上削弱其媒体公信力，使广大受众降低甚至丧失对新闻媒体的信任度，从而在根本上影响媒体的传播效果，甚至会产生一定的负面效应。新闻报道的真实性，一般来说有两方面的含义：一是要求每一个具体事例必须符合客观事实，包括每一篇新闻中的时间、地点、人物、事件、原因和结果等要素；二是相对于一个特定的媒体说，要求通过连续不断的新闻报道，向人们呈现整个事件以及整个现实社会的真实的图画。①

准确与完整代表的是真实性在不同层面的要求。准确要求新闻报道的内容必须是实实在在发生的真实事件，而非闭门造车和随手杜撰，这只是个基本要求。当然，优秀新闻稿件对真实的要求绝不止于新闻要素的真实，更强调采写者全面、完整地把握和报道事实，因为“对一个

① 刘玉栋．从个体真实到整体真实：批评报道真实性问题初探．新闻采编，2003 (1).

孤立事实的报道，无论它本身如何准确，也可能具有误导性，到头来就是不真实的”①。

一、优秀新闻稿件首先要做到准确

（一）准确的具体内涵

《一个自由而负责的新闻界》论及社会对新闻界的需要时，列出的“第一项要求是，媒介的报道应该准确。它们不应该撒谎”②。

准确，就是要求新闻报道合乎客观实际，没有丝毫虚构成分和与事实相悖的一种状态。新闻稿件的准确无误也同样如此。它需要我们在新闻采写中以事实为根据，面对新闻来源时，必须谨慎，必须做到第一手的观察而不能道听途说、捕风捉影。

（二）新闻准确的具体要求

陆定一认为：“新闻的本源是事实，新闻是事实的报道，事实是第一性的，新闻是第二性的。事实在先，新闻（报道）在后。”③ 纵览国内学者关于新闻的定义，不管是陆定一的经典定义“新闻是新近发生的事实的报道”，还是后来学者们所做的补充“新闻是新近发生或正在变动的事实的传布”，其在内容上始终离不开“事实”二字，事实决定新闻报道的规律，体现在新闻报道中就是新闻的真实性。而这里所谓的“准确无误”即是新闻“真实性”的一个分支，一个细化，甚至可以说是新闻写作“真实性”的基础。作为真实性的分支，新闻准确要求我们必须做到以下几点：

1. 描述事实的相关新闻要素必须准确无误

新闻中的何人、何事、何地、何时、何因、如何等问题是我们常说的新闻六要素，也是用来描述新闻事件的基本事实材料。做到这些基本材料准确无误，符合事实的本来面貌，是新闻真实最基本的要求。

2. 报道中对事件发生环境和过程的描述必须真实准确

孙发友在《当代新闻写作学》中指出，人们常说的新闻六要素是有层次的。何事、何人、何时、何地属于第一层，是用来描述事实的，是客观的新闻要素。为何、如何属于第二层，是用来解释事实的，是主观的。④ 在事实趋于复杂多变的背景下，受众要求媒体不能只是简单地描述新闻要素，还要对事件发生的过程和环境进行解释。故此，新闻的真实性要求我们不仅要做到描述层面的基本要素真实，更要保证解释层面的真实准确。

3. 新闻中涉及人物的语言、动作和心理活动必须准确

一些新闻报道缺乏务实和求真精神，常常把新闻报道中的事件当事人作为自己的传声筒。于是，为了宣传农民对科学知识的钟爱，一些记者让70多岁的农村大娘说出诸如“我们还想续订《科技与致富》杂志”“还想增订《农民报》”这类带有专业发行术语的“心里话”。当然，

---

① 新闻自由委员会．一个自由而负责的新闻界．北京：中国人民大学出版社，2004：12.

② 同①.

③ 陆定一．陆定一新闻文选．北京：新华出版社，1987：2.

④ 孙发友．当代新闻写作学．武汉：华中科技大学出版社，2002：20.

新闻史上也不乏诸如《马特洛索夫式的英雄黄继光》之类的新闻稿件，报道中对人物牺牲前的心理描绘，乍一看情真意切，但是经不住理性推敲，结果反而招致公众的普遍质疑。因此，记者需要牢记，当新闻报道中涉及人物的语言、行动和心理活动时，其来源必须是当事人自己的所思、所想、所为。

4. 新闻中引用的相关背景资料必须准确无误

背景资料是新闻主体事实之外，用来对新闻事实进行解释的其他事实材料，涉及内容非常广泛。新闻事实发生的地理位置、自然环境，新闻事实的历史、成因和相关知识，新闻人物的主要经历等都是常用的背景资料。在引用这些资料的时候，一定要保证资料的真实、准确。

二、新闻真实还要求具体真实基础上的完整

所谓完整强调的是新闻真实的另一个层面，即整体真实。如果我们把具体真实看作新闻真实的一个微观层次，那么整体真实就可以看作新闻真实的宏观层次。从直接的意义上看，新闻真实论中所说的“整体真实”的对象，是由所有具体新闻组合而成的“全体”新闻。“全体新闻描绘着、反映着报道对象的整体面貌。如果全体新闻如实描绘、反映了对象的整体面貌，我们就说新闻传播达到了整体真实；如果没有如实描绘、反映对象的整体面貌，那么，即使构成全体新闻的每一则具体新闻都是真实的，我们也说新闻传播在整体上是失实的，即没有达到整体真实。”①

具体真实强调新闻事实在要素层面上的真实准确，整体真实则要求新闻报道从全局上去描绘、反映报道对象的整体面貌。对于一个特定的媒体来说，首先要保证每则新闻报道的真实，但每则真实新闻之和并不等于真实地反映整个现实社会。众所周知，无论是一个国家，还是一个地区或者一个行业、一个人，总是既有成绩又有缺点。只有对情况进行全面估计，如实地既报喜又报忧，才能使人民群众对实际情况有客观的了解。只报喜不报忧，或者只报忧不报喜，尽管喜或忧都是真实的，但人们还是不能对现实社会得出真实全面的印象。因此，对于单篇新闻报道，面面俱到的要求无疑是不切实际的，但对每一个特定的媒体来说，则必须做到全面地反映事实。这就要求记者学会从事实的全部中去抽取事实，而不是带着固有观点搞所谓的简单印证。人们之所以厌恶“高、大、全”的典型人物报道，其原因就在于它对整体事实的反映不够准确，过于绝对化了。

基于对整体真实的理解，我们在新闻报道中除了注意稿件本身的准确无误外还要分析报道事件的前因后果，预测报道事件的发展趋势，不但要做到内容本身的准确无误，还要拓展其外延领域，深度剖析，预见未来，做到全方位、立体化的准确无误。这也正是美国新闻自由委员会所提出的“可信地报道事实已经不够了。现在必须报道关于事实的真相”②。对于真相的探寻，更加明确地将新闻真实性指向对事件全局的完整把握和对真相的孜孜以求。因此，新闻真实不仅要求准确地报道事件本身，更需要记者保证赋予事件意义的情境的准确。这需要我们具

① 杨保军．新闻整体真实的含义、特征与困境．湖南大众传媒职业技术学院学报，2005 (6).

② 新闻自由委员会．一个自由而负责的新闻界．北京：中国人民大学出版社，2004：12.

备深邃的目光和敏锐的洞察力，既要做到具体事件的报道无误，更强调完整地提供与事实相关联的具体情境。

《2010年我国媒体舆论监督情况调查分析报告》显示，目前舆论监督报道引起新闻纠纷的主要原因中，认为报道本身存在用词不当和部分失实情况的分别占到64.7%和52.9%，报道整体失实的占比11.8%。[①] 而在2002年《中国新闻舆论监督现状调查分析》中，关于此项的调查数据显示，报道用词不当和报道细节失实的比例分别为25%和28.74%，报道整体失实的占比15.21%。从15.21%到11.8%，虽然报道整体失实的比例有所下降，但是，从25%和28.74%到64.7%和52.9%，报道用词不当和部分失实的比例却出现了上升趋势。这也充分说明，在新闻行业反复重申和强调新闻真实准确的重要性。

三、如何确保新闻的准确与完整

美国新闻业巨人普利策在主持《世界报》期间给自己的采编人员立下的一条重要原则就是"准确、准确、准确"。没有新闻的真实、准确，就没有新闻媒体的公信力。如何才能保证新闻的准确性呢？

（一）尽量使用第一手材料

优秀的新闻稿件是由"七分采访，三分写作"组成的。一般来说，记者可以通过两种途径来搜集新闻事实：直接观察获取第一手材料；依靠消息来源提供的第二手、第三手材料。直接观察是记者获取第一手材料的主要方法，"耳听为虚，眼见为实"的心理使得依靠直接观察完成的新闻稿件，在真实性、准确性方面对受众具有更强的吸引力。因此，绝大多数媒体会鼓励记者多使用第一手材料。

当然很多时候，记者并不能保证新闻发生时自己就在现场，在不得不使用二手材料的情况下，记者需要牢记的准则是务必选取权威、可靠的消息来源，以保证新闻的准确。

由周正龙导演的"华南虎事件"就是个深刻的教训。其在发稿（发布照片）之初的根本目的就是制造噱头、获取收益。之后，一些网络媒体盲目跟风，不假思索地大肆转发、渲染，完全忽略了对事实真伪的核查。"华南虎事件"最后演变成了一个国内外媒体广泛关注、全国无数网民持续追问的丑闻，造成了极为恶劣的社会影响，"正龙拍虎"也成了"无中生有"的代名词。

（二）要注意反复核实材料

不管是第一手材料还是二手材料，记者在动笔之前都应该反复核实以确保新闻的真实准确。第一手材料是由记者本人耳闻目睹的事实，应当说具有较强的真实性。但是"眼见"并不一定"为实"。由于对事实背景的了解程度不同，以及记者观察时间和角度上的局限，"眼见"

---

① 《中国新闻出版报》舆论监督维权热线，中国人民大学新闻与社会发展研究中心．2010年我国媒体舆论监督情况调查分析报告．中国新闻出版报，2011-06-21.

的事实往往也会与实际发生偏差。很多记者在采访中都会遇到的问题是，如果采访对象事先得知将有媒体进行新闻采访，就会多方布置，美化自己。

对二手材料，记者更是要下大功夫去核实。第一，对于关键性的事实和材料，要注意寻找不同的消息源进行比较与佐证；第二，要摸清调查对象的心理和所处立场，在搜集材料和调查过程中，避免受到调查对象的态度干扰。记者只有善于从不同角度进行调查和分析，才有可能得到真实准确的材料。

（三）立足宏观，从整体真实层面反映“时代的真相”

“不从同整体真实的联系中表现局部真实，有可能使作品造成以偏概全的错误，或使读者和观众发生以偏概全的误解，从而产生消极的乃至有害的社会效果。”① 当前，报纸对社会上某些群体形象的刻画存在这样的情形，如对某省人形象的报道，媒体往往热衷于炒作某省籍农民工偷盗了、抢劫了之类的事情。单看每一篇报道，我们发现它们都是真实的，但是由这些众多的具体报道组合而成的关于某省人形象的全体新闻则是不真实的。因为它把某省人的形象妖魔化了，显而易见的事实是某省人并不都有问题，只是由于媒体在报道时以偏概全，抹杀了某省人的善良品性。这无疑是媒体犯下整体失实错误后导致的一种严重后果。

“如果记者观察得很清楚，并且是从整体上来看待问题，那么，他们正在向准确且生动地报道新闻的方向前进。”② 时代、历史、社会生活的整体真实，都是由它的局部真实构成的。“局部”既隶属于“整体”，又反映着“整体”。没有“局部”的“整体”和脱离“整体”的“局部”都是不可思议的。

因此，每一个记者和媒体都要学会用宏观的、全局的视角去反映社会生活的现实，更要善于通过反映局部真实，透视出社会生活整体真实的某些侧面，将新闻局部真实同整体真实联系起来，防止断章取义、片面地报道新闻。

第二节　客观与独立

“客观性”是新闻学久远的命题之一，是现代新闻界最为重要的原则，也是新闻专业主义的核心内容。其基本思想就是对事实进行准确的报道，禁止在新闻中直接、公开地采取带有撰稿人主观倾向的立场。1935 年，美国报业行会提出：“报业人士的首要职责是向大众提供准确、无偏见的新闻报道。”这一规定以道德规范的方式确认了客观性的核心观点。

一、新闻客观性理念的演变

“新闻客观性”作为“发端于美国、奉献于世界”的新闻职业道德准则，历经争议和挑战，

① 陆贵山．论局部真实与整体真实．前线，1982（5）．

② 门彻．新闻报道与写作：第 9 版．北京：华夏出版社，2004：12．

至今在新闻媒体中具有举足轻重的地位。下面我们以美国为例，回溯一下新闻客观性理念的演进。

（一）伴随报纸而生的客观性沦陷于战争与政治旋涡

美国报业发端之初，很自然地将尽量准确地提供事实视为报纸的职责，对客观事实的认同是当时报纸的基本要素。然而，在对新闻本体与新闻业职业特点的认识尚未真正形成之时，报纸很快卷入了1775年的独立战争。“战争的第一件牺牲品便是客观态度。”1791年美国通过宪法第一修正案确立了“新闻出版自由”的合法地位，得到宪法认可的新闻出版自由却成了不同党派宣扬各自政治观点、相互攻讦的合法保障。这一时期，报纸大多被政治团体控制，靠政治津贴生存，服务于党派利益，言论超越报道成为报纸的主体，新闻成了政治宣传的附属品，美国报业进入了“政党报纸的黑暗时期”，报纸丧失了对客观事实的尊重，纷纷沦为党派的附庸和政治纷争的工具。

（二）商业化报纸与通讯社催生“客观性法则”

“大众化的通俗商业报纸初创了新闻客观性的最初版本——一种以独立、广泛的态度从理想公民的角度看待世界和政治事务的姿态。”①

19世纪30年代，便士报的产生和发展使美国报业走上了商业化道路，并带来了从新闻报道内容到新闻观念的大变革。这一时期，美国的大多数报刊开始摆脱对政治团体的政治与经济依附，将新闻作为普通人的消费品推向市场，按经济规律独立经营报业。在这种情况下，美国报业逐渐发展出一套以提高地位和报酬为目的的新闻专业理念，其中便包括了客观报道原则。其发展逻辑是，要盈利必须大量发行，而要大量发行，报纸言论又必须超越党派，在保持中立的状态下赢得广泛的读者，这直接奠定了新闻客观性作为新闻行业在新闻采集、传递等方面的职业准则地位。

与此同时，伴随着新闻采集的社会化、专业化，专事新闻信息采集的通讯社开始出现。为使自己的新闻能为各种立场不同的报纸所采用，从而降低成本，通讯社不得不采取中立、平衡的客观写作方式报道新闻。1900年，美联社提出了“报道事实，而不报道意见”。“意见与事实分离”在实践中逐渐发展成为较为完善的客观报道方式：基于人们可以将事实与价值观念进行区分的认识，将新闻事实理解为远离个人好恶的关于现实世界的客观描述，而价值观则是个人认为现实世界应当如何的主观偏好，这两者的分离意味着记者在呈现新闻事实时不能将自己的价值观念掺杂其中，其最终目的则是更客观地反映现实世界。

（三）作为职业理想的“客观性法则”的确立

第一次世界大战爆发后，新闻业在“民族利益”的感召下直接卷入，报刊曾经引以为豪的“独立”与“客观”在现实面前不堪一击。战时成功的煽动宣传，显现出了在全社会范围内对公众感知进行严格管制与操纵的可能性，战后公共关系频频利用“媒介事件”实现自己的利

---

① 哈克特，赵月枝．维系民主？西方政治与新闻客观性．修订版．北京：清华大学出版社，2010：3.

益，对媒体的操纵逐步从战争扩展到人们的日常生活。新闻界人士开始认识到，新闻事实绝非外部客观世界自动呈现的事实，而是特定集团根据自己的利益选择与构筑之后才提供给新闻界的，人们对新闻事实的信任丧失了。弗洛伊德对非理性的分析大大加深了人们对原始本能中"恶"成分的恐惧和对主观价值判断可靠性的疑虑。新闻界认识到个人经历、知识背景、价值观念等主观偏见不可避免地会对新闻采集、加工、传送过程产生影响，"事实与意见分离"的观念开始受到冲击，新闻界转而开始对从前的客观性准则进行调适与修正，新闻客观性转变为新闻业的道德哲学和客观性理想。

与19世纪的雏形相比，现代意义上的"客观性法则"的升华是显而易见的：首先，从对"客观性"的态度上看，"客观"不再被视为一种唾手可得的目标，是新闻从业者努力探寻并呈现新闻事件本来面目的态度；其次，从适用范围上看，它已从对报业实践进行指导的操作原则上升为新闻从业者的道德约束与职业理想；再次，其目的也从精确反映客观现实演化为尽量减少主观偏见力争最终逼近客观现实。重要的是，"客观性法则"理想的主体，必须是职业化的，具有相当背景的专业新闻从业人员，其方法则是在实践中为新闻界同仁和全社会所认同的包括新闻素材分类、平衡与对等原则、第三者写作角度、中性词与引语的使用等在内的一整套科学步骤与程序。①

（四）屡屡遭遇挑战的"新闻客观性"

1947年，美国新闻自由委员会（又称哈钦斯委员会）在经过大量调查后，对传统的新闻客观性提出严厉批评："传媒发展出了一套奇怪的客观性——由半真实、不完全、不全面导致的伪客观性。"②"客观性法则"已不再是一剂化解主观偏见的灵丹妙药，在"客观性法则"的堂皇外衣之下，新闻业过分强调那些所谓科学的操作步骤和要领，非但无助于反映客观现实的本来面目，反而可能使报刊丧失道义上的责任转而维护和掩饰现行权利结构中的不公平和非正义。到了20世纪六七十年代，一些新的新闻报道形式如新新闻主义、倡导性新闻学、调查报道、精确新闻学等相继出现，对客观报道常因对事实过分注重而丢掉了真理进行批评。70年代以后，美国学者运用传播学、社会学、政治学、文化学等研究视角，试图以综合视野来对"客观性法则"加以评判和把握，并开始意识到作为反映与理解现实世界的总体框架，意识形态在其中的重要干预作用。

在新闻客观性被提出来的一百多年里，新闻报道的体裁、方式变化很大，客观性理念和报道方式受到过极大的冲击，但是作为新闻专业主义的理想或追求，客观性依然是人们评判新闻工作的一个基本原则，并因此被称为"不死之神"。从以"事实"为内核，以自由报刊的独立性为先决条件的客观报道方式，到因对主观性的疑虑而在新闻界树立起的道德规范和职业理想，再到在现实矛盾中的反思与再认识，"客观性法则"虽在美国新闻业发展的历史过程中几经曲折，然而它并没有为这些挑战所击倒，相反却在辩证否定之中螺旋式上升，并仍然被那些优秀的新闻从业者奉为至高无上的职业理想。以此为依据的客观报道方式迄今为止也仍然是美

---

① 陆晔．美国新闻业"客观性法则"的历史演进．新闻大学，1994（1）．

② 施拉姆，等．传媒的四种理论．北京：中国人民大学出版社，2008：76．

国新闻报道的主流。这表明，作为信息传递的载体和反映社会现实的媒介，“客观性法则”仍然是使新闻业不偏离其本质的重要保障。

二、新闻客观性的操作技巧

新闻客观性的“客观”，是同时包含理念层面和技术层面的，“新闻客观性”的内涵应该是理念和技术的统一。我们在此前重点谈论的是新闻客观性理念的形成及演变，接下来我们重点解读一下新闻客观性在技术层面上的常用手法和操作技巧。

“客观性是指对新闻按照事物的本来面目进行如实报道。它是新闻报道中所遵循的一条基本规律，包括内容和形式两方面的客观。内容上的客观，指新闻事实是一种客观存在；形式上的客观，强调以新闻的报道方式、写作手法客观地凸显事实，而不随意加以主观解释。”① 作为实际操作策略的“客观报道”总结概括起来包括以下技巧：

（一）事实与意见的分离

“如果说美国的新闻实践中有一条最重要的信条的话，那就是客观性的原则。对支持这个原则的人来说，客观性并不是指类似科学实验般的精确，而是说记者要努力写出或做出不带个人感情并将事实和观点分开的新闻或报道。”② 美国新闻自由委员会认为：“与报道的准确性同样重要的是，要分清事实就是事实，观点就是观点，并尽可能将两者剥离。”③

“美国新闻界认为，新闻（news）是公共财富，报纸的新闻属于公众，新闻栏目所呈现给公众的东西不能是报业主或主编的私货；而社论版（包括今天的社论版对页）是报业主和主编的‘领地’。有人将这种‘公、私’分开的编辑程式戏称为‘政教分离’。”④ 新闻作为对新近事实或正在发生事实的报道，就事实本身而言，它是不以记者或媒体的意志为转移的，这是西方新闻界公认的原则。媒体只是一种信息传递的载体，它的主要任务就是将事实传递给广大受众，而媒体记者、编辑其首要的职能就在于深入实际，采集信息，并最终形成新闻稿件。现在很多新闻媒体依然坚守“告诉读者们事实，让他们自己来判断”的原则。

那么，在具体的实践中如何区分事实和意见呢？我们不妨看两个案例。

1. 对天气的报道

表述一：今天天气非常寒冷。

表述二：今天气温达到了零下十五度。

表述一是典型的以判断和意见为主，而表述二则体现了以事实为主的表达原则。

2. 对灾难的报道

表述一：

今天上午11时20分左右，西安市一家商场楼内发生爆炸。这家商场地处市内较繁华的西

---

① 赵利．把握新闻客观性和倾向性的平衡．军事记者，2010（11）.

② 丹尼斯，梅丽尔．媒介论争：19个重大问题的正反方辩论．北京：北京广播学院出版社，2004.

③ 新闻自由委员会．一个自由而负责的新闻界．北京：中国人民大学出版社，2004：12.

④ 李普曼，赖斯顿，等．新闻与正义．修订版．北京：中国人民大学出版社，2009：导言18.

一路中段的北侧。爆炸发生时，一声巨响，血肉横飞，惨状目不忍睹。

表述二：

今天上午11时20分左右，西安市一家商场楼内发生爆炸，造成5人死亡，9人受伤，警方初步锁定嫌犯，动机是报复。

很显然表述一中的“巨响”“血肉横飞”“惨状”“目不忍睹”都是记者的评价和判断，并非事实的陈述。

（二）保持媒体自身的独立性

所谓独立，一方面强调媒体要独立地进行报道，不要迁就任何特殊的政治或经济的利益集团，另一方面也不要屈从于大众舆论的压力。

事实上，新闻客观性的兴起，本身就源于对政党报纸党派性的质疑和反叛。在报纸走向商业化之后，保持独立需要更大的斗争决心，那就是要避免对经济势力的过度依附。在新闻业的实践中，出于地方保护主义和对广告客户的保护，很多媒体不愿批评自己本地的部门及单位，更不敢得罪自己的广告客户。久而久之，难免会让受众对媒体的客观性和公信力产生怀疑。

还有一种现象更需要引起我们的注意，那就是一些媒体在报道中不能保证独立性，常常会屈从社会大众的舆论情绪，在报道中不顾事实真相，盲目地站在所谓的弱者一方。当然，站在弱者一方，肯定可以迎合社会舆论和公众情绪，但其结果却可能是离事实和真相越来越远。2012年10月23日，诸多报纸报道了一则题为《父亲配型成功拒捐骨髓　5岁儿子患白血病去世》的新闻，新闻中的父亲被描述为一个冷血的人，连自己的亲生儿子都不救，拒绝承担医疗费，拒绝捐造血干细胞救儿子，简直“禽兽不如”。这种报道的叙述逻辑非常简单，这位父亲就是一个恶人，他置5岁孩子的生死于不顾，他的心比铁还硬。这样的愤怒控诉，自然极有感染力，很容易激起公众的愤怒。“这些简单化的新闻和评论，虽然因为符合公众的期待、迎合了舆论的情绪而广为传播，却扭曲了事实，误导了舆论，还会在消费公众情绪的同时酝酿着社会的戾气。”① 这样的报道虽然会吸引大家的眼球，但是却背离了新闻追求真相、客观报道真相的本质。

当前处在社会转型期的中国，各种“门”层出不穷，“富二代”“官二代”等称谓更是深含贬义，这就使得部分群众在自己的脑海里形成了一定的刻板印象，只要见到类似事件，就会不自觉地带上立场，凭空想象，按照往常的舆论指向展开判断，从而在很大程度上影响事物的客观性。媒体从业者应格外注意这种现象，务必在涉及容易形成舆论大潮的事件报道中做到从实际出发，摆正立场，要避免记者自身态度、意见对新闻事件的过度介入与影响，更要避免偏颇、怨恨的情绪化言论。

（三）呈现正反双方观点

按照客观报道的准确性要求，记者应当对采集到的新闻事实加以查证。但是，很多时候记者迫于截稿期限，常常不能一一核实事实，于是大多数媒体的做法是忠实报道新闻事实的内

---

① 曹林．抵制新闻简单化和段子化的诱惑．中国青年报，2012-10-30.

容，并指出新闻来源。但这种做法可能会由于读者质疑该消息的准确性而带来麻烦。为此一些媒体采取在新闻中呈现各方不同意见的方法，通过访问新闻事实中所涉及的对立方来作为信息的反衬和补充。这样一来，记者的报道就会显得很客观，因为他已经指出正反双方的看法，把判断是非的权利交给了读者。

因此，客观性报道的操作技巧要求记者坚守平衡性原则，在种种关系间保持独立、中立的观察者立场，要在新闻处理过程中与新闻实践保持一定的专业距离，尽可能摈弃个人好恶，尽可能不偏不倚，表达新闻事实的两面和争议双方的意见。"当人们各持异议的时候，双方均应享有平等的机会让公众听到自己的意见。"①

客观报道反对只用"一面之词"。按照《纽约时报》的示例，如果一则新闻报道中指出，一位篮球裁判对篮球协会所给他的处分表示极度难堪和不平，但新闻中却没有引述篮球协会的处分理由，这就是"一面之词"。当新闻中只有一面之词的时候，媒体的立场就会显得偏激和情绪化，背离新闻的客观与公允。还是以《父亲配型成功拒捐骨髓 5岁儿子患白血病去世》为例，在最初的新闻报道中我们大多数读者看到的只是孩子母亲对父亲的控诉和指责，父亲始终属于失语状态，直到孩子去世之后才有了父亲回应的声音，然而此时父亲的形象已经被媒体妖魔化、冷血化了。这一案例再次告诫媒体：不要出于同情和愤怒在不明就里的情况下担当起打抱不平的角色，去撰写态度鲜明却有失客观的新闻稿件。

（四）使用引语，交代消息来源

很早以前，引语就被用于新闻报道。"引号是被用于把信息归因于来源，并且保护记者避免插入自己主观断言的技术装置。"② 一般认为，将引言和信息出处编织进新闻报道，会使新闻报道获得生命力和可信度。有些时候，新闻记者还可以借助信息来源，说出他们自己不能说的话，尤其是有关潜在的含意或来源的重要主张。

目前，国内新闻记者大都没有交代事实来源的意识，仿佛自己就是整个新闻事件的亲历者、当事人。有的新闻对消息源虽有交代，但却是"据说""据了解""据悉"等模糊字眼，这样交代的新闻源，写了等于没有写一样，仍然是一句空话。认真的受众只好将这类新闻归类于"道听途说"，弃之不看、不听、不信。还有的新闻不仅在陈述事实的时候不交代消息来源，记者还经常在新闻报道中以评论的方式直接加入自己的立场、观点，使新闻报道带有十足的倾向性。

一些西方媒体把交代消息来源摆在非常重要的位置上，甚至是不厌其烦。美国的许多新闻机构严格遵循如下方针："除非属于常识，否则必须始终交代你没有亲眼见到的东西的出处。"③ 所有的引语都必须写明信息来源，转述的信息也需写明出处。使用消息来源可以显示出记者从哪里获得信息，从而增加报道的可信度，也便于读者对信息作出综合考量和判断。此外，使用引语和交代消息来源，无形中把信息的举证责任放在了消息提供者身上，可以有效避

---

① 埃默里 E，埃默里 M. 美国新闻史：报业与政治、经济和社会潮流的关系．北京：新华出版社，1982：46.
② 许燕．"客观报道"：六种策略仪式．新闻知识，2006（6）.
③ 门彻．新闻报道与写作：第9版．北京：华夏出版社，2004：52.

免诉讼风险，实际上也是记者和媒体的一种自我保护。

西方新闻界在引语使用上形成的一些规范，对我们来说具有很大的借鉴意义。一般来说，媒体要求使用引语必须做到：其一，原原本本采用说话者本人的语言。其二，语句尽量完整。其三，为避免模糊或乏味，记者要努力寻求转述和直接引用之间的平衡。同时要注意在转述时不做错误或误导性的假设。如果对其语意不确定，就一定要核查。[①] 一些媒体对引语的使用还提出了特别的要求，《美联社凡例》对使用引言制定了很高的标准：尽可能避免转述累赘的语言；在语境中使用引言，以显示一句评论是为了表示幽默或推测；不要为纠正语法或用词不当而修改引言；不要用俚语的书写形式。

美国学者博耶（J. H. Boyer）在访问了50家报社的编辑后，为客观报道归纳出六项要素：平衡与公正地呈现一个议题中各方面的看法；正确与真实的报道；呈现所有主要的相关要点；将事实与意见分开，但是将意见视为相关；将记者本身态度、意见或介入的影响减至最低；避免偏颇、怨恨以及迂回的言论。这六条要求集中体现了客观性法则的内涵和操作规范。

第三节　简洁与清晰

简洁，顾名思义就是简单；而清晰，则特指明了。可在现实生活当中我们不难发现，简单了不一定会明了，明了的也不一定简单。然而，在新闻稿件的撰写过程中，简洁和明了需要做到和谐统一。倘若一味地重视简洁而忽视内容上的清晰，则无异于抽掉了新闻报道的灵魂；相反，只求内容的清晰而无休止地加大报道篇幅则会使报道显得臃肿和琐碎。所以说，对于优秀的新闻稿件，我们要求既简洁又清晰。

一、简洁与清晰是新闻工作基本规律的体现

（一）简洁与清晰体现着新闻追求真实快速的基本要求

“文贵简约”是人们写作文章的基本规范，是人们对高品质写作的一种要求。这一要求，同样适用于新闻作品，它不仅体现着人类进行信息传播的一般规律，也代表着人们对高品质新闻作品的要求。从人类从事新闻信息采集和传播开始，真实与新鲜就成了新闻的基本特点，由此衍生出了新闻报道必须迅速及时的要求。简洁与清晰体现的正是新鲜性对新闻作品的具体要求，也是新闻快速、及时报道的重要保证。

简洁、清晰的要求，是新闻工作规律的体现。“人类是聚众而居的高等动物，每一个群体（部落）都必须以集体的力量面对来自自然界和其他群体的挑战。为此，他们必须及时地了解

---

① 许燕．“客观报道”：六种策略仪式．新闻知识，2006（6）．

周围世界的变动，以便及时做出决策，采取行动。”[1] 也就是说，新闻事业从产生开始就是一项致力于快速传递信息的事业。及时性是新闻工作的原则之一，而简洁与清晰则是新闻报道做到快速及时的重要保证。众所周知，简洁明了的报道有助于缩短创作时间，提高见报效率；而冗长的新闻报道，不但需要在创作过程中花费大量时间，而且在稿件的发布上也耽误时间。在重大突发事件的报道中，能否取得一鸣惊人的效果，就在于是否比其他人的稿件早一拍，是否能让广大受众第一时间看到自己发布的信息。套用西方新闻界的一种形象说法：“读者是站着看报的，记者是站着写稿的。”其大意就在于呼吁记者编辑在稿件撰写过程中注意篇幅，加快创作。

（二）简洁与清晰有助于在有限时空、版面内扩大信息量

新闻是一种信息传播，读者总是希望从媒体中得到更多的信息。一张对开大报，头版刊出的要闻，如果每天只有七条左右，有些还是读者不感兴趣的，读者没有多少挑选的余地，就会觉得没有多大看头。所以，新闻改革的一个重要目标是扩大信息量，而扩大信息量与新闻的简洁有直接关系，有些报纸之所以信息量不足，就是让一些空泛、繁复、枯燥的新闻，拉长了篇幅，占去了版面。

2011 年 9 月底，中央电视台《新闻联播》开设了两个分别以国内和国际为内容的小专栏“联播快讯”。专栏中播发的消息篇幅短小、内容丰富、文字精练、语言流畅、容量较大，可以说简洁之中尽精华。两个小专栏在 3 个月的时间里，播发了 800 多条消息，平均每天大约 9 条，每条用时不到 17 秒。同样的版面和时段，新闻的简洁、清晰决定着一个媒体新闻信息内容的丰富性。

（三）简洁、清晰的新闻才能满足信息时代受众的需求

21 世纪已是信息时代，由于计算机与网络的普及，印刷技术的不断进步，写作出版越来越容易了，文字带给人类的负担却越来越重了。人们每天生活在信息的汪洋之中，“看书看皮，看报看题”的现象越来越多。各大媒体之间的竞争，已逼迫新闻制作者必须以短、新、快的形式将信息呈现给受众。受众也希望我们的新闻记者能够以最凝练的语言、最简洁的方式，满足他们获取信息的需要，“文贵简洁”显得尤为突出和必要。这就要求新闻工作者不断提高新闻制作的技巧和艺术，把新闻写得短些，再短些。

（四）简洁与清晰是增强新闻报道可读性的重要筹码

作为一篇优秀的新闻报道，通俗易懂是对其最基本的要求。因为新闻报道不同于一般的文学作品，也不同于学术著作，它所面对的广大受众是没有阶层和职业划分的，是一切具有文字识别力的全体国民。而要在报道中做到通俗易懂，除了在原则上把握“三贴近”之外，还要在写作上力求简洁清晰。

在新闻发展史上，无论是老一辈的革命家还是老一辈的新闻工作者，无不在传递这样一种

---

① 李良荣．新闻学概论．3 版．上海：复旦大学出版社，2011：24.

思想："办报就要办那种群众读得懂、喜欢看的报纸。"如果一份报纸办下来毫无可读性，那这份报纸就面临着没有读者、缺少受众的尴尬局面，其日后的发展也就举步维艰。所以说，新闻报道在创作上务必要重视可读性，一方面要贴近实际、贴近生活、贴近群众，另一方面要做到简洁清晰。

一篇报道越是简洁清晰，其包含的复杂要素就越少，也就越能突出该报道的主旨，从而使得广大受众乐意阅读，增强报道的可读性。

二、新闻如何做到简洁与清晰

在不失准确、完整和精彩的情况下，把文章或新闻报道做短是需要下一番功夫的。

（一）纠正对纯新闻报道的错误认识

正如《美联社新闻写作指南》开篇所讲，"把事物简洁明了地表达出来需要技巧，更需要警觉"①。我们需要警觉的就是头脑中固有的"新闻稿件越长越有分量""新闻篇幅越长越有深度"的错误认识。

很长一段时间，一些新闻人看不起纯新闻报道，斥之为"豆腐小块"，于是盲目追求篇幅长、块头大成了一种风气，似乎篇幅越长越有学问，块头越大越有分量，这些人显然还没有抓住新闻的本质和新闻写作的规律。对于新闻报道来说，篇幅与"含金量"不一定成正比。事实上，越是重要的新闻，读者越是需要短平快的告知，所以重大新闻发生时，各大媒体首发的必然是快讯，虽然只有一两句话，却胜似千言万语。

早在 1942 年 8 月 4 日，中共中央机关报《解放日报》就发表了题为《报纸和新的文风》的社论，对健康的新闻文风曾作出界定，其中一点就是"简洁、明了。新闻作品要求篇幅短、段落短、句子短，使读者一看就明白。选择群众关心的事，用群众喜闻乐见的形式和语言来表达"②。

许多在新闻界工作多年的老同志都有这样的共识：在所有新闻体裁的创作过程中，最具挑战性的当数简短的消息。为什么这么说呢？原因就在于对简洁和清晰的把握上。消息撰写最突出的特点就在于以最简短的文字概括出最真实准确的内容，如果对事实的把握并不清晰，则很难显现出该消息的价值所在，这就对两者的统一提出了硬性要求。

中国新闻界一直在呼吁"刹住长风""消息要短些，短些，再短些"，通讯也不能任意拉长。中国新闻奖还特别对参评作品的篇幅与字数做出了具体要求：文字消息在 1 000 字以内，文字通讯在 3 000 字以内，文字言论在 2 000 字以内。并特别规定："对超长作品须由各参评单位从严掌握，主要领导签署特别推荐意见，方可参评。"③ 这就从另一个层面凸显出简洁对新闻报道的重要性。

---

① 卡彭．美联社新闻写作指南．北京：新华出版社，1988：1.

② 滕晓东．"简洁是天才的姐妹"：《古田会议决议》对新闻文风的启示．军事记者，2010（2）.

③ 刘明华，徐泓，张征．新闻写作教程．北京：中国人民大学出版社，2002：64.

（二）改进文风，要注意清除一切官话、套话

官话套话空洞无物，"放之四海而皆准"，惹人烦，令人厌，但多年来在我国相沿成习，新闻报道中的官话套话至今仍不绝于耳。有人曾经对我们新闻报道中官话套话做过这样的总结：

> 会议没有不隆重的，闭幕没有不胜利的；讲话没有不重要的，鼓掌没有不热烈的；领导没有不重视的，看望没有不亲切的；接见没有不亲自的，进展没有不顺利的；完成没有不圆满的，成就没有不巨大的；工作没有不扎实的，效率没有不显著的；决议没有不通过的，人心没有不振奋的；班子没有不团结的，群众没有不满意的；领导没有不微笑的，问题没有不解决的；事情没有不引人瞩目的，会谈没有不坦诚的；反对没有不强烈的，交涉没有不严正的；完成没有不超额的，竣工没有不提前的……

2013年1月8日，《人民日报》读者来信版联合人民网社会频道向网友征集"你最反感的官话套话"，一些网友更是用举例的方法列出了很多耳熟能详的官话套话，比如："要求严格事故问责，加紧事故调查，无论涉及哪一层、涉及什么人，只要有违法违纪违规行为，都要严肃追究责任，坚决遏制类似事故的再次发生。""××家属情绪稳定，社会秩序、工农业生产未受到影响。"网友们对征集活动的积极响应也再次显示出了受众对于官样文章和套话的反感。

因此，新闻要做到简洁清晰，必须要摒弃浪费文墨的官话、套话，力求言之有物，以对新闻事实的关注和陈述来满足受众的信息需求。

（三）反复锤炼语言，删除一切可以删去的文字

简洁要求语言精练、主题凝练，这是新闻文风"微言大义"的应有之义。新闻贵短，也难在短。许多新闻人都有一个共同的感受：越是简短的文字越难写，越能检验写作者的能力水平。

"百炼为字，千锻成句。"让新闻简洁的一个简单办法，就是反复推敲，斟酌提炼，删除一切可以删去的文字。毛泽东在解放战争期间为新华社写了数篇消息，为后人留下了气势磅礴、笔力遒劲的新闻珍品。其中，《我三十万大军胜利南渡长江》，短短两百来字，却凝练传神，堪称典范。

> **【新华社长江前线二十二日二时电】**英勇的人民解放军二十一日已有大约三十万人渡过长江。渡江战斗于二十日午夜开始，地点在芜湖、安庆之间。国民党反动派经营了三个半月的长江防线，遇着人民解放军好似摧枯拉朽，军无斗志，纷纷溃退。长江风平浪静，我军万船齐放，直取对岸，不到二十四小时，三十万人民解放军即已突破敌阵，占领南岸广大地区，现正向繁昌、铜陵、青阳、荻港、鲁港诸城进击中。人民解放军正以自己的英雄式的战斗，坚决地执行毛主席朱总司令的命令。

西方记者也特别注重简洁、清晰，强调"惜墨如金"，在遣词造句上注意长、短句交替使用，创造与内容相符的节奏。一些国外通讯社为了强调新闻的短小、精悍，甚至提出了硬性的规定，要求"一句话不能超过25个字，一个段落不能超过75个字"。以路透社报道肯尼迪遇刺身亡的消息为例，如此重大的新闻，包含电头和标点符号，只用了百来字就交代得清清楚楚。

【路透社达拉斯1963年11月22日急电】 肯尼迪总统今天在这里遇到刺客枪击身亡。

总统夫人同乘一辆车中，刺客发三弹，命中总统头部。

总统被紧急送入医院，并经输血，但不久身亡。

官方消息说，总统在下午1时逝世。

副总统约翰逊继任总统。

一位获得中国新闻奖的记者这样介绍自己锤炼文字的经验："我的经验是写完稿子后改三遍，力求思路清晰，文字简练。字用得越少越好，能用一个字表达，不用两个字；能删除的字，一定要删除；在写作时要说短话，写短句；不用夸张的抒情句，不用过多的形容词，不用不恰当的比喻和警句；不要让复杂的结构和修辞手段、表情语言淹没事实。"①

（四）化整为零，变结论式报道为跟进式报道

在传统的新闻采写模式中，很多记者习惯于等待一个事情有了结果后，对事件进行总结性或者结论式的完整报道。这样的报道思路在今天显现出了很多弊端：一方面，等待事件结果的过程会使新闻的时效性受到影响；另一方面，侧重对事件进行全貌报道的稿件在篇幅上往往都会超长，无法做到简洁、清晰。

在争分夺秒抢新闻的今天，需要媒体和记者调整思路，尤其是对于一些突发事件的报道最好是采用化整为零、时时跟进的报道方式，确保新闻报道的简洁、清晰和快速。当然，记者也可以根据实际情况率先交代事件结果，满足广大群众的知情权，待情况了解清楚之后再进行一系列的连续报道或组合报道，交代完整事件。

第四节　人情味

综观国内外媒体制作过的一些耐读、耐看，影响力颇大的好新闻，它们都有一个共同点：立足于人的角度寻找问题、观察问题、思考问题、解决问题，或者说是富于"人情味"。人情味，强调的是一种氛围，它源自人性之中最温情的一面，是人与人之间真挚情感的自然流露，是一种可以温暖人心的精神。

一、优秀新闻稿件离不开人情味

（一）人情味有助于唤起读者在心理上的接近与共鸣

"人情味是使新闻报道变得扣人心弦、引人入胜的重要因素。这是因为它具有强化剂的功

① 陶健．"两难"境遇下的抉择与方法：中国新闻奖一等奖作品《短短一个月"拒资"十亿元》采写心得．新闻记者，2011（1）．

能，能调动受众的思想感情，引起精神上的共鸣。”①

众所周知，只有与人相关的活动，才能称得上有价值的新闻事实的构成要素。如果偏离人的角度，任何报道都将会失去特有的关注度，从而难以产生应有的社会效果。在这一点上，我们的媒体表现出了应有的重视，在新闻报道中时刻把握对人的关注。可是，单纯做到从“人”的角度出发就够了吗？其实不然。在新闻报道中我们强调“人”的价值，是从新闻的社会服务维度出发的。可要使报道能够起到很好的社会效应，在很大程度上还取决于对事件报道的手法和角度，而这里的人情味则能够帮助报道从心理层面接近广大人民群众，拉近双方的距离，产生更好的社会效果。

从新闻价值上说，具有人情味的新闻，能够引起受众的“共同兴趣”。媒体的记者编辑一定得考虑如何让大多数受众很好地消化我们所制造的新闻成品，如何让他们以一种亲近而又轻松的状态欣赏和阅读我们的报道，所以说，赋予新闻作品十足的人情味是非常重要的举措。只有新闻报道把人情味落实到字里行间的时候，才能从根本上找到一条平衡受众焦点差异化（受众焦点差异化在这里指因职业、文化、阶层不同而产生的对于新闻报道的不同兴趣点）的标准尺度，从而增强新闻报道效果。

（二）人情味能够赋予新闻报道“活”的灵魂

这里强调人情味能够赋予新闻报道“活”的灵魂，通俗来讲就是人情味能够使新闻报道变得鲜活生动、有血有肉，从而增强新闻报道的观赏性。我们在谈到新闻的时候往往会赋予其一种“黑白”色彩，强调其客观性、中立性以及纯粹的“第三人称”性。新闻的这一特点在很大程度上使其自身的观赏性大打折扣。另外，新闻在题材上也存在着多个类别，如经济新闻、体育新闻、社会新闻等。如何使得那些面向特定人群的新闻生动有趣、活灵活现地展现给广大受众，就对新闻报道的方式方法提出了新的要求。一句话，人情味是使新闻报道“活”起来的一个重要途径。

我们这里强调人情味能够使新闻报道变得鲜活起来，并不是说在新闻稿件的撰写过程中大搞哗众取宠、华而不实的东西，更不是堆砌辞藻、肆意填充，而是要在真实、准确的新闻中植入一枝鲜花，凸显生气，增强美感。

下面我们看一则新闻报道，分析一下该报道是如何体现人情味的。该消息获得第22届中国新闻奖一等奖。

就业局长“潜伏”打工探扬州用工

本报讯（记者 胡俭）昨天中午，扬州宝亿制鞋厂，60多名云南曲靖市的务工人员前来报到。欢迎新员工的典礼上，一位戴眼镜、挎皮包的中年男子，从人群中挤上主席台，向乡亲们挥手致意：“我叫陈家顺，曲靖市就业局副局长，去年曾在宝亿制鞋厂打工一个月……”这一句自我介绍，令宝亿鞋厂的新老员工惊讶地瞪大了眼睛。

去年春天，西南大旱，扬州众多企业向云南曲靖等重旱区发出用工“邀请函”。很快

---

① 崔立．浅谈新闻中的“人情味”．新闻与写作，1997（10）．

首批 80 多名曲靖农民来到宝亿鞋厂，陈家顺就是他们的领队，有人称他“工头”，也有人叫他“大哥”，却没人知道他是曲靖市就业局副局长。

原来，曲靖当地百姓很少走出大山，总担心外出受骗受欺负。扬州务工环境究竟咋样？光看招工广告不行。百闻不如一见，百见不如一试，陈家顺自告奋勇当起“工头”，要实地体验扬州的务工环境。

经过一周岗位培训，陈家顺被分配到整理车间，负责打包卸运。一周工作五天，周六加班计发加班费，周五晚上工厂还开展联谊会。八人一间宿舍，有空调、有热水。每月 10 日，工厂按时发薪水，外来员工全部参加社会保险。陈家顺按时拿到首月工资后，向宝亿老总递上自己的名片说：把家乡工人交给你们，放心！他在“打工报告”中这样写道：扬州企业合理工资吸引人，人性管理温暖人，事业发展激励人。随后，一拨又一拨的曲靖农民工被输往宝亿制鞋、川奇光电等企业。

去年 12 月底，扬州市人力资源和社会保障局前往曲靖，将曲靖列为扬州第 58 个外省劳务基地，今年春节前，200 多名曲靖员工被吸纳到扬州经济技术开发区的企业中。

今年春节后，全国各地大闹“用工荒”，扬州经济技术开发区跨省招工，一周招聘签约 1.8 万人，用工计划甚至排到今年七八月份。扬州市人力资源和社会保障局副局长颜军说，扬州园区企业用工缺口 2 万多人，但没有出现“用工荒”，就是因为扬州建立了一批外省劳务合作基地，扬州企业注重待遇留人、感情留人、事业留人。

在昨天的欢迎仪式上，颜军拉着陈家顺的手说：“你的特殊‘打工’经历，就是对扬州务工环境的最好宣传，感谢你啊！”

（《扬州日报》，2011 - 03 - 08）

该报道从事实出发，消息开头就以陈家顺的自我介绍设置了悬念：“我叫陈家顺，曲靖市就业局副局长，去年曾在宝亿制鞋厂打工一个月……”这样的自我介绍不仅让现场的“宝亿鞋厂的新老员工惊讶地瞪大了眼睛”，也一下子调动起了读者的阅读兴趣。接下来消息循序渐进地道出了作为就业局副局长的陈家顺潜伏打工的背景、目的和具体经历，整则消息文笔生动感人，表述层次分明，无论从哪个角度都显示出了十足的人情味。这样的报道不仅有效地抓住了人们的眼球，更深刻地反映了从“用工荒”到“干部如何做官”等具有时代气息的重大社会主题，堪称富有人情味报道的典范。

（三）人情味可以有效增强新闻传播的效果和影响力

清代戏剧理论家李渔在《闲情偶寄》中说：“传奇无冷热，只怕不合人情。如其离、合、悲、欢，皆为人情所必至，能使人哭，能使人笑，能使人怒发冲冠，能使人惊魂欲绝，即使鼓板不动，场上寂然，而观众叫绝之声，反能震天动地。”和戏剧一样，合乎人情的新闻作品才能对受众产生影响力。

当代受众思维活跃，厌恶那种装腔作势的空泛说教和居高临下的指指点点。他们期待从新鲜真实、朴实无华、人情味浓郁的阅读体验中获得新闻信息。这就要求我们要勇于变革新闻观念，强调新闻作品的形神兼备、情趣横生，寓思想性于情趣之中，增强报道的可读性和接受性，进而发挥其影响力。在新闻采写中，无论是从舆论引导者的角度还是从社会服务者的角度都要牢牢把握“以人为本”的理念，重视对于人性的尊重和人世间真挚情感的流露，充分彰显人文关怀精神。

二、纠正对新闻报道的人情味的认识误区

如果把人情味当作一种添加剂，不分青红皂白，不管是否符合新闻真实，篇篇新闻中都来一点“人情味”，那是不足取的，也是从根本上背离了“人情味”的实质——“以人为关注点”。

（一）新闻的人情味不是盲目迎合受众的一切需求

我们提倡在新闻报道中应体现出一定的人情味，而这种人情味是有着特殊的概念界定的。强调人情味，是要求新闻充分反映广大人民的喜怒哀乐、思想感情和精神风貌，鞭挞那些违背人情的丑恶现象。

新闻要多一些人情味，绝不意味着用报道去迎合少数受众的低级趣味，更不是用色情、暴力之类耸人听闻乃至刺激人欲的货色来招徕受众。在传媒市场化的进程中，低俗、恶俗、庸俗的东西短时间里可能会抓住人们的视线和注意力，但其最终的代价必将是受众的怀疑、厌恶和唾弃。

（二）新闻的人情味不能背离新闻客观真实的基本要求

在本章的论述中，我们处处提及“客观准确”，足见真实性在新闻撰写过程中的分量大小。可以说，新闻的真实性是其他所有新闻特性的基础，如果没有新闻的真实，其他的所有属性也将毫无意义。谈到这里，我们就不得不提到一点：我们重视新闻报道的人情味，但这种人情味必须建立在新闻事实客观准确的基础之上。

从新闻的定义中我们可以看出，新闻不允许存在夸张失实的成分。而这一点却恰恰是新闻报道在凸显人情味过程中常常陷入的误区。很多记者编辑在稿件的撰写过程中为了使报道鲜活生动，往往受到“基本事实准确即可”的思想驱使，人为地介入事件当中，安排一些情节，甚至不惜操控采访对象做出一些所谓的感人细节，这样的做法显然违背了新闻的客观、真实性原则。

三、如何在新闻报道中体现人情味

人情味作为优秀新闻稿件的基本构成要素，在新闻报道的效应发挥方面起着至关重要的作用。要表现人情味，实际就是要善于抓住人们最关心的事件、场面、细节等，深入探索社会、生活，努力挖掘各种与“人的感情”有关的事实。具体来说，可以从以下几方面入手：

（一）从群众视角、民生视角进行新闻报道的采写

一份好的报纸，一定是群众爱看并且能够看得懂的报纸；一档好的节目，一定是观众乐于

关注并且能够对观众起到积极作用的节目。作为媒体，最悲哀的莫过于自己的新闻产品得不到广大人民群众的认可。造成这种状况的原因有很多，其中非常重要的一点就在于其作品本身缺乏十足的人情味。所以人情味实际上反映的是新闻采写者在观察问题、写作新闻时的立场和视角问题。如果采写者站在了人民群众一边，他的作品就会自然而然地具有人情味，反映问题的角度也就会是人民群众的角度，这样他的新闻作品肯定会得到人民的认可与欢迎。

民生视角和群众视角要求新闻要在感情上与人民大众靠得近些、再近些，多反映普通人的思想、感情、愿望、呼声以及他们的活动。新闻只有真正反映出生活的丰富多彩，才能具有人情味。同样，只有感情上与人民群众靠近，新闻才能获得大众的信赖和喜爱。目前全国新闻战线组织开展的“走基层、转作风、改文风”活动，其目的就是要通过对民生视角的把握，走访基层群众，写出百姓题材，创作出反映群众现实生活的具有人情味的新闻作品。

（二）善于用细节展示来反映新闻人物或事件的真相

细节是新闻报道的重要组成部分，也是最能凸显新闻人情味的手段。实践证明，细节不仅能够深化主题、显示生活哲理，还能通过烘托环境气氛来增强作品的现场感和艺术感染力。生动有趣、富有人情味的细节，会使人感到轻松活泼、平易亲切，作品的可读性和感染力也会大大增强。因此，新闻工作者应善于搜集与事件、人物相关的细节来反映事物的真实内涵。

以《“最美司机”吴斌：普通人创造“爱的奇迹”》为例：

新华网杭州6月4日电（记者 周竟）若不是一场“飞来横祸”，“最美司机”吴斌将在5月29日傍晚回到杭州的家中，和妻子汪丽珍看一场电影，第二天休息一下，然后31日飞往云南丽江，补过他们的结婚纪念旅行。为了这场旅行，吴斌请了5天的年假，而汪丽珍从半个月前就开始做旅行攻略。

这原本是这对结婚18年的夫妻第一次一起坐飞机出门旅行，他们对传说中浪漫、神秘的丽江充满了向往，而吴斌却在这个重要的时刻对妻子“食言”了。

“这将成为我终生的遗憾，我只能和他在天堂重逢后才能手牵手去看风景了。但是想到他救下了24个生命，他走得不算很冤枉。”汪丽珍守在丈夫旁，一遍又一遍地翻着他生前的照片。

吴斌，这个普通到不能再普通的名字，几天来传遍了中国，震撼着每个人的心灵。网民们说，对他的敬佩再华丽的语言也无法表达。英雄已逝，但人们记下了他用生命诠释责任和敬业的1分16秒：在高速公路上，数斤重的铁片突然从天而降，冲破挡风玻璃后又刺入了吴斌的腹部，瞬间肝脏碎裂。虽然身受剧痛，他却依旧完成了靠边停车、拉手刹、打开双闪灯等一系列动作。

“这真的不是一般人能做到的。”吴斌的亲人、朋友、同学，以及素不相识的人从四面八方赶到他的家中吊唁，这是他们说得最多的一句话。

“只可惜走得太早了。要是他能挺过来该多好。”很多杭州市民还带来了花圈，整整齐齐地摆放在吴斌住所的楼下。他们喃喃着，默默地抹去眼角的泪水。

大家舍不得吴斌走，甚至抱怨命运对他不公。这不仅因为他救下了整车的人，而且因为在他生前，在家人、同事和朋友眼中，吴斌都是一个“挺好的人”。

这篇新闻之所以能够打动人，就是因为整篇稿件中充满了浓浓的人情味。从一开场没有“飞来横祸”的假设入手，为我们展示了一个普通人未来几天的生活轨迹，到妻子一遍遍翻着吴斌的照片说出的话，再到网民、亲人、朋友和普通市民所说的话，诸多的话语细节为我们呈现了一个普通人凭着“敬业”“责任”所创造的“大爱”奇迹，每一句评价都深深震撼着读者的灵魂。

（三）对于新闻人情味的强调要注意“度”的把握

新闻报道中的“人情味”是把双刃剑。一方面，它可以通过细节报道和平民化视角缩短媒介与大众的距离；但另一方面，如果人情味报道尺度拿捏得不够准确，或不讲原则地放纵人情味，非但不能实现良好的传播效果，还会偏离媒体“以正确舆论引导人”的宗旨，使新闻报道偏离事实，陷入煽情化、娱乐化的泥沼，最终导致媒体公信力和可信度的降低。

2012年朱军在接受采访并被质疑在《艺术人生》中太过煽情时说：“现在回过头看可以自豪地说：‘说我煽情是在表扬我。’如果说朱军在《艺术人生》里流泪是煽情的话，再看看现在的节目里的眼泪那是什么？我们是真心流露。但我感觉现在的节目都在哭，找对象的在哭，谈恋爱的在哭，选秀的也在哭，有时候看了半天，我都不知道为什么会哭。”这段话无疑是对当下媒体无止境煽情的最好诠释和警示。因此，对人情味报道尺度的把握非常重要，需要传播者遵循新闻专业主义精神和新闻价值观，恰如其分地把握新闻报道中人情味的“度”，避免煽情和滥情引发受众的反感和抵触。

总之，时代呼唤着鲜活的新闻，无论新闻朝哪个方向发展，报道终归要直面广大人民群众。优秀的新闻报道离不开人情味，为此新闻工作者必须脚踏实地、深入丰富多彩的社会生活中去，努力挖掘深藏于其中的人情世态，拓宽报道领域，淋漓尽致地反映社会生活的丰富画面，有效发挥新闻报道应有的社会职能。

【本章小结】

新闻事业从诞生开始，就致力于新闻信息的采集与传播，优秀的新闻作品是联结传播者和受众的重要纽带，也是保证信息顺畅流动的关键。

虽然有可能使用不同的文字来表达，但是判断新闻作品优秀与否的基本标准在全球新闻界中早已形成和达成了某种常规和共识。

真实性是新闻的第一生命。准确、完整代表着真实性原则在不同层面上的要求。简洁、清晰是当下信息爆炸时代提高新闻可读性的保障，也是新闻工作者的追求。带有操作技巧性质的客观、独立、人情味是获取较好传播效果的重要元素。

【思考题】

1. 如何理解新闻真实性的两层含义？
2. 新闻报道怎样做到以情感人？

3. 新闻如何做到简洁、清晰？

【推荐阅读书目（或视频、网站等）】

1. 李良荣．新闻学概论．3版．上海：复旦大学出版社，2011.
2. 里奇．新闻写作与报道训练教程：第6版．北京：中国人民大学出版社，2012.
3. 门彻．新闻报道与写作：第9版．北京：华夏出版社，2004.

第二章

中、西优秀新闻作品评判标准解读

【本章学习要点】

中国新闻奖的评奖标准及设立意义

美国普利策新闻奖的评奖标准

中美两国最高新闻奖背后的新闻价值观比较

在第一章中我们重点探讨了优秀新闻作品的一般构成要素，真实全面、客观公正、富有人情味是衡量一篇新闻作品优秀与否的基础标准。但是，在不同的国家和社会语境中，人们对优秀新闻作品的选择又显示出了较大的差异。中国新闻奖具有鲜明的中国特色，展示着中国的新闻评判标准；普利策新闻奖在西方颇具影响力，直接体现着西方的新闻评判标准。本章将对中国新闻奖和普利策新闻奖的评奖标准进行比较性解读，进一步挖掘不同社会、文化语境下主流新闻价值观念的差异及成因。

第一节　中国新闻奖评奖细则解读

中国新闻奖是经中共中央宣传部批准的全国优秀新闻作品最高奖，前身是 1980 年开始评选的全国好新闻奖，自 1991 年改名为中国新闻奖，由中华全国新闻工作者协会主办，每年评选一次。中国新闻奖“旨在检阅我国新闻工作年度业绩”，是在新闻界和社会上权威性、影响力最大的新闻奖项。

中国新闻奖评选对参评作品的总体和分类要求都有明确标准。解读中国新闻奖的评奖细则可以让我们明白中国当代语境下优秀新闻作品的标准，还可以让我们在获奖新闻作品解读中体会新闻采写者的思维方式及写作技巧。

一、以马克思主义新闻观为指导

2016 年 1 月 7 日，中华全国新闻工作者协会印发的《中国新闻奖、长江韬奋奖评选办法》

开宗明义地谈到评奖活动的宗旨：

> 开展中国新闻奖、长江韬奋奖评选活动，旨在检阅我国新闻工作年度业绩，表彰德才兼备的优秀新闻工作者，展示新闻战线“三项学习教育”活动和“走转改”活动成果，发挥优秀新闻作品和优秀新闻工作者的示范作用，引导、激励广大新闻工作者坚持马克思主义新闻观，继承和发扬党的新闻工作优良传统，践行社会主义核心价值观，坚持新闻规律，弘扬职业精神，恪守职业道德，促进新闻媒体多出精品、多出人才，推动我国新闻界建设政治强、业务精、纪律严、作风正的高素质队伍，推进新闻事业更好地为人民服务、为社会主义服务、为全党全国工作大局服务。

这个宗旨描述，不管是对优秀新闻作品的选择，还是对优秀新闻工作者的表彰，其目的都是要进一步弘扬和鼓励马克思主义新闻观。那么马克思主义新闻观的具体内容又是什么呢？我们可以从马克思和恩格斯对党报党刊的认识中去理解①：

第一，党报党刊是党的重要思想武器和政治阵地，是党存在和发展的标志。

第二，党报党刊必须遵守和阐述党的纲领和策略，按党的精神进行编辑工作。

第三，党报党刊应当真正代表和捍卫无产阶级和人民大众的利益，成为他们自己的报纸。

第四，党报党刊要成为党内批评的强大武器，敢于开展新闻批评是一个党有力量的表现。

第五，党报党刊要处理好与党的领导机关的关系，在党的领导和监督下开展工作。

第六，党组织要加强对党报党刊工作的领导和监督。

以上六点清楚地阐释了马恩无产阶级政党报刊特别是党报理论，在马克思主义新闻观下，党报党刊必须成为党的重要的思想武器和政治阵地，要坚持党性原则，必须遵守和阐述党的纲领和策略。以马克思主义新闻观作为评价标准的中国新闻奖必然要奉行政治至上的原则，新闻工作最终要实现的是为人民服务、为社会主义服务、为全党全国工作大局服务的目的。

二、正面宣传为主，强调舆论导向

《中国新闻奖、长江韬奋奖评选办法》在评奖标准中的第一条就是“以邓小平理论、‘三个代表’重要思想和科学发展观为指导，坚持为人民服务、为社会主义服务、为全党全国工作大局服务，贯彻团结稳定鼓劲、正面宣传为主的方针，坚持正确舆论导向”。

（一）正面宣传为主的方针

中国新闻奖的获奖作品中，表扬好人好事的典型报道以及正面报道经济形势、经济政策、经济改革的稿件始终占据绝大多数，而揭露批评的所谓“负面报道”和舆论监督类稿件则始终占少数甚至空缺。很显然，这一评价标准与我国始终坚持以“正面报道为主”的新闻政策有关。

在我国的传统新闻价值观中，注重追求“和谐”的舆论环境，强调新闻传媒的舆论导向功能，正面宣传必须占主导地位，批评与揭露性的报道只能占次要地位。② 甚至一些新闻媒体中

---

① 郑保卫．马克思主义新闻观的发展与创新：上．新闻前哨，2002（1）.

② 顾广欣．从中国新闻奖评选看我国主流新闻价值观：中国新闻奖十年综述．新闻知识，2008（4）.

流传着不成文的规定："正面报道与负面报道，7∶3 或者 8∶2 的比例。"

在历届中国新闻奖评选中，典型性报道占有很重的比例。典型性报道既包括先进人物的报道，也包括先进集体、先进事迹的报道。这些报道，有的是根据上级中心工作或受众的反应，由新闻机构着意形成的；有的是由于某些事物备受青睐，引起各新闻机构共同注意而形成的；还有的是上级主管部门或主要负责人指定的，认为某人某事某机构具有推广意义而令新闻传媒共同突出报道。回顾近十年的获奖作品，如第 13 届中国新闻奖中关于郑培民的报道，第 14 届关于许振超、钟南山的报道，第 15 届关于任长霞、牛玉儒的报道，第 16 届关于孟二冬的报道以及第 17 届关于丁晓兵、华益蔚等典型人物的报道，第 18 届关于方永刚、王洪军的报道，第 19 届关于吴兰玉老人的报道，第 20 届关于沈浩、陈竺的报道，第 22 届关于陈家顺的报道，一以贯之的正是"以典型榜样打动人鼓舞人"的意图，体现了中国典型人物报道推崇的"榜样的力量是无穷的"这一宣传理念。

正面宣传的方针对负面信息的新闻报道价值取向也有着直接的影响，其中最突出的是灾难性报道的视角选择问题。新闻角度是记者在采访写作中认识和表现新闻事实的着眼点和侧重点。它意味着记者从什么立足点、什么视角、什么突破口去寻找、挖掘、认识和表现新闻事实。长期以来，我们对灾难性报道多采用正向视角。面对洪水和灾害，绝大多数媒体会倾向于采取负面题材正面操作的采写思维，侧重报道人们勇敢面对灾难、抗击灾难的精神，越是大的灾难越是会出现大的英雄。不管是 1998 年的抗洪报道、2003 年的抗击"非典"报道，还是 2008 年的抗震报道，无一不是跳出灾难本身，将众志成城的斗争精神作为报道重点。在这一方面，我们和西方灾难性报道偏重于对灾难无情、人性脆弱等进行展示的报道理念形成了鲜明的反差。

（二）坚持新闻的舆论导向

舆论作为公众的意见，代表的是社会上大多数人对某种事态或问题公开表达的带有倾向性的意见。因其主体的群众性，舆论往往产生一种强大的精神力量。这种精神力量乃是物质力量无法替代的，因此马克思主义新闻观对舆论导向问题高度重视。"新闻报道以客观事实为基础，但对客观事实的选择、加工、提炼的过程却是人的主观意识作用的过程，都体现出导向。"① 新闻报道本身内含导向，所以中国新闻界长期以来流传着一句话：导向是新闻的根本，正确导向是新闻的灵魂，是增强新闻媒体指导性和权威性的根本保证。这也就是说，在诸多新闻人的理念和认识中，导向问题通常被视为评价一篇新闻作品的重中之重。

"如果一个新闻作品只是具有新闻价值（哪怕是很高的新闻价值），而不具备有利于社会这样一种社会价值，那么，它就会被认定为导向发生了问题，因而不可能得到社会主流价值观的认可，当然更不可能成为中国新闻奖的获奖作品。"② 在第 19 届中国新闻奖的评选中，通讯作品《"我要做一个诚信的人"》围绕一个年迈、衰弱、贫困不堪的 74 岁老太太，为了救治患肾病的儿子，欠下 5.5 万元的债，在亲人先后去世后，每天靠捡废品、打零工、挖废钢渣为生，

---

① 翟惠生．导向是根本　真实是生命　特色是活力所在．中国记者，2010（12）．

② 丁柏铨，刘会．中国新闻奖获奖作品的价值取向分析．新闻传播，2007（6）．

用9年的时间攒钱还债的感人故事，传递出了做人要讲诚信、要讲道德的主题思想，对读者具有启迪和教育意义，发挥了积极的舆论导向功能。

在今天社会文化和思潮日趋多元、开放的社会，各种利益阶层和力量都会发出自己的声音，并试图通过新闻媒体来影响和争夺社会舆论的支持，最终实现和维护自己的目的和利益。在这样的背景下，加强和提升舆论导向能力显得尤为重要。在第27届中国新闻奖的评选中，文字通讯《弄潮儿向涛头立——习近平主席出席二十国集团领导人杭州峰会系列活动纪实》被评为特别奖。这篇稿件之所以能够得奖，正是因为该报道一开始就具有浓厚的国际舆论导向意识。“稿件立意高远，意象独特，以‘弄潮儿’寓意走到世界舞台中央的中国和中国领导人，紧扣‘习主席的G20杭州时间’，翔实记录习主席在杭州80多个小时里密集主持会议、发表演讲、会晤外宾中的精彩时刻，展现习主席为峰会做出的贡献，反映国际社会对峰会的肯定和对习主席的好评。”[①] 这篇稿件被国内外媒体广泛采用，充分发挥了舆论引导的作用。

三、突出重大主题，彰显时代精神

（一）突出重大主题

“中国新闻奖的评选，在题材的布局上，不是漫无目的的，碰到啥算啥的，相反，它是把握主题的，这个主题体现了党和国家最主要的任务和重大事件，也可以说就是做历史走向的记录。”[②] 正是这一定位，赋予了中国新闻奖鲜明的政治色彩。

“一篇新闻的质量高低、价值大小，首先要看主题选择、提炼和深化得如何。”[③] 回顾历届的获奖作品，其题材选择大多集中在了当年的宣传热点和关乎国计民生的所谓重大主题方面。例如1998年第9届中国新闻奖特别奖的全部6件作品的主题都是抗洪抢险，这显然与那一年夏天那场百年不遇的洪涝灾害密切相关。在第10届中国新闻奖获奖作品中，国庆50周年的报道占了5篇，南联盟战争及北约轰炸我驻南使馆的稿件有4篇。第14届中国新闻奖的热点报道则集中在抗击“非典”（5篇）和伊拉克战争（4篇）上。在第17届中国新闻奖获奖作品中，涉及重大事件、重大问题和重要人物方面的题材也占了较大比例，具体内容包括纪念长征胜利70周年，报道时代英雄丁晓兵、青藏铁路通车、县乡人大换届选举、金融改革、荣辱观教育，反映环境治理中的问题，等等。由此可见，在中国新闻奖评选中，事件的重要性和题材的重大性与作品的评优等级是紧紧联系在一起的。

还有研究者指出了一个值得关注的现象，评奖中“关注国家领导人和政治人物的稿件获奖概率较高”。这一特点在每年的中国新闻奖获奖作品中都有明显体现。如第10届的广播专题《朱总理和我们心连心》，第13届的摄影作品《新任总书记胡锦涛面对世界聚焦》、电视消息

---

① 新华社．弄潮儿向涛头立：习近平主席出席二十国集团领导人杭州峰会系列活动纪实．（2017-06-19）[2018-02-19]．http：//www.xinhuanet.com/zgjx/2017-06/19/c_136361571.htm.

② 中国新闻奖评选委员会办公室．中国新闻奖作品选（1991年）．北京：新华出版社，1993：6.

③ 刘保全．主题重大角度新颖：评第21届中国新闻奖消息一等奖作品《平潭大开发，共筑两岸人民美好家园》．新闻与写作，2012（4）.

《温副总理带灾区孩子上课》，第 14 届的电视消息《北京有个总理也是你的亲人》，第 15 届的电视消息《胡锦涛在河北考察工作》，第 16 届的网络专题《网民感动总理　总理感动网民——总理记者招待会网上问答》，第 17 届的广播系列《情满旱塬——温家宝总理中部干旱带考察纪行》、电视消息《胡锦涛同延安老区人民共迎新春》，第 27 届的文字通讯《弄潮儿向涛头立——习近平主席出席二十国集团领导人杭州峰会系列活动纪实》，等等。“报道对象职位的高低和地位的重要性在一定程度上增大了作品的获奖几率，当然，这也暴露出中国新闻奖‘官本位’色彩较浓厚的特点。”①

对重大主题和主要政治人物的偏爱，体现了中国新闻奖在弘扬主旋律、服务党和国家工作大局等方面对媒体作用的重视和引导。

（二）彰显时代精神

新闻是“重要事实的报道”。记者的职责就是把握时代的脉动，记录重要的事实。因此，每年的获奖新闻作品尤其是典型报道无不强调对时代精神的打造和弘扬。“自新中国至今推出的所有典型人物，无不带着深刻的时代烙印，是时代的需要将这些典型人物从阶级、阶层和人群中呼唤出来的。所谓的典型意义，很大程度上是由不同的时代特征构成。不同时代的不同特征决定了在同类别中，这个典型人物与那个典型的差异。”“任何典型人物，如果不用时代进行透视，不去深入挖掘内在主题，那么这位典型人物的生命力是不会持久的。”② 焦裕禄、雷锋、张海迪、孔繁森等典型人物显然都是在彰显各自时代的特征。

同样是《光明日报》推出的知识分子典型，20 世纪 80 年代的蒋筑英和 21 世纪的孟二冬却代表了不同的时代旋律：对蒋筑英的报道展示的是经历“文化大革命”磨难而对党对祖国矢志不渝的科技精英形象；对孟二冬的报道针对的则是社会主义市场经济环境下教师队伍中滋生的种种教育乱象，强调的是市场经济大潮下坚守教师操行的特殊意义。在这种意义上，任何一个能够深入人心并为大家所铭记的典型人物代表的都是他所处时代的精神和灵魂。

四、业务层面的基本要求

（一）确保内容真实

毋庸置疑，真实性是新闻的生命，也是整个新闻报道的原则，是每个新闻工作者最基本也是最重要的要求。新闻的真实性，要求新闻报道必须合乎客观事实。报道的内容必须确有其事，真实可查。任何虚构的、主观的因素都与新闻报道的真实性要求背道而驰。中国新闻奖评选标准中强调参评作品要“内容真实，具有新闻价值，社会效果好”，同时还要做到“新闻性、时效性强，主题鲜明，富于创新，语言文字生动，制作精良”。这两点要求应该是对新闻作品在业务层面所做出的最基本要求。

---

① 顾广欣．从中国新闻奖评选看我国主流新闻价值观：中国新闻奖十年综述．新闻知识，2008（4）．

② 尹韵公．中国新闻奖青睐什么样的报道．军事记者，2007（2）．

中国新闻奖的评奖办法也将内容真实视为优秀新闻作品应该具有的首要品质，评奖办法中明确指出："有错别字和标点符号错误的作品不得获一、二等奖，有病句、新闻要素不全、事实性错误的作品不得获奖。"同时，严禁、杜绝各类参评作品弄虚作假的行为，凡发现参评、获奖作品和相关申报材料存在篡改、伪造等严重违规问题，经核实确认后都要严肃处理。

从2006年开始，中国新闻奖在评奖前后都会将参评作品在网上公示，接到造假的举报后立即采取措施，以维护全国新闻界新闻作品最高奖的权威性和纯洁性。为了获取荣誉不顾新闻的真实，甚至为了评奖重新修改、编辑、制作参评作品的均被视为造假行为。2011年第21届中国新闻奖评选结果公示期间有13件作品遭到举报，经过核实后撤销了3件作品的一等奖。

（二）强调报道时效

在真实的前提下，中国新闻奖对新闻时效性也有很高的追求。无数事实证明，新闻发生的时间与刊出的时间距离愈短，价值愈大，相隔太久就会变成历史。同一新闻，其价值与发生及刊登相隔之时间成反比。相隔之时间愈短，则新闻价值愈大，愈长则愈小。在全球经济一体化的今天，政治、外交、军事、文化信息的传播，时刻处在激烈的竞争中，新闻更是如此。时间要以小时、分钟甚至是秒来计算。倘若迟发一步，就可能沦为毫无意义的"旧闻"。

第21届中国新闻奖的评选中，刊登在《人民日报》2010年4月5日一版上的消息《179小时，王家岭见证生命奇迹》一文，荣获消息一等奖，很好地诠释了新闻时效性的重要。2010年4月5号凌晨30分，《人民日报》编辑组获知发生事故的王家岭煤矿首批矿工成功升井，立刻采取措施与前方记者联系核实，了解情况，打破《人民日报》刊发中央领导新闻必须送审的惯例，抢在新华社之前在头条位置刊发中央领导对矿工的慰问电。

我们来看一下这则新闻作品：

179小时，王家岭见证生命奇迹

本报山西乡宁4月5日凌晨电（记者安洋、刘鑫炎）经过179个小时全力救援，截至凌晨1时15分，王家岭煤矿透水事故首批9名获救者被陆续抬出井口，送往位于河津市的山西铝厂职工医院。据医务人员介绍，9名获救者意识清醒。

零时40分，获悉4名矿工获救升井后，中共中央政治局委员、国务院副总理张德江发来慰问电，代表党中央、国务院，代表胡锦涛总书记、温家宝总理，向获救矿工表示亲切慰问，向所有参加救援的同志们致以崇高的敬意。希望同志们再接再厉、争分夺秒，继续加大救援力度，全力以赴解救被困矿工。

以人为本，生命至上。华晋焦煤公司王家岭矿3月28日发生透水事故以后，党中央、国务院高度重视，胡锦涛总书记、温家宝总理立即作出重要指示，要求采取有力措施，调动一切力量和设备，千方百计抢救井下人员，严防次生事故。受胡锦涛总书记、温家宝总理委派，张德江副总理于事故发生次日凌晨紧急赶到现场，指导抢救工作。

国家安全监管总局、山西省委省政府认真贯彻落实中央决策部署，主要领导立即赶到现场指挥抢险救援，按照抽水救人、通风救人、科学救人的要求，全力组织抢救。一方有难、八方支援，社会各方力量迅速集结，全体救援人员发扬不怕疲劳、连续作战的精神，不抛弃，不放弃，奋战7天7夜，成功救出首批9名被困矿工，创造了奇迹。

截至记者发稿时，救援工作仍在继续紧张进行。矿井深处还不断传来声声敲击管道的生命之音。

这篇消息在中央级平面媒体中，在第一时间，率先抢占“第一落点”，以大量的信息报道了受困矿工获救的现场和细节，体现了党报在突发事件中的舆论引导力，得到了读者和新闻界的广泛好评。

（三）篇幅精短、文风平实

第23届中国新闻奖评奖办法要求参评作品要落实“三贴近”要求，关注体现“走转改”精神、努力改进文风的作品，在同等条件下，优先考虑短、实、新的作品。

提倡写短消息，就是要改变新闻报道冗长的文风，换之以短小、鲜活、新颖的报道形式。这不但符合新闻改革与发展的目标，而且符合信息时代受众对媒体的要求，以及在快节奏的生活环境中受众接收新闻信息的特点和习惯。2010年中国新闻奖评选中获得消息类一等奖的《短短一个月　“拒资”十亿元》就是一篇短消息，全文仅有795字。但初稿写成时有1 200多字，时任《解放日报》总编辑的裘新看完后建议将稿件篇幅压缩至1 000字以内。于是记者对稿件进行了再次修改，删除了一些不必要的语句，将稿件压缩到950多字。随后，部门编辑、夜班编辑和总编辑又进行了三次修改，最后以795字在2009年12月4日《解放日报》头版头条位置见报。从1 200多字到795字，其实是一个“排除水分”的过程，努力用最精练的文字、最简短的篇幅，将最重要的信息传递给读者。

中国新闻奖鼓励并提倡平实文风，倾向于内容上言之有物、形式上平易精练的新闻稿件，对各类作品做出了篇幅上、时长上的硬性规定。文字类作品字数以Word“字数统计”栏“字数”项为准。其中，消息类作品不超过1 000字（含标点符号，下同），评论类作品（包括文艺评论、杂文、网络评论）不超过2 000字，通讯类作品不超过3 000字，系列（连续、组合）报道类平均单篇作品不超过2 000字，报告文学不超过8 000字，特写不超过3 000字，新闻论文不超过6 000字。

广播、电视消息类作品不超过4分钟，系列（连续、组合）报道类平均单件作品不超过8分钟，访谈类作品不超过1小时；广播评论类作品不超过15分钟，电视评论类作品不超过40分钟，广播专题类作品不超过30分钟，电视专题类作品不超过45分钟。

2017年，中国新闻奖已经进入了第27届评选。从1991年至今，走过27年的中国新闻奖在固有的价值取向没有大转变的情况下，也显现出了与时俱进的特点。

从奖项设置上来看，首届中国新闻奖评选办法规定的电视奖项仅有四类：消息、评论、新闻专题节目和新闻性节目编排。第7届起增设“系列报道”（包括连续报道和组合报道）；第10届起增设“现场直播”；第15届起增设“新闻名专栏”；第16届中国新闻奖评选时，把网络新闻作品纳入评选范围；第17届起增设“新闻访谈”；第19届中国新闻奖评选设有28个奖项；第20届时又新增加了一项国际传播类奖。

有学者指出：“中国新闻价值观之重要性乃置身于国计民生、国富民强、国之安定等以‘国’为主、以‘国’为重的政治伦理判断之中，‘先天下之忧而忧，后天下之乐而乐’是为中国记者之‘道义’。长期以来，‘家国同构’的社会结构使传媒习惯于用同一的视角关注同一重大问题，对国之重要便是对家之重要，政治意义之重大便是新闻价值之重大。”① 中国新闻奖评奖办法和历届评选出来的获奖作品，集中体现了中国语境对于优秀新闻作品的选择标准和新闻价值取向。

第二节 普利策新闻奖评奖标准解读

普利策奖是由美国哥伦比亚大学普利策奖金评选委员会评定、颁发的综合类奖，1917 年起每年春季颁发一次。目前，普利策奖分为两大类共 21 个奖项（14 个是新闻奖，7 个是文学、戏剧和音乐等创作类奖）。普利策新闻奖在历史发展中逐步成为美国新闻界的最高荣誉奖，奖励项目也由最初的 1 项增至 14 项，现在所设奖项有：(1) 公共服务奖；(2) 突发新闻报道奖；(3) 调查性报道奖；(4) 解释性报道奖；(5) 本地新闻报道奖；(6) 全国新闻报道奖；(7) 国际新闻报道奖；(8) 特稿写作奖；(9) 评论奖；(10) 社论写作奖；(11) 批评奖；(12) 漫画创作奖；(13) 突发新闻摄影奖；(14) 特稿摄影奖。

一、秉承、坚守新闻业的公共服务性

（一）美国新闻界的公共服务传统

中国的新闻媒体一直被纳入国家行政权力的政治运行机制之中，强调新闻宣传为党服务，为社会主义服务的宗旨。在西方，媒体通常被视为一种独立的权力，它既独立于政党，也独立于政府，并被誉为立法、行政、司法之外的第四种权力。作为企业，媒体在追求商业利益的同时无不强调其作为社会公器为公共利益服务的宗旨。在西方，媒体一直被奉为“社会公器”，强调其作为社会公共利益的守护神，促进社会发展的公共服务色彩。

公共服务性的传统在美国新闻史上有着深厚的历史积淀，迈克尔·舒德森曾总结出美国新闻史上三种与民主政治相关联的新闻模式：“第一，市场模式，即以商业利益为目的，并不关心民主政治，却几乎支配了所有地方电视台；第二，鼓吹模式，将新闻事业看作是政党的附属机构而不是自治实体，这一模式长期服务于民主政治，但如今已经入故纸堆中；第三，托管模式，将新闻工作者视作托管公共利益的专家，其肇始的标志是 19 世纪晚期‘报道优先于评论’操作理念的确立，成熟的标志是 20 世纪 20 年代专业的伦理规范和以客观性为核心的意识形态、公共服务的目的等原则建立，达到顶峰的象征是 20 世纪 50 年代和 60 年代后的越南战争和水门事件。”② 普利策新闻奖则将公共服务奖列为美国新闻奖的第一项，明确体现了美国主

---

① 张卓．搜索传统 走向沟通．国际新闻界，2000 (2).

② 格拉瑟．公共新闻事业的理念．北京：华夏出版社，2009：7.

流媒体倡导和遵守的公共服务原则。

对公共服务奖，普利策奖委员会的界定是报社通过运用其新闻资源和新闻报道（包括社论、漫画、摄影图片和在线资源等）所提供的值得称赞的杰出的公共服务。“普利策公共服务奖作品关注的重点在于公共服务机构及公共事务这些与公众有着密切关系的组织及事务。对公众关心和关系到公众利益的各类问题的持续关注和不断报道，促使政府、公共服务机构及企业以公众利益为最终服务目标。美国媒体在披露事情真相的同时，还引导解决问题，最终引起政府内部的调整或对某一项政策的修正及改革，甚至引起全世界范围内的关注和改革。”① 这类报道的结果常常伴随着国会新法案的通过和实施，最为著名的就是《纽约时报》关于五角大楼文件的报道和《华盛顿邮报》的水门事件报道。

事实上，“从约翰·弥尔顿大力宣传新闻出版自由以来，新闻媒体就一直尝试着充当公众、充当社会代言人的角色，尽管历经政党报刊、黄色报刊的不同发展阶段，这种尝试和努力始终没有停止过，实际上，无论是从新闻媒体还是从一般受众来看，具有社会责任、代表公众利益，传媒是具有义不容辞的使命的，众多的媒体也早已经将自己归列为社会公器的一类”②。

（二）普利策新闻奖的“公共”和“公众”理念

普利策新闻奖最初拟议的 4 项新闻奖的内容直接体现着“公共”和“公众”理念：“（1）当年任何一家美国报纸所作出的最无私和最有功绩的公共服务，一枚价值 500 美元的金质奖章；（2）上一年美国报界对公众的最佳服务史，1 000 美元；（3）当年撰写的最佳社论，其测评标准是条理清晰、道德高尚、推理无误和在正确的方向上对舆论具有影响力，500 美元；（4）当年某个记者工作的最佳范例，其测评标准是高度准确、文笔洗练、对公共福祉有所增进、获得公众的关注和尊敬。”③ 在普利策公共服务奖将近百年的发展历程中，其作品将维护公众利益放在首位，无论是提出建议还是鞭笞腐败，都是力求政府及公共服务机构能够在服务公众为本的轨道上得以顺利运行。普利策奖委员会在评价公共服务奖作品时多次提到媒体发挥了民间领导人（civic leader）的作用。公共服务奖新闻报道确实在引导社会舆论、纠正社会顽疾方面发挥了引领作用，甚至敢于与政府叫板，最终既保障了公民的基本权利与利益，又使媒体的社会责任得以传承。④

2003 年，普利策公共服务奖授予《波士顿环球报》，因其报道了神父对儿童进行性侵犯，最终引发天主教会改革。2004 年，普利策公共服务奖授予《纽约时报》，因其对美国不法雇主违反工作安全条令，从而造成工人死伤事故的黑幕进行了无情揭露。最终布什政府发布一系列政策，打击持续违反工地安全规定的公司。2005 年，普利策公共服务奖授予《新奥尔良时代花絮报》《比洛克西太阳先驱报》，这两家报纸追究的是政府在组织救灾方面的失职和对穷人不够关注等问题。表 2-1 是 2010—2012 年最近三年普利策新闻奖公共服务奖的获奖作品简况，从中我们不难看出，作为普利策新闻奖的主旋律，“公共服务”早已成为每一个奋战在一线的

---

① 王宇．从普利策公共服务奖获奖作品看美国主流媒体的公共服务观．现代传播，2010（8）．

② 张冉，尹魏，高戈．从社会公器的谬误审视新闻自由．采写编，2004（6）．

③ 展江．普利策新闻奖及其媒体融合时代之变．新闻记者，2012（8）．

④ 同①．

美国新闻记者心中一把衡量新闻价值的标尺。

表 2-1　**2010—2012 年普利策新闻奖公共服务奖获奖媒体及作品**

	2010 年	2011 年	2012 年
获奖媒体及理由	《布里斯托尔先驱信使报》因其在弗吉尼亚西南部地区天然气收费不当和管理不善的问题方面所做的报道和努力，并促使州议员采取补救性的措施。	《洛杉矶时报》因其曝光了加利福尼亚州小城贝尔的政府官员利用职务之便从国库中为自己讨要到了过高薪水的问题，并使得贪污腐败的问题得到治理。	《费城问询者报》以有力的书面描述及视频材料详细描述了校园内孩子欺负孩子的现象甚至罪行，持续关注校园暴力行为，激发了改善教师和学生安全的改革。
新闻标题	The money prison（金钱的牢狱）； The Supreme Court weighs in and nothing happens（最高法院的介入也没有带来任何结果）； The coal industry fights back（煤炭行业的反击）； Series on escrow fund draws praise, criticism（托管基金带来一系列的表扬和批评）	Is a city manager worth ＄800,000?（一个城市的治理需要 80 万美元吗?）； Bell property tax burden second highest in county（贝尔城的财产税位于全县第二）； Bell impounded cars to boost coffers, police say（警方称：贝尔市政府将扣押来的车辆增加收入）； Rizzo loaned Bell's money to firms（里索将政府的钱借给公司）	Climate of violence stifles city schools（暴力风潮侵袭城市校园）； Taking a closer look at the numbers behind school violence（了解校园暴力事件的数字的背后）； Underreporting hides violence（漏报瞒报隐藏了校园暴力）； Violence targets teachers, staff（暴力袭击目标：老师、学校工作人员）； …… Some anti-violence efforts are working（一些反暴力的工作正初见成效）

二、揭丑传统与负面报道

（一）环境预警功能

美国著名政治学家拉斯韦尔在《传播在社会中的结构与功能》一文中明确指出，新闻媒介的首要功能就是环境监测功能。他认为："自然与社会环境是不断变化的，只有及时监控、了解、把握并适应内外环境的变化，人类社会才能保证自己的生存和发展。在这个意义上，传播对社会起着一种'瞭望哨'的作用。"①

19 世纪初，普利策曾经这样解释记者和报业应该发挥的作用："倘若国家是一条航行在大海上的船，新闻记者就是船头上的瞭望者。他要在一望无际的海面上观察一切，审视海上的不测风云和暗礁险滩，及时发出警告。"很显然，在普利策的思想中，这种瞭望者的角色不是轻描淡写地描绘太平世界，其突出的功能在于对"不测风云和暗礁险滩"发出警告的社会预警。

① 郭庆光．传播学教程．2 版．北京：中国人民大学出版社，2011：101.

普利策的传媒瞭望和预警思想，不仅在他自己的办报活动中得到了广泛应用，更通过普利策新闻奖的设立而得到最大范围的推广。通过对普利策新闻奖新闻价值观的分析，可见西方媒体新闻价值观无论在新闻的重要性还是显著性方面，都以新闻题材是否立足公众利益、监测社会环境为主要判断尺度。这种“瞭望哨”作用加上之前我们所论述的为公共利益服务的宗旨，使得美国新闻媒介和记者更为热衷于站在公众立场，对坏消息进行疯狂的追逐，最终形成了美国新闻界的揭丑传统以及与统治者抗争的精神。

（二）揭丑传统成为美国新闻界主流话语

与中国新闻奖倡导的“报喜不报忧”“正面宣传为主”的喜鹊式宣传思想不同，“环境守望和揭发丑闻的传统始终是这一美国最高新闻奖乃至美国新闻界的最大特色”①。

美国新闻界的“揭丑”传统由来已久。在19世纪末20世纪初，美国社会进入了所谓的“镀金时代”，国家经济迅速发展，社会空前富裕，但是急剧的工业化和城市化使社会结构在短期内发生了重大变革的同时，也产生了种种问题，其中社会的腐败成为当时最为严重的问题。在此种背景下，普利策积极倡导运用报纸进行揭露性报道，他认为媒体应该发挥“社会守望者”的角色，优先关注天灾人祸和具体地揭露一个个社会腐败行为是记者们的基本使命——审视“不测风云和暗礁险滩，及时发出警告”②。1883年普利策买下《纽约世界报》，在他主持的第一期《纽约世界报》宣言中指出：“在我们这个日益繁荣的大城市里，需要这样一种日报。这份报纸不仅售价低廉，而且内容丰富；不仅内容丰富，而且篇幅浩大；不仅篇幅浩大，而且充分发扬民主，真正致力于人民的事业，而不为有钱有势者谋利益……它将揭露一切诡诈和无耻，抨击一切社会罪恶和弊端。它将以诚恳的态度为人民利益而奋斗。”③ 他说：“罪恶、卑鄙和腐败最害怕的就是报纸，因为任何法律、伦理和规章制度都无法与报纸相比。”④ 普利策的“揭丑报道”思想潜移默化地影响和支配着美国的新闻价值观以及主流文化思想，“黑幕揭发运动”“乌鸦式新闻”从此主宰着美国新闻思想的主流话语权。

揭丑报道“通常聚焦于公众关心的重大社会问题，意在揭露人所未知的内幕，并敢于向社会权威挑战。这些特点都使它与某些利益集团冲突，并往往遭受各种阻挠甚至是镇压”⑤。罗斯福总统更是将这些专事揭丑的记者比喻为小说《天路历程》中的专门打听丑闻的“扒粪者”(muckrakers)，这个说法在当时语境下带有贬义，显示了政治势力对记者们的揭丑行为总是有着颇多的抱怨和贬损，但是却从另一个层面说明了这类报道的独特魅力和影响力。记者们在揭丑传统的鼓舞下对“水门事件”“五角大楼事件”“克林顿性丑闻”等事件穷追不舍，他们掘地三尺挖掘这些新闻“富矿”并连篇累牍地予以报道，使社会不良现象和行为在媒体的“监视”之下无处逃遁。

2010年普利策奖中分量最重的公共服务奖授予《布里斯托尔先驱信使报》。这家位于弗吉

---

① 展江．2003普利策奖：继续守望“暗礁险滩”．国际新闻界，2003（4）．

② 许光．第89届普利策新闻奖特色评析．新闻知识，2005（6）．

③ 斯旺伯格．普利策传．北京：新华出版社，1989：93－94．

④ 同③64－65．

⑤ 毛晖圆．再现《一个三十年的秘密》：从一篇普利策奖获奖作品看调查性报道技巧．新闻记者，2005（11）．

尼亚州的地方媒体报道了弗吉尼亚在天然气特许权方面的混乱管理，最终促使州议会出台整改措施。

（三）负面报道长期占据普利策奖主场

负面报道大行其道不只是普利策奖的主旋律，而且是整个美国新闻报道的主流。正如有学者指出的，美国新闻界作为环境的瞭望者和监测者，他们瞭望和监测的目标绝不是一马平川和欣欣向荣，作为公众“看门狗”与强权抗衡的社会公器，媒体总是试图通过新闻去揭露和消灭一个个罪恶和社会问题，以期改良并不完善的现实社会。“这就是新闻——全是坏消息”主流报道模式下，负面报道屡获普利策新闻奖。“在 1917 年至 1990 年颁发的 580 项新闻奖中，约有 40%属于此类新闻。另外的 40%奖励战争、犯罪、公民自由、种族关系、政治、自然灾害、国际等方面的报道。”① 美国普利策新闻奖委员会现任执行官西格·基塞勒（Sig Gissler）也曾说道：“战争、灾难、挖掘社会问题、揭露贪污、揭露政府等问题一直是评委们喜欢的题材，不过最常获奖的是揭露腐败或渎职等报道。”②

从 2003—2012 年的普利策新闻奖获奖情况来看，负面消息在奖项角逐上占有绝对优势（见表 2-2）。

表 2-2　2003—2012 年十年间普利策新闻奖获奖作品负面报道所占比例

年份	获奖作品总篇数	负面报道	正面报道	中性报道	负面报道百分比
2003	14	13	0	1	92.9
2004	13①	13	0	0	100
2005	14	10	0	4	71.4
2006	14	11	0	3	78.6
2007	14	14	0	0	100
2008	14②	10	0	4	71.4
2009	14	11	0	3	78.6
2010	14	13	0	1	92.9
2011	13③	11	1	1	84.6
2012	13④	11	0	2	84.6

注：①当年特稿写作奖空缺。②当年社论写作奖空缺。但是调查性报道奖颁给了两家媒体的不同报道：《纽约时报》有关从中国进口的医药和其他产品中有毒性原料的报道，《芝加哥论坛报》政府法规缺陷导致汽车座椅、玩具等召回的报道。③当年突发新闻奖空缺。④当年社论写作奖空缺。

资料来源：根据普利策新闻奖官方网站（http://www.pulitzer.org/）所提供的信息统计。

当然，“这并不表明普利策奖对现实社会完全持否定态度，相反，普利策新闻奖的评选标准显示了美国社会主流价值观，即自由意志、社会责任感、民众知情权、信用、监督权、社会正义与同情心等。一方面，负面报道通过严肃尖锐的揭露与抨击，来促使社会作出一定的改

① 贝茨．美国普利策奖内幕．北京：新华出版社，1993：110-111.

② 刘莉．普利策奖强调新闻为公众服务．东方早报，2005-06-06.

革；另一方面，这些报道在社会功能上也起到了缓解矛盾、维护稳定的'减压阀'的作用"[①]。

不过，普利策新闻奖对负面报道的钟爱也引发过一些批评之声，有人甚至用"丑态毕露"来形容普利策奖，一些美国公民认为媒体过多地报道负面新闻以及煽情性的"腥""星""性"消息，对青少年身心健康造成极其恶劣的影响，还有人揶揄地说："我们的报纸正在迅速变成敞开的阴沟，用暴露出来的腐烂'新闻'污染我们的空气，而这些所谓新闻本该流入通向迅速遗忘之海的下水道。"[②]

三、浓郁的人文关怀色彩

人文关怀起源于欧洲中世纪的人文主义，在文艺复兴时期强调以人为本，尊重人性，强调人的价值。几百年来人文主义的内涵虽在发展变化，但这一传统不变的是，承认人本身就是目的，肯定人性的价值、意义和人的主体性。虽然历届普利策奖的主旋律是严肃、揭丑，涉及诸多负面题材，但是纵向梳理这些获奖作品，对人性的关注、对人的关注无不体现着这一奖项强烈的人文关怀理念和色彩。

（一）聚焦个人生存状况，深刻反映社会问题

"以人为本、个人至尊，是美国社会普遍认同的基本价值观念。由此而衍生出的崇尚个人英雄主义、张扬个性、关注个体、尊重人的情感等等，都在新闻报道中得到了较为充分的体现。"[③]

西方传媒认为重大的新闻应该聚焦于个人的生存状态和环境，对个体之重要便是对国家之重要，社会意义之重要便是新闻价值之重要。与中国媒体相比，它们善于从相异的个体中归纳出一般的规范与原则，它们眼中的"重大"，多以个体为视点，聚焦于人的生存环境和生存状态。因此，它们更习惯深入社会中去发现问题，然后通过个例来反映社会问题。[④] 普利策奖获奖作品无论是报道题材还是报道角度，都与普通民众的生存热点问题相关，呈现出人情味和人文关怀。

2001 年，《迈阿密先驱报》突发性新闻报道奖向受众展示的就是一个年仅 7 岁的小男孩在这次冲突性事件中的遭遇和命运。5 个月的时间内，在美国媒体的报道下，这个小男孩的命运受到了来自世界各地的关注。媒体对小埃连的被救、被亲戚家抚养、抚养权纠纷、移民资格、法院的裁决、被送还父亲身边等一系列事件进行了详细、深入的报道。从移民问题、暴力冲突、民族敏感性问题回归到对一个孩子自身命运的关注，体现出对生命、个人价值取向和选择权的尊重。

2005 年的特写获奖作品《席卷由提卡的飓风》，文章选取的是飓风开始之前的一些普通人物的活动，如气象学家、退休的小学老师、酒吧老板、谷物升降机工人、卡车司机、救火队员

① 李萌．从普利策新闻奖透视美国新闻价值观．新闻记者，2004（6）．
② 弗林特．报纸的良知．北京：中国人民大学出版社，2005：199．
③ 曾建雄，毛家武．略论美国新闻特稿的人情味特色．新闻大学，2004（4）．
④ 王宇．从普利策公共服务奖获奖作品看美国主流媒体的公共服务观．现代传播，2010（8）．

等等。他们在得知飓风消息后的反应各不相同，其中有很多人不约而同地聚集在当地一个小酒吧的地窖里，希冀能够躲过灾难。文章通过大量的人物对话体现了不同个体的性格特征，同时也展现了灾难面前人们互帮互助的团结精神，反映了人们在特定的历史环境或灾难中的人生经历和性格特点，这使得这篇获奖作品从简单地对事、对人的报道上升到对人性和道义层面上的探讨。

在2012年的普利策奖评选中战争创伤报道拿到四个大奖，分别是国内报道奖（《赫芬顿邮报》）、国际报道奖（《纽约时报》）、突发新闻摄影奖（法新社）和特写摄影奖（《丹佛邮报》）。

《丹佛邮报》记者克雷格·F. 沃克凭借一组反映退伍老兵返乡生活的摄影作品《欢迎回家：斯哥特·奥斯特罗姆的故事》获得了特写摄影奖。图片主人公斯哥特·奥斯特罗姆在经过四年的海外战争生涯后，带着严重的创伤后应激障碍退役回到美国。在组图中，奥斯特罗姆时而失去控制，吼叫着用拳头砸向公寓的卧室门；时而在与女友争吵后，坐在床上哭出声来；时而抽着大麻烟，眼神呆滞地思考着战争；时而在山林中仰望星空，回忆在伊拉克最难熬的时光。

当人们看着奥斯特罗姆企图割喉自杀而在脖子上留下的伤疤时，没有人会怀疑战争给人性带来的扭曲，给人类带来的不幸，给国家带来的集体创伤。同时，这组图片还反映了美国当前医疗改革步履艰难，底层民众生活艰辛，退伍老兵互助互爱等社会图景。关于战争的这一系列创伤报道之所以能打动人心，重要原因在于它们折射出的一种强烈的人道主义关怀，让读者看到生命在战争面前的抗争、无助、无奈与扭曲，把战后士兵的内心世界和精神状态淋漓尽致地表现出来。这组摄影作品以穿透心灵的视觉冲击和曲折的多维叙事，将战争的残忍赤裸裸地展现在读者面前。①

（二）凸显新闻价值中的“人情味”

所谓人情味是指人具有的情感，这种情感因素在新闻报道中的运用由来已久，并被广泛采用。“正是人类的兴趣，对别人的生活和福利的关心以及对整个人类福利与进步的关切，促使我们带着兴趣和同情阅读在远离我们的社会的地方所发生的生命财产遭到损失的新闻。”②

1. 人情味新闻的崛起

人情味新闻源于美国报业史上的便士报时期。众所周知，美国报业发展经历了北美殖民地的草创时期、美国独立战争时的政论报刊及以后的政党报刊时期，而后进入了便士报时期。便士报以售价低廉和报道面广两大特点使以往的党派报纸和商业报纸难以匹敌，发行量迅速上升。过去的报纸主要刊登国内外的政治、商业新闻，又以政治演说、政府各部门的工作报告和政论文章较多，供少数人阅读。便士报的出现打破了这一格局。办便士报的报人认为，报纸的职能是向读者提供新闻，要让平民百姓对社会的时政有一个现实的了解，要揭露教堂、法庭、银行、股票市场的陋习。便士报还强调刊登当地新闻，派出大量记者广泛接触社会，写出许多反映社会各个方面的带有人情味的新闻，使报纸成了真正的新闻纸。

---

① 丁柏铨，程力沛．延续揭丑传统　展现人文关怀：2012年普利策奖颁给了谁．传媒观察，2012（7）.

② 黎信．外国新闻通讯选评．北京：长征出版社，1984：377.

但是，由于各报之间的激烈竞争，相继以惊奇、耸人听闻、兴味浓烈的新闻来刺激读者的心灵和情绪，报纸很快为煽情主义所笼罩。它们甚至不惜工本制造新闻，来刺激读者的新闻欲和好奇心，煽情主义的恶性发展使报纸走入歧途。以普利策和赫斯特为代表的煽情主义受到了报界另外一些人士的反对。然而，随着历史进程的不断向前，新闻事业的飞速发展，人情味新闻不仅没有销声匿迹，而且在某些方面有了更多的进步。在新闻写作技巧上，不少新闻工作者都注意到人情味新闻的效果，力求使报道更接近读者，更易被读者接受。

2. 人情味要素

人情味倾向于表现新闻中与人性相关的内容，同普通人的思想情感紧密相连，人文意蕴较为浓厚。在人情味的新闻价值取向下，普利策获奖作品特别强调与人情味有关的各种因素："如事实中的冒险、冲突、悬念、悲欢离合、戏剧性情节等；人物性格中的勇敢、豪爽、忠诚、善良、助人为乐或是害羞、吝啬、嫉妒、凶残、多愁善感等；以及由上述因素引发的各种情感，如同情、怜悯、喜悦、欢乐、忧伤、愤怒、痛苦、幽默、风趣……这些情感涵盖了社会生活和人类情感的最主要方面。"①

普利策新闻奖的人情味特色是由美国的新闻价值观和报道模式决定的。众所周知，构成新闻价值的诸要素，如影响力、时效性、接近性、显著性、重要性、冲突性和人情味等，是美国新闻从业者选择和报道新闻的主要依据和衡量尺度。美国著名新闻学者约斯特指出："人情味是个宝库，从这个宝库中报纸吸引了广大的读者，并对他们提供意见和消息，从而使它增进它本身对公共服务的效率和价值。"②

这种人情味的价值取向，使得普利策奖的灾难性报道和国内的新闻奖作品形成了鲜明的对比。自然灾害是人类所面临的共同考验，它是任何社会制度都无法回避的。历史的长卷告诉我们，人类的历史，从生存这个意义上来说，就是一部不断与自然灾害抗争的历史。在地球上，每一年都有灾害侵扰，每一年也免不了雨、雪、风、旱、水、火、地震等这几种大的自然灾害。自从有了新闻传媒之后，大自然的喜怒哀乐对人类的影响，顺理成章地成为新闻报道中一个不可缺少的内容。但是出于对传媒功能和新闻价值理解、判断上的不同，普利策奖的灾难性报道呈现出了与中国新闻奖完全不同的取向：美国记者注重极其仔细地描摹灾难事实，用大量笔墨赤裸裸地表现人的痛苦、悲惨境地以及被毁灭的命运，作品带着浓烈的感情宣泄特点。中国新闻奖获奖作品侧重表现的是人向灾害抗争、重建家园的人定胜天精神。

3. 倡导信息为"人"服务的功能

媒体提供信息服务的功能自诞生之日就已存在，普利策新闻奖特别鼓励媒体直接服务于公众。这种信息服务包含两个层面的内涵：一是所谓的环境监测，提供新闻事件的基本信息；二是直接面向当事人群的社会层面的信息提供。

2012年，龙卷风席卷了美国亚拉巴马州的塔斯卡卢萨市，给当地带来了巨大的经济财产损失。新闻媒体不仅履行了基本的信息服务职能——对受灾人数、地域、受灾程度、范围、伤亡等基本信息进行报道——还在救援工作中发挥了更为积极的作用。当地的新闻网站、社交网

---

① 曾建雄，毛家武．略论美国新闻特稿的人情味特色．新闻大学，2004 (4).

② 童兵．中西新闻比较论纲．北京：新华出版社，1999：339.

站纷纷开辟专区，为寻找亲人和朋友的人们搭建了信息共享的平台，登录这些网站，可以录入个人信息，告诉外界你是谁、你现在身处什么位置或你要找的人是谁、你要找的人可能在哪个位置以及联系方式等信息，使得救援工作中的信息更加畅通，有利于提高救援工作的效率。当地的《塔斯卡卢萨新闻报》在其页面上刊出了失踪人员的名单及正在寻找他们的亲属的姓名，为信息沟通搭建了很好的服务平台。

总之，普利策新闻奖获奖作品是一种特定新闻精神的产物，在很大程度上反映了普利策奖和美国主流的新闻价值观，代表了美国新闻事业的最高水准。从普利策新闻奖的价值取向中可以看出，普利策最核心的思想就是要用报纸和整个国家对话，认为“社会环境守望者”的天职除了抨击和揭露社会弊病，进行舆论监督之外，还要有对人的命运的关怀。通过学习、研究普利策新闻奖的评奖标准和作品，我们可以选择性地借鉴和吸收西方优秀媒体的成功经验，更好地发展我国的新闻事业。

【本章小结】

新闻作品折射着一个国家、一个时代的价值标准和文化传统，新闻奖的获奖作品代表着某个社会的主流价值观、文化观。中国新闻奖和普利策新闻奖分别代表着中国新闻界和美国新闻界的最高成就，它们评选出的新闻作品折射着各自国家不同的新闻价值观、媒介伦理观，它们各自背后的评判标准也是所属国家新闻工作者采写工作的行动指南。

中国新闻奖作为政府奖项，强调政治伦理至上原则，喜鹊式新闻和舆论导向功能成为新闻作品最主要的评判标准，其所倡导的是为政治、政府服务的喉舌论，所扮演的主要是上传下达的角色；普利策新闻奖作为偏学术的奖项，强调媒体的环境监测与预警功能，揭丑式报道与为公共利益服务的原则成为其主要特色。西方传媒经常以“第四权力”的身份运行，以挑剔的目光审视当政者，主张用新闻来改造不完美的社会，传媒所扮演的主要是瞭望者和“看门狗”角色。

【思考题】

1. 比较分析中美两国新闻奖的异同点。
2. 选择 2017 年中国新闻奖获奖作品和普利策新闻奖获奖作品，进行价值取向分析。

【推荐阅读书目（或视频、网站等）】

1. 中国记协网：http：//www. xinhuanet. com/zgjx/。
2. 普利策奖官方网站：http：//www. pulitzer. org/。

第二部分

体裁篇

第三章
消　息

【本章学习要点】

消息标题的构成及写作要求

消息导语的分类及写作技巧

消息主体的写作方法

常用的消息结构形式

消息是最基本、应用最广泛的一种新闻体裁，具有简明扼要、迅速及时的特点。在新闻写作的十八般兵器中，消息历来以“短刀”著称，在日常的新闻传播活动中，消息凭借着短、平、快的特点占据着各大媒体主要的新闻版面和时段。本章将从消息标题、导语、消息主体、消息结尾、消息结构、消息的新闻背景等具体组成部分出发对消息文体进行讲解。

第一节　消息的标题与消息头

消息的标题被称为消息的眼睛。俗话说“题好文一半”，好的消息标题常常会为消息增色生辉，达到画龙点睛的效果。在人们习惯“看书看皮，看报看题”的时代，一则消息能否在第一时间吸引读者的目光，标题起着至关重要的作用。

一、消息标题的地位和作用

所谓消息标题，也就是消息的题目，它是对新闻内容进行揭示、评价的提要性文字。从报纸版面的角度来讲，消息标题的重要性主要体现在三个方面：第一，标题对读者的信息选择发挥向导作用。报纸是一个巨大的信息源，读者对信息的筛选过程首先是通过对标题的浏览来完成的。标题可以引导读者在瞬间作出阅读决策。好的新闻标题生动、夺目，能够吸引读者注意，进而将他们的目光引向新闻的核心内容。第二，好的标题能对新闻的内容画龙点睛，表明编辑部的立场和态度，帮助读者加深对新闻信息内容的理解。第三，标题的成功制作有美化版面的作用。一张报纸如果没有标题、整版文字黑压压一片，会令人感觉沉重，分不清眉目。各种标题大小相应，疏密相间，错落有致，再加上文字符号的变化，线条、图像以及色彩等手段的运用，使版面主次分明、富于变化，文、题、图完美配合，可以给读者以美的享受。

对一篇具体的新闻报道来说，标题又发挥着什么样的作用呢？

（一）概括主要事实，揭示核心内容

消息标题通过对消息内容的高度概括，把最新鲜、最主要的新闻事实告诉读者，帮助读者抓住新闻事实的核心和要领，揭示新闻的主旨。读者通过阅读标题可以获知消息的基本内容，以此来决定自己是否进行阅读，是进行简单的浏览还是做深入细致的了解。如：

（主题）中方强烈谴责日本首相刻意渲染“中国威胁”等言论

（人民网，2013－02－22）

（主题）北京交管局新局长亮相　原局长曾传摇号违纪被查

（《新京报》，2012－02－23）

（主题）北京否认房产税起征面积为24平米　试点仍需等待

（《京华时报》，2013－02－01）

从上述标题中，我们很容易知晓消息正文所要表达的主要内容和所要传递的信息主旨。第一则标题传递出了最主要的新闻事实：中国政府强烈谴责日本方面刻意渲染“中国威胁”论，误导国际舆论，企图孤立中国，人为制造地区紧张以达到自己不可告人的目的。第二则标题要告诉大家的是北京交管局局长换人了，原局长曾经被传出因摇号违纪被查。第三则标题首先否认了房产税起征面积24平方米的传闻，同时告知读者房产税改革的试点方案暂时还未出台。

（二）评价新闻事实，点明事件意义

消息标题在点明事实的基础上进行画龙点睛的评价，帮助读者领悟新闻事件的意义。如：

（引题）天津开发区鼓励企业构建和谐劳动关系和工资正常增长机制

（主题）企业涨工资　政府来奖励

（《中国青年报》，2013－02－05）

这条消息的主要新闻事实是，天津开发区从财政收入中拨款奖励那些积极建立工资正常增长机制的优秀企业，标题同时也对这一具体事实进行了评价，指出天津开发区政府如此做的目的在于构建和谐劳动关系，这也正是新闻的主旨所在。

（三）激发阅读兴趣，吸引读者眼球

标题在新闻中的重要作用是由它所处的特定位置决定的。无论阅读报纸还是上网浏览，人们选择信息，最先接触的都是新闻标题。标题是否具有吸引力，包含了多少新闻价值，都会对受众的阅读行为产生至关重要的作用。如：

外交部否认朝鲜向中方通报预将再进行核试验

（中广网，2013－02－18）

明年秋季起研究生全部自费 部分学生放弃保研

（中国江苏网，2013－02－18）

第一则标题，直接交代了外交部否认朝鲜向中方通报将再进行核试验的主要新闻事实，语言简洁，清楚明了。第二则标题的前半部分交代了2014年秋季起研究生全部自费的信息，后半部分标题则指出了研究生自费政策带来的影响是“部分学生放弃保研”。这样的标题会一下子抓住人们的注意力，吸引受众阅读。

二、消息标题的构成

消息标题不同于文学作品的标题。文学作品的标题讲究含蓄、意味深远，消息标题需要揭示作品的新闻价值、体现新闻事实的基本要素，在形式上也要别具一格。

（一）主题与辅题

消息标题一般由主题和辅题组成。

1. 主题

主题也叫正题。它是标题中最主要的部分，通常居于显著位置，一般用来点明最主要的新闻事实，主题既提纲挈领，又浓缩全篇文章，所用字号最大。

2. 辅题

辅题是用来辅助主题的标题。根据其所处的位置可以分为引题和副题。此外，近年来在新闻实践中运用比较多的提要题，也可以被划入辅题之中。

（1）引题。

引题位置在主题之上，又被称为上辅题、肩题或眉题，它的作用是介绍背景，烘托气氛，揭示新闻意义，引出正题。和主题相比，字号要小一些。引题通常以三种方式引出主题：以交代和说明相关背景、意义、目的、气氛、性状等手段引出主题；直接叙述主干事实的起始部分引出主题，使长主题短化；以提出疑问和发表议论引出主题。

（2）副题。

副题的位置在主题之下，又称为下辅题，就其位置而言，紧随正题，常对正题内容做一些补充说明：或交代正题的来源和结果，或补充新闻要素，或点明新闻意义的所在，增强新闻的传播效果。副题字号最小。

（3）提要题。

提要题也叫摘要题，一般位于总标题的下方或上面，用以揭示或概括新闻内容要点。提要题一般用于较为重要或篇幅较长的消息。

（二）单行题与多行题

根据新闻内容的实际需要，消息的标题大致可分为两种，即单行题和多行题。无论哪种标题类型，都不是随意性的排列组合。它们的建构自有其内在的规律性。多行题又称复合题，是指由引题、正题、副题等组成的标题群，是一种多层建构的形式，根据实际需要，可以分别建构成双行题、三行题。

1. 单行题

一则消息可以使用单行标题，即只有主标题。这种标题，要求用简洁的文字表明新闻内容，让人一目了然。单行标题目前在网络媒体中应用最多。如：

（主题）浙江“小升初”将禁止任何考试

（《中国青年报》，2013-02-05）

2. 双行题

双行题又分为以下几种：“引题＋主题”、“主题＋副题”、双主题。如：

（1）引题＋主题。

（引题）看望慰问坚守岗位的一线劳动者　向全国各族人民致以新春的祝福

（主题）习近平：过年好，给大家拜年了

（《中国青年报》，2013-02-10）

（2）主题＋副题。

（主题）学生体验“火场逃生”

（副题）广州中小学生消防爱犬教育基地昨启用

（《广州日报》，2011-07-20）

（3）双主题。

叙利亚众多平民遭绑架

美军称随时可赴叙作战

（《中国青年报》，2013-02-18）

山西人拿出新证据

钓鱼岛自古属中国

（《太原晚报》，2010-04-07）

3. 三行题

三行题是引题、主题、副题俱全的标题，且用三种不同字号的字体列出。在以往的新闻实践中，内容重大、篇幅较长的新闻多采用三行标题的样式以突出其重要性。

（引题）哈尔滨坚持问题导向推进作风整顿

（主题）窗口办事流程　一把手走一遍

（副题）作风建设永远在路上

（《人民日报》，2018-02-01）

（引题）中共中央政治局会议审议关于改进工作作风、密切联系群众八项规定

（主题）以良好党风带动政风民风　真正赢得群众信任和拥护

（副题）中共中央总书记习近平主持　会议分析研究明年经济工作

（《中国青年报》，2012-12-05）

在当代的新闻实践中，三行标题的使用率已经大大降低，大多数报纸通常会采用加大单行题或双行题字号的方法或使用通栏或跨栏标题来突出新闻报道的重要性。由此看来，引题、主题、副题的功用以及特点不是一成不变的，根据编排需要，可以灵活发挥。

比如，在一些重大题材的报道中，有时在副题之外还可以加提要题，提示消息的主要内容，既可运用于单篇消息报道，又可运用于组合报道。如《人民日报》2018年2月1日一版刊登的消息《李克强同特雷莎·梅举行中英总理年度会晤》中就运用了提要题：

（主题）李克强同特雷莎·梅举行中英总理年度会晤

（提要题）强调把握机遇，相向而行，推动中英关系在新的历史方位上加速前行；会谈后共同会见记者

这是一篇较长的消息，运用提要题可以将文章的核心内容以更简洁的方式呈现出来，使受众在较短的篇幅之内就能对文章有大致的了解。同时提要题还可以有效吸引受众的注意，激发受众的阅读兴趣。

（三）实标题与虚标题

对新闻标题还有一种区分方法，将新闻标题区分为实标题和虚标题。

1. 实标题

实标题以叙事为主，交代新闻要素，使人一看标题即知新闻传递的主要内容。如：

（引题）公开调查“地王”抑制异常地价

（主题）国土部：坚持楼市调控不动摇

（《中国青年报》，2012-12-19）

这则新闻引题中交代了国土部公开调查“地王”，旨在抑制地价异常的事实，关注的是新闻要素中的“What”，主题则进一步说明国土部坚持楼市调控政策的态度，围绕的核心要素是“Who”和“What”。引题和主题都是实标题。

2. 虚标题

虚标题以议论说理为主，侧重表达愿望、阐发道理、评价事实。

在标题制作中不管采用单行题、双行题还是三行题，都要求必须有一个实标题。也就是说，单行题必须是实标题，双行题和三行题中，引题、主题、副题中至少有一个标题为实标题。如：

（引题）广东团组织动员二十万志愿者开展春节关爱行动

（主题）青春情暖　传递幸福正能量

（《中国青年报》，2013-02-02）

（主题）着眼大局　正视问题　打破僵局

（副题）专家解析习近平会见日本公明党党首山口那津男

（《中国青年报》，2013－01－27）

第一则标题中的引题采用了实标题，交代了二十万志愿者响应广东团组织号召开展春节关爱行动的新闻事实，主题则采用虚标题对这一事实进行了评价。第二则标题副题交代了习近平会见公明党党首山口那津男的主要事实，主题采用虚标题对这一新闻事实所蕴含的意义做出了“着眼大局，正视问题，打破僵局”的评价。

三、消息标题的制作要求

制作消息标题有一些基本的原则，下面做一下简单的梳理。

（一）消息标题要具体化，突出最主要的新闻要素

标题要突出新闻事件的变化，反映事件的最新进展，帮助受众在第一时间把握新闻点，所以绝大多数标题会具体地交代主要新闻要素，以便受众更好地接收消息。如：

（引题）国民旅游休闲纲要昨日发布，鼓励探索中小学放春假或秋假等

（主题）职工带薪年休假2020年基本落实

（《南方日报》，2013－02－19）

这则消息采用引题＋主题的形式，提供了读者最关心的三个主要新闻点：第一，国民旅游休闲纲要昨天正式发布了；第二，纲要中鼓励探索中小学放春假或者秋假；第三，职工带薪年休假要到2020年才能基本落实。读者看完标题基本上也就对新闻事实有了很全面、清晰的认知。

（二）标题要准确反映消息内容，做到题文相符

新闻标题不是新闻内容的简单摘取，而是对全部内容所进行的浓缩和概括。准确，是消息标题的最基本要求，就是准确地概括消息的内涵，或传达信息，或揭示题旨。我们来看下面这两个标题：

河南一官员涉嫌“一妻两妾”等行为被“双规”

河南濮阳国税局官员涉嫌“一妻两妾”等行为被“双规”

这是两家媒体针对同一新闻事件所作的标题，很显然第二个标题比第一个标题在事实传递上更加准确，因为它清楚交代了这个官员的身份，“河南濮阳国税局官员”的表达比泛泛地说成“河南一官员”更加具体和准确。

消息标题的准确还要求标题和消息内容要相符，题文不符是制作标题的大忌。例如，有一则消息标题是“中国首次成为美国人最喜欢的旅游去处”，看了这样的标题，我们会以为在全世界所有国家中，美国人“最喜欢”选择来中国旅游，待看完消息全文才发现不是那么回事，

中国不过是首次进入美国人所列出的喜欢去的众多旅游国家的名单，而且排名在英国、法国、意大利、瑞士等许多国家之后。

时下，一些网络媒体为博取人们的眼球，提高点击率，不惜采用夸大或扭曲事实的方法来制作标题，这样的“标题党”行为同样是制作新闻标题的大忌。

（三）消息标题要简练、生动

标题是点睛之笔，用墨不需多，但需精。要剔除浮词，去掉空话，以最少的字词传达尽可能丰富的信息。好的标题应是“文约而意丰”，能够用概括的方法抓取新闻的精髓，使人一目了然。如：

错批一人　误增三亿

（《光明日报》，1979-08-05）

这则标题记录了中国现代史上的一件大事，中国因为错批了马寅初的新人口论，而导致人口迅猛增长。错批一个人，多生三亿人，标题不仅概括了主要的新闻事实，而且通过“一人”和“三亿”的对比，阐发出新闻事件的特殊含义。

（四）巧用修辞，增加标题的魅力

可以使用比喻、拟人、反问、反衬等多种手法增加新闻标题的信息含量。如：

甲状腺癌发病率十年增两倍　射线辐射是“黑手”（比喻）

（《新京报》，2013-02-22）

（引题）项目停工5年　政府果断“易主”

（主题）江西一“难产”高速全面复工（拟人）

（《江西日报》，2013-04-10）

清水衙门有赃官（反衬）

（《人民日报》，1984-01-20）

第一则标题采用了比喻的修辞手法，将射线辐射比喻成“黑手”，非常形象地揭示出甲状腺癌发病率十年增两倍的隐蔽性原因是射线辐射。第二则标题采用了拟人的方法，把江西某高速项目停工五年做了“难产”的拟人表达，让人觉得形象传神，也凸显了项目全面复工的价值和意义。第三则标题将“清水衙门”和“赃官”两种对立物放在一起，产生了明显的反衬效果。教育部门一向以清水衙门著称，现在居然出现了赃官，说明腐败之严重。

当然，制作标题的要求还很多，如标题必须和谐、有文采，标题不应流于浮夸媚俗、故弄玄虚、哗众取宠、低级趣味，等等。总之，好的标题引人注目、言简意明，能够引起受众的阅读兴趣，达到事半功倍的传播效果。

四、消息头的基本形式及作用

报纸消息的开头部分通常都有本报讯或＊社＊地＊月＊日电的字样，这就是我们所要说的消息头。

（一）消息头的基本形式

消息头有两种形式："电"和"讯"。"讯"主要指通过邮寄或书面递交的形式向报社传递的新闻报道，通常报社通过自身渠道获得的本地消息一般都标明本报讯。如果稿件是从外地寄来的还应加上发布新闻的时间和地点，例如"本报北京7月8日讯"。"电"主要是指通过电报、电传、电邮或电话等形式向报社传递的稿件。各家新闻通讯社在向报社传送新闻时一般会采用此类形式，称为"电头"。"电头"一般由发布新闻的单位名称（多用简称）、发布新闻的地点、时间和形式组成。如：中新社北京7月9日电、美联社东京7月8日电等。

（二）消息头的作用

"讯"和"电"作为消息头只是表示新闻传输手段的不同，但其作用是一样的。总的说来消息头具有以下作用：

1. 表明新闻稿的发布单位，是版权所有的标志

一篇稿件注明消息头，就表示消息的发布单位（不管是通讯社还是报社）拥有对稿件的版权，其他单位和个人未获取授权前，不得随意转载或摘抄其他通讯社或报社的稿件，否则就是侵权行为。即使报社向通讯社或其他报社支付费用订购了某些稿件，报社获得的只是稿件的使用权而非版权，所以在刊登这些稿件时还是要注明发布新闻的通讯社或报社的名称，即便是根据自身需要对原来的稿件进行了编辑和修改，也还是要注明"据＊社（或报纸）"等字样。

目前很多报纸都是新华社的订户，所以在使用新华社的通稿时要直接使用原来的消息头"新华社＊地＊月＊日电"。如果对稿件进行了删改，应注明"据新华社＊月＊日电"或"据新华社电"。例如：

据新华社电根据知名社会调查机构麦可思研究院调查，受宏观经济形势影响，企业用人规模缩减，2013届毕业生求职难度增加，有实习或工作经历者签约率较高。结果显示，被调查的2013届高职高专毕业生签约率为35%，本科毕业生为38%，硕士毕业生为29%。

2. 标示新闻作品的责任承担者，接受社会监督

消息头在传递版权信息的同时，也清晰地显示了信息的出处和负责单位。一旦出现虚假新闻或侵权行为，作为新闻发布源的媒体必须承担相应的责任。如《中国新闻周刊》的副总编辑及当事编辑就因为发布金庸去世的假新闻而双双引咎辞职。

3. 提供发稿的地点、时间，传达某种特殊的信息

例如：

路透社达拉斯（1963年）11月22日电 急电：肯尼迪总统今天在这里遭到刺客枪击身亡。

新华社华盛顿2月5日电（记者孙浩、王丰丰）美国研究机构5日发布的一份报告显示，首都华盛顿是目前全美交通最拥堵的城市，紧随其后的是洛杉矶、旧金山、纽约、波士顿等大都会地区。

第一则消息的消息头不仅标示出了新闻发生的时间和地点要素，和新闻的导语连成了一体，而且有助于把当时的紧急氛围展示出来。第二则消息的消息头不仅表明消息发自新闻所在地华盛顿，而且从一开始就带给读者一种眼见为实的现场感、真实感。

4. 消息头是消息体裁的标志

本报讯和电头是消息体裁的外在特征。通常情况下，带有消息头的稿件都是消息，"本报讯"也就是"本报消息"的意思。不过，有无消息头并非消息的绝对标志。有些消息，例如某些描写性消息也不一定都加消息头。而且不同国家、不同媒体的做法也不尽相同。例如：美国报纸上本报消息的标志并不明显；日本报纸国内自采消息一般不标"本报讯"，只在末尾用括号加上记者姓名，注上相关报道（详细报道）见第几版，以示该文为"消息"，发自国外的报道，文前会注有所在国家、发稿时间、记者姓名。

第二节 消息的导语

导语是一则消息的开头部分，也被公认为消息写作中最为关键的部分。美国哥伦比亚大学新闻学院教授梅尔文·门彻曾经说过："新闻写作过程的第一步也是最重要的一步就是写作导语。写好导语等于写好消息。"①

一、导语的定义

关于导语，目前还没有一个统一的、通用的、权威性的定义。但是对于导语的特征大家还是达成了基本的共识：导语是消息特有的；导语一般处于消息的开头部位；导语的内容一般是整个新闻事件的结论、概要或最核心的新闻事实。基于上述观点，我们可以这样界定导语：导语是消息开头用来提示新闻要点与精华、发挥导读作用的段落。

需要说明的如下：

第一，之所以说导语是消息体裁特有的现象，是因为其他体裁的新闻文章其开头并不像消息那样，要求将新闻事实的概要或精华首先提示出来。正相反，为了吊读者的胃口，它们大多将结果、精华或高潮放在文章的后面去写。

① 洪天国．现代新闻写作技巧．北京：中国新闻出版社，1986：46.

第二，有说法认为，“导语是动态消息的开头”。但是，从媒体的实际报道活动来看，导语的适用范围不限于此。其他类型的消息，如大量非事件性消息，也有并且也需要导语，以便先声夺人。如：

新华社石家庄8月22日电（记者周建军、王文化）河北省京津风沙源治理工程实施4年来，不仅改善了京津和当地的生态环境，而且带动了工程区内145万贫困人口脱贫，农民年人均纯收入由工程实施前的1 456元增加到1 739元，年均增幅达6.1%。

这则消息并不是动态消息，但是，也用导语开门见山地提示了新闻的要点。因此，导语的适用范围并不仅限于动态新闻。

第三，有人说，“导语是消息的第一段”。事实也不完全如此。大多数导语的确只有一个段落，但是，有些新闻开头部分的第一段落过于简短单薄，这时导语就可由两个或两个以上的自然段组成，称作复合导语。它们一般是虚实相济：第一段虚写，造成悬念，吸引读者；第二段实写，抖开包袱，说明“何事”。以下面这则消息为例：

新华网拉萨1月31日电（记者许万虎、黄兴）身着皮衣，头顶鸭舌帽，手拿iPhone……这是来拉萨务工多年的吴涛返乡时的行头，乍一看，活脱脱一名时尚的文艺青年。

31日是全国春运的第六天，作为青藏铁路重要枢纽的拉萨火车站客流平稳、秩序良好。在今年拉萨火车站的春运客流中，“民工流”仍是主力军，与以往不同，如今绝大多数的农民工告别了肩扛锅碗瓢盆、身背蛇皮袋子，灰头土脸挤火车的形象，分辨农民工越来越难了。

这则消息的第一段只是描述了一个到拉萨务工多年、准备返乡的名叫吴涛的农民工的打扮，看不出消息想说什么。加上第二段“与以往不同，如今绝大多数的农民工告别了肩扛锅碗瓢盆、身背蛇皮袋子，灰头土脸挤火车的形象，分辨农民工越来越难了”，这条导语才明确了传递消息的主要内容“春运客流中农民工的形象大变样了”。因此，较之“导语是消息的第一段”的说法，将导语界定为“消息的开头部分”可能更加准确 。

二、导语的产生和发展

（一）导语在西方的产生和演变过程

1. 第一代导语

导语产生于19世纪美国南北战争时期。那时，莫尔斯发明的电报已运用于新闻传播业，但是作为一种新的传播手段电报技术还很不完备，常常不能保障新闻从头到尾完整收发和传递。于是，通讯社采取了一种应急措施，即把最重要的内容放在第一部分先发出去，细节放在以后再说。1865年4月14日晚，在林肯总统遇刺的同时，“港口新闻联合社”的一名记者拍发了一条含标点在内只有12个字的消息：“总统今晚在剧院遇刺重伤。”这一报道象征着导语的诞生。后来，美联社记者约翰·唐宁于1889年3月30日拍发了一条关于有史以来破坏性最大的风暴横扫太平洋萨摩亚群岛的消息，其开头部分如下：

> **萨摩亚·阿庇亚 3 月 30 日电** 南太平洋沿岸有史以来最猛烈、破坏性最大的风暴，于 3 月 16 日、17 日横扫萨摩亚群岛。结果有 6 条战舰和 10 条其他船只要么被掀到港口附近的珊瑚礁上摔得粉身碎骨，要么被掀到阿庇亚小城的海滩上搁了浅。与此同时，美国和德国的 143 名海军官兵有的葬身在珊瑚礁上，有的则在远离家乡万里之处的无名墓地上，为自己找到了永远安息的场所。

这则消息的开头将何时、何地、何人、何事、为何、如何 6 个要素全部交代清楚，被称为是新闻要素俱全的导语。1898 年，时任美联社总经理的梅尔维尔·E. 斯通明确提出美联社记者的来稿必须有五个 W 和一个 H，这种写法成为消息写作的金科玉律。从此，六要素俱全的第一代导语确立并在全世界推广开来。这种状况一直延续到 20 世纪二三十年代。

2. 第二代导语

第一代导语在新闻文体发展中起到了重要作用：它具体、完整，有整体意识，读者看完导语基本上就了解了消息的基本内容。但是随着社会的进步和传播方式的发展，其缺陷日益暴露出来。由于它硬性规定将重要的新闻内容，包括新闻的六要素全部放在开头，结果消息主体就成了导语的重复性注解；六要素集中于导语又使得导语段落主次不分、重点不突出。在美国新闻界，有人讥之为“晒衣绳”导语，好似将新闻六要素一律挂在绳上，显得沉重累赘、繁杂冗长。而且当众多记者报道同一新闻事件并且都采用六要素俱全式导语时，新闻稿件就成了千篇一律的面孔，毫无特点可言。

新一代的记者认为没有必要在导语中塞入全部的新闻要素，应根据不同新闻的特点选出其内容中一两个最重要、最能激起人们兴趣的要素写成导语，其余要素则放在主体中加以展开，这就是部分要素导语。这种部分要素导语是对六要素导语的进一步发展，因而被称为第二代导语。

1954 年，《纽约时报》在采访部贴出一张通告：“我们认为没有必要也许永远没有必要，把传统的五个 W 写在一个句子或段落里了。”这个倡议逐渐得到西方记者的普遍认同，第一代导语也就逐渐为第二代导语所取代。第二代导语较之第一代导语的优势在于，重点突出，简洁明了，能适应现代人的生活节奏。强调把新闻事实的部分要素写入导语的第二代导语，其要点是开门见山，突出亮点和重点，从而使新闻开头更加简洁。下面我们对比一下两代导语的传播效果。

1865 年 4 月 15 日《纽约先驱报》报道林肯遇刺的消息，其导语信息繁复：

> 今晚大约 9 时半，在福特剧场，当总统正同林肯夫人、哈里斯夫人和罗斯本少校同在私人包厢中看戏的时候，有个凶手突然闯进包厢，向总统开了一枪。

而 1963 年 11 月 22 日《纽约时报》报道肯尼迪遇刺消息的导语只有一句话：

> 肯尼迪总统遭枪击身亡。

3. 第三代导语

第三代导语是在继承第二代导语基本内容的基础上发展而来的。第二代导语的核心是突出

“部分要素”，在这一点上，第三代导语没有什么不同。二者的区别在于第三代导语解决的是“如何突出部分要素”的问题。

第三代导语的出现与新闻竞争加剧密切相关。现代社会的信息渠道日益畅通，一个新闻事件的发生会引来数十家媒体的记者。独家新闻不再限于独家发布某条新闻，而是越来越多地体现在独特的表达方式上，于是各家记者争相要写出与众不同、别具一格的报道。这使得西方新闻界十分重视导语设计的多样化、特色化，鼓励记者打破常规思维，不是满足于交代几个新闻要素，而是要尽可能写出生动、有趣味的导语。一些新闻机构逐渐形成了各自独特的导语风格。如《华尔街日报》很善于写人情味导语，《纽约时报》擅长简洁明快的导语。总之，第三代导语以“非一律化”和个性化为主要特征。这种形式的导语代表了目前新闻导语写作的一种新趋势。

（二）导语在国内新闻媒体上的应用和推广

五四运动前后，随着与国外新闻界的交流增多及交通、通信技术的发展，消息导语开始被引入中国。一些海外留学归来的知识分子，一面积极从事新闻实践，一面介绍西方的新闻理论。

徐宝璜在1919年撰写的我国第一部新闻学专著《新闻学》中，对导语做了专门介绍。“新闻之格式，乃分为撮要与详记二部。新闻之第一段，曰撮要；其次诸段，曰详记。”“新闻之撮要，以新闻之精彩及数问题之简单答案组成之。”此后，任白涛在《实用新闻学》（1922）一书中指出，“新闻记事之制作，欧美报界从来有一惯例，即将事件要纲，提置于起首做冒头”。邵飘萍在1923年出版的《实际应用新闻学》也提到了新闻写作必须“将第一段为大概之叙述，以后再叙远因近因”。与理论上的阐述相呼应，一些报纸如上海的《申报》《新闻报》，北京的《晨报》上陆续出现了有鲜明导语的新闻稿件。

1943年《解放日报》连载了《新闻导语》和《新闻导语的作法》两篇文章，讲述了新闻导语的相关问题。随后，新华社在给各地分社的指示中具体论述了导语写作的基本要求：新闻的高潮应放在前面，而不是放在后面；开头的几句话，就要把主要的意思写出来，使读者不能不看下去；在第一段里就用生动的语言抓住读者。

1951年，毛泽东在一则指示中指出：“一切较长的文电，均应开门见山，首先提出要点，即于开端处，先用极简要文句说明全文的目的或结论（现在新闻学上称为‘导语’，亦即中国古人所谓‘立片言以居要，乃一篇之警策’），唤起阅者注意，使阅者脑子里先得一个总概念，不得不继续看下去。”从此，导语写作在我国经历了引进、介绍、实践过程后，开始被推广开来。

三、导语的基本任务

人们之所以重视消息的导语，是因为导语肩负着十分重要的任务，起着举足轻重的作用。导语的任务主要有以下几项：

（一）开门见山，反映新闻的要点和轮廓

读者接触媒体，第一需求是为了获取新闻，了解新的信息。而且，他们的阅读行为多是匆匆忙忙的，并且总是希望在有限的时间之内，立即抓住新闻中的要害。因此媒体应充分照顾读者的这一需要，在导语中突出新闻的主要事实和要点，让读者在一瞥之间获知关键信息。例如，通过下面的导语，我们就能够了解消息的大概内容。

新华网雅加达2月23日电（记者周檬、扬达）印度尼西亚东部马鲁古省附近海域23日发生6.2级地震，目前未有地震造成人员伤亡及财产损失的报告。

新华网科伦坡2月23日电（记者车宏亮）马累消息：为避免被捕而在印度驻马尔代夫大使馆避难的马尔代夫前总统纳希德23日下午离开印度使馆。

在信息洪水泛滥的时代，快速选择将成为阅读的难题。为此，消息导语开门见山的功能只会加强，不能削弱。

（二）吸引读者进行深入阅读

“导语的首要目的是吸引读者。”① 从某种程度来讲，也可以说吸引读者是导语的第一使命。在注意力经济时代，记者辛苦采集的信息能否为读者所接受，关键在于稿件能否引起读者注意并使其延续这种注意直至将新闻作品读完。导语是吸引读者的关键，内容和形式都很精彩的导语，可以引导读者耐心地甚至兴味盎然地读下去，直到读完整篇消息，这就对导语提出了较高的要求。我们来看一条导语：

最贵的机票，有多贵？说出来能吓你一大跳——190万元！

这是一个真实的故事，日前有媒体报道称，一小伙儿网购一张900元的机票，在用网银U盾进行交易时，被诈骗网站骗走190万元。

（《中国青年报》，2012-12-29）

这则导语先提出问题，抓住读者甚至引导读者去做可能的猜测，接着给出了让人吃惊的一个回答，令读者对下文感到好奇。当读者正在困惑这是怎么回事的时候，消息便开始进入正题——一个小伙儿遭遇网络诈骗的事实。

此外，在消息要吸引的读者中，也包括挑剔的“第一读者”——编辑。作为稿件的筛选人，他们掌握着新闻作品的“生杀”大权。在众多的来稿中，如果某篇消息的导语很精彩，被一眼看中，这篇消息被采用的可能性就大得多。

（三）导语为整篇新闻报道奠定基调

导语位于新闻报道的开头，被誉为一篇之首，起着“一锤定音”的作用。导语写作往往对主体部分的写作有着很大的影响作用。正如美国著名记者亨利·费厄利所说，任何一个新闻记者在进行导语的写作时精力都应该高度集中，他必须做出决断：这条消息里什么东西重要，应

---

① 哈瑞斯，等．全能记者必备．北京：中国新闻出版社，1988：96.

该强调什么；而且，导语如何写，会直接影响到这条消息的其余部分。导语确定了写作重点，抓住了要害，材料的取舍便有了依据、准绳。因此，对于记者的写作来说，推敲导语，是写好消息的第一步。

1996 年 4 月，路透社发了一篇《要纪录不要命》的消息，从一名 7 岁女孩企图驾机飞越全美国，创造吉尼斯世界纪录而不幸遇难写起，记述了众多冒险家为创造吉尼斯纪录而丧生的故事。消息用了这样一条导语：

> **路透社华盛顿 1996 年 4 月 11 日电** 美国出版的《吉尼斯世界纪录大全》一开头就有一句短短的告诫语："一切想创造纪录的人都得自己冒很大的风险。"

一句"告诫语"概括了全篇的主旨，用它来充当导语是再恰当不过了。正如一位美国新闻学者所说，写得好的导语总是找到了能点明消息本质的一个短语、一条引语或一个事实，来为全篇定调。

四、导语的分类

为导语分类是总结导语写作经验、从理论上探索导语写作规律的需要。导语分类，对于编辑和一线记者选择和使用导语也有一定的现实指导意义。

（一）国内导语分类法

国内新闻界一般依据选取事实、反映事实的主要表现手法和特点，将导语分成三种基本类型：

1. 叙述型导语

用综合概括和直接陈述的方式交代主要新闻事实的导语被称为叙述型导语。这是用得最多也较易把握的一类导语。这类导语的优点是，事实、信息的传递最为简洁明了，可谓"直线交流"，极易为读者所理解，所以在导语中一直占有较大比重。例如：

> **本报北京 10 月 26 日电**（记者王亦君）十一届全国人大常委会第 29 次会议今天表决通过了《精神卫生法》，并于 2013 年 5 月 1 日起实施，这是我国首部精神卫生领域的国家大法。有专家表示，《精神卫生法》的出台，将进一步规范我国的精神卫生服务，保障精神障碍患者的合法权益。
>
> （《中国青年报》，2012－10－27）

上述消息的导语干脆利落，开门见山地告诉读者全国人大常委会表决通过了《精神卫生法》，同时这也是我国首部精神卫生领域的国家大法，一下子将最有新闻价值的信息呈现在读者面前。

叙述型导语直截了当、重点突出，多用于事件性消息和内容相对单一的非事件性新闻。

2. 描述型导语

描述型导语，在导语写作中会适当运用描写的表现手法，是一种亦描亦述、描述兼有的导语。与叙述型导语相比，这类导语的特点是，消息的开头即出现画面或镜头，具有可视可感的效果。这种导语生动形象，现场感强。由于受题材选择的限制，描述型导语不如叙述型导语用得普遍，但它的长处却是显而易见的。

（1）激发好奇心，引导读者阅读。

描写性导语常常会用生动、形象或者富有悬念的画面引起读者好奇，令读者不能不读。如：

> 一身酒气，啥都没说，上前便是一刀。
>
> 前晚10时20分许，白云区均禾街长红村发生伤人事件，一名男子酒后持刀将一手机店的两名员工捅伤。随后其搭摩的到均禾街罗岗村，又将讨要车资的搭客仔捅伤。此后，该男子在逃跑过程中又先后捅伤、划伤7名路人和一名两岁女童。
>
> （《新快报》，2013-02-23）

这则导语从作案现场入笔，先用细节展示吸引住读者，然后再详述事件原委。

（2）通过感染读者，强化报道效果。

好的描述型导语能够以逼真的情境或氛围感染读者，强化新闻的报道效果。如：

> "一等奖奖励轿车一辆，二等奖奖励现金两万元……"
>
> 11月初，由团安徽芜湖市委联合市委组织部、宣传部等单位举办的青年创业大赛鸣锣开战，再次点燃了这座城市的创业激情，一时间，创业成为街头巷尾热议的话题。
>
> （《中国青年报》，2012-11-07）

这则导语以宣布奖金数额的现场场景切入新闻，引出了青年创业大赛激情开战以及芜湖市在青年中广泛开展创业富民工程，探索帮助青年创业的机制，取得积极成效的话题。

描述型导语的写作，要求记者在采访中善于捕捉有形的画面。即使未在现场，采访也应当做到立体化，让采访对象间接地为你提供一些情景；而且要注意导语中的描写应有明确的目的性，不能为描写而描写，导语所描写的画面必须与事件有内在联系，有助于揭示主题，还要注意使用最精练的文字，三言两语勾画出事物或景物特有的状貌。

3. 评述型导语

夹叙夹议、有述有评的导语，往往以议论方式揭示新闻内容中的主要矛盾及其解决方法。评述型导语有两大优点：第一，评述型导语可以点评新闻事件深层的、一般不易为读者所注意、所了解的意义，通过导语中的评论，在消息的开头就将新闻事件的意义昭示给读者，使读者一接触新闻就获得某种启迪；第二，评述型导语可以直截了当地发表意见，能够直接影响舆论。例如：

> **新华社北京1月25日电** 中共中央总书记习近平25日在人民大会堂会见日本公明党党首山口那津男。山口也在会见之际向中国领导人转交了日本首相安倍晋三的亲笔信。在这场备受瞩目的会见中，究竟透露出怎样的信息？
>
> 研究中日关系的专家认为，习近平有关中日关系的阐述，既着眼现实，又统领未来，对于当前处于困难时刻的中日关系而言，意义非同寻常。

这则导语就是典型的评述型导语，开头首先交代了习近平会见日本公明党党首山口那津男的信息，接着又补充了山口向中国领导人转交了日本首相的亲笔信。然后在第二段引用了中日关系专家对这一新闻事实意义非比寻常的评价。同时，开头的判定又会抓住读者的内心，吸引读者继续阅读下去。

评述型导语的写作应注意：评述型导语中的评，应是言人之所未言，深刻而有新意；而且这种点评应该少而精，点到为止，不宜展开。此外，为了使导语中的评论更具客观色彩、更有说服力，不妨使用引语方式发表评价性意见。如：

> **本报兰州1月30日电**（记者张鹏）"要善待媒体监督，不能一触即怒，老虎的屁股摸不得。"在今天举行的新闻媒体新春座谈会上，甘肃省委书记王三运说，要以正确的态度面对媒体的监督，要真心诚意地接受媒体的监督，虚怀若谷地接受媒体的批评。
>
> （《中国青年报》，2013-01-31）

这则新闻在导语中借甘肃省委书记王三运之口，说出"要善待媒体监督，不能一触即怒，老虎的屁股摸不得"，要求甘肃省的各级政府部门和单位面对媒体舆论监督应该持有正确的态度和立场，虚心接受媒体批评，其中援引的省委书记的话语很有感染力和说服力。

（二）西方导语分类法

梅尔文·门彻在《新闻报道与写作》一书中将导语分成两种：直接式导语和延迟式导语。

1. 直接式导语

直接式导语通常开门见山地交代最关键的新闻事实，提示主题，凸显精华。导语写作是消息的第一步，也是最重要的一步。动笔之前必须明确两个问题：其一，消息的主题是什么，指导性、针对性是什么？其二，消息中最重要、最新鲜的事实是什么？弄清这两个问题，并在导语中表现这两个问题，即提示主题，凸显精华。所谓"凸显"，是说要把消息的精华、把最重要的事实放在突出位置，甚至需要把事实中最关键的要素强调出来。大多数的消息采用这种导语。它适用于时效性较强的事件性新闻。

2. 延迟式导语

延迟式导语通常通过叙述一个情节、描写一个场面、提出一个问题、引用一则典故或谚语等方法先设置一种现场或创造某种氛围，然后再引出新闻事实。它强调的是事件的戏剧性、人情味、故事性，而非事件本身，所以一般用于软消息或特写中。《时代》周刊、《新闻周刊》等一些新闻杂志多用延迟式导语突出其可读性，以弥补自身在时效性上的先天缺陷。

我们不妨看一下不同媒体报道同一事件"美国常驻联合国大使丹尼尔·莫伊尼汉辞职"时所使用的导语：

> 例一：
>
> 昨天行政当局有关人士说，引起争议的驻联合国大使丹尼尔·莫伊尼汉已向福特总统递交了辞呈，他可能寻求在纽约担当民主党参议员的候选人。
>
> （合众国际社）
>
> 例二：
>
> **华盛顿二月二日讯** 丹尼尔·莫伊尼汉今天辞去了美国常驻联合国代表的职务。
>
> （《纽约时报》）

例三：

直到最后一刻，丹尼尔·莫伊尼汉还在说，他不知道是否该辞去美国驻联合国大使的职务。他说，“我下了三十次决心”，“就像马克·吐温讲的‘戒烟容易得很，我已经戒了一千次’”。上周，莫伊尼汉最后下定了决心：辞职。

（《时代》周刊）

例四：

空军一号欢快地飞越中西部，午餐在途中进行。总统刚刚在他的座位上坐稳，麻烦事来了。“总统先生，有个不好的消息报告你，”白宫办公室主任理查德·查理报告说，“丹尼尔·莫伊尼汉辞职了。”福特抬起头来吃惊地问：“为什么？”

（《新闻周刊》）

例一和例二属于直接式导语，例三和例四则属于典型的延迟式导语，从中我们可以看出两种导语各自的优势：直接式导语的主要特点是开门见山，一语中的；延迟式导语的特点正相反，曲径通幽，意在勾起读者的阅读欲望。

五、导语写作的基本要求

美国新闻学者梅尔文·门彻说自己写一篇新闻时，会用一半甚至更多的时间琢磨导语，因为写好导语就相当于写好消息。那么如何写好导语呢？中国学者艾丰在《新闻写作方法论》中将导语写作的真谛或诀窍归纳为“一眼功效”。那么什么是“一眼功效”？就是一眼就让读者看上，一眼就看懂，一眼就被吸引，一见钟情。能够让读者一见钟情的导语也并非只有一种，好的导语可以简洁明快，可以娓娓道来，可以气势凌厉，可以悬念迭出，也可以蓄力而发。采用什么样的导语关键是要根据新闻事实的具体需要，根据具体的新闻内容来决定。为了写出合格的、好的导语，下述各点是不能忽视的。

（一）导语要重点突出、揭示新闻主旨

既然导语的任务是开门见山，报告新闻事实、吸引读者，它就不能不按照这个要求来写。一篇消息所反映的事实总是有主有次，导语要求用简练的文字反映新闻的核心和精华，要把消息中最有意义的、最实质的内容告诉受众。这样才能完成导语的“诱导”和“导读”作用。一篇消息的导语必须突出重点、揭示要旨，这是导语写作的基本原则。所以写作导语的过程也就是寻找和提炼核心事实的过程。我们来看消息《“一颗鸡蛋”强壮山里娃》的导语：

本报讯（记者赵秀红、高耀彬）10月初的吕梁山腹地，秋寒沁骨。8点刚过，山西静乐县西坡崖学校的伙房里热气腾腾，季师傅忙着从灶上端下一笼屉一笼屉的鸡蛋，等早自习结束的钟声一响，娃娃们就来领早饭了，除了稀饭、馒头，248名寄宿生每人还能分到一颗热乎乎的鸡蛋。

（《中国教育报》，2008-10-12）

2008年10月，党的十七届三中全会通过了《中共中央关于推进农村改革发展若干重大问

题的决定》，《决定》在对“大力办好农村教育事业”进行部署时，明确提出了“改善农村学生营养状况”。这篇消息从小处着眼，以一颗鸡蛋着眼，却有着关乎民生、关乎教育的重大意义，顺应了国家对农村教育事业发展的最新精神。因此，该消息得到了一致好评。

（二）将最具新闻价值、最有吸引力的事实写入导语

导语写作仅有明确、具体的事实还不够，记者必须将新闻事实中的精华挑选出来，写入导语。首先应明确新闻的主旨，既可以突出可以概括全篇的核心事实，也可以将概括性内容与具体事例相结合。当新闻事实中某一具体事例特点鲜明、具有典型意义时，也可以单独使用具体事例来进行概括。有人把记者提炼事实、写作导语的过程比喻成沙里淘金，非常生动、形象。具体来说写作导语时有三类材料应在首选之列：

1. 最新鲜的材料

新闻导语要显示出时间的“新”和内容的“新”。善于突出新闻中最新近的时间要素和最新鲜的内容，是导语最出新意的两个方面。时间的“新”主要是指在导语中应该突出新闻的时效因素，在新闻发生的第一时间报道新闻。所以广播、电视新闻常用“本台刚刚收到的消息”来显示时效，报纸上的某些快讯，导语中注明的事件发生时间，甚至具体到几时几分几秒。内容的“新”主要是指在时间上刚刚发生、新近发生的事件，其内容多是人们欲知而未知的，所以很容易引起人们的注意。还有一些事件虽然错过了最佳报道时机，但是内情却是读者尚未知晓的，写入导语自然也可以突出新意并引来读者的注意。总之，写导语无须面面俱到，只需选取最近时间，突出新鲜内容，力避将最新的事实、信息淹没在一般性事实之中。

2. 最重要、最具影响力的材料

导语的构思和写作，究其实质就是记者对自己手中的新闻素材进行选择和加工的处理过程。在此过程中，记者需要对这些素材进行分门别类、比较和权衡，选出最重要的那部分材料充当导语。我们来分析一下下面这则导语：

> **新华社北京1月31日专电**（记者卢国强）北京警方31日称，“房姐”龚爱爱在北京有41套房产共计9 666.6平方米。目前，龚爱爱利用违法办理的北京户口及身份证购买的房产和轿车已被查封。

在诸多事实中，这条导语选取了“房姐”在北京有41套房产共计9 666.6平方米这一最重要的事实，因为这两个数字对读者的冲击力最大，也是所有材料中最重要的信息。至于房产和轿车的细节情况，都留在主体部分去写了。这样，导语去掉了一些枝蔓，使得文字更加精练，重要的事实得以突出，导语也就更加引人入胜了。

3. 最有趣、最富有戏剧性和人情味的材料

如前所述，导语的基本目的是吸引读者。吸引读者的第一要件是新闻事实和信息的重要性、影响性；其次便是能够引起读者兴趣的新奇的、故事性的、有人情味的事实。在分拣材料构思导语的过程中，如果发现这类材料，不妨将其放在导语中去写。例如：

> 初春的豫北大地，依然寒气袭人。今天上午11时，河南省封丘县黄仝庄村，村头集市上熙熙攘攘的人流中，走来了一群穿着铁路制服、背着笔记本电脑的年轻人。他们是郑

州铁路局的青年志愿者，来黄全庄村帮农民工兄弟网上订购火车票。

（《中国青年报》，2013-02-16）

这则消息从寒冷的天气入手，写到了热闹的村头集市，接着写到熙熙攘攘的人流中出现了“一群穿着铁路制服、背着笔记本电脑的年轻人”。正当读者产生疑问的时候，文章笔锋一转道出了主要事实——郑州铁路局青年志愿者来到集市帮助农民工网上订票。这则导语既有现场感，又有趣味性和人情味。

（三）炼字炼句，力求简短

许多人用晋代陆机在《文赋》中所讲的“立片言而居要，乃一篇之警策”，来说明导语的特征。“片言”之意就是导语的简短、精练。通常而言，导语越是简短越具有影响力。导语太长，字数过多，一会淹没“亮点”，冲淡趣味性，二会导致沉闷，令读者失去耐心。梅尔文·门彻在《新闻报道与写作》中曾经给出了一个导语字数上的限制：要尽可能把导语的字数限制在35个单词以内，以保证其内容上的鲜明性和可读性。在我国，对于导语的长度没有硬性的规定，但是太长的导语容易使人产生沉闷之感，也容易使读者失去方向，难以把握主题。因此，好的导语大多是短小而精悍的。写作短导语的关键是明确报道主旨，抓住事件要害。有时，导语只用一句话即可，新闻史上有不少著名的一句话导语。例如：

本报讯 欧洲大战于昨天拂晓爆发！

（《纽约先驱论坛报》，1939-09-20）

美联社1945年8月14日电 日本投降了！

（美联社，1945-08-14）

正如我们在上文导语的产生和发展部分所讲到的：从最初的六要素俱全导语到部分要素导语、再到个性化导语，导语已经经历了三代演变。但是其演变的原则和规律一目了然：删繁就简。写作简练的导语也是符合导语发展规律的。当然，导语的长短最终取决于整个报道的内容。需要概括的东西愈多，导语也就愈长。它可以是一句话，一个自然段，也可以是两三个至四五个自然段。段落长短也应根据新闻事实的实际需要和读者的阅读兴趣而定，重在合宜。

（四）力求优美生动

导语在新闻中占有特殊地位，它凝聚着作者集中展现其新闻写作艺术和技巧的匠心，更担负着概括主题和吸引读者的双重使命。美国报业大王赫斯特曾经反复告诫记者力求用新闻的第一句打动读者。那么如何才能打动读者呢？我们认为除了事实的选取之外，表现技巧也是一个很重要的因素。所以导语应该给人以美感，这是导语吸引读者的又一手段，也是导语写作的更高追求。导语的美，来源于两个方面：一是开掘、反映出新闻事实内在的美；二是讲究文采，做到语言美。我们来看以下两条导语：

“承前启后开阔步，革故鼎新展宏图”“十八大宏开，东风浩荡；九万里高唱，北斗光辉”……一副副火红的对联，一张张灿烂的笑脸，构成自治区妇联近日开展的迎新春送文化下基层活动的美丽画面。连日来，自治区妇联组织广西女书画家协会的女书画家深入基层，为群众撰写春联，把党的十八大精神和好政策送到基层妇女群众中。

（《广西日报》，2013-02-02）

新华社北京9月29日电 弦歌阵阵唱出赤子深情，丝竹悠扬共贺国庆佳节。庆祝中华人民共和国成立63周年音乐会“赞美祖国”29日晚在京举行。中共中央政治局常委李长春等领导同志与首都各界群众欢聚一堂，共同欣赏了这台音乐会。

（《人民日报》，2012-09-30）

上述两条导语不仅清楚地阐明了事实，而且通过优美的文字展示了现场画面，给读者以美的享受。

第三节　消息的主体

消息导语是对新闻事实的核心概括，主体部分才是消息内容的具体呈现，并为读者提供新闻事实的来龙去脉及影响。因此，有人形象地指出，如果说导语是新闻结构布局中的中轴，那么主体就是这一整体布局中扇面展开的部分。

一、消息主体的界定

消息主体又叫消息主干或者消息躯干，由导语引出，是导语之后新闻事实的展开部分，消息主体承接导语，通常要回答导语中提出的问题或进一步给出结论，进而阐明并深化主题。

二、消息主体的作用

消息主体作为消息的核心组成部分，承担着全面交代新闻要素和将概括性事实具体化的重要作用。消息主体不仅能对导语提出的事实加以扩展放大，使新闻事实更具体清楚，更生动形象，而且可以对新闻要素、新闻背景、次要新闻事实进行补充，使新闻内容更加完整、丰富，从而进一步深化新闻主题。

（一）将导语中高度概括的事实具体化

导语交代事实一般简明扼要，强调概括。即使是采用六要素导语，对事实的介绍也只能是简笔勾勒。这就要求主体部分进一步展开各个新闻要素或某一关键要素所涉及的详细内容。

例如：

“我做梦也没有想到，在家门口的企业上班能拿7万元的年薪，今后我一定加倍努力工作，用良好成绩回报公司。”昨日，拿着年薪用工合同的农民工徐小鹏激动地对记者说着。

1981年出生的徐小鹏，是个地地道道的农民。在学校毕业后他就到外地打工了，因为没有技术，每个月只能拿到1 000元左右。2004年年初，经南昌经开区人事劳动局推荐，徐小鹏和40多名农民工一起来到晨鸣纸业总部培训。徐小鹏学的是复卷工。3个月的培训后，徐小鹏进入晨鸣纸业上班，月工资为1 500元。

由于工作勤奋吃苦耐劳，再加上钻研技术本领过硬，徐小鹏得到了公司的肯定。2005年年初，公司将他提升为值班长，在他的带领下，他的班组在公司“月月评先”活动中，5次荣登大红榜，他个人连续3年被评为先进个人。今年1月，该公司提拔了8个中层干部，徐小鹏被提升为车间副主任。公司和中层干部签订年薪用工合同，其中就有徐小鹏和另外3位农民工。

经开区人事劳动局一负责人说：“企业重用农民工，将会吸引更多优秀农民务工者返乡就业，对南昌经济快速发展起到促进作用。”

（《南昌日报》，2008-05-13）

导语部分交代农民工徐小鹏在家门口的企业上班，拿7万元的年薪。让人不由得好奇的是，这位农民工兄弟是怎么找到这样好的一份工作的呢？主体部分开始对徐小鹏的个人状况进行了基本的介绍，紧接着对徐小鹏如何进入晨鸣纸业进行培训、取得了怎样的业绩、得到了哪些荣誉等进行了详细的介绍，最后对企业的态度进行了一番展示。整体看来，主体部分写得水到渠成，对基本的新闻要素进行了详细的介绍，较好地展现了新闻事实和新闻人物的大致状况。

（二）补充说明导语中未提及的新闻事实

第二节导语部分我们已经谈到，为了突出新闻事实中最具吸引力、最有价值的内容，现代导语写作不再倡导六要素俱全，往往省略一些新闻要素，对事实的叙述多是简明扼要、概括式的。因此，消息主体部分自然要承担起补足新闻要素，使新闻事实表达更加完整的任务。以第20届中国新闻奖获奖消息《5位台籍员工首获“五一劳动奖章”》为例：

今天上午，台胞曾文远身披红色绶带，兴奋地登上领奖台，从厦门市领导的手上接过厦门市“五一劳动奖章”，和他一起获得这一荣誉的还有另外4位在厦工作的台籍人士。

今天，我市举行庆祝“五一”国际劳动节暨表彰大会，市领导何立峰、刘赐贵等出席大会。这是我市首次把这块“含金量”很高的荣誉奖章颁发给在厦投资经商、工作的台商和台籍员工。

曾文远是飞鹏运动器材有限公司的副总经理，该公司是集美区第一家组建工会的台资企业。他担任企业爱心基金会理事长，带头募集救助和资助困难或患病的员工，多次被评为企业“爱员工的优秀领导”，获省“工会之友”荣誉称号。

同时获得这一荣誉的邹国泰是厦门新凯复材科技有限公司协理，来厦工作生活已经12年了，他在协助企业运营管理上创造了积极的效益，顺利完成2 000万美元的增资资金到位及扩厂的大量资金需求，在管理人民币升值的避险工作中使企业获重大的汇兑收益报酬。

邹国泰说，近几年来，越来越多的台籍人士来厦生活和工作，他们在各个方面都已经融入厦门的社会生活当中，厦门市把“五一劳动奖章”这样的荣誉授予台籍人士，这是对他们最大的鼓励。

中日电热（厦门）有限公司行政副理许秀梅这次也获得了“五一劳动奖章”，这是她13年前来到厦门时想都不敢想的事情。她表示，要继续发挥模范作用，为员工制订更好的福利计划，改善员工的福利待遇，促进全厂员工素质的不断提高。

市总工会副主席杨中华说，厦门有几千家台资企业，一万多名台籍员工，他们已成为厦门建设的一支重要力量，今年首次把台籍人士纳入“五一劳动奖章”评选范围，就是对他们的肯定，这也是对他们进一步扎根厦门、建设厦门的一种鼓励和引导。

（《厦门晚报》，2009－04－29）

消息主体部分对曾文远的具体身份、获奖原因、设置这一奖项的意义等内容都做了进一步的补充介绍，使得消息的各方面信息更完善。主体部分的解说使读者认识到原来这些人都是为厦门当地做出杰出贡献的台胞，他们中有的带头募捐资助困难员工，有的致力于改善员工福利，把“五一劳动奖章”颁给他们既是对他们工作的肯定也是对他们扎根厦门的积极鼓励。受众想要对这则消息进行深入全面的了解，就必须通过主体部分对导语的补充来建立自己对消息全景的整体印象。

（三）解释导语中出现的问题和悬念

为了吸引受众注意或是迎合写作需要，记者常常会在导语部分给受众设置一些悬念：有的描写一段令人好奇的场景或现象，有的直接以疑问或设问的方式开篇。这样主体部分就不可避免地要解释导语中出现的问题和悬念，承担解惑答疑的任务。美国有些报社采取了一种新闻质量管理的新方法，其核心措施，就是要求一线记者在进入正式采写工作之前，首先从读者角度向自己提出问题。其中包括：“为什么一定要让读者知道这件事?”“这件事的意义何在?”“读者接触这一事件之后，最初浮现脑际——最关心、最想了解的问题是什么?”这些问题考虑清楚了，采写的方向、重点也就明确了。否则，便会令读者大失所望。

以第17届中国新闻奖获奖作品《食品工业产业链从城里向乡村延伸　马蹄加工的首道工序放在千家万户（肩题）　荔浦5万农民坐在家里“变”工人（主题）》为例：

本报荔浦讯（记者骆展胜　通讯员蒋锦华、唐定民）“老太太坐在家里边看电视边削马蹄，一天至少也能挣一二十元钱，全县有5万农民这样为县里4家大型马蹄罐头厂工作。可以这样说，食品工业的发展不仅壮大了荔浦县域经济，而且，给几个乡镇的农民增收带来了最直接的好处。”9月14日，荔浦县中小企业局黄局长说起该县的马蹄产业时，当即就委托有关人员带记者去乡村“眼见为实”。

我们首先走进青山镇长塘村。在村口的一片树荫下，一帮男女正围坐在一起有说有笑，手里还在忙活着什么。“喏，那些村民就是在削马蹄!”带队的小唐老远就指着说，青山镇是荔浦县马蹄产业发展最成功的乡镇之一，有“中国马蹄之乡”的美誉。这些年，马蹄加工几乎成了青山人的“四季活”，现在还不是他们最忙的时候，再过两个来月，等到今年的新马蹄上市了，村里男女老少聚在一起削马蹄的场景那才叫“壮观”呢。

“大爷，您这拉回来的是什么呀?”记者走近削马蹄的人群，79 岁的沈大爷笑着回答：“马蹄呀，我每天就负责给他们从老板那里运马蹄回来，然后又将削好的马蹄帮送到罐头厂。”沈大爷的二儿子沈恩林接过话题：“老爷子就是闲不住，每天一早起床就去拉毛马蹄，然后发给我们进行削皮，他挣的钱比我还多呢!”“这削马蹄可有讲究，一点黑斑都不能留，否则，出口到日本就会被打回来。”71 岁的范大娘停下手中的活，很认真地讲述着。

“马蹄不是农户自己种的吗? 为什么要去老板那儿拉?”见记者有些不解，小唐又把我们带到了青山镇的大街上。沿街门面到处可见正在分拣马蹄的妇女。一位覃姓老板告诉记者，为了保护农户种植马蹄的积极性，每到马蹄上市，县马蹄协会就会以保护价包购并进行集中储存，然后组织当地富余劳动力进行分拣，大果装箱出口或销往广州、上海等市，中小果再发放给农户削皮加工卖给食品厂。

“县里这样引导我们增收，好哇！中央提出建设新农村，农民能实实在在得到好处，我们当然就有积极性。”程大姐边分拣马蹄边向记者感叹，她家 4 口人不用外出打工，今年靠削马蹄就挣了不少钱。

记者随后来到荔浦志超罐头食品有限公司求证。该企业负责人说，将马蹄加工的首道工序放在千家万户，不仅节约了企业的管理成本和生产场地，质量同样可以保证，“我们刚刚又收到日本的检测报告，通知我厂样品全部符合 205 项‘肯定列表制度’要求，68.9 吨清水马蹄罐头已顺利进入日本市场!”

（《广西日报》，2007-06-18）

老太太在家看电视干活儿也能挣钱，这样的话从一个县中小企业局局长的口中说出来，让人在好奇的同时也心生疑惑，是怎样的生产和销售模式让这里的农民获益？真的像这位局长所说的那样在家看着电视也能挣钱吗？企业怎样确保这种雇佣模式的稳定性？消息的主体部分做了详细的介绍，这条本土化的生产—加工—销售的链条逐渐清晰地展现在读者面前。

（四）对新闻事实产生的社会影响或意义进行阐述和深化

威廉·梅茨认为：“导语提出了最重要和最有吸引力的事实，消息的主体部分则进一步展开、阐述和解释导语。导语中的任何陈述均须由下面段落中的事实予以支持，尤其是在导语中写到了引起争论的因素时更应如此。”[①] 面对新闻，今天的受众不仅渴望知道发生了什么事情，还希望知道新闻事实在社会上造成的具体影响、产生的原因、意义。这就需要记者在消息的主体部分运用相关材料，进行深入的分析和阐释。

本报讯（记者尹江勇）对草浆造纸行业来说，造纸黑液污染是深深勒在喉咙上的一根绞索。现在这个难关已被攻克。省科学院一项自主创新技术，可将造纸产生的黑液全部变

① 梅茨．怎样写新闻：从导语到结尾．北京：新华出版社，1983：60.

成生产磺化木质素的原料，不仅实现造纸黑液“零排放”，而且创造出高效益。

“国内造纸的主要原料是麦草，近年来推广使用的碱回收法虽然能起到治污效果，但投资大成本高，对不少造纸企业来说负担沉重。”省科学院院长赵亚平告诉记者，我省中牟造纸厂和滑县造纸厂由于上马碱回收工程后成本太高难以运行，不得不停产，现已倒闭。

省科学院化学所与舞钢市海明造纸集团有限公司经过近20年研究，合作开发的一项新技术，以自主创新的复合蒸煮剂取代传统的碱法制浆，将原本是污染源的造纸黑液变成了新原料，经过加工，每吨黑液可生产1.1吨～1.2吨磺化木质素，生产成本不过600元左右，售价每吨达1 300元～2 000元，利润是造纸的2到3倍。中国造纸协会副理事长李有元在鉴定完该技术后评价：“你们解决了草浆造纸行业的一大技术难题。”

“磺化木质素是一种高效减水剂，用在水泥砂浆中，1吨磺化木质素可节省水泥40吨、减少用水14%，直接经济效益达1.2万余元，并且可以提高混凝土的强度和耐久度，已经成为建筑行业推荐使用产品。此外，它还可作为扩散剂用于医药制剂的生产。”化学所所长赵永德介绍。

近3年来，由于采用该技术，仅舞钢市海明集团就累计新增利税2 800万元。据集团CEO孙海明介绍，目前该公司产品达到了世界最大的磺化木质素生产、销售公司——英国KMT的标准要求，已批量出口英国、意大利等国家，供不应求。该成果经过转化，已经在平顶山和驻马店形成年产5万吨磺化木质素的能力。

（《河南日报》，2006-08-17）

导语中写道造纸黑液污染这一难关已被攻克，但这一成果对造纸业会产生怎样的影响意义呢？将黑液转化成磺化木质素可以创造出高效益，是什么样的效益？什么样的影响？这些内容在导语部分是没有办法说清楚的，唯有在主体部分才能进行详细的阐述。通过主体部分的介绍，我们了解到，将黑液加工成磺化木质素的成本比以前推广的碱回收成本低很多，而且利润是造纸的2～3倍。接着，主体部分对磺化木质素本身及其能够产生的经济效益进行了介绍，结尾还指出其宽广的出口前景。如此一来，这条消息就不仅仅是攻克造纸污染治理的难关这么简单了，还有这种磺化木质素所催生的经济效益和长远战略发展方向的新突破，其意义和影响自然受到深化和加强。

三、消息主体的写作要求

（一）紧扣主题，进行材料的甄选

消息的导语、主体、结尾是一个整体，动笔写作之前要做统一考虑。导语为整条消息的写作定下了基调，规定了方向和主题，主体部分自然要围绕主题来取舍材料。面对采访结束后收集到的材料，哪些可以用，哪些必须舍弃，哪些要放在重要的位置，哪些安排在靠后的地方，哪些应该详细说明，哪些可以几笔带过，这些都需要围绕主题来进行详细的安排。最终目的就是要使主题突出、明确，让受众看过后能够了然于心。

以第18届中国新闻奖获奖消息《家庭开旅馆 农民办公司（肩题） 青藏铁路正在改变农牧民生产生活方式（主题）》为例：

本报拉萨6月17日讯（记者杨正林、梁军）这些天，堆龙德庆县丹增贡嘎老人家开办的家庭旅馆忙得不可开交。时值西藏旅游旺季，客人走了一拨又来一拨，旅行社的导游还特意带着游客来他家的旅馆参观，看他们表演民族歌舞。“青藏铁路修到家乡，火车来到家门口，这条‘幸福线’让我家的生活越过越幸福!”丹增贡嘎乐呵呵地说。仅在拉萨火车站附近，像这样的农牧民家庭旅馆就有40多家。

青藏铁路的开通，给西藏带来了巨大的人流、物流，拓宽了农牧民的就业和致富渠道。堆龙德庆县委、政府紧紧抓住这一机遇，引导农民从事多种经营，使过去祖祖辈辈依赖土地为生的当地农民跳出“农门”，走出“山门”，致富的路子越走越宽，日子越过越红火。

铁路通车后，“农家乐”让群众吃上“旅游饭”。在火车站附近的桑木村，开办“农家乐”的群众由原先的36户增加至52户，占全村总户数的76.5%。最早开办的“桑木民俗自然村”更是门庭若市，游客和从市区专门来“逛林卡”的人数比往年增加了一倍多。旅游业为桑木村农民提供了70多个就业岗位，全村68户农户，实现了“一户一人”就业，每户年均增收3 150元。

堆龙德庆县乃琼镇色玛村紧邻拉萨火车货运站。村委会组织村民投劳集资，筹资950万元组建了色玛物流公司和装卸公司，解决了村里30名无业青年的就业，同时还吸收大量当地农民参与物流公司和装卸公司的建设。青藏铁路通车以来，仅乃琼镇就输出劳动力6 000余人次，劳务输出总收入216万元，人均增收3 600元。

随着铁路的通车，乃琼镇的绿色无公害蔬菜、土特产品也越来越多地走进市场，受到消费者的青睐。乃琼镇以协会为龙头，以订单为保障，组织105户农民在铁路沿线大力开展无公害蔬菜和花卉种植，从而带动周边群众致富。在乃琼镇铁路沿线村庄，还有75户群众专门从事藏鸡、生猪、奶牛养殖，23户群众从事园林绿化，承接铁路沿线绿化项目，户均增收达1 800多元。

（《西藏日报》，2007-06-18）

这篇消息在导语中就已经提示了消息的主要内容——青藏铁路正在改变农牧民的生产生活方式。主体部分每一段落的推进都是紧扣着这一主题在选材。第1段（导语段）描写丹增贡嘎老人的家庭旅馆中的热闹景象；第2段交代了出现这种热闹现象的原因——青藏铁路的开通拓宽了农牧民就业和致富的渠道；第3段介绍了铁路通车后来旅游的人增多了，带动了“农家乐”的发展；第4段则讲到铁路促进了当地的货运发展，村民开始自筹资金建立物流和装卸公司，开展劳务输出，为当地的经济发展起到一定的带动作用；第5段继续介绍铁路开通后为农产品、畜牧业带来的全新发展契机。纵观主体部分，都是在围绕青藏铁路建成通车后为当地的旅游、交通、农副产品发展带来的宝贵发展机遇，照应了消息的主题，较为深入地展现了青藏铁路开通后所带来的各方面变化。

（二）逻辑严谨，层次段落鲜明

消息主体写作的另一个基本要求是层次清晰。句与句之间要表达连贯的意义，段与段之间要有层次感，段落的组织要符合人们的阅读习惯，由简到繁或由繁入简，按照渐进的或并列的结构展开，使受众在阅读时能够清楚地把握消息的行文思路。

下面我们来分析一下消息《天津：微博征义工　“鹤发童颜闹元宵”》：

本报天津2月23日电（记者张国）10位从微博上征集的义工昨天来到天津市鹤童川府老人院，陪老人们提前庆祝元宵佳节，让他们感受节日温馨。这是养老机构运用新媒体征集志愿者的一次尝试。

义工与老人们举办了“鹤发童颜闹元宵”主题联欢活动，做元宵、猜灯谜。当地一家美食网站编辑是通过微博征集的一位义工，她是第一次参加这样的元宵节活动。她认为，老人逢年过节尤其需要关爱关心，微博是年轻人的社交工具，能吸纳到很多的爱心青年。

该老人院负责人表示，今后将继续通过微博征募义工。此举不仅能够壮大敬老爱老的社会群体，也能实现公益理念在社交网站的传播。

（《中国青年报》，2013-02-24）

这条消息分成了三段：导语段交代了主要事实，“10位从微博上征集的义工昨天来到天津市鹤童川府老人院，陪老人们提前庆祝元宵佳节”，同时点出该事件的新闻价值在于这是养老机构首次使用新媒体手段来征集志愿者；第二段介绍了义工们与老人举办元宵联欢活动的场景，其中一位志愿者还谈到了参加这次微博征集义工活动的感受和想法；最后一段则是老人院负责人说明微博征募义工活动重要的社会意义和社会影响。三个段落层层推进，清楚地展示出了这一具体的新闻事件及其所蕴含的意义。

（三）丰富表现手法，调动受众的兴趣

千篇一律的写作模式会让大多数读者对消息敬而远之，相反，运用多样化的表现手法，可以调动起受众对新闻的兴趣。消息写作中运用的常规表现手法主要有倒叙、插叙、渲染、对比、以小见大、悬念、议论、抒情、描写等等。大量表现手法的运用可以使文章更为生动、形象，语言表达更富感染力。

以第21届中国新闻奖获奖消息《姜启禧捐赠眼角膜和遗体后，他的家人认为——“他只是去外地做好事了”》为例：

本报柳州讯（记者毛秋雁）昨日上午，姜启禧的亲属从深圳回到柳州，同时带回了姜启禧的两份证书：一份为眼角膜捐赠证书，一份为遗体器官捐赠证书。眼角膜将会使两名孩子重见光明，而遗体则供深大医学院用于科学研究及教学。因为没有骨灰，姜的姐姐说，以后的清明，我们只能以此来凭吊他。

昨日下午，在姜启禧家中，记者看到了厚厚一沓无偿献血证，共计16本，这全是姜启禧的。睹物思人，姜启禧的姐姐看到这些本子，不禁泪如雨下，她说，在姜启禧的带动下，不仅好友参加了无偿献血，就连她的儿子也参加无偿献血。

姜姐说，弟弟姜启禧今年48岁，他在1岁时患上了小儿麻痹症，走路一脚高一脚低。弟弟从小好强，小时候，如果哪个小朋友笑他是“瘸子”，他一定会以拳打脚踢的方式与对方“论理”。父母为了给姜看病花费了不少精力和金钱，带着愧疚的心理，姜很想做成一番大事业回报父母。他做过服装生意，开过制衣厂，但生意都不好。后来在社区做残疾人协管员。事业上的不得意，让他很少和家人谈及个人的事，因媒体上有过关于他参加无偿献血的报道，家人才知道此事，但是并不知道，他已经献血10多年，献血量达到了3万多毫升。

姜启禧家人因为他的无偿献血得到了及时的帮助。2009年8月，姜的父亲得了胆管结石，在手术中大量用血。根据《中华人民共和国献血法》规定，无偿献血者本人及其直系亲属（父母、子女）和配偶临床用血时，可以免交一定量血费。姜父病愈后，可免交的血费有2 000多元，家人真实感受到无偿献血带来的帮助。

捐献眼角膜和遗体时，必须经过家属的同意。姜的母亲已经72岁了，生平很少签字，为了达成儿子的心愿，在家人的帮助下，她一笔一画地写下了自己的名字。对于儿子的决定，母亲含着泪说：“这是他自己的决定，作为父母，我们只能满足他生前的心愿。”到了深圳治病后，姜的父母十分牵挂着他的病情，他们约定，每天一个电话，并天天期盼着奇迹发生，让他继续活着。

姜走了，家人期待的奇迹没有发生。但是，他的家人对记者说：“他的眼角膜将让两个孩子重新看到这个世界，他的身体能供医学院做研究，感觉他并没有走，只是到外地去做好事了。”

（《南国今报》，2010-04-03）

这篇报道为我们描绘了一个平凡人的不平凡举动，运用倒叙、描写等手法，尤其是细节描写，感人至深，让我们从字里行间感受到这个从小患小儿麻痹症的残疾人身上所蕴藏的无穷力量。消息开头先从遗体器官捐赠书说起，再由姜启禧的家人将其故事娓娓道来——他多年来坚持献血帮助别人却从不向人说起，甚至连家人都不知晓他无偿献血的事情。文章运用了很多细节性的描写，在刻画人物形象的同时，也让我们看到了这位小儿麻痹症患者身上超越常人的光辉。

第四节 消息的结尾

消息结尾是消息组成中不可或缺的一个部分。近年来许多人都开始认识到消息结尾的重要性：一则优秀的报道既要有好的导语在开始时引起读者的兴趣，也需要有力的结尾避免读者在收束时感到失望。好的消息结尾当如我国明代学者谢榛所言“结句当如撞钟，清音有余”。

一、消息结尾的重要性

消息结尾作为一个形式上的概念，指的就是消息的结束部分。它同导语、主体一同构筑起了消息的基本框架。古人谈到文章的写作时强调好的文章应该是“凤头、猪肚、豹尾”。意即文章起首要美，中间要丰富，结尾要响亮有力。消息写作也应如此要求。

二、常见的消息结尾方式

一篇消息的结尾应依据新闻事实本身的特点去设计，从报道事实中水到渠成地引申出来。好的消息结尾能起到余音绕梁的效果和作用。

我们在此只列举几种常见的消息结尾方式。

（一）总结式结尾

总结式结尾也叫概括式结尾，在新闻的结尾处对新闻主体交代的新闻事实或新闻事实所反映出的思想、道理进行总结、归纳，以期给读者一个完整的印象。总结式结尾一般都有点题的作用，使得消息整体看来首尾呼应。

以第22届中国新闻奖获奖消息《牧民开始用卫星放牧》为例：

本报11月21日讯（记者哈丹宝力格、海鄰）“图门桑，牛群已离开您的牧场，在伊克尔湖东南约3.5公里处。”11月20日下午，鄂尔多斯市杭锦旗牧民图门桑看了一眼手机上的短信，急忙骑上摩托，向着伊克尔湖方向疾驰而去。在卫星放牧系统应用之前，图门桑为了找寻在沙尘暴中迷失的牛群，曾在草原上转了整整15天。

目前，杭锦旗已有4个牛群、2个驼群、1个马群受到卫星的守护。卫星放牧系统开始在内蒙古草原逐步推广。

卫星放牧系统的一部分制成项圈套在牲畜颈上，一部分安置在卫星数据服务站，另一部分则是游走于浩瀚太空的卫星。华东师范大学专家王远飞说：“运用遥感、卫星定位、地理信息化等技术的卫星放牧系统，在我国首次应用，必将推动我国现代草原畜牧业的发展。”

有关数据显示，2010年我区因灾死亡牲畜近20万头（只）。失去了看护的畜群，会在一场沙尘暴中惊慌失措，消失得无影无踪；会因突降的暴雪，刨不出一点干草，冻饿致死。图门桑说：“一场大雪之后，你总会听说谁家的牲畜找不回来了，谁家的牲畜死掉了。”

杭锦旗农牧业局朝鲁介绍，卫星放牧系统应用之后，牛羊的移动路线一览无遗，会通过互联网或手机短信告知牧民。现在，畜群就像图门桑手里牵着的一只永远也飞不远的风筝，每隔三四天他才会去看上一眼。

科技逐渐将原本脆弱的畜牧业生产武装到牙齿，同时节省了养殖成本，减少了人力物力投入。图门桑不再雇人放牧，节省下每月3 000元的支出。在失去牛倌的情况下，图门桑第一次不必和牛群紧紧拴在一起，多出了时间从事第二职业。他说跑运输每天可以给他带来100多元的收入。

（《内蒙古日报》，2011-11-23）

这篇稿件的主体部分详细介绍了牧民们如何借助卫星系统轻松找到自己的牧群，卫星放牧系统的使用，不仅将牧民从牧群的约束中解放出来，而且大大减少了牧民因为牧群迷失而导致的损失。结尾部分再次点题，强调了科技引入畜牧业生产，大大节省了成本和人力、物力的投入，同时运用图门桑的例子，与导语部分交相辉映，使文章主题更加明确。

（二）提醒式结尾

提醒式结尾，在现代新闻写作中经常可以见到，多出现和使用在具有揭露、服务性内容的新闻报道中。例如，法新社在报道“最近三天，在罗马尼亚，由于误食父母采来的毒蘑菇，有六个孩子死亡，另有十来人住院”的新闻时采用了这样的结尾：

当局已多次发出警告，提醒人们不要食用在森林里采的蘑菇。

（《参考消息》，2004-08-22）

（三）预见式结尾

这类结尾通常会在消息结尾处指出新闻事件发展的未来趋势，而且要求所预见的趋势必须是有事实作为基础的，是科学的或者具有权威性的。如《美刊：中日海战必两败俱伤 强国梦将皆成泡影》这篇报道，其结尾就是一种带有呼吁的预测：

最后，《外交政策》杂志的文章称，中日海上战争对于两国而言是一场两败俱伤的对决，由于海上力量对于这两个亚洲大国至关重要，一旦海军力量遭到重创，那么中日成为世界顶尖强国的梦想将瞬间化为泡影。所以，文章呼吁中日两国政府和军事领导人能通盘考量全局，如果这样的话，中日2012海军大战将不会打响。

（《法制文萃报》，2012-08-26）

（四）背景式结尾

这类结尾通常会将新闻背景材料安排在结尾处，对主要新闻事实起补充说明、适当解释、对比衬托的作用。以下面的消息为例：

新华网新德里2月20日电（记者吴强）正在印度访问的英国首相卡梅伦20日在阿姆利则访问了1919年英军屠杀印度平民纪念碑，说英国将铭记这一“羞耻”。

据当地媒体报道，卡梅伦在留言簿上写道：“这是英国历史上一起十分羞耻的行为。丘吉尔曾把它称作‘兽行’。我们永远不会忘记发生在这里的事。”

1919年4月13日，英国殖民军队在阿姆利则对手无寸铁的印度和平抗议平民开枪，打死包括妇女儿童在内的数百人。这一事件在历史上被称作“阿姆利则屠杀事件”。

（《参考消息》，2013-02-21）

这则消息的最后一段，专门补充了 1919 年的“阿姆利则屠杀事件”的具体情况，这样做不仅清楚解释了英国首相卡梅伦所说的“十分羞耻的行为”，同时也是对主体新闻事实的拓展性补充。这段背景材料的运用，对整个消息的主题表达起到了很好的辅助作用。

（五）对比式结尾

在消息结尾部分，通过情景、环境、事件中人物态度等方面的对比，产生一种落差感，会给人留下较为深刻的印象。例如，第 16 届中国新闻奖获奖消息《南沙耸起“数字礁堡”》就运用了这种结尾方式：

> 2001 年，南沙各礁都装上了电视无线接收系统，但只能收到两三个台节目，连“新闻联播”也是“雪花飘飘”，很难正常收看。海军是国际军种，官兵咋能不知国际风云变幻？今年 6 月，一批卫星数字接收系统和与之匹配的数字电视，为南沙官兵带来了福音。30 多家电视台的节目随点随看，看得官兵们心里乐开了花。
>
> （《人民海军报》，2005－10－22）

消息介绍了南沙由长期以来信息的极度闭塞到现在一步步开通卫星电话、连接互联网、装上电视，反映南沙驻守官兵生活状态的改变，结尾处以 2001 年和 2005 年收看电视情况的差异反衬出驻地条件的改善。这一改变是我国军队在“机械化、信息化”双重历史使命下的必然转变，是部队信息化建设辉煌成就的缩影。消息运用以小见大的手法取材，又运用了对比的手法结尾，给当时的读者留下了深刻印象。

（六）反问式结尾

这类结尾是以反问的句式在结尾处提出问题，引导读者对新闻事件进行深入思索，起到发人深省的作用。《新民晚报》1996 年 12 月 13 日在报道萨达姆长子乌代于巴格达遭枪击的《大雨泻向豪华轿车》的结尾便采用了反问的行文方式：

> 伊电视台还披露，警方目前已展开了全面的调查工作，对枪手撒下了天罗地网，电视台还呼吁现场的目击者主动提供线索，配合警方破案。那么，又是谁胆敢在太岁头上动土？

以上结尾方法只是个别案例，不必盲目照搬。新闻的结尾，根据内容、报道角度的不同，还有许多的写法，而且随着新闻改革的深入和新闻文体的发展，新的写作方式也会层出不穷，我们只需要从总体上掌握一些原则即可。

三、消息结尾应注意的问题

（一）选择典型材料，结尾要有韵味

1997 年 7 月 1 日香港回归时，新华社记者在《别了，“不列颠尼亚”》报道中写出的结尾让人回味悠长。

从1841年1月26日英国远征军第一次将米字旗插上港岛，到1997年7月1日五星红旗在香港升起，一共过去了156年5个月零4天。大英帝国从海上来，又从海上去。

接载查尔斯王子和末代总督彭定康回国的英国皇家游轮“不列颠尼亚号”驶离维多利亚港湾时，记者以史家之笔记录了这一历史性的时刻。这篇荣获第8届中国新闻奖一等奖的消息结尾不仅是一句精彩的结语，更是一句代表历史趋势的结论，是透过这个事件对历史规律的理性认识，其中传递出的中华民族在这一特定时刻的自豪感，堪称整个报道的灵魂。

（二）要注意首尾配合、互相照应

一篇文章，要充分体现其完整性，文中涉及的人或事件，应该有始有终，前面提到的有关情况和问题，后面应该有所交代；后面出现的种种情节，在前面也需要有个铺垫。好的文章，大多会强调首尾的照应，对于消息写作来说亦是如此。作为消息开头的导语通常要一下子呈现出消息中最重要的事实，随后主体部分继续补充新的事实，在主体部分尽情铺展开后，作为收束部分的结尾如能巧妙地回应开头的导语，无疑会增强新闻在逻辑上的严密性和结构上的完整性，让读者对事实有更为全面的认识。

以第21届中国新闻奖获奖消息《入围全国十大考古发现　再三责令保护仍未幸免（肩题）镇江八座宋元粮仓惨遭强拆（主题）》为例：

本报讯　“离上次来才一个月，这里已经从考古遗址变成了建筑工地。大运河沿线从未发现过这么有价值的遗址，被毁掉实在令人心痛！”前天，面对记者，南京博物院考古所所长林留根痛心疾首。他说的这处考古遗址在镇江双井路如意江南楼盘施工地，该楼盘总投资40亿元，据称将被建成镇江“最为高尚的现代商务居住社区”。而恰恰是这里，曾是古代大运河与长江交汇处、历代漕运粮仓所在地。去年，南博和镇江市博物馆在此发现了宋元粮仓、元代石拱桥、明清驿站和衙署，是镇江作为运河漕运枢纽的实证，该项目因此入围2009年度全国十大考古新发现。

记者昨天来到现场，只见数十万平方米的工地上，挖掘机正在忙碌，不时有渣土车进出卷起阵阵黄尘。一半以上的地面已被挖至一层或两层楼深，布满密密麻麻的水泥桩。在繁忙的工地上，只有那座断掉的元代古桥尚在。

据悉，该遗址内共发现13座宋元粮仓。但在如意江南楼盘施工范围内的8座已全部遭毁，其中一、二号仓已经打桩，只剩下部分仓基，另外6座已被破坏殆尽。其他考古发现如明清时的京口驿、古运河的河道，也均已遭到破坏。

…………

在如意江南售楼处，售楼小姐却向记者热情介绍：“这是古代的天下粮仓，楼盘起步价在1.2万以上，推出了722套房源，已经有1 000多人登记。”记者问及考古发现会不会影响楼盘建设，对方回答得很干脆：“不会，下个月我们就开盘了。”

在逐利与文化遗产保护的博弈中，镇江的宋元粮仓又一次成为牺牲品，开发商的强势与文物保护的乏力形成了鲜明反差。这再一次警醒人们：如果没有行之有效的问责制，文物保护只能扮演弱者的角色。

（《新华日报》，2010－07－06）

消息一开场就是南京博物院考古所所长林留根痛心疾首地诉说“入围2009年度全国十大考古新发现”的考古遗址变成所谓的“最为高尚的现代商务居住社区”。在消息的结尾处，记者引入了售楼小姐的热情介绍：“这是古代的天下粮仓，楼盘起步价在1.2万以上，推出了722套房源，已经有1 000多人登记。”作为对考古所所长痛心疾首的回应，同时给出了相应的评论——“开发商的强势与文物保护的乏力形成了鲜明反差。”“如果没有行之有效的问责制，文物保护只能扮演弱者的角色。”整篇报道思维严密，信息和观点表达都非常清晰。

（三）结尾要简洁明快、画龙点睛

消息的结尾要做到自然明快、顺理成章，千万不要为了结尾而刻意为之。如果采用议论式结尾，议论一定要少而精，避免画蛇添足。以法新社的消息为例：

法新社印度阿姆利则2月20日电 英国首相卡梅伦今天走访了殖民时期英军屠杀印度平民的惨案遗址，称该事件“非常可耻”，但他未公开道歉。

身着黑色西装的卡梅伦低下头，向位于贾利安瓦利拉-巴格的遇难者纪念碑献了花圈。1919年，英军在这里向数以千计手无寸铁的抗议者开枪。

他在留言簿上写道：“这在英国历史上是一件非常可耻的事。我们绝不能忘记这里发生过的事情。”

此次惨案伤亡人数不详，英国的记录显示约为400人死亡，但印度方面公布的死亡人数接近1 000人。

卡梅伦事后为没有道歉进行了辩解。他说，屠杀事件发生在他出生数十年前，“我认为没必要钻进历史去找到那些你可以为之道歉的事件”。

卡梅伦此举引发了不小的争议。在这样的一次旨在塑造两国关系未来的访问中，不知卡梅伦为何要揭开历史的伤疤，却又不愿作出道歉。

这则消息在结尾处写到了卡梅伦为没有道歉所做的无力辩解，更以“不小的争议”暗示卡梅伦可能会因为揭开伤疤却不道歉而无法实现本次访问“旨在塑造两国关系未来”的初衷。整篇消息从事件到评论的过渡自然、流畅，观点表达也恰到好处。

第五节　消息的结构

消息的结构通常能够反映记者在报道新闻时的构思，新闻写作过程常常是一个复杂的信息筛选和组合过程，作者在对信息的重要性、新闻价值、趣味性、时效性等方面进行权衡时，会根据这些信息进行大致的整合，信息整合的过程就是构思的过程，决定了消息的结构和轮廓。

通常情况下，不同性质的新闻事实适用于不同的消息结构：时政类新闻、科技类新闻、经济类新闻、灾难性新闻，一般来说会更多地采用倒金字塔结构，以便于在第一时间将最重要的新闻事实传递给受众；社会新闻、体育新闻、娱乐新闻等故事性较强的新闻则比较灵活，可以运用倒金字塔以外的结构形式灵活地展开。

一、常见的消息结构形式

（一）倒金字塔结构

倒金字塔结构也称“倒三角”结构，其顺序以事实的重要程度或受众关心程度依次递减，先主后次地安排消息中的各项事实内容，犹如倒置的金字塔或倒置的三角形，因而得名，是消息写作中使用频率最高的一种结构方式。

倒金字塔结构之所以能够以其十足的生命力延续至今，主要是由其自身的优势决定的：

其一，它可以帮助记者快速写作，不为结构苦思。

其二，它可以帮助编辑在不影响全文的情况下快编快删。

其三，它可以帮助读者快速阅读，无须从头读到尾。

其四，倒金字塔结构的长处符合新闻“快”的特点。

正是这几项优势赋予了倒金字塔结构能够帮助行文做到既简洁又清晰的特殊功能，从而很好地完成优秀的新闻创作。下面我们来看《埃及军方为误杀少年道歉》这则消息：

美联社开罗2月14日电 埃及军方今天少有地承认在开罗误杀一名12岁商贩，并为此道歉。此前一天，活动人士指责政府企图掩盖这次事件。

这名叫奥马尔·萨拉赫的男孩本月3日在美国使馆和解放广场附近发生的冲突期间中弹身亡。活动人士在医院搜寻失踪抗议者时无意中发现了他的遗体。

军方发言人艾哈迈德·穆罕默德·阿里在“脸谱”网站的个人官方主页上说：“武装部队为误杀这个孩子表示道歉，承诺会对罪犯采取一切法律措施。”

阿里否认萨拉赫是在冲突中遇难的，说是一位士兵在检查自己的武器时不小心开枪打死了萨拉赫。阿里还否认军方企图掩盖此次事件，并说事后军方将此事报告了相关的非军事部门。

埃及军方在穆尔西当选总统之前统治埃及长达17个月。军方被控使用暴力手段对付抗议者，其中包括驾驶装甲车碾压抗议者。不过军方从未为此道歉，也没有承认过此类暴行。

（《参考消息》，2013-02-16）

这是一篇典型的倒金字塔结构的消息，从中可以看出作者的行文思路大致是这样的：

第一段，埃及军方承认误杀少年并道歉；

第二段，交代少年姓名、死亡时间、地点以及原因；

第三段，军方发言人的道歉及承诺；

第四段，军方发言人对该误杀行为的解释；

第五段，背景。

由这些段落安排的内容不难看出，新闻事实的核心部分在导语段落里就已经大致交代清楚了。第二到三段，主要是交代误杀事件的具体信息，以及埃及军方的道歉情况。第四段是埃及军方发言人针对活动人士指责做出的进一步解释，第五段交代了埃及军方统治的一些背景材料。从信息的重要性来看，呈由重要到次要的倒金字塔状分布。读者在拿到这样的消息以后，能够迅速把握核心的新闻事实，甚至只看导语段就能了解事实的关键。如若版面拮据，编辑即使去掉第二段到第五段，也不会影响到新闻事实的完整，充分展现了倒金字塔结构的优势。

（二）非倒金字塔结构

非倒金字塔结构是与倒金字塔结构相对的其他消息结构形式的统称，多适用于非事件性新闻报道。对于那些富有故事性、人情味和情节色彩较浓的新闻事实而言，非倒金字塔结构是最好的选择。非倒金字塔结构比较常见的有时间顺序结构、悬念式结构、并列式结构和自由式结构。

1. 时间顺序结构

时间顺序结构也叫编年体结构，是按照新闻事实发生、发展、结束的时间先后顺序来安排事实材料的一种消息结构形式，体现的是新闻事件发生、发展至结束的逻辑进程，先发生的放在前面，后发生的放在后面。这种消息写作结构使行文比较流畅，可以清楚地交代新闻事件发生、发展、变化的全过程，很适合写那些故事性强、以情节取胜的新闻，尤适合写现场目击记。

时间顺序结构叙事条理清晰，现场感强，其优点是线索清楚，并且与人们所习惯的“从始到终”“有头有尾”的认识次序相吻合。它的弱点是最重要的材料、最重要的信息，往往不在开篇，多数是在消息的中间或结尾，受众必须读完整篇报道，才能了解它的基本内容。由于开头平淡，采用时间顺序结构的消息往往难以一下子吸引受众，消息的精华也可能淹没在长篇的叙述之中。

下面这则《高铁跟车记》采用的就是时间顺序结构：

> “立岗位置，再强调一下，迎接旅客时，站在车门口，脚尖与手把杆对齐，旅客放行时，站在放行门对面的车门，脚尖与客室门边沿对齐……”
>
> G6710 次列车发车前，记者走进石家庄铁路客运段的学习室，列车长刘晶正在这里和班组的其他成员开出乘会。她们即将出乘 G6710、G81、G80 和 G6705 四趟列车，从石家庄到北京西，再从北京西到广州南，然后原路折返，历时两天。
>
> 10 时，距发车 1 小时 4 分钟。刘晶和几位乘务员将备品从站台搬上列车，一一清点。
>
> …………
>
> 10 时 40 分，距发车 24 分钟。刘晶和几位乘务员立即走到车门口迎接旅客。
>
> 11 时 04 分，列车从石家庄开出，刘晶迅速换装，将大衣脱下，里面穿一件对襟红色春秋装，换上红色贝雷帽，又开始了巡视，“第一遍要检查有无危险品，第二遍查看行李架上行李是否摆放整齐，第三遍查看物品的定位是否准确”。
>
> …………
>
> 12 时 22 分，列车到达北京西站，对于这一批旅客，他们的旅程已结束，而对于刘晶

来说，她一天中的重头戏才刚刚开始。

…………

从上车到现在，刘晶和几位乘务员都是站着，除了十几分钟的吃饭时间，一刻也没休息过。整个过程中，给记者印象最深的就是她们对细节的注意，刘晶说："态度决定高度，细节决定成败。"

晚10时22分，列车到达广州南站，刘晶送完所有旅客，将列车上的备品整理打包送上站台，已将近晚11时，收拾好行装，坐上班车到公寓，已经是晚上11时半了。忙碌了17个小时，她终于可以美美睡上一觉。

（《人民日报》，2013-01-31）

这篇消息是一篇典型的采用时间顺序结构写作的消息。报道从高铁发车前写起，按照时间脉络讲述了刘晶等车组成员在车上的工作情况，一直写到列车到达广州站，工作人员收拾东西返回公寓，整篇消息情节完整、条理清晰。

不过，在写作时间顺序结构的消息时，应该注意避免平铺直叙所带来的呆板和平淡，并且注意不要将新闻主旨淹没在拖沓的叙述中，应尽可能给消息注入新鲜的因素，譬如可以注意戏剧性情节的描写和语言的运用等。

2. 悬念式结构

悬念式结构又叫积累兴趣结构。通常在开始设置悬念，使受众逐渐增加对事件的兴趣，最后形成高潮，它尤其强调将最精彩的、出人意料的材料置于消息结尾。悬念式结构一般是在消息开篇由一个新闻由头来形成悬念或用特别的事实吸引住读者，然后大体按照时间先后顺序叙述新闻事实，消息结尾再将悬念解开，或者在结尾处交代戏剧性的信息。读者只有读完整篇消息才会看到最具新闻价值或具有戏剧性的事实。这种结构的结尾往往是消息的高潮部分，记者往往会采取讲故事的手法来叙述，前后对比所带来的反差会给读者留下很深的印象，因此悬念式结构一般适用于具有强烈反差或戏剧性较强的新闻事实。

下面这则消息采用的就是悬念式结构：

法新社华盛顿2月14日电 美国一名高官今天证实，美国国务卿克里依然在等俄罗斯外长拉夫罗夫回电话讨论朝鲜核试验问题。

不过，美国国务院发言人维多利亚·纽兰说，在平壤地下核试验引发全球声讨3天后，克里对拉夫罗夫尚未回电的事实表现淡定。

纽兰说："国务卿想和他磋商此事。这要看他是否想抓住这个机会了。"

拉夫罗夫一直在访问非洲，不过在朝鲜实施核试验几个小时后，他确实发表了谴责声明，并呼吁联合国安理会作出"适当回应"。

纽兰还说："从我们最近的经验来看，这种情形也不是极其不同寻常，当拉夫罗夫外长出访时，他并不总是参与关于其他问题的国际电话讨论。"

去年，前任国务卿希拉里也遇到过一次无法和拉夫罗夫取得联系以讨论叙利亚问题的情况。

由于俄罗斯是朝核问题六方会谈的成员之一，克里很想与俄罗斯探讨此事。

美俄关系并不顺畅，近几个月来，俄罗斯领导层取消了与美国机构之间的一些联合行动，还通过了禁止美国家庭收养俄罗斯儿童的法律。

（《参考消息》，2013-02-16）

这则消息一开头便摆出“美国国务卿克里依然在等俄罗斯外长拉夫罗夫回电话讨论朝鲜核试验问题”的事实，让读者忍不住要问为什么？消息第二段、第三段用美国国务院发言人纽兰的话，表明了美国国务卿对无法联系俄外长的淡定态度。消息第四段却另起话题谈到了拉夫罗夫对于美国关注的朝鲜核试验问题并非没有反应，而是已经在国际上做了表态。这让读者更想知道为什么美国国务卿联系不上俄外长来探讨共同关注的问题。消息第五段又借助国务院发言人的话对美国国务卿无法联系俄外长的事实进行了一番解释，并在第六段、第七段谈到了和此事有关联的一些背景，最后一段终于给出了帮助读者解除困惑的答案——“美俄关系并不顺畅”，暗示了美国国务卿无法联系到俄外长的真正原因，通过外交上一个小小的细节，引出的却是国际关系的大问题。

3. 并列式结构

并列式结构又称为提要式结构，此结构通常把新闻中最重要的事实概括到导语中，然后将多项并列的内容以提要形式，一一分列出来，每一要点前可用数字标示，也可直接用破折号引出各个要点。

这种结构一般用于时间跨度大、范围比较广的经验性、综合性新闻的写作。经验性消息《医疗“一站式”服务全覆盖　多项利民举措惠及黑龙江百姓》采用的就是并列式结构。

黑龙江新闻网讯　记者从省民政部门了解到，今年，黑龙江省在社会福利、城乡社区建设、优抚安置、防灾减灾、专项社会服务等方面，将推出多项切实可行的惠民利民措施。

以养老服务为重点，发展社会福利事业。在全省全面建立贫困家庭失能、半失能老人护理补贴制度，并推进高龄老人津贴制度“提标扩面”，争取到2015年底，使高龄津贴惠及全省80周岁以上所有老年人。力争年底前，全省每千名城市老年人拥有养老床位达到25张。制定实施《全省居家养老服务基本规范》，全省城市社区居家养老服务覆盖面要达到80%，农村居家养老服务由点向面扩展。建设一批养老护理员实训基地，养老护理员持证上岗率要达到20%。在全省三分之一以上的社区建立“儿童之家”，并探索推进儿童福利保障向社会困境儿童延伸。

以完善服务为核心，推进城乡社区建设。继续实施城乡社区综合服务设施建设“双百示范”工程，社区建设资金适度向农村社区建设倾斜，确保城市社区达标率达到76%，农村社区建设启动率达到75%，城市社区老年日间照料室覆盖面要达到50%。

以政策改革为突破，做好优抚安置工作。重点推进优抚定点医疗“一站式”服务市、县、乡镇“三级”全覆盖，建立“城乡一体化”义务兵家属优待金制度；加快“安烈保护工程”建设进度，确保年底前100%完成零散烈士纪念设施改造任务；开展自主就业退役士兵免费职业教育和技能培训，确保有意愿的退役士兵100%参加教育培训、参训退役士兵合格率达到90%以上。

继续推进600个社区防灾减灾工程，实现全省灾害信息员培训全覆盖，积极推广应用符合我省实际的防灾减灾新技术、新手段。规范殡葬行业服务管理，力争出台省级殡葬惠民政策，将惠民项目延展到奖补生态安葬方式等方面，推进殡葬公共服务均等化。推动社工队伍建设，力求形成统一的职业社工薪酬待遇制度，并推进政府购买社工服务。

（《黑龙江日报》，2013-02-16）

这则消息采用概括式导语交代了黑龙江省将在社会福利、城乡社区建设、优抚安置、防灾减灾、专项社会服务等方面推出惠民利民措施，主体部分围绕着导语中提到的几个方面，分别介绍了不同方面的具体措施，段落之间是典型的并列关系。

运用并列式结构的消息在整体上容易出现形式呆板、主次不分的现象，因此在消息写作过程中应注意多种表现手法的运用，譬如语言多样化以及小标题的灵活运用。

4. 自由式结构

有人称之为散文式结构，就是吸收散文在结构和表达等方面的特点来写作消息，强调形散而神不散。这种结构形式主张根据表达主题的需要，材料和层次安排自由、灵活，语言表达不拘一格。我们来看下面的消息《帕内塔盼尽快“交棒”》：

法新社华盛顿2月14日电 由于参议院内斗不休，推迟批准继任者的提名，美国国防部长里昂·帕内塔14日开玩笑说，他希望能“尽快离开华盛顿这个鬼地方”，按计划退休。

在一场以刚刚退休的国务卿希拉里·克林顿为主角的活动中，74岁的帕内塔说，他渴望交出国防部长的权力，并表示非常羡慕希拉里现在的无官一身轻。

他在五角大楼对军官和外交官说：“她功成身退。我希望再过几天也能像她那样开怀大笑。”

帕内塔的助手说，他将继续认真履行国防部长的职责，直到继任者走马上任。

（《参考消息》，2013-02-16）

这则消息从帕内塔的玩笑入手，谈到了帕内塔想按时退休的想法，接着又谈到了帕内塔说出玩笑话的语境，表达了其对“功成身退”的希拉里的羡慕。这则消息自始至终都以一种轻松、愉悦的笔调讲述美国高层官员的变动问题，消息中频频出现的口语化表述——“尽快离开华盛顿这个鬼地方”“无官一身轻”“开怀大笑”——大大增强了消息的生动性、趣味性，让人有一种阅读快感。

二、消息结构的基本原则

消息的结构就是消息报道的外在形式，它的变化依据始终是报道内容。消息的内容和结构形式是一个统一的整体，每一则消息的结构都是为消息内容服务的，要根据内容的需要选择不同的结构。结构设置不同，表达效果自然不同，适合内容的结构形式有利于内容的表现，不适合内容的形式就会束缚内容，并且不利于受众对信息的接收。因此，想要消息具有较强的表现力就要选择合适的消息写作结构。

在消息结构的选择原则方面，我们可以归纳为以下三点，一篇消息在结构方面只要满足其中的一项就可以。

（一）在最短的时间内实现最大范围的信息共享

社会越来越进步，现代文明使得现代人越来越要求高效率。在接收信息方面，受众对消息报道的要求愈发严格：既要求消息的真实性，又看重消息传递的速度，而且对消息的表现形式也更加在乎。媒体为了能够更好地服务受众、传递信息，会尽量采取不同形式的结构来表现新闻内容，其中需要遵循的一个原则就是，尽量在最短的时间内传递最大量的信息。在这方面，经典的倒金字塔结构最能体现快速写作、快速接受、快速编辑的“三快原则”。倒金字塔结构的“三快原则”，使得媒体能在有限的版面（报纸）和时段（电视、广播）内向受众传递尽可能多的信息，在增大信息量的同时，满足受众不同的信息需求。

（二）满足受众多元化的信息需求

对于信息传递者而言，受众的需求是消息结构变化的外在动力。在新的时代背景下，人们的生活方式和社会活动方式都发生了很大的变化，人们的生活越来越丰富多彩，获取信息的方式也更加多样化，价值观念、价值取向等都发生了很大变化。因此，消息结构必将随之发生变化。传统的消息写作方式和结构形式仍然适用于很多消息的传播，但是更多更新的消息结构也在不断应运而生。比如我们之前谈到的悬念式结构就是其中的突出代表。正如一些受众需要倒金字塔结构在第一时间传播最具新闻价值的新闻事实一样，有些受众则倾向于接收带有悬念色彩或戏剧性较强的内容，他们希望消息也可以植入些悬念和戏剧成分。由此，悬念式结构在消息写作中被越来越多地运用和接受，而消息内容也逐渐趋向实用化、通俗化和娱乐化。

（三）新闻传播主体的创新需要和自由追求

在新闻的传播过程中，传播者（记者，消息写作者）是新闻传播的主体。新闻传播主体在社会发展和新闻传播的实践中会产生创新的要求。从消息产生至今，记者（消息写作者）一直在消息写作中进行着探索和创新，由最初的无规则写作到优先突出重点事实以适应战地报道的倒金字塔结构，到后来又产生了进一步满足受众需求、忠实于受众的悬念式结构，随后又出现了并列式结构、散文式结构，等等。新闻传播主体在消息结构的变化和创新中扮演着重要角色，他们要传播信息给受众，他们要考虑传播效果，要努力使自己的报道收到良好的反馈。因此在长期的新闻报道实践中，新闻传播主体本身会不断地尝试新的传播手段以期获得更好的传播效果。在消息写作过程中也是如此。记者在写作消息时是以受众的接受度为优先考量的，他们会根据受众的需要随时调整自己的写作方式和消息结构。为了达到更好的传播效果，记者们不断摸索新的消息写作手法和结构方式，并且尽量不拘泥于一种结构，以满足社会和受众不断变化的需求与更好传播信息的愿望。而且，现代社会对自由的追求越来越多，在消息写作上，记者们也比较注重更加自由地传播信息。信息的传递是目的，在这一前提下，应该允许大胆尝试各种有益于表现内容的消息结构并且不断进行创新，使记者能够更自由地传递信息，受众可以更自由地接收信息。

总之，新闻结构是多种多样的，结构自身也是不断发展变化的。记者的唯一任务就是努力找寻最能清晰表达新闻内涵、最能充分显示新闻主题的结构形式。

第六节　消息的新闻背景

任何新闻都是在一定的环境和历史条件下产生的，因此与新闻人物和新闻事件形成有机联系的特定环境和历史条件就成了新闻的背景。交代新闻背景，是消息写作中一个不可忽视的环节。美国哥伦比亚大学教授梅尔文·门彻认为，不使用背景材料，新闻报道就不可能是全面的。忽视这个忠告的记者，也不可能给受众提供充分的信息。

一、新闻背景的界定

任何事物都不是突然出现、孤立存在的，它们都有一个从无到有、从小到大的渐变过程，与外在的各种相关事物都存在着一定的联系。消息写作中所说的新闻背景，指的就是与新闻事实相关的历史状况、社会环境、政治缘由、地理特征、科学知识等附属性材料。

根据背景材料与新闻主体事实的关系及发挥的具体作用，我们通常将背景材料分为三大类：

对比性背景材料，主要通过对比衬托，以突出新闻事实的意义，阐明某一主题、表明某种观点。通过对比，突出矛盾和差异，显出特点和价值。这种对比可以是纵比，即对事物自身的今昔对比，前后对比；也可以是横比，用此事物与彼事物作对比。

说明性背景材料，它往往是对与新闻事实相关的政治背景、地理背景、历史背景、思想状况或物质条件等情况作介绍和交代，用以说明事物产生的各种因素，揭示事物发生或变化的意义。

注释性背景材料，它往往对产品、事物及其性能特点、科技成果、技术性问题、名词术语、文史知识、风俗人情等进行注释、介绍，以帮助受众掌握消息内容、增长知识和见闻。

二、新闻背景的作用

消息背景材料在阐明新闻事实、传递信息、揭示新闻主题等方面发挥着重要作用。具体来讲，有以下几个方面：

（一）说明、解释，令新闻通俗易懂

众所周知，新闻传播的受众是不特定的多数群体，其年龄、职业、受教育程度、社会地位各不相同，面对媒体报道的新闻事实，他们在理解上往往会遇到各种各样的障碍。新闻中出现专有名词、专业术语是常有之事，如果不加解释，它们就会成为读者理解新闻的“拦路虎”。

以《英警方有望配备“黄金眼” 可“看穿”墙壁》为例，这则消息在主体部分用四段背景材料对“黄金眼”的具体功能和软件系统进行了比较全面的解释：

据英国媒体2月19日报道，英国警方可能配备一款功能强大的头戴式受话器，以应付一些紧急情况。这款名为“黄金眼”（Golden-i）的受话装置，外形与谷歌智能眼镜有些相似，佩戴者利用它能够“透视”墙壁，及时而准确地监视和分析事发现场的情况。

“黄金眼”由美国Kopin公司研制，上面装有GPS、摄像头和语音识别系统，以及一个小小的显示屏。佩戴者通过语音命令和头部动作对其进行控制、获得相应的信息，并可以借助显示屏上的红外传感器“透视”建筑物。

“黄金眼”上所安装的软件系统（分别适用于警察、消防员和护理人员等不同人群）则由诺丁汉的Ikanos咨询公司定制开发。这款产品已经在上个月举行的2013年美国国际消费电子展上展出，不过Kopin公司当时并没有透露具体的售价。

据了解，“黄金眼”所安装的“警察专用版”系统能够为佩戴者提供实时位置信息，帮助警察对现场进行侦测与分析。具体而言，系统还能调用建筑平面图和GPS坐标，来对犯罪分子所在的位置进行确定。

同时，该系统还能借助传感器对监测对象的生命体征以及车牌进行扫描，从而对犯罪嫌疑人及其车牌号进行识别。而设备上所安装的高达14兆像素的摄像头则可以用来搜集证据，佩戴者可以通过蓝牙和WiFi技术同其他警员共享这些证据。

…………

英国媒体报道说，“黄金眼”有望在年底之前上市销售。

（《羊城晚报》，2013-02-21）

从某种意义上来说，新闻写作总是负有一定的“翻译”任务的。对于非特定的读者大众而言，新闻报道的内容总是带有“专业”“专门”的性质，记者要切记“通俗化”这个程序，而背景材料的填充则是完成这个程序不可或缺的手段。

（二）运用背景材料揭示事物的意义，唤起社会关注

有些新闻事实单独写从表面看都很平常，而适当加入背景材料则可以使新闻事实意义鲜明、主题凸显，即许多新闻作品需要借助背景材料揭示事物的意义。纳入新闻报道的事物，既然是媒体层层把关、严格选择的结果，那么媒体就有义务帮助和引导读者认知新闻事件对社会所具有的某种意义。

以消息《中国造血干细胞捐献者资料库已有5万多份数据》为例：

本报讯 辽宁、深圳、江苏、海南和河南等省、市造血干细胞捐献者资料库的HLA分子生物学分型检测数据已经输入位于北京的总库。至此，中国造血干细胞捐献者资料库管理中心覆盖全国的电脑网络系统开始正式运行。据悉，在传输了6 000多份志愿者数据之后，近期还将有万余名捐献者资料陆续输入总库。目前中国造血干细胞捐献者资料库已有5万多份数据，初步形成了为临床服务的能力。

在我国约有400万患白血病、重症再生障碍性贫血、重症免疫缺陷症、急性放射性疾

病和恶性肿瘤放化疗后的免疫功能低下等各类疾病的患者，其中仅白血病患者每年就新增4万多人。用造血干细胞移植是治疗这些疾病最先进、最有效的手段，但供者和患者之间的白细胞配型完全相合是进行移植手术的先决条件。

（《北京晚报》，2003-01-02）

这篇消息从导语开始就插入了大量的背景材料，实际上，整篇作品主要靠背景材料支撑。这些背景材料不仅说明了数据的来历、数量，更主要的是揭示了它的价值。该消息告诉读者，这批数据来源于全国各地无私的志愿者捐献，数据资料库总库的建成，将给我国400多万患白血病、重症再生障碍性贫血等疾病的患者带来救治的福音。这样一来，读者对此事的意义就不难理解了。

（三）用背景材料进行对比衬托，可以解释和深化主题

事物的特点是在比较中存在的。文学艺术领域惯用的表现手法就是对比衬托，新闻写作也不例外。在很多情况下，新闻需要借助背景材料，以对比和衬托的方式，反映事物的特点、发展变化的程度，显示其新闻性，引起读者的兴趣。以第20届中国新闻奖一等奖获奖消息《跨越1 000万辆：新的台阶　新的起点》为例，这则消息在介绍了主体新闻事实“我国的第1 000万辆汽车在长春一汽诞生，中国就此迈进千万辆级的汽车生产大国行列”之后，在正文部分加入了以下背景材料：

中国汽车工业协会的资料表明：全国汽车年产量从零到1万辆，用了5年；从1万辆到10万辆，用了13年；从10万辆到100万辆，用了21年；从100万辆到突破200万辆，用了8年；之后平均每年增长100万辆。从100万辆到1 000万辆，我们用了17年。这些数字变化，体现出中国汽车工业又好又快的发展轨迹。

这篇新闻的可贵之处是能够站在继往开来的高度上，对我国汽车产业跨越1 000万辆的事件精耕细作，通过相关数据的展示，在肯定今日成绩的基础上，不忘梳理我国汽车工业多年来的成长历程，描绘了中国汽车工业阔步迈进的发展轨迹，有着极强的全局眼光。上述背景材料不仅突出了事件的新闻特点，也为新闻作品增添了更加丰富的色彩，使整篇报道看上去内容深厚、层次饱满，报道的主题也得到了有效阐释和深化。

（四）以背景材料代替作者的议论，使报道显得更加客观

在新闻报道活动中，面对采访对象提供的情况，面对一些复杂的国际国内问题，记者总会有自己的分析、看法，有自己的立场、态度。有洞察力的记者，有时还会发现其中隐含的疑点、预见到可能出现的后果。对此，记者往往会感到有将其传达给读者之必要。然而，由于事态尚不明朗，事实的暴露尚不充分，发言还不是时候，或者顾及有可能引起的麻烦，记者不能不讲究“说话”的策略。在这种情况下，用背景性事实进行暗示，便是一个行之有效的办法。

以毛泽东所写的新闻名篇《中原我军占领南阳》为例，消息开篇交代了“在人民解放军伟大的胜利的攻势下，南阳守敌王凌云于四日下午弃城南逃，我军当即占领南阳”的新闻事实

后，马上加入了这样一段背景材料：

南阳为古宛县，三国时曹操与张绣曾于此城发生争夺战。后汉光武帝刘秀，曾于此地起兵，发动反对王莽王朝的战争，创立了后汉王朝。民间所传二十八宿，即刘秀的二十八个主要干部，多是出生于南阳一带。在过去一年中，蒋介石极重视南阳，曾于此设立所谓“绥靖区”，以王凌云为司令官，企图阻遏人民解放军向南发展的道路。

这段历史性材料的运用绝对不是要向读者宣讲历史故事，其文辞之中渗透的就是“新闻要用事实说话”的意识。具体到消息中，背景材料除了表达南阳很重要，自古以来就是兵家必争之地，我军占领南阳意义非常重大之外，文中回溯刘秀和王莽的争夺，也自然使人联想到当时国共之争的性质。显然，消息的作者深谙事实胜于雄辩的道理。

（五）补充情况、介绍知识，增添新闻的知识性、趣味性

新闻媒体，尤其是报纸，在报道新闻、传播信息的同时，还负有传播知识、提供欣赏和娱乐性材料的任务。就读者的阅读心理而言，除了要获得新闻和信息，了解时事、随时洞悉社会与自然环境的变化，他们还希望获得知识与情趣上的满足，以提高自身的素养，保持健康愉悦的心情。为了提供这样的新闻作品，记者要在新闻的选择上多下功夫，同时，还要不失时机地在新闻中加入知识性、趣味性的背景材料，使新闻变得有滋有味。以第 21 届中国新闻奖获奖作品《山西人拿出新证据　钓鱼岛自古属中国》为例：

本报讯（记者王福庆、蒋言礼、乔傲龙、刘晓斌）住在小县城，自称“小人物”的彭令，做梦也没有想到，自己的一个“小发现”竟和国家疆域主权这样的大问题连在一起。他收藏的一册清代抄本，因有对钓鱼岛归属的明确表述，引起海内外热烈反响和国家有关部门的关注。昨日，人民文学出版社古籍部周绚隆主任对本报记者说，这个文献的发现，不仅对中国古代名著《浮生六记》的研究有重大价值，更是钓鱼岛主权的最新佐证。

彭令，祖籍太原，生于湖南，现居平遥，2005 年秋在南京朝天宫古玩市场一旧书摊上购得清代著名学者钱泳的手抄本一册，后经其本人及海峡两岸其他学者共同研究，确认其中关于清嘉庆十三年（公元 1808 年）清政府册封琉球国王的记载，即是清代沈复《浮生六记》第五卷《海国记》佚文的抄本。

沈复的《浮生六记》是海内外传诵的文学经典，有“小《红楼梦》”之称，自清光绪四年（公元 1878 年）刊印前四卷至今的 130 多年间，学术界一直在努力搜求第五、第六两卷佚文。

2008 年，彭令的研究成果发表后，海内外学术界为之震惊，国家古籍保护中心、国家文化部先后组织专家进行鉴定，国家外交部对其中关于钓鱼岛的文献资料表示高度关注，同时，有研究者上书国家领导人及相关部门，请求将佚文抄本列入《国家珍贵古籍名录》，“视如随珠赵璧，捧手呵护”。

迄今为止，出于安全方面的考虑，除用于研究、鉴定之外，海内外关注者尚未一睹佚文抄本的真容。彭令接受本报采访时称，《海国记》佚文共约 6 200 字，抄写者钱泳系清代中期著名学者、书法家，与原书作者沈复生活在同一时代，且系苏州同乡。抄本中有

"十三日辰刻，见钓鱼台（即钓鱼岛），形如笔架。遥祭黑水沟，遂叩祷于天后……十四日早，隐隐见姑米山，入琉球界矣"的记载，由此可见，琉球国西部领域是从姑米山开始的，黑水沟作为中国与琉球国的分界线是历史事实，钓鱼岛无疑在中国领域之内。

彭令说，日本主张对钓鱼岛拥有主权的理由之一，是日本人古贺辰四郎在1884年"发现"该岛，而沈复发现钓鱼岛的时间为1808年，比日本人早76年。

人民文学出版社已于今年1月12日与彭令签订了出版合同，新版《浮生六记》目前已开始印刷，近日将与读者见面。

（《太原晚报》，2010-04-07）

这篇新闻在导语段之后第二、三、四、五、六段里穿插了大量文史材料，不仅起到了证据支撑的作用，还介绍了丰富的文史类知识。这类背景信息读起来让人获益良多，也大大提升了新闻的欣赏价值。

三、运用背景材料时应注意的问题

新闻背景材料的基本构件是事实。除了某些专有名词术语的技术性解释，新闻背景材料绝大部分由事实构成，所以我们要有意识地选择事实性材料。它们虽然不是处于前台的新闻事实，但却与主体新闻事实有关，是可以用来为主体新闻事实服务的辅助材料。具体来说，选择背景材料应注意以下几点：

（一）紧扣主题选择背景材料，避免喧宾夺主

新闻报道运用背景材料，目的是更好地说明主题、表达主题，帮助读者理解新闻的主要事实和意义，而不是为交代背景而交代背景，更不能冲淡主题或冲击主题。因而在运用背景材料时，切不可游离主题，那些与新闻主题和主要事实没有关系或关系不大的背景材料，都应毫不犹豫地删除。

在新闻报道中处于从属地位的背景材料，一般作为新闻的概述部分，应该言简意明，抓住最能说明问题的实质性事实，寥寥数语便颇有分量地点明要害问题，而不能展开细写，以致造成主次不分、喧宾夺主。有限的篇幅里，背景材料一多，势必会冲淡、影响主要新闻事实的连贯和展开。所以，背景材料一定要精选精写，绝不可过多过长。

（二）背景材料的选择和运用要有明确的针对性

不同的媒体拥有不同的受众群，他们对事物的接受能力、关心程度、了解程度各不相同，新闻背景的交代应有的放矢、区别对待。这就要求我们研究受众对象，懂得受众心理，运用背景材料要有明确的目的性，注重回答大多数群众所关心的问题。这种针对性有两个方面的内涵：一方面，要求背景材料的运用要针对自己的媒体，到底是全国媒体、省级媒体还是市级媒体，它们在背景材料的选择上应该是不同的；另一方面，背景材料还要针对不同的读者需求，对于专业读者与非专业读者，一条消息在背景材料的运用上也是不同的。

（三）注意灵活处理新闻背景材料

背景材料是为说明、补充、烘托新闻事实服务的，背景材料应该由新闻事实和新闻主题调遣，哪里需要背景材料出场助阵，背景材料便应在哪里出现。因此，背景材料的运用并无固定格式，依需要而定，“天女散花”，巧妙穿插即可。背景材料既可以明嵌，也可以隐入；既可以出现在导语中，也可以出现在主体或是结尾中。

有些新闻为了突出事件的新闻性，以唤起读者注意，会有意识地把能够凸显事件新闻价值的背景材料放在标题中，达到先声夺人的效果。下面这则标题就是如此：

（引题）中国猿人第一个头盖骨发现者

（主题）裴文中追悼会在京举行

导语提倡文字简练，开门见山，在消息的开头部分一般还是不加或少加背景材料为好。但是，这并非绝对的要求，关键看是否需要。有的消息在导语中插入了背景材料，效果相当不错，少数导语因为背景材料选得好或者运用得当，显得十分精彩。例如：

唐宋时就很驰名，失传八百年之久的陕西耀州青瓷最近恢复生产。

导语一上来就告诉读者，耀州青瓷恢复生产不仅仅是个简单的恢复生产的问题，其真正的新闻价值在于耀州青瓷的特殊性——“唐宋时就很驰名”，但是却“失传八百年之久”，“驰名十失传”才真正体现了“恢复生产”的新闻价值。

把背景材料放置在消息结尾，也是很多媒体惯用的手法，因为这样既保证了读者在第一时间接触到最新事实，又能够满足一部分读者了解详细情况的需求。例如：

法新社伊拉克纳西里耶8月16日电 一名伊政府官员今天说，一名美国记者14日在伊拉克南部城市纳西里耶遭绑架。当时这名记者在该地区作考古地点的报道。

该官员说：“记者迈卡·加伦在市中心的市场行走时遭到不明身份人员的绑架。”

加伦创建并领导一家专门从事拍摄影片、照片、纪录片的媒体公司。

（《参考消息》，2004-08-17）

总之，一个成功的写作者不仅要充分认识到背景材料的重要作用，还要学会科学合理地选择和运用背景材料，使之更好地服务于新闻报道和读者的需要。新闻背景材料的运用，没有什么固定的模式，记者可以在服从新闻主题的基础上，不拘一格、灵活机动地选取、使用背景材料。

【本章小结】

在所有的新闻文体中，强调导语写作和倒金字塔结构的消息无疑是最能体现新闻传播活动特点和规律的文体样式。采写消息是记者应该练好的一项基本功，它能集中展示一个记者的素质、水平、文字表达能力。

成功的消息包括引人注目的标题、精练的导语、信息丰富的主体、辅助主体的背景材料和恰到好处的结尾。

【思考题】

1. 选择近一周《人民日报》所刊登的消息，分析其消息结构。
2. 选择近一周《参考消息》所刊登的消息，并分析国外媒体消息写作上的特点。
3. 选择最新的民生热点事件，写一篇结构完整的消息。要求200字以内。

【推荐阅读书目（或视频、网站等）】

1. 福克斯．新闻写作：报刊记者指南．北京：新华出版社，2003.
2. 刘明华，徐泓，张征．新闻写作教程．北京：中国人民大学出版社，2002.

第四章

特　稿

【本章学习要点】

特稿的历史轨迹和概念界定

特稿的基本特征

特稿题材开掘常用的思维方法

特稿各组成部分的写作技巧

特稿的撰写是一项极其复杂、繁重的报道任务。从题材的找寻、角度的选取、主题的构思，到材料的组织、结构的设计、文字的处理及推敲等一系列环节，作者都必须审慎思考和妥善安排，因为其中的每一道工序都是令特稿故事获得读者青睐的重要考量标准，是特稿走向成功的基石。

第一节　特稿概述

在我国传统的新闻写作教材当中，叙述类的新闻一般被习惯性地划分为消息、通讯，直到现在中国新闻奖评奖中，依然还是将通讯作为非常重头的奖项。但是从 20 世纪 90 年代开始，我国媒体尤其是一些纸质媒体开始大量地使用特稿文体，一些报纸甚至设置了特稿专版。特稿这种文体形式已经有取代传统通讯文体的发展趋势。

一、特稿的由来及嬗变

特稿对我们来说是一个舶来品。西方的新闻写作教材习惯于把新闻分成两大类：纯新闻报道和特稿。与简明扼要地报道新闻事实的纯新闻报道不同，特稿通常会以娱乐化或者讲故事的方式为读者提供信息。

考察特稿在西方新闻界的发展演变、在中国的本土化嬗变，可以使更多的新闻工作者对特稿有一个初步的了解和认知。

（一）特稿在美国

特稿一词来源于英文“Feature”，最早诞生于美国，是西方新闻报道体系中与消息并列的新闻体裁。然而，在美国新闻事业蓬勃发展的早期，以故事性见长的特稿并不像今天这样受到记者们推崇。那时，许多严肃报刊对特稿作品“望文生畏”“避之不及”。“18 世纪为《波士顿新闻信》写作的理查德·德雷珀说，只有在闹新闻荒的时候，他才会用讲故事的特稿。”① 到了 19 世纪，特稿的命运依然惨淡。美国各大报刊的主编们对 30 年代至内战期间便士报所刊登的特稿文章显示出极大的厌恶。《纽约论坛报》的创始人霍勒斯·格里利在 1841 年创办该报时曾明确宣布，他将极力避免让那些不道德的、堕落的、令读者喜泣交加的特稿来玷污他的报纸。

19 世纪 80 年代至 20 世纪初期，特稿形式在报纸上出现了短暂的繁荣。在《纽约世界报》与《纽约新闻报》的报业大战中，特稿凭借其独有的故事化特质成了媒体宠儿。为了吸引读者和争夺广告客户，两家报纸相继打出煽情的底牌，将许多子虚乌有的非事实性信息植入以特稿为主体的新闻报道，其涉猎范围相当广泛，涵盖了社会生活的方方面面。然而，当这场报业大战结束后，这些脱离新闻本真内涵的特稿随即变成“黄色新闻”的代名词而为人们所厌弃。特稿声名狼藉，成为美国新闻史上一段极不光彩的历史。

一战的爆发为特稿带来了重生的机遇，然而，美国媒体在战争中的糟糕表现使得公众失望至极。战后，很多负责任的报刊纷纷打出了“严肃新闻”的旗号，内容过于轻佻的特稿又一次成为旧有新闻理念的替罪羊，特稿再度沉寂。“1947 年，当《纽约先驱论坛报》将编辑记者所写的文章结集成《本市最新版次》一书的时候，29 章煌煌大作中竟没有一篇是特稿故事。”②

“1979 年，《巴尔的摩太阳报》记者乔恩·富兰克林发表了一篇读起来像短篇小说的医学报道《凯利太太的妖怪》，意外地得到普利策新闻奖评委会的赏识，被评为首届特稿奖获奖作品。”③ 可以说，这份来之不易的殊荣不仅是对特稿作者长期努力探索的回报与认同，更显现了美国社会价值观与新闻报道理念的微妙变化。至此，越来越多的特稿作者及其作品开始走进公众的生活，特稿的时代正悄然到来。

综上所述，尽管特稿在美国新闻界有着漫长而曲折的发展轨迹，但其作为一种正规的新闻报道体裁得到承认并被广泛运用也只有几十年的历史。

（二）特稿在中国

特稿在我国的出现始于 20 世纪 90 年代，国内新闻事业改革步伐的深入和外来新闻思潮的涌入，使得国内新闻界在理念和实践上都有了很大变化。摆脱了宣传模式桎梏的新闻界开始意识到严肃新闻的报道并不一定是抽象的和生硬的，优秀的新闻作品同样可以具有很强的故事性和浓郁的人情味。正是在这种新兴新闻理念的引领下，新闻界涌现了一大批有影响的特稿机

---

① 魏星．试论电视新闻故事对戏剧手法的借鉴．艺术百家，2006（4）．

② 马胜利．特稿：网络时代报纸的生存之道．新闻三昧，2007（1）．

③ 毛家武．多维视野下的普利策新闻奖特稿作品研究：1979—2011．成都：西南交通大学出版社，2012：30.

构、特稿记者和特稿作品，形成了一股强劲的“特稿风”。这种初期的积极探索与尝试主要表现在纸质媒体与电视媒体两个领域。

在纸质媒体方面，最鲜明的特征莫过于“报纸杂志化”、“新闻特稿化”（亦称“新闻故事化”）。很多报纸都设有特稿部，或开设特稿专版、专栏，大量刊登类似新闻特稿的报道（称呼不尽相同，如特稿、大特写、本报专稿等）。[①] 例如，《中国青年报》于1995年1月推出《冰点》特稿专刊；四川《华西都市报》于1996年率先成立特稿部，开辟专门版面刊出特别报道；随后《南方周末》对中国式特稿写作进行深度探索，并涌现了一批以南香红、李海鹏等为代表的，以写作特稿见长的记者。[②] 此外，一些新锐的经济、体育类报刊也开始转向以“讲故事”的特稿形式报道新闻。

在电视媒体领域，类似特稿的新闻报道手法也逐步呈现出泛化趋势，许多优秀的节目制作人在关注信息舆论导向的同时也开始强调新闻的故事性与人情味。例如，中央电视台著名电视人陈虻在1993年担任《东方时空》子栏目《生活空间》制片人期间，就大胆地将“讲述老百姓自己的故事”作为该栏目的定位核心与传播主旨，而这句质朴有力的话语也随着《东方时空》影响力的不断攀升传遍大江南北。《东方时空》的巨大成功使得故事类新闻报道的价值为人们所重新认识，而在此之后出现的《焦点访谈》《今日说法》《法治在线》《新闻调查》《讲述》《道德观察》等深度报道类电视节目，都或多或少地借鉴了特稿的故事化表达方式，受到了特稿写作理念的指导和影响。

此外，需要特别强调的是，特稿时代的来临不仅拓宽了新闻报道的素材选取面，增加了新闻信息的可读性与观赏性，更为重要的是，它使得中国新闻工作者开始真正意识到传播效果的重要性。清华大学刘建明教授曾在其研究中指出：“受众对中央电视台深度报道的记忆时值要比对重要新闻（消息）的记忆高出2.5倍。即一条重要电视新闻人们如果在5天内还记得的话，深度报道则在12.5天内仍被人们念念不忘。”[③] 李希光教授在谈及当代新闻报道的价值取向时也一直提倡新闻记者要学会写“人性的故事”，他甚至提出了“故事新闻学”一说。[④] 可以说，正是基于这种对新闻传播规律的不断探索与认知，特稿的信息传播优势才会不断显现出来，为我国新闻行业的专业化、市场化注入了强大的发展动能。

时至今日，特稿在国内新闻界已经有了20多年的发展历史。特稿的引入及本土化不仅丰富了中国新闻学的理论研究体系，拓宽了传统新闻报道的表现形式，强化了新闻记者脑海中的精品意识，更使得深度新闻理念为越来越多的中国新闻人所关注和认同，为我国新闻事业改革的进一步深化与完善奠定了良好的思想基础。不过，较之于西方新闻界，我国的特稿研究与应用还不够成熟，尚停留于初级探索阶段。有关特稿的一些基本问题，如概念界定、特征把握、要素构成、价值取向等，还存在着较多的争议与误区，需要新闻从业者在具体的学习与新闻实践中不断明晰和完善。

---

① 毛家武．特稿“特”在哪里？——从美国特稿谈起．新闻传播，2007（8）．

② 唐弦，刘珺．特稿，以什么打动人心？．新闻采编，2006（2）．

③ 刘建明．电视深度报道的意蕴和情感：兼评中央电视台深度报道的导向艺术．电视研究，1997（2）．

④ 李希光．写人性的故事与找回记者的尊严．新闻传播，2006（4）．

二、特稿概念辨析

特稿在我国又称为“特写”或“专稿”。关于特稿的定义，国内外新闻学者可谓众说纷纭、莫衷一是，迄今为止尚未形成明确的标准和统一的认知。可以说，这种学术观点上的见仁见智，既与特稿作为一种新兴新闻报道体裁的成长经历有关，更与各方研究者所处的文化环境与媒介传统有着密不可分的联系。所以，对于特稿的界定，我们不能仅凭地缘或情感做出一锤定音式的取舍，而只能在综合各家观点的基础上去理性地解读和吸收特稿的本真内涵。唯有如此，特稿之“特”方能得以显现。

综合国内外学者的观点，特稿概念大体上可以分为狭义与广义两种。

（一）狭义界定

美国著名新闻理论家梅尔文·门彻曾在《新闻报道与写作》一书中这样定义特稿：“特稿旨在娱乐或以侧重讲故事来提供信息。”他认为：“特稿已经被证明是一个讲述这类故事的有用的写作的工具。”[①] 获得首届普利策特稿写作奖的记者乔恩·富兰克林在《为故事而写作》中也提出了“特稿是一种非虚构的短故事形式”的类似观点。[②] 由此我们不难看出，在上述二位学者的眼中，“故事性”无疑是特稿最为鲜明的特质，是特稿区别于其他新闻体裁的一个重要考量标准。

美国新闻学者凯莉·莱特尔、朱利安·哈瑞斯等人则认为：“Feature一词对记者而言有多种意义……它是指以人情味为基础的新闻报道——那些不适合硬新闻的严格标准的报道。”[③]“该定义将‘Feature’（特稿）定义为以人情味为基础的新闻报道，强调了特稿的人情味特征，而且将特稿（Feature）等同于新闻特稿（News Feature）。”[④]

上述关于特稿的说法均非科学、严谨的界定，从某种程度上而言，它们只是一种感性而直观的经验性描述，这些定义对特稿内涵的解释过于狭窄，无法反映特稿作为一种重要新闻体裁的全貌。

（二）广义界定

英国新闻学者D. 斯蒂芬森在《如何在报纸新闻上获得成功》一书中对特稿做出了宽泛而简洁的说明，他认为：“作为报纸和杂志的信息条目或文章，特稿用于揭示问题、事件和人物某个截然不同的部分。”[⑤] 斯蒂芬森的这段论述文字，强调了特稿在新闻报道中的特殊价值取向，它的传播发力点是非全貌的、局部的、细节性的，这就与消息的整体性与概括性特征形成了鲜明的比照。

---

① 门彻．新闻报道与写作：第9版．北京：华夏出版社，2004：216.
② 许建平，杨小丽．特稿及其形象典型化．现代语文（文学研究版），2007（7）.
③ 毛家武．多维视野下的普利策新闻奖特稿作品研究：1979—2011．成都：西南交通大学出版社，2012：30.
④ 同③.
⑤ 佩普，费瑟斯通．特稿写作：从入门到精通．北京：中国人民大学出版社，2011：3.

同为英国新闻学者的萨利·亚当斯在描述特稿时，则比他的同仁显得更为概括和大胆，他认为："写作特稿的乐趣就在于它的变化多端。从答读者来信专栏到人物专访，从对某一产品的综合报道到讣告，都是特稿。这种变化多端要求作者多才多艺。"他还说："对特稿的唯一限制就在于其写作方式应适合出版物和读者……很难给特稿（Feature）下一个确切的定义。从反面理解也许最为可靠：特稿不是消息。"①

应该说，把消息之外的其他所有新闻报道体裁都归类为特稿，在西方新闻界已是司空见惯，而这种对于特稿内涵的宽泛界定，也得到了我国学者们的广泛认同。

学者曹璐与吴缦在合著的《新闻专稿教程》一书中谈道："至于国外新闻界，本来就没有'通讯'与消息的区分，而只有简体新闻和繁体新闻之别，他们一向把详尽、生动的新闻报道称为'新闻专稿'（News Feature）或'专稿'。""严格地说，新闻专稿其实是一个集合概念，是在报刊、广播、电视中运用的，除消息以外的所有报道性新闻体裁和报道形式的总称。"②

香港树仁学院新闻学教授刘其中先生在《诤语良言：与青年记者谈新闻写作》一书中指出："特稿是用文学技巧来报道新闻事件、新闻人物、社会生活的特殊新闻文体。与普通新闻一样，特稿的内容必须完全真实；与普通新闻不同，它虽然也向读者提供信息，但却更侧重于向读者提供教育和启迪，或使他们得到娱乐和精神上的享受。""广义地说，特稿还包括评论、综述、花絮等等。"③

甘惜分教授主编的《新闻学大辞典》中这样定义特稿："特稿，即特写。""就是运用解释、分析、预测等方法，从历史渊源、因果关系、矛盾演变、影响作用、发展趋势等方面报道新闻的形式。""西方的特写与中国的特写有所不同。在西方，特写更多的是指一种趣味性报道，旨在给读者以'精神享受'。在更广泛的意义上，西方报纸的特写指除了消息、广告、社论之外的所有文章，其内涵比之中国的特写要博杂得多。"④

那么，面对如此纷繁复杂的学术定义，我们究竟应该如何理解特稿？这些彼此交锋的观点之中又是否存在某种结点和共识？在对上述概念进行梳理与归纳之后，我们可以从以下三个方面来解读特稿：

1. 特稿具有高度的文学性和创造性

文学性与创造性可以说是特稿最为鲜明的标志性特征。复旦大学李良荣教授在解读特稿时指出："特写同新闻报道不同，它允许记者充分发挥自己的创造力和想象力，将新闻事实、新闻背景和新闻意义熔于一炉，具有较强的可读性。"⑤ 此外，程曼丽与乔云霞主编的《新闻传播学辞典》也着重强调了特稿的这一内在特质："在西方新闻界，特稿旨在娱乐或以侧重讲故事来提供信息，是一种非虚构的短故事形式。除了具有独家新闻、调查性报道和现场报道的共有的特质外，普利策新闻奖还要求优秀特稿具有高度的文学品质和原创性。西方新闻界没有我

---

① 毛家武．多维视野下的普利策新闻奖特稿作品研究：1979—2011．成都：西南交通大学出版社，2012：31.
② 曹璐，吴缦．新闻专稿教程．北京：中国广播电视出版社，2001：2-3.
③ 刘其中．诤语良言：与青年记者谈新闻写作．北京：新华出版社，2003：311-312.
④ 甘惜分．新闻学大辞典．郑州：河南人民出版社，1993：160.
⑤ 李良荣．西方新闻事业概论．上海：复旦大学出版社，1997：151.

们所说的通讯，但是他们有详细的稿件或者专稿、特稿（News Feature），相当于我们的通讯。”[①] 可以说，特稿所具有的这种文学特质与魅力，将易逝、易碎的普通新闻信息变成传世久远的不朽佳作。

需要着重说明的是，特稿的文学性和创造性必须是以新闻性为前提和基础的，任何脱离了“新闻真实”内核的特稿作品无论怎样精彩动人，也注定是畸形与失败的。《南方周末》著名特稿记者南香红曾指出：“特稿以文采见长，这是显而易见的。特稿也许是具有文学色彩的新闻，但特稿必须与文学划清界限。真实，是特稿最重要的不可缺失的本质。记者职业的特殊之处在于其在新闻事实和大众之间的传递关系，这就决定了记者的两个基本职责：调查还原事实，精彩传达事实。尽管特稿表达借助了很多文学手法，但特稿写作应尽力逃避文学。在真实与文学之间，新闻应该选择真实。”[②] 所以，从报道方式来看，特稿是一种文学性新闻报道。[③]

2. 特稿是一种具有深度旨趣的新闻报道

与消息那种高度凝练、概括的言说方式不同，特稿所追求的是报道内容的深度与广度。换言之，特稿不是对报道对象做浮光掠影、总揽全局式的写照，而是选取人物或事件中的某一侧面或节点，对其进行深度发掘、精雕细琢，通过综合运用调查、解释、分析、预测等手法使受众对报道所关注的问题形成深切的理解和体悟。正如苏州大学徐国源教授在其学术论文中指出的那样：“新闻特稿，既指‘有组织性报道’的一种形式，也是一种新闻体裁。它泛指各种新闻媒介中的特约稿件，这类稿件是因新闻媒介在传播新闻信息的总体布局需要或因特定的各种背景的需要而组织写作的新闻稿件。它有别于一般的纯告知性新闻报道，也不同于一般的‘言论’或文章，而是有针对性、有特别视角，并对某一专门问题进行较系统、较充分解释的新闻体裁。新闻特稿除了‘有组织性报道’这一媒介特性以外，同时也是一种有深度的报道文体。”[④]

3. 正确理解特稿与新闻特稿的关系

如前所述，西方新闻界通常将新闻报道体裁分为消息和特稿两大类，消息又称突发性新闻或硬新闻，而特稿则是我们通常所说的软新闻。从对照关系来看，西方新闻体系中消息的含义与我国大致相同，但特稿的指向范围却更加广泛，它几乎涵盖了除消息以外的其他所有新闻报道体裁。可以说，这种似是而非的体裁划分使得特稿的功能指向过于庞杂，弱化了其职能应用的有效性与针对性。鉴于此种情况，许多新闻学者又在原有体裁分类基础上对特稿进行了更为细致、合理的拆解与归类。例如，梅尔文·门彻教授在《新闻报道与写作》一书中就将美国新闻报道体裁分为“现场新闻报道”“新闻特稿”与“特稿”三类。无独有偶，美国新闻学教授沃尔特·福克斯则认为：“从记者的视角看，可以做出的唯一有用的划分，就是新闻特写与非新闻特写之别。因而，用技术性的术语来说，也就只有两种基本的类型：新闻特写（News Feature）与趣味特写（Human Interest Feature）。”[⑤]

那么，特稿与新闻特稿之间又存在着怎样的内在关联与区别呢？对此，中国传媒大学国际

---

① 程曼丽，乔云霞．新闻传播学辞典．北京：新华出版社，2012：191.

② 南香红．特稿之特．中国记者，2006（1）.

③ 胡连利，甄巍然．《普利策新闻奖特稿卷》：新闻奖的创新意义．光明日报，2004-01-25.

④ 徐国源．“特稿”新论．新闻导刊，2005（4）.

⑤ 徐明武．新闻英语与翻译．北京：中国对外翻译出版公司，2003：355.

新闻学博士毛家武给出了自己的看法，他认为："特稿和新闻特稿既非完全等同，也不是彼此完全独立。新闻特稿是包含于特稿之内的一种新闻文体，即为种属关系。判断某一特稿能否被称为新闻特稿，可根据新闻价值的一个重要构成因素——时间性来判断。按照对时间性的要求来排序，消息对时间的要求最严，新闻特稿次之，对时间性有一定程度的要求，而特稿的时间性是最不强的。有些体裁的特稿从时间性这个新闻价值的构成因素来衡量，新闻价值已荡然无存，可用非新闻性的特稿来称呼这类特稿。因此，可将特稿具体划分为新闻特稿和非新闻特稿。就 1979 年—2011 年度普利策奖特稿奖作品而言，它们都属于新闻特稿的范畴。"[①] 美国新闻报道体裁分类如图 4－1 所示：

- 新闻报道体裁
  - 硬新闻（也叫消息或突发性新闻）
  - 特稿
    - 新闻特稿
    - 非新闻特稿

图 4－1　美国新闻报道体裁分类图

通过上述阐释我们不难发现，特稿作为当代新闻报道体裁的一个重要分支，拥有广博的功能内涵与强大的信息辐射力。很多时候，其涉猎内容的广度与深度已经完全超出了常规新闻报道的关注视野和价值标准，成为某种"去新闻化"的特殊媒介产品。所以，此处需要特别指出和说明的是，作为新闻写作的专业教材，本章关于特稿内容的讲述，将主要围绕新闻特稿来展开，至于专业色彩较淡的非新闻类特稿，如某些专家评论、人物专栏、旅行札记、产品推介、影评分析和知识小品等，并非我们探讨的重点。

三、特稿的基本特征

徐国源教授指出："特稿在写作上凸显了传播信息的艺术独创性，它所青睐的文学性的叙事手法，如精巧的构思、辗转的悬念、饱和的情理冲突、出神入化的细节等，都在一定程度上丰富了新闻报道的技巧，开创了多元的新闻写作模式。"[②] 特稿之所以能够成为一种独立而重要的新闻报道体裁，与其自身的表现方式和内在旨趣有着密不可分的关联，正是这些与众不同的功能要素使得特稿的信息传播优势彰显无遗。因此，在正式讲述特稿的写作方法之前，对这一报道体裁的功能特质及价值取向予以梳理和介绍就显得尤为必要。

特稿的基本特征，除了上文提及的文学性、创造性、新闻性、深刻性等要素之外，还包括以下三个方面：

（一）主观性

较之于普通新闻报道所遵循的"客观至上"理念而言，特稿文体更加倾向于一种个性化的表述方式，其字里行间往往充溢着浓郁的主观色调。在行文过程中，记者通过这种主观化的信

---

① 毛家武．多维视野下的普利策新闻奖特稿作品研究：1979—2011．成都：西南交通大学出版社，2012：32－33．

② 徐国源．"特稿"新论．新闻导刊，2005（4）．

息呈现，将自己的情感与见解不加掩饰地直接传递给受众，让他们随着文章情节的起伏或喜或悲，从而达到最大限度地影响和改变受众对某一新闻事实的认知与判断的目的。

在西方新闻界，有些特稿作者甚至直接采用第一人称的关注视角来撰写稿件，而有些特稿则侧重展现作者自己的亲身经历，内容中的个人情感色彩极其浓厚。2004 年调查结果显示：大约 16%的获普利策奖特稿运用第一人称写作。[①] 诚如美国新闻学者戴维·加洛克所言："假如需要的话，他们会毫不犹豫地在叙事中注入他们的强烈情感。"[②] 从传播效果的角度观之，特稿对于主观情感的凸显与强化，不仅极大地丰富和改变了传统新闻报道的固有功能与模式，将严肃生硬的"新闻纸"变成人们愿意接受和接近的"观点纸""情感纸"，同时，这种别样的阅读体验也使广大读者从特稿中找到了观察与解读世界的另一条有效路径。

（二）人情味

有学者指出，人情味是西方新闻报道的基石。如果以新闻信息的基本构成要素来衡量，这样的观点表述或许过于笼统且有失偏颇。然而，对于以软新闻为主要关注对象的特稿文体而言，人情味的塑造与传递的确有着至关重要的意义和价值。具体说来，特稿的人情味特征主要表现在"人文关怀"与"妙趣横生"两个维度。

"所谓人文关怀，是指特稿的报道主题、思想内容都具有人性化的鲜明特点，体现出对报道对象和受众的关怀体贴，具有浓厚的平民意识和大众色彩。"[③] 换言之，特稿作为一种媒介产品的核心价值，不仅体现为对社会生活信息的有效传递与告知，更在于作品本身对于人类整体生存状态及个体命运走向的深度关切。

所谓妙趣横生，就是报道本身的趣味性，即那些使读者感到新奇、有趣和有吸引力的东西，它是任何优秀特稿作品都不可或缺的重要组成元素。正如李良荣教授所言："不论涉及哪些内容，特写的首要目的都是要使读者从中得到消遣。因此可以说，特写就是关于人们兴趣所在的事。"[④]

此外，从语义学的角度观之，趣味性是一个中性概念，亦有低俗高雅之分，其指向范围十分广泛、博杂。而特稿作品中的趣味性特征主要侧重的是与人类情感和道德良知密切相关的内容，其价值内核中具有一种引人向善的张力和博爱进取的情怀。正如美国著名新闻学者麦克杜戈尔教授所指出的那样："正是人类兴趣，对别人的生活和福利的关心以及对整个人类福利与进步的关切，促使我们带着兴趣和同情心阅读在远离我们的社会的地方所发生的生命财产遭到损失的新闻。"[⑤] 可以说，麦克杜戈尔先生的这段文字，形象地表达了特稿中人情味与趣味性的辩证关系，并在此基础上强调了特稿作品应有的精神内涵与价值取向。

（三）耐压性

特稿的耐压性特征是相对于消息而言的。与追求绝对时效的消息不同，特稿对于时间概念

---

① 艾达．中国的通讯与美国的特稿．新闻爱好者，2004（2）．

② 加洛克．普利策新闻奖：特稿卷．北京：新华出版社，1999：前言 5.

③ 毛家武．多维视野下的普利策新闻奖特稿作品研究：1979—2011．成都：西南交通大学出版社，2012：37.

④ 李良荣．西方新闻事业概论．上海：复旦大学出版社，1997：151.

⑤ 黎信．外国新闻通讯选译：上册．北京：长征出版社，1984：377.

的要求相对较弱，撰稿人不必为了抢占信息高地而分秒必争，一篇特稿文章可以放上几天，几个星期，几个月，甚至更长时间。这也就意味着，对于大多数非限时性特稿作者来说，他们的稿件不会面临截稿日期的高压，可以有充裕的时间对文章的结构、视角、语言等进行调适和推敲，直到达到理想的传播效果。

时效上的差异反映了特稿与消息在文体功能上的不同。与消息侧重于单纯信息告知的传播诉求相比，特稿更加关注信息内容的吸引力、感染力与影响力，追求的是作品的人情味、知识性、趣味性、文学性以及信息的深度旨趣。可以说，正是两种文体在传播目标与新闻价值上的差异造就了二者互相独立的传播状态与格局。诚如英国新闻学者苏珊·佩普所言："在新闻记者扮演'气喘吁吁的讯息传递者'（breathless messenger）角色时，特稿作者却能够成为'闲聊的人、敏锐的分析者、行为古怪的专家、富于同情心的顾问、专横的独家新闻发布者、鼓舞人心的领路人'等角色。"①

第二节　特稿选材

"给我讲一个故事，看在老天爷的份上，让它有趣一点！"② 尽管这句流传于美国新闻界的行业格言曾令许多媒体同仁感到心酸和自责，但不可否认的是，威廉·E. 布隆代尔先生用这句幽默、恳切的话语道出了特稿写作的全部真谛：一篇成功的特稿首先应该是一则打动人心的有趣故事。

讲好故事的首要前提是要找到好的故事。从这个意义上说，报道题材的选取与报道角度的确定，对于特稿的后续写作进程无疑有着至关重要的意义。因此，要写好特稿，首先要在选材环节上下功夫，要善于甄选有助于启迪民智、抚慰心灵、弘扬人性、记录时代的题材，以积极有益的报道视角为受众传递高质量的信息。

一、特稿的题材范围与分类

（一）特稿的题材范围

特稿的题材涉猎领域十分广博，从社会景观到自然风物，从动态事件到非动态信息，从区域报道到全国乃至全球性新闻，从历史回溯到现实关注再到未来展望，几乎无所不包。对初识特稿的写作者而言，直接从这些林林总总的题材信息当中去找寻特稿的报道线索无异于大海捞针，不仅费时费力，而且可能收效甚微。因此，在确定报道对象的初始阶段，我们需要根据特稿的功能特性与价值诉求为其划定大致的选材重心与主攻方向，从而使特稿的题材取舍做到有

① 佩普，费瑟斯通．特稿写作：从入门到精通．北京：中国人民大学出版社，2011：2.

② 布隆代尔．《华尔街日报》是如何讲故事的．北京：华夏出版社，2006：引言 1.

的放矢。

总之，特稿作为一种具有深度旨趣的传播文字，其关注与选取的题材对象在内容上首先应该具备足够的内在张力与报道纵深——意义鲜明、底蕴厚重、针对性强、有助于作者展开深度开掘与广泛探讨。比如，社会整体的发展进步与阶段性转型，某项重大法令政策的颁布及其意义影响，某一行业的理念革新与结构调整，某些突发性重大新闻事件的内幕详情，具有高度警示意义的法治案件的侦破与审理，曲折动人的生活故事与牵动人心的人物命运，百姓衣食住行状况的细微变化，社会群体中涌现出的新思潮、新观念、新行为，人类与自然界的复杂共生关系，等等。对于特稿记者来说，上述题材内容均可纳入报道的选题视角之内，通过自己敏锐的眼光和独立的思考去捕捉新闻事件中的闪光点，并把它们写成有影响、有价值、有深度的特稿文章。①

（二）特稿的题材分类

为了让大家对特稿的报道题材范围形成更为系统、详尽的认知，我们根据上述题材内容的传播重点进行了简单的功能归类，具体说来，主要包括以下四个方面：

1. 非限时性社会事件特稿

这类特稿主要以国内外重大新闻事件为关注焦点，通常作为消息报道的背景信息或补充材料而出现，旨在为受众理解复杂新闻事件提供深层次的信息解读。

2. 社会各色人物的特稿

这类特稿主要以人物（个体或群体）为报道核心，反映他们的人生际遇、生存状态与精神世界，使读者从一段段婉转曲折的人物故事中体悟到生活的悲喜和无奈，感受到生命的坚持与不屈，找寻到继续前行的力量和勇气。

需要特别指出的是，我们此处谈及的人物特稿与传统意义上的人物专访特稿（大多着眼于具有一定影响力与知名度的新闻人物）有所不同：它不仅关注上层社会中的名人、明星，也聚焦于底层社会中的寻常百姓，且通常以后者为主要发掘对象。

3. 日常生活话题的特稿

这类特稿的选材范围相对广泛，既可以是对某一社会现象、问题的深入探讨，也可以是对衣食住行、家长里短和人情琐事的延伸化解读。

4. 自然现象与人类活动的特稿

这类特稿主要关注的是人类生产活动对其自身生存环境的影响，如全球变暖、水土流失、住所迁徙、灾害频发等问题。

概括说来，第一类报道题材中包含有较多“硬新闻”的内容，关注的选题通常较为重要、严肃。而后三类特稿题材则更多地以“软新闻”为主，关注的信息内容也较为博杂，并时常带有一定程度的悲天悯人情怀与公益服务色彩。②

通过上文的题材分类介绍，我们不难发现，与调查性报道、解释性报道、预测性报道等一

---

① 唐弦，刘珺．特稿，以什么打动人心？．新闻采编，2006（2）．

② 徐国源．“特稿”新论．新闻导刊，2005（4）．

般性深度报道在选材时过多着眼于“硬新闻”范畴的价值取向相比，特稿往往展现出“软硬兼施”的选材策略。从报道题材的构成比例上看，特稿显然更重视对“软新闻”领域的开拓与传播。

二、特稿选材的途径与思维方法

那么，在确定了报道选题的大致方向之后，我们又该如何去具体发现和找寻特稿的报道线索呢？特稿在其选材过程中又是否有某种规律和方法可循？接下来，我们从特稿选材的途径与思维方法两个层面对此进行阐述。

（一）特稿选材的途径

一般说来，特稿的题材发掘，主要可以通过以下几种途径。[①]

1. 寻找他人尚未触及的一手的新闻题材

毫无疑问，一手新闻题材的发现和占有对于从事任何报道类型的媒体工作者而言不仅意味着独家新闻的诞生，更关乎着其所在媒体的社会形象与行业地位。通常说来，那些炙手可热的一手新闻线索往往源于媒体人在新闻时效领域的不懈追逐与激烈竞争。然而，对于行动速度迟缓的特稿记者来说，盲目比拼时效无异于以己之短搏人所长，实非明智之举。所以，在一手新闻源的发掘方面，特稿记者常常需要运用一种“曲径通幽”的智慧来击败速度占优的劲敌——找寻新闻事件中的“冷点”与“临界点”。

首先，学会从“冷点”事件中寻找一手新闻题材。

所谓“冷点”，主要是相对于“热点”事件而言的。较之于某些意义重大的国内外要闻、突发性社会事件等众多媒体广为关注的热点、焦点话题，那些有关寻常百姓喜怒哀乐的命运故事、人们日复一日的生活图景等静态题材内容往往为大多数记者所忽略，游离于媒体的议事日程之外，成为一些不甚引人关注的“冷点”信息。此时，特稿记者如果能够深入其中，进行细致入微的观察和思考，便能从这些看似平淡无奇、纷乱芜杂的常态化信息中找寻到新闻的亮点，并使之放大、扩散成为舆论关注的“焦点”和“热点”。

可以说，在媒介竞争日趋白热化的今天，对于“冷点”新闻的发掘已成为特稿记者的共识。作为特稿报道领军人的《中国青年报》早在1995年成立特稿专栏时，就独具匠心地将“冰点”一词作为该专栏的创办名称，并一直沿用至今。从更深层次的角度观之，《中国青年报》所关注和开拓的“冰点”，恰恰是社会群体中的“沸点”“难点”与“盲点”。而正是这些基于“冰点”的特稿作品，让很多读者在心灵上得到了共鸣和温暖。

其次，善于从事物发展的“临界点”中找寻一手新闻题材。

所谓“临界点”新闻题材主要是相对于“已发”新闻事件而言的，是指那些目前仍然处于变动过程之中，尚未显露端倪或全貌的非定性新闻事实。而这种信息关注方式即是我们通常所说的预测性报道。之所以要从如此复杂多变的事实状态中寻找报道选题，是因为特稿作为一种

---

① 肖曜．特稿之特．新闻前哨，2004（5）．

具有深度旨趣的传播载体，其信息存在的价值不仅体现在对现有新闻事件的关注和呈现上，同时也表现在对事物发展趋势的前瞻性探讨与解读中。可以说，通过合理的推断与精准的预测为受众提供有助于自身生存发展的前瞻性信息，既是特稿报道的魅力所在，更是特稿记者义不容辞的社会责任。

预测性报道的选题范围相对较窄，主要存在于政治、经济领域。它与常规新闻报道的最大区别便在于报道时机的把握与选取，一旦新闻事件的变动范围超出了自身的“临界点”，成为某种既定事实，预测性报道的价值和意义便荡然无存。

在找寻预测性报道选题的过程中，我们应做好充分的准备。具体说来，主要包括以下两方面内容：一方面是观念的转变。特稿记者必须突破那种“只有事情发生后才能构成新闻，才能展开采访与报道”的传统思维定式，要赶在事件尘埃落定之前开展行动，变被动等待为主动进取，抢占时间优势与传播先机。另一方面是能力的养成。事物在其发展过程中所展现出的未知性与多变性使得预测性报道的选题操作难度大大增加，这就要求特稿记者除了拥有较强的业务能力之外，还必须具备深厚的理论功底与丰富的知识储备，能够洞悉事物的变化规律，准确把握时代的发展脉搏，运用自己的价值判断和新闻敏感在即将升温的话题尚未到达“临界点”之前及时将其捕获与传播。①

2. 从已有新闻信息中筛选报道题材

对于许多热点、焦点事件而言，消息报道的确能够做到先拔头筹、先睹为快，为受众送去带着温度的信息。然而，“速度”的占优并不意味着“深度”的占优，在其高效率传播的背后，往往伴随着信息内容的疏漏与浅显，这就为特稿记者提供了宝贵的二次报道机遇，使他们有足够的空间找寻新闻事件的“第二落点”，完成信息传递中的后发制人。

具体说来，所谓“第二落点”是相对于以时效性取胜的“第一落点”而言的，即在消息第一时间发布信息后，特稿记者需要努力找寻、挖掘新闻事件更为深广的内涵与外延，以视角独特的报道来“亡羊补牢”，使迟发新闻绝地重生。此时，新闻之“新”对于特稿已不再是时间上的要求，应当是提出新问题、选取新视角、持有新观点，强化报道信息的深度与广度，使其实现传播效果的二次增值。从某种程度而言，放弃难以做到的抢发新闻，专注于发掘那些沉积在热点底层的深度信息，对于特稿报道来说，或许更是一种强项。②

《南方周末》特稿记者南香红认为：“一般的新闻可能是从事件发现出发，向未来的维度里寻找，而特稿就必须向历史开掘，向未来的反方向寻找；一般的新闻可能更多地把眼光集中在这件新闻本身，而特稿可能就要兼顾左右，在看起来不着边际没有多大关系的事件里发现。所以特稿的采访必须是多维度的。特稿需要再现一个完整的世界。这是特稿应该做到的，而且必须做到的。”③

3. 从平日的阅读与积累中寻找报道选题

如果说前两种题材发掘方式更多地将搜索目光聚焦于媒体行业内部、新闻事件本身，具有

---

① 董义斌．特稿化：快餐时代的新闻选择．新闻三昧，2007（9）．

② 戈广安，李瑜．深度报道：报纸的重生与坚守．中国报业，2011（10）．

③ 南香红．特稿之特．中国记者，2006（1）．

某种“急功近利”色彩的话，通过日常积累找选题则需要特稿记者拥有更为广博的关注视角和一份平常心态。

“阅读是一世之需。”或许，陈平原先生的这句话对于那些终日与文字为伴的特稿记者而言的确有着极其特殊且重要的借鉴意义：阅读不仅是提升文学素养的有效良方，同时也是生发报道选题的重要源泉。关于后者，威廉·E. 布隆代尔先生曾在《〈华尔街日报〉是如何讲故事的》一书中进行了详尽的论述，并在此基础上提出了“靠阅读‘窃取’思想”的独特观点。他认为，对于特稿作者来说，“仅仅翻阅一些高发行量的大众报刊是远远不够的。这些报刊的内容虽然能够让一名记者紧跟事件发展，在竞争中不至于落伍，但是这些报刊对故事的报道往往已经相当成功，记者根据这样的报道进行再创作的机会已经很小，很难再写出能够与之媲美的报道”①。所以，为了摆脱题材取向的束缚与羁绊，特稿记者还需要不断拓宽自己的阅读视野，强化阅读的内容深度。“包括专业期刊、行业通讯、学术刊物、智囊团和基金会报告、一级政府机构发布的信息，这些都应该在你的阅读范围之内。这样的阅读可能是令人痛苦的，很可能大量的内容都枯燥无味、没有用处，但这样的出版物不是新闻媒体的竞争者。也就是说，我们可以从它们的内容中窃取思想而不受到惩罚。不仅如此，这些出版物所发表的最新进展和原创思想，往往都要先于大众媒体。”②

由此可见，对于特稿题材的发掘与选取，我们需要做到观念上的转变与视野上的拓展，勇于在纷繁芜杂的信息海洋里去发掘和淘洗。特稿记者除了需要具备高度敏锐的新闻嗅觉外，还要养成良好的阅读习惯与分析能力，保有一份水滴石穿的耐心、坚持与等待。

（二）特稿选材的思维方法

对于特稿记者来说，仅仅知道从哪些渠道找寻报道题材只是完成了特稿选材的第一道工序。如何从这些庞杂多变的题材信息中提炼出具体的报道角度与传播重心才是特稿报道的关键，亦是特稿成文的难点，它直接决定着选题的意义深度与价值大小。

接下来，我们介绍几种常见的选材思维方法。

1. *以小见大*

如前所述，特稿作为媒体报道中的重型武器，在选取报道题材的过程中应该着力关注那些与百姓生活休戚相关的大问题、大事件、大趋势——新型房改政策、收入分配调整、医疗制度改革、再就业工程、帮困扶贫工作、全民健身工程、环境保护与生态平衡等等——为他们的思考与决策提供行之有效的信息服务。但是，如果记者为了显示自身报道的权威而一味地求全、求大，特稿就会变得华而不实，甚至失去特稿应有的传播价值。

从传播效果来看，特稿的最大魅力在于情节的动人与论述的穿透力。所以，特稿记者在报道题材与视角的选取方面，应该充分把握特稿的这一功能特质，做到“从大处着眼，于小处着手”。具体说来，就是将社会生活中的大事件、大主题以微观角度来考量、解析与呈现，注重报道题材与时代背景的有机结合，从具体的新闻事件入手，选取那些能够体现时代特征与风貌的典型事例，避免泛泛的探讨与空洞的说教。

---

① 布隆代尔．《华尔街日报》是如何讲故事的．北京：华夏出版社，2006：15.

② 同①.

例如，在反映我国房地产行业有待整改与规范的问题上，如果记者只是站在政策解读的层面，进行长篇大论的形势分析、理论探讨与数据罗列，必然使特稿文章变得生硬、乏味，不仅会增加读者阅读的难度，也丧失了报道应有的趣味性与人文关怀色彩。此时，我们可以从普通百姓的具体购房经历入手，记录他们在房屋交易过程中所遭遇的种种现实困境与复杂情感，变抽象的说理为具象的写实，强化报道的生动性与现实借鉴意义。再如，在关注深化文化体制改革这一宏大主题时，如果能从社区文化建设中的“便民书吧”落笔，从人们日常的文化生活图景着眼，不仅可以摆脱所谓的假大空，还可以通过亲和力拉近与读者的心理距离。

总之，“以小见大”作为一种常见的特稿操作理念，其全部精神内核在于记者在选题与写作过程中充分考虑受众的感受需求，“这种需求体现为读者自身的生活经验与媒介上丰富的生活细节间的互动”①。这样的特稿作品才能真正打动人心。

2. 因果推理

如果说“以小见大”的选材方法有助于特稿记者养成一种良好的具象化思维意识，那么，仅此能力还不足以帮助他们找寻到理想中的报道题材，不言而喻，很多人的脑海中往往又会浮现出这样的疑问和困惑——“小”从何来？

从哲学的角度观之，任何事物与现象都不可能是孤立存在的个体，它必然作为其他事物的原因或结果而发展变化，并不断与更多的事物发生联系。对于特稿记者而言，这种复杂多元的因果关系无疑为我们寻找特稿的报道选题提供了一种有益的思维模式。

例如，假设某城市的部分医院在一段时期内出现了严重的医生短缺现象，特稿记者决定对此问题展开深入报道。然而，这一看似简单的报道选题对于记者来说仍然显得过于笼统，一时间令人不知从何着手。此时，如果我们运用因果推理的思维方法来审视这一特殊行业现象，就能从中找寻出许多与之相关的可选、可挖的报道视角：医生短缺，导致对患者的医疗保健服务质量下降、病情加重、误时误工、产品质量下降、企业减产、公司裁员、劳动力闲置；因医生短缺，许多医生超负荷工作疲惫不堪、酗酒增加导致交通事故频发与家庭矛盾加剧，更多医生不堪重负而退出医疗行业或减少工作量，医院部门聘用更多辅助医生、误诊现象增加、医疗质量下降、患者投诉、律所盈利、法院审理任务加重……②

由此，我们不难发现，对于这种看似简单、孤立的专属行业问题，在运用因果推理的方法对其加以考量和分析之后，竟能意外地从中抽拔出一系列与之相关的社会问题与矛盾节点——医患关系、经济关系、人际关系、安全问题、家庭矛盾等等——而这些棘手的问题与矛盾则正是特稿记者需要关注、值得报道的“小”题材大事件。

3. 逆向思维

很多时候，特稿记者常常会面临这样的传播窘境——报道选题意义重大、无法回避和置换，然而，囿于报道思路的趋同与报道速度的滞后，特稿作者很难在原有信息内容的基础上撰写出观点鲜明的文字，致使特稿文章沦为他人报道的附庸，难以激发起受众更大的阅读兴趣，并给他们留下一种拾人牙慧的糟糕印象。

---

① 唐弦，刘珺．特稿，以什么打动人心？．新闻采编，2006（2）．

② 钱勤发．略论新闻特稿的故事性含义．新闻记者，2007（3）．

为了摆脱上述尴尬，在处理报道选题的过程中，特稿记者除了需要具备开阔的视野与纵横延伸的分析能力之外，还应该积极培养自己的逆向思维意识，力求从他人尚未开拓的视角和领域中展开报道。也就是说，对于那些媒体同仁普遍关注的热点、焦点事件，特稿记者不可人云亦云、随波逐流，将报道的传播诉求定位于信息量拓展的简单维度。要学会冷静观察、独立思考、逆流而动，克服个人思维惯性与惰性的束缚，从反方向发掘新闻事件的内涵，以一种理性的思维方式和建设性的报道态度引导受众的认知判断和社会的整体舆论走向。

逆向思维的一个突出表征就是“热点问题冷思考”，尤其是在那些负面色调较为浓厚的新闻事件当中，特稿记者更应该保有一份清醒、审慎与理智。例如，近年来，国内媒体关于城管人员暴力执法的负面新闻屡见报端，其报道思路与呈现方式的高度趋同使得城管人员的整体形象与行业地位一落千丈，不仅成为百姓茶余饭后调侃、贬损的主要谈资，也在某种程度上引发了局部社会矛盾的扩大与升级。那么，对于这个看似可以盖棺定论的社会话题，特稿记者就可以运用逆向思维的方式进行深度关注。相对于大多数媒体将报道目光聚焦于满含泪水的无助商贩，如果我们能够反其道而行之，从“飞扬跋扈”的城管执法人员入手，则很可能会发掘出完全不同的报道要素：所谓的暴力执法究竟是一种泛化的群体行为还是极少数人的个体行为？城管人员的职权范围到底应该如何界定？其具体执行过程中存在着哪些司法困境？其中的空白与争议又该如何填补？商贩的经营活动是否完全合乎市场管理条例？相关部门是否应该为其设定合理的行业规约、分划固定的经营场所、提供有力的制度保障？城管与商贩之间真的是一种天然的猫鼠对立吗？其中又是否存在着某些沟通、包容的默契与温情？进而，权力执行的过激与失控究竟是该由个体承担还是应向社会系统展开更加广泛的多元化问责？

显然，即便是面对同一新闻题材，当我们运用不同的思维模式与报道视角进行关注和呈现时，事件的自身性质与发展方向往往会随之发生巨大的变化，而这种转向与变化正是特稿作品思想价值与社会责任的体现，是特稿作者需要传递给受众和时代的理性之音。

第三节　特稿结构

古人谈及文章的作法时，常用“大体则有，定体则无”来概括，这句执笔箴言同样适用于新闻特稿的写作。研读获普利策奖的特稿作品，我们发现几乎没有哪两篇的写作方式是完全相同的，差异化的功能诉求与独具匠心的表现策略无疑是特稿最为根本的生存法则。所以，需要特别强调的是，特稿的撰写是对记者新闻感知力、创造性才华与文字驾驭水平的综合性考量，并没有所谓的标准化模式可以去仿照和套用。此处关于特稿写作结构的论述也只是就其基本的共性特征而展开的，属于一种相对概括的框架性梳理与技巧性解读。

特稿的文章结构大致可以分为开头、正文和结尾三部分，每一个部分都有着完全不同的思维方法与行文技巧，三者的有机结合共同构筑起了特稿的完整意义链条。

一、特稿的开头

美国《丹佛邮报》记者阿力斯·迈金莱曾这样描述消息记者同特稿记者的工作差异："纯新闻的作者犹如泥水匠，他们熟练地、准确地将一块块的砖头砌成一堵坚固的事实之墙；而特稿作者却像雕塑家、装饰家或艺术家，要从平凡的东西中创造出理想的东西。"[①] 从报道编写进程的角度观之，特稿记者的创作正是从如何撰写开头开始的。

和消息的导语一样，开头是特稿中最为重要的组成部分，是特稿记者展示其作品的精美橱窗。然而，与之不同的是，为了能够使受众直抵报道核心，消息中的导语必须言辞简括、要点突出，往往以一个简明的文字段落单独呈现出来，具有某种相对程式化的操作特征。相比之下，特稿文章的随性而至与娓娓道来，则使其开头也显得灵活多变、个性十足，其信息常常"散落"于文章开篇的若干个报道段落之内，没有字数的限定与形式的束缚，为记者发挥其创造性才能提供了更为广阔的思维空间。正如南香红所言："它可能有一个平白朴素但意味深长的开头，也可能有意安排一个戏剧性的开头……但有一点是不可忽略的，如果头三段还不能将读者抓住的话，那这个文章就死定了。"[②] 的确，对于特稿这种少则千字多则万言的"新闻大作"来说，如果不能在最短时间内挽留住受众的目光，无异于宣告了报道生命的提前终结。因此，在实际操作环节，优秀的特稿记者对于文章开头的构建往往都非常重视，他们会像不知疲惫的淘金者一般，把手中的报道材料进行一遍遍的过滤和淘洗，以便将那些最为新鲜、生动、富有戏剧色彩与人情味特质的报道内容在第一时间呈现给受众，使其产生深入阅读、一探究竟的欲望和冲动。

从功能分类上看，特稿的开头与消息的导语之间有着诸多的相似之处，特稿的很多开头形式正是从消息导语中发展演变而来的，只是二者在传播重心与深度旨趣方面存在着不同程度的差异，需要我们加以正确区分和分别掌握。

特稿开头种类繁多、功能各异，综合一些研究者的观点，我们将特稿的开头分为以下几种：

（一）悬念式开头

好奇是人类的永恒天性，对于那些潜藏在生活中的疑惑与未知，我们往往有着难以抗拒的探寻欲望。因此，在文章开篇部分设置必要的冲突与悬念，在报道伊始便激发起受众的强烈好奇心理，使其产生欲罢不能的"阅读惯性"，往往是许多优秀特稿作品使用频度最高也最为行之有效的一种写作策略。它有助于记者掌握报道的主动权，控制报道的叙事节奏，从而为后续内容的有效展开铺平道路。

例如，发表于《中国青年报》之《冰点》专刊中的《赎罪》一文，就在其开头部分巧妙地融入了这种悬念要素。

---

① 薛国林，牟晓伟．多角度　立体化　可读性：当代特稿追求的报道价值．新闻爱好者，2006（4）．

② 南香红．特稿之特．中国记者，2006（1）．

刘曼决心去寻找一种期待已久的问心无愧的生活。2月16日下午，他套上件夹克衫，把一箱“湾仔码头”牌手工水饺夹在胳膊底下，向国家工商总局出发。

出门时，怀孕7个月的妻子在身后，他没怎么回头，只扔下一句，“放心吧，没事。”可是当他站在国家工商总局的灰色台阶前，脚步变得有点迟疑，嘴唇也有些哆嗦。

门卫拦住了他。“我来自首。”他的声音含混不清。

在大门一侧的上访接待办公大厅里，满屋子人都用奇怪的眼神，看着这个没精打采的年轻人来到接待窗口，结结巴巴地说明来意。

“我来自首，检举自己和他人制作、销售假冒伪劣的水饺和冰棍。”他像在背诵一篇文章。这句话在纸上或口头上演练过很多次，每一次他都在想，会得到怎样的回答。

现实里的回答是：“那你应该去公安局。”再问一遍，还是相似的答复。

自首的第一步受挫了。刘曼迈着大步在接待大厅踱来踱去，一会儿掏出手机，一会儿又装回口袋里。他脑袋上冒出了汗。旁边，一个拾荒者用同病相怜的目光看着他，试图和他一起抱怨一下，他也没有听见。

要不是拿着登记表的工作人员前来接访，这个下午，刘曼带着他那箱速冻饺子和一颗赎罪的心，根本不知道何去何从。

通读过上述文字之后，我们难免产生这样的疑问：究竟是什么原因让一名曾经唯利是图的不法商贩走上了自我救赎之路？明明是“门当户对”的自首却为何被执法人员冷漠地拒之门外？赎罪者的救赎之旅缘何走得如此艰辛？他的最终命运又将如何？对于这些受众所欲知和应知的关键性问题，记者并没有在开头部分给出确切的答案，而是运用设置悬念的手法将其一一略去，使受众在阅读伊始便为一系列的疑问与困惑所围拢，令人心神难安。可以说，这正是悬念式开头的常用操作技巧：“省略掉一些重要元素，如事件起因、重要的过程、关键的例证，从而引发读者的疑问，吊起其好奇心。”① 通过这种有效的悬念设置，受众的“求知欲”被彻底激活，为了解开心中的谜团，他们不得不沿着报道者之前所设定的叙事路线继续前行，直至在其脑海中形成完整、清晰的认知图景。

从操作要领上看，悬念式开头在构建信息的过程中主要应该处理好以下两方面的问题。首先，在悬念要素的选取上，开头所设置的问题应该是整篇报道中最具戏剧色彩与矛盾冲突的信息，或者是人们尚未了解却渴求了解的信息。总之，选取的问题要能够最大限度地引发受众的阅读兴趣。其次，在悬念问题的操作上，要做到问题阐述的简洁、准确、集中和有力，能够一语击中受众的思维神经，使其瞬间处于一种紧张兴奋的状态之中。相反，如果设置的问题过多、过细，则必将分散受众的有效注意力，使其顾此失彼、难以权衡，进而影响到他们对文章后续内容的理解和把握。

（二）归纳式开头

归纳式开头亦称概括式开头，就是记者用简约概括的文字将报道信息中的主体事实在第一时间呈现给受众，以便让他们决定是否对特稿文章展开更深层次的阅读。通常说来，归纳式开

① 杨丽萍．特稿导语表现形式．记者摇篮，2012（8）.

头在信息传播中所表现出的这种开门见山式的坦诚与自信，在很大程度上源于其所关注的报道题材——它们往往意义重大或是具有强烈的故事性与冲突性。对于这样的报道对象而言，即便记者在文章开篇将事件发展的主要事实毫无保留地全部曝光，其后续内容依旧能吸引受众的关注目光，有时甚至能激起人们更为强烈的阅读欲望。

《中国青年报》的《冰点》专刊有一篇特稿《井下 25 天求生记》，采用的就是归纳式开头。

在井下挖煤挖了 17 年，王圂杰对黑暗并不陌生。

这种黑暗和我们平时所熟悉的夜晚不同。在数百米甚至上千米深的矿井下，除了头上的矿灯外，几乎没有其他光源。

“就是黑，特别黑，一片黑!”这个只有初中文化程度的男子尽力解释道，“啥也看不见。”

不过通常他不会被这种黑暗笼罩太久。他在大大小小 10 多个煤矿干过，每天井下作业的时间一般在 8 小时左右。

然而这次的黑暗实在太过漫长了——从 6 月 17 日早晨 8 时 10 分到 7 月 12 日上午 11 时 20 分。这段时间内，包括他在内的 3 名矿工因透水事故被困在贵州晴隆县一个名叫新桥的煤矿里，直至成功获救。

算起来，一共是 25 天多，604 个小时。

通常说来，归纳式开头的写作要义在于既要呈现主体事实，又要凸显新闻看点。在上述开头中，记者将事件发生的时间、地点、人物、结果等基本信息要素全部告知给了受众，使我们在几百字的阅读中便了解到了新闻事件的基本概况，心中本应再无悬念可言。然而，事实却并非如此。对于这个看似已被全然知晓的事件，我们还是无法压抑心中那份强烈的探知欲望，其原因便在于记者在开头的结尾处“不经意地”透露出了此次事件的更大看点——25 天多，604 个小时！毫无疑问，对于这种超出人类极限的生命奇迹，任何人都无法视而不见，那些隐含于故事之中的被困者所表现出的刚毅、忍耐、勇气、抗争与希冀，不由得使我们想去了解和触碰，去经历和感动，而这也正是记者在文章开头所传递给受众的深层次心理讯号，是归纳式开头的真正魅力与价值所在。

（三）描绘式开头

描绘式开头亦称见闻式开头，就是记者运用细腻生动的白描手法对所要表达的内容——如新闻中的主要事实、事件的发展高潮、报道对象的某一侧面或所处的特定场景等——加以渲染和修饰，强化报道信息的具象性与感染力，从而巧妙地将受众带入某种情境，使其在人们心里形成一幅生动的画面。从传播效果的角度观之，描绘式开头有助于为报道文章营造出一种气氛，或定下一种基调，使受众在这种情绪的笼罩之下展开后续内容的阅读，随着报道的情节起伏而一起律动。然而，由于描绘式开头所采用的是一种散文化的写作笔法，所以一定要确保开头所呈现的文字画面处于某一环境或问题的突出位置上，要使报道的描绘主体呈现出形散而神聚的特征。

例如，《中国青年报》的《冰点》专刊登过一篇《熊的解放：人的救赎之路》，所使用的就是描绘式开头，让人感觉身临其境。

第 90 块石头，与别的石头没什么不同。

这块石头上写着：“SYNTEGRA，？—08/26/09。”这是一个拗口的拉丁文名字，它死于 2009 年 8 月 26 日。“？”意味着无人确切知道它什么时候出生，出生在哪里。

这块石头很干净，三两只蚂蚁在上面爬来爬去。而更多的石头则长满青苔，有的半陷在泥土里，上面的字迹模糊可辨。每块石头的背后都有小木片做成的十字架，它们插在长满青草的不足膝盖高的土堆上。

这些土堆被掩藏在一大片竹林里，地上开着紫色的小花，小手模样的藤萝四处攀爬，郫河支流从旁缓缓流过。

显然，没有比这儿更适合的墓地了。这里埋葬的不是人，而是 90 头熊。

读罢上述文字我们不难发现，尽管记者在开头运用散文化的表达方式来交代信息，但报道的叙事重心却并未因此发生偏转，而是紧紧围绕着故事的主人公——“熊”来展开。细致的场景描绘为文章定下了一种静谧而感伤的阅读基调，使我们的心情也随着报道场景的延展而变得愈发沉重。在报道的后续内容中，记者为我们揭开了这些安葬者的身世之谜，它们是“人工取胆”的活熊标本，生前曾经历过人们难以想见的痛苦、挣扎与煎熬，多死于机体坏死或病变感染。如果从这一层面来回望文章的开头，其中的心酸与自省更是不言而喻：它们离世之后所享受的这份安宁与闲适，与其说是一种灵魂的解脱，莫不如说是一种生命的悲凉，镌刻于石碑上的墓志铭，正是人类难以补救的罪责和永无终止的忏悔。

最后，需要特别强调的是，描绘式开头必须是对客观事物的形象再现。只有当新闻事实中具备有特色的、可供描写的形象化内容，诸如现场画面、特定景物、氛围，人物动作、语言，生动的情节或细节，乃至音响、色彩，等等，才有可能和有必要运用描绘式开头来构建信息。如果记者只是为了展现自己的文学才华而牵强附会，将不符合上述条件的报道事物进行描绘渲染，其传播效果必然大打折扣，形成有意境无思想的空洞信息画面。①

（四）提问式开头

提问式开头亦称设问式、问答式开头，就是记者将报道信息中已经说明的问题或业已明确的观点，用疑问句的形式在开头部分加以强调和突出，使其能够引发受众的关注与思考，并促使他们通过后续阅读来找寻问题的答案、印证自己的所思所想。一般说来，提问式开头的答案呈现方法主要有两种：开头直接作答或在下文中作答。前者一目了然，有助于揭示和强化新闻主旨；后者则容易产生意想不到的悬念效果。

需要特别说明的是，提问式开头中的问题往往是文章思想内涵的外在延伸。因此，其内容的设定也必须紧紧围绕着报道主题与核心内容来展开，不能偏离其中，更不可为了博人眼球而哗众取宠。提出的问题应该新颖巧妙、准确深刻，能够最大限度地激发受众的阅读与思考兴趣。诚如李良荣教授所言：“如果能测验读者的知识水平和激起他的好奇心，提问式开头就算

① 刘保全．精心打扮凤头　重视导语写作：兼评“中国新闻奖”部分消息的导语（三）．新闻与写作，2006（12）．

是成功了。"① 此外，从媒体的实际应用情况观之，提问式开头多用于那些思辨色彩较为浓厚的新闻报道题材。

例如，《中国青年报》的《冰点》专刊所登《找回"家""国"的支点》一文，所运用的就是提问式开头。

> 最近，围绕着国家中长期教育发展规划制订工作的进展，在公众关注的一系列教育问题中，农村教育已愈来愈凸显为焦点。
>
> 农村教育究竟出了什么问题？是不是国家实行了"两免一补"，农村儿童入学率达到了99%就大功告成？
>
> 远不是那么简单。
>
> 凡是教育，总跟具体的教育内容联系在一起，而教育内容又是跟具体的受教育者联系在一起的。在农村教育中，课程内容严重脱离农村生活一直是个突出的问题。每一科都可以举出许多例子。而更令人忧虑的是，近年由于国家推进基础教育课程改革，中小学教材全部重新编写，此问题非但没有解决，相反有愈演愈烈之势。
>
> 中国是有两千多年教育传统的国家，而源自西方的近代新教育传入是上世纪初年的事，迄今已逾百年。如果将此百年作为一个时段来回顾，那么，站在这条时间之河的下游，回溯河的源头，我们会发现哪些值得回味的风景呢？

在上述开头文字中，记者先后进行了两次发人深省的提问。对于第一次发问，他在开头给出了明确的回答——我国的农村教育并不成功——并通过对我国农村地区教育现状的概括性分析，一针见血地指出了教育内容与实际生活严重脱节这一突出性问题，引发了受众对我国农村现行教育体制弊端的深层次思考。然而，对于第二次发问，记者却并未给出明晰的答案，而是以一种开放且深邃的目光为受众呈现了问题的探究背景，为其留下了广阔的思维空间。那么，究竟是什么原因使我国的农村教育成为无本之木、无源之水？记者所要找寻的那个"家"与"国"的支点又在哪里？可以说，受众在阅读这些信息时，大脑已在不经意间进入了一种高速运转的状态，渴求着思想之结的破解，而这也正是记者想要通过提问达到的传播效果。

（五）引语式开头

引语式开头，就是将那些有助于凸显报道主题与作者观点的他人之言引入开头，或是作为报道的叙事由头，或是作为信息的思想支撑，从而使特稿文章的可信度、思想性与感染力获得大幅度提升。

《中国青年报》的《冰点》专刊所登《一个国家的胜利》一文，为我们了解与学习引语式开头提供了较为成功的例证。

> 今天，全世界都知道了这场严肃的对话。688米深的矿井底下，54岁的智利矿工乌尔苏亚说："不要丢下我们不管……我希望智利能够表现出自己的力量，把我们从这地狱般的矿井中救出去。"

---

① 李良荣．西方新闻事业概论．上海：复旦大学出版社，1997：159.

电话的另一头，智利总统皮涅拉正站在矿井上方的地面上。他没花什么时间思考立刻回答道："你们不会被丢下的。你们从不孤单，政府一直和你们在一起，整个国家都和你们在一起。"

在这次通话前19天，乌尔苏亚在下井时遭遇了一场严重的矿难，他和其他32名工友被困在了地处智利北部阿塔卡玛沙漠的圣何塞铜矿里。

最终，在黑暗湿热的矿井中被困69天后，他们成功获救。

北京时间10月14日，当乌尔苏亚身披智利国旗从救生舱走出时，总统皮涅拉与他热情拥抱。这一回，乌尔苏亚的表情不再严肃，他微笑着说："我们做到了全世界都在期待的事情。我们有力量也有信念，最重要的是我们知道我们要为了自己的家人而坚持到最后。"皮涅拉称赞他已经是"国家的象征"，并且满面笑容地提醒他，"别忘了去拥抱你的妻子"。

在随后的采访中皮涅拉表示，矿工们获得了重生，而"智利同样如此"。"在当地时间8月5日的矿难之后，我们都变了。"皮涅拉说，"今天，智利是一个更加团结、更加强壮的国家，我们更加受到整个世界的尊敬。"

引语式开头在其具体操作过程中主要应该注意以下三方面问题。第一，从引语来源上看，开头所引用的内容最好是事件当事人、权威人士或知名人士的相关话语和言论。第二，从引语内容上看，可以是对报道事件的描述和介绍，也可以是对报道事件的认知与态度，还可以是与报道事件密切相关的富有个性的真实情感流露。总之，所引用的内容必须忠于讲话者的原意，不能妄加篡改，更不可张冠李戴。在转引过程中，应尽量选取那些能够反映其性格特征或观点意见的掷地有声的"点睛"之言，起到一语胜千言之功效，避免平淡无奇。否则，引语的出现只会给受众留下一种笨拙无力的印象。此外，所用引语的内容与句式不宜过于冗长和复杂，要力求精辟简洁，让受众能够轻松读懂其含义，切勿使人感到晦涩和费解。第三，从引语位置上看，在引用时最好将其置于开头的起始部分，直接与受众见面，然后再根据引语的内容来展开后续报道。

（六）直呼式开头

这种开头较为特别，即记者在报道开篇以一种老朋友的口吻直接与受众交流，常常以"你"或"您"等第二人称词语来称呼读者，如"你知道吗？……""您也许……""你们可能……"。这是一种在记者与受众之间表示亲密的关系的写作方式，它有助于拉近报道与受众的心理距离，营造一种亲切、自然、祥和的交流氛围，使受众产生亲近感与信任感，从而乐于接受记者的观点或忠告，并将手中的文章继续阅读下去。此外，采用直呼式开头还可以适当调整记者的报道文风，改变他们的思维方式，避免其作品总是以一种相对单一、呆板的面貌出现在受众眼前，从而达到丰富写作技巧、提升个人魅力的良好效果。然而，需要特别指出的是，由于此类开头的言说风格较为轻松明快，所以经常出现在那些有关逸闻趣事、生活经历和风土人情等内容的题材当中，记者认为受众了解并对自己的写作主题具有某种共同兴趣。相应地，对于那些意义重大、内容严肃的报道对象而言，直呼式开头则显然有它的局限性。

上文介绍的只是特稿开头的几种常见类型，从所展示的例证材料中我们不难发现，它们彼此之间并非孤立存在的个体，而是常常以一种融合、共生的面貌出现——一篇特稿的开头往往包含着两种或两种以上的写作方法。因此，在实际操作环节，我们应该努力突破开头写作中的成规与界限，在灵活掌握与多方尝试的基础上对其展开综合运用，从而将特稿开头的传播魅力与信息价值最大限度地呈现在受众面前。

二、特稿的正文

特稿的正文部分是报道文章全部思想价值的展现，是记者发挥其写作技巧与文学才华的主阵地，它需要特稿记者去认真构思与细心雕琢。

对特稿正文的讲解，我们将避免从结构组织技巧的常规性视角展开，其原因如下：一方面，这是一个相对繁杂的论题，囿于编撰重心与写作篇幅的限制，我们不可能将其一一延展，而只言片语的泛化式解读又无法达到应有的教学效果。另一方面，对于特稿这种充满灵动气息与非常规性思维的报道体裁而言，如果过多地着墨于那些相对程式、老套的写作技法，则很容易干扰和阻断记者的创造性思维，使其养成一种依赖、模仿的写作心理，进而影响到特稿佳作的诞生。故此，对于这一环节操作，我们将主要从特稿的内容要素入手。从某种程度而言，它们才是特稿文章能否打动人心的关键内容与重要标尺，是记者需要时刻铭记于心的恒久“写作法则”。

特稿是基于事实的，但又不仅仅是简单的事实罗列，而且是通过文学创作的方式重构事实信息，运用丰富的背景材料向不熟悉情况的受众诠释报道主题。在美国最佳新闻写作奖得主德宁·L. 布朗看来，特稿的写作就是一种揭示“神秘”的过程：“我猜想，所有的报道都应该有某种神秘的东西。为了吸引读者，报道中必须有一些像金子般闪闪发光的信息，引诱读者去探索。我的任务就是将它们一点一点地告诉读者。”① 记者不应充当事件的解说者，而必须力图使得读者通过特稿自己得出结论。

那么，德宁·L. 布朗先生所说的那种像金子般闪闪发光的东西究竟是什么呢？笔者认为，这便是特稿的内容要素，它们是特稿作品必须呈现给受众的信息景观，亦是特稿的灵魂所在。一般说来，其内容要素主要包括以下两个方面：

（一）个性化的细节

美联社的一位特稿撰稿人这样描述特稿与消息的区别：“新闻撰稿人告诉你一座桥塌了，多少辆车掉入水中。特稿撰稿人则告诉你当时的情况是什么样子……当乔·史密斯开始过桥的时候，桥开始摇晃，他紧抓住栏杆……诸如此类的细节。”② 由此可见，特稿与消息写作的一个显著不同便在于特稿记者更加重视对报道对象个性特征的把握与描绘，往往以生动可感的具体形象来传递信息。

从传播特性的角度观之，两种报道体裁之间的这种差异化诉求，在很大程度上源于特稿与

① 刘君．从“华尔街日报体”看特稿写作．中国记者，2005（8）．
② 马胜利．特稿：网络时代报纸的生存之道．新闻三昧，2007（1）．

生俱来的文学化特质。“文学是运用语言塑造具有审美意义的形象反映社会生活的社会意识形态。艺术形象的特点之一就是具体可感，典型形象的特点之一就是具有鲜明的个性特征。文学的生动性和审美冲击力是建筑在‘具体可感’和‘鲜明的个性特征’的基础上的。”① 正如爱克曼先生在其著作中所指出的那样：“艺术的真正生命正在于对个别特殊事物的掌握和描述。”②

的确，鲜活生动的个性化描写，不仅是特稿文章的重要存在标志，也是其信息价值与传播魅力的突出体现。它有助于揭示报道事物的本质特征，凸显报道人物的内在性格，为受众营造出想象的空间，强化他们的记忆图景，使其在一种生动难忘的阅读体验中完成报道信息的接收和认知。这便是特稿细节描写的魅力所在——将画面感、想象力与信息性三者完美结合——而普通的图像或文字报道，绝不可能产生如此优质的传播功效。③

那么，在实际操作环节记者应该如何寻找这些潜藏于报道信息中的生动细节画面，并将其完整鲜活地呈现给受众呢？具体说来，主要应该做好以下三方面的工作。④

1. 借助想象来再现捕捉到的细节画面

生动可感的细节描绘离不开记者的观察与想象，且后者往往起着更为关键的作用。我们必须通过想象来进入现场，将采访时所搜集到的图像信息在头脑中进行二度还原。唯有如此，我们的描绘才能让受众产生一种目见其人、耳闻其声、身临其境的认知印象。需要指出的是，特稿写作中的想象，不是想象的起飞而是想象的落实，不是靠想象来虚构场景和人物而是靠想象再现已有的人和已发生的事。

2. 选取有助于凸显报道主题的细节画面

特稿对于报道对象特征、细节的渲染和描绘必须是有目的、有意图的。每篇报道都有一个中心、一种情感倾向、一种思想内蕴。所以，记者需要加以展现的应该是那些符合报道目的要求、能够凸显文章意图的细节。那些与主题联系松散的内容，无论怎么精彩，都应毫不犹豫地剔除。

3. 通过多维度的写作来丰富细节画面

特稿的报道对象并非孤立静止的存在，而是处于一种不断变化的过程之中，与周围的环境有着紧密的关联与互动。所以，记者在进行细节描写时，不能仅仅围绕着某一节点或片段来展开，应该努力拓宽报道的视野，通过多维度、立体化的细节描绘，反映新闻事件和报道人物的典型特征，增强报道的现场感与纵深感。此外，记者还可以将自己对于新闻事件的感情取向、观点态度等主观性信息植入生动的描写当中，使受众在留有余味的基础上获得更多想象与再创造的空间。

接下来，我们以前文所提及的《熊的解放：人的救赎之路》一文为例，来具体感受一下细节性描写在特稿中是如何运用的，以下部分为报道原文片段截取：

---

① 许建平，杨小丽．特稿及其形象典型化．现代语文（文学研究版），2007（7）.

② 爱克曼．歌德谈话录．北京：人民文学出版社，1978：10.

③ 沈谦．将文学叙事技巧引入新闻写作：对特稿类深度报道写作技巧及传播效果的思考．采写编，2011（6）.

④ 同①.

每当养熊场的工人靠近，在笼前伸出铁钩，勾住它们的脖颈，它们就凄厉地哀嚎起来。当墨绿色的胆汁被一股股抽取出来时，它们痛苦得大张着嘴，剧烈地喘息，双眼凸暴，四肢颤抖……在它们的一生中，这样的酷刑，也许一天要有 2 至 4 次，最少 30 毫升，最多 200 毫升。抽完胆汁后，它们往往蜷缩在笼中浑身战栗，亮晶晶的小眼睛上挂着泪。

有些熊是这样来到救护中心的：2008 年 3 月 31 日晚上，救护中心迎来了获救的 28 头熊，当人们从卡车里抬出每一头熊时，所有人惊呆了。腐烂的味道扑鼻而来，有的熊整个背部烂掉，有的熊腹部抽胆口流淌着说不清颜色的体液。

最后一头熊被搬出时，它已经死了，身体还留有温热，它血肉模糊的脚掌伸在铁栏杆外，划在空中，像在做最后的求救。后来人们给它取名“安宁”，把它葬在墓地第三排的中间，希望它在另一个世界能永享安宁。

在上述三段文字中，记者通过对视觉、嗅觉、听觉等多维感官信息的细致描绘与传递，为读者勾勒出了“胆熊”离世前的种种惨痛遭遇。它们的痛苦、挣扎与无助，都被真实地定格在这一幅幅血腥、悲怆的文字画面当中，深深地触动着读者的心灵，让人无法释怀。而记者最后的情感表述则更显精妙，它使人们在悲痛震惊、出离愤怒的同时，又陷入了更深层次的自省之中：我们应该如何挽救这些可爱的生命？又该怎样去救赎人类自己那浸满罪恶的灵魂？

并不是所有的事都那么悲伤，即使在一周内参加了 11 头熊的葬礼。

人们只要走出墓地，就能看到完全不同的场景：存活下来的熊在游泳池刨水、荡秋千、爬树，有的甚至为了争夺吊床这样的午睡好去处而打闹不停。

一头熊，看到有人靠近，很聪明地用手掌遮掩住腰果藏起来，生怕被抢走。一头叫“嘉仕伯”的熊故意装出漫不经心的模样，走到正在水池边睡觉的另一头熊身边，对着它的屁股猛咬一口，然后快速逃跑。还有一头上过杂志的“封面女郎”熊，正沉浸在莫扎特的《黑管、双簧管和低音管协奏曲》里，大家笑称它“要是再有一杯冰柠檬水和一顶太阳帽就堪称完美了”。

还有，穿了 9 年“铁马甲”、刚来时脾气暴躁得像“凯撒”而因此得名的棕熊，正在挖洞，每挖一会儿，它就到水池边洗澡：先洗左前肢，再洗右前肢，接着把水浇到身上洗前胸，最后洗脸。

“那模样极像人。”救助中心的王帆感叹着。这头熊当年穿着铁马甲被抬出时曾引来无数人围观，如今它长到了 271 公斤！“别忘了，凯撒可是一位女士呢。”

同样是细致入微的描写笔触，但在这几段文字中，我们却看到了完全不同的生存画面，它们的怡然自得、它们的打闹嬉戏、它们的憨态可掬……所有这些都让我们此前沉重的心情得到了些许慰藉，为它们的自由与重生而感动、欣喜。可以说，正是通过这种生存细节的前后比照，读者看到了力量、看到了希望，也看到了人类自我救赎之路的重要与珍贵，这也正是整篇报道的精神主旨所在。

由此可见，在特稿写作中，生动的细节描写不仅能够使报道对象的形象具体可感，有助于凸显、强化报道的思想主题，同时也能够有效避免记者个人主观情绪的过多介入，使特稿文章在鲜活生动的基础上依然能够保持真实的信息品质。此外，对于大多数以人物为报道中心的特稿文章而言，个性化细节的呈现方式除了进行深入细致的观察与描写之外，记者还可以通过大量的引语来凸显报道人物的性格，展现他们于某一特殊时刻的真实心理活动。

总之，在特稿的写作过程中，记者需要时刻提醒自己：要展现，不要讲述。应该让报道中的人或物自己动起来，坚持“用细节说话”，用客观事实来说服读者，而不是轻易地使用诸如“很聪明”“很滑稽”“很悲伤”之类的抽象性评价语言来传递信息。

（二）浓郁的情感

美国新闻学者戴维·加洛克先生曾这样描述特稿：“强烈的情感和内容——富有力度，让人感动，让人恐惧，让你痛苦的新闻。”① 的确，较之于一向强调冷静、客观，致力于“零度写作”的消息而言，特稿更像是带着热度的新闻信息，记者把作品中的情感要素渗透、提升到了前所未有的境界。优秀的特稿往往带给受众这样的认知体验：自己仿佛正置身于事件发生的现场，感知着报道对象复杂多变的内心世界，并随着他们的情感起伏而或喜或悲，或兴奋或失望。②

特稿中的情感要素所包含的信息内容十分丰富，它既可以表达幽默风趣、乐观豁达的思想情怀，也可以散发悲悯感伤、理解同情的人文气息。可以说，人类社会无限丰富的情感世界与新闻报道无所不至的敏锐触角，为特稿的情感因子提供了广袤的生长土壤与多元化的呈现方式，使特稿作品获得了强大的冲击力和感染力。

那么，我们在具体写作环节应该如何将情感要素植入特稿呢？通常说来，特稿的情感要素主要有两种存在方式——“外显”或“内隐”。③

情感要素的外显与内隐，主要取决于报道所关注的题材对象。一般说来，以人物为报道核心的特稿，其文章的情感表达往往浓郁外显，能够使受众产生强烈的情感共鸣。此外，在一些以自然事物为报道对象的特稿题材中，记者也经常会采用拟人化的手法，将报道对象人格化、戏剧化，使得文章的感情色彩呈现出浓厚、炽烈的存在特征。相对而言，在那些以事件、问题为关注焦点的特稿报道中，其情感表达则往往较为隐晦。记者为了展示自己的客观立场与理性思维，很少将报道的情感取向直言不讳地传递给受众，而是通过事实的呈现与分析让人们自己去感知和判断。与此同时，情感要素的外显或内隐往往伴随着两种不同的写作方式：形象直观的描写和含蓄委婉的表述。两种行文手法各有所长：前者可以使报道的人情味外显直露，迅速地感染和吸引受众；后者则使文章的情感要素内隐深沉，留给人们更多回味与思考的空间。

接下来，我们以发表于《中国青年报》之《冰点》专刊的《井下 25 天求生记》一文为例，感受一下特稿文字中的情感魅力，以下为报道原文摘录：

赵卫星并不知道这究竟是凌晨 2 时还是下午 2 时。他只记得自己醒来看时间，发现手表早就停了。此时，他们已经在这片黑暗中生活了半个月。

一气之下，他把手表扔在旁边，“反正戴着也是累赘”。为了减少身体损耗，三人几乎

---

① 加洛克．普利策新闻奖：特稿卷．北京：新华出版社，1999：前言 7.

② 徐国源．“特稿”新论．新闻导刊，2005（4）.

③ 曾建雄，毛家武．略论美国新闻特稿的人情味特色．新闻大学，2004（4）.

天天躺在地上，也不怎么说话，各自想着心事。

活着出去还是死在里面？这是三个人思量最多的问题。“有时候想烦了就说，老天要留就留了，不留也没办法！”

只是这一天，王圈杰突然对赵卫星说：“卫星哥，我对不起我姐！”这个36岁的汉子始终觉得，是自己把姐夫拖入这场悲剧。他又想到家中的老父，病得只剩下一把骨头。如果这次自己和姐夫同时遭遇不测，“这个家也就彻底垮了”。

一想到这里，他忍不住抱着姐夫哭了。他的呜咽声夹杂在周围的流水声中，并不清晰。赵卫星只是感到，自己右胳膊的袖口湿润了。

这个自称多愁善感的男人也忍不住放声大哭。他想起挂在巷道口石壁上的两块黑板，平时上面总是用白色粉笔记录着瓦斯标准等安全知识。为了节约用电，他打开了矿灯的副灯，在昏黄的灯光下摸索着。

“你在找啥？”王圈杰对姐夫突然的举动很是不解。

“粉笔！”赵卫星回答得很干脆。半个月以来，他已经打好了遗言的腹稿，只是苦于没有笔和纸，无法记录下来。

他想最后交代的事情，“一是家里的手扶拖拉机，有个刹车挡我给取消了，但我弟弟还不知道。如果他日后开车，一旦出事的话我们家就完了。还有我媳妇，我们俩1994年结婚后很少吵架。我就想对媳妇说，不管以后发生什么事情，我都管不到了。你只要把儿子照顾好就行了，我也满意了。我想着她一个女人家，也没有工作，这可怎么办呢？如果再遇到一个好人，想嫁就嫁了吧！”

而王矿伟想的则是另一层意思：“如果找到粉笔，可以在上面记录下我们待了多少天。免得让人觉得咱们当时就死了，白白等了这么多天，太冤枉了。”

不过，这两个人的计划都被王圈杰的一句话打断了：“找啥粉笔啊，咱们马上就能出去了！”

话虽这样说，其实王圈杰自己也不知道，究竟什么时候能够获救。但他总以一副领导的气派说：“熬一天算一天，只要保住命就行。”

在挨过了四五天的饥饿后，他突然发现自己不觉得饿了。

只是在梦里，他会梦到侄子过生日，请了一大桌饭菜。他吃得特别饱，甚至还打起了嗝。另一个梦中，他在麦地里看到了老同学，对方正在抽水浇地。“天啊，到处是水！”他捧着水泵大喝起来，“水是温热的，而且带着甜甜的味道”。

梦醒后，他把这些故事告诉其他两人，惹得他们直流口水。大伙儿开始幻想出去后的美好生活。

王矿伟想到了二姐的手擀面条。“哎呀，你是不知道，那简直是一绝！我上去要先吃一顿不中！”他又提到汝阳县城最有名的一家凉皮店，“可好吃了”！他甚至计划着，离这个矿不远就是一条大河，出去以后要先跳到河里，把水喝个够。

而赵卫星觉得，只要能出去，就算天天让他吃玉米面疙瘩也愿意。

由于严重脱水，他们咽下唾沫都觉得困难了。有一次王矿伟舔舔嘴唇，发现干裂得厉害，他用手轻轻一揭，竟然脱掉了三层干皮。

半个月之后，原本清凉干净的水越来越少了。他们曾经尝过瀑布的水，发现又苦又涩。不得已，王圏杰拿出井下作业的一块塑料布，铺垫在原先流水的地方，制作成一个漏勺，最后流到酱油瓶里。每天，三个人分一寸高的水。赵卫星偷偷用矿灯照过，发现水色发红，"喝到嘴里还有沉积物"。

王矿伟忍不住想到了"死"。因为忌讳，他很少提及这个字。偶尔，这个胆小的男人也会说出"井下死一两个人很正常"的话。他忘不了自己在一次冒顶事故后下井，当时一具尸体还没有运出来。空气中弥漫着血腥味和肉被烧焦后散发出的浓重的味道，一顶安全帽静静地躺在地上。

"婷该咋办?"他想。"婷"是他对老婆的昵称。虽然从小学起两人就是同桌，可他还从来没有说过一句"我爱你"。"如果有机会，我上去一定对她说这句话，哦，不对，这还不够，我要说爱你一万年。"

三个人的妻子，此时正在离矿上20里外的宾馆里等着丈夫的音讯。她们在事故发生后第四天便赶到了晴隆县，"几乎是去一趟（矿上）哭一趟"。

这篇报道所运用的是一种典型的外显式情感表达方式。在上述文字中，记者通过当事人的回述，将被困者对死亡的恐惧、对获救的渴望、对亲友的牵挂、对爱人的思念、对美好生活的憧憬与不舍，这些人性中最真实、质朴的情感要素展现得淋漓尽致。可以说，尽管他们此时已经成功获救，尽管这些井中人与我们素昧平生，但读到这样的内容，相信每一位读者都无法不为之动容，他们的痛苦与希冀让我们感同身受、难以释怀。

"所有被称为伟大的故事，都来自伟大的创意，几乎在所有伟大的故事创意中，都有一种人性的展现。"① 可以说，特稿作为一种媒介产品，不仅具有信息传播的单一属性，也同样承载着一种人文情怀、一份社会责任。优秀的特稿记者应该能够欣赏他人的希望、喜悦，理解他人的痛苦和悲伤，而优秀的特稿作品则应该让受众感受到一种蓬勃向上的精神力量，一种当人们在面对苦难与困境时表现出来的勇气，一种散发着人性之美的信念守望。总之，"新闻因人而动"。如果忽略了人的因素，远离了人的情感，缺少了深刻的人生启示，特稿就难以吸引人，也就失去了它的力量。② 正如苏珊·佩普等所言："活在你的工作里，理解你写的人。"③ 这便是特稿的真正意义所在。

三、特稿的结尾

囿于倒金字塔结构的限制与对新闻时效的追求，消息往往表现出一种"虎头蛇尾"或"有头无尾"的写作特征。但特稿却不能如此，其故事化的表现方式与文学性的价值取向使得特稿文章常常表现出一种"对称美"：既要有精美的导语，也要有完整的结尾。好的导语能够使报道平稳地过渡到文章的高潮，而有力的结尾则能使受众获得一种充实的阅读满足感，留给受众

① 布隆代尔．《华尔街日报》是如何讲故事的．北京：华夏出版社，2006：248.
② 毛家武．多维视野下的普利策新闻奖特稿作品研究：1979—2011．成都：西南交通大学出版社，2012：41.
③ 佩普，费瑟斯通．特稿写作：从入门到精通．北京：中国人民大学出版社，2011：183.

回味的空间，有助于他们接受和强化报道的全部思想主旨。

根据李良荣教授的观点，特稿的结尾写作主要包括以下几种形式。①

(一) 归纳式结尾

归纳式结尾亦称呼应式结尾，是特稿中最为常见的一种结尾处理方式，就是将文章中的所有叙事线索或观点归结到一起，让开篇出现的人物或情景再度亮相，使结尾与导语产生某种呼应和共鸣，进而达到一种叙事上的完整与平衡。应该说，在文章结尾部分通过做简要的回述与总结来重现主题，不仅会使受众感到熟悉、自然，也有助于在其脑海中“结束”文章，从而有效避免了传统结语中的口号式宣传与说教式拔高。然而，需要指出的是，笔者此处所说的归纳与呼应是一种情感和观点上的再度强化，而不是简单机械地重复导语中的文字信息，当然，也不要像我们在学术论文结尾部分那样进行说理论证。

例如，我们此前所提及的《熊的解放：人的救赎之路》一文，所采用的就是归纳式结尾，其文字中所传达的意境与主旨令受众倍感温馨。

每次参加黑熊的葬礼，谢罗便臣就会不自觉地抬头看看天空，看到有白云飘过，她会很欣慰，因为“那些云彩很像是小熊在翻跟头”，每当这时，她就觉得“内心又有了一种力量在召唤”。

在她创建的黑熊救护中心内，几乎都是水泥路，唯有通往那块黑熊墓地的，是很长一段弯弯曲曲的泥巴路。那里树木葱葱，遮天蔽日，踏在落叶上簌簌作响，就像走在真正的森林里。

对于每一头被送进墓地的黑熊，这是它们一生中最后的路途。

它们大多数时候苟活在铁笼子里，而现在，它们终于可以安息在一片“森林”里，像一头真正的熊一样。

(二) 高潮式结尾

这种结尾在以时间顺序成文的特稿中最为常见。它同文学作品的传统结尾方式颇为相似：将最为精彩与打动人心的内容或片段放置在文章的尾声。只不过在特稿文章中，记者在事件结果已经完全清楚时便立即止笔，而不像文艺作品那样，在高潮过后还要采用渐降的叙述方法来缓缓收官。

例如，发表于《中国青年报》之《冰点》专刊的《索南达杰之死》一文，其结尾就属于这一类型。

索南达杰下车前，他的司机听到他自言自语：“可能出事了。”索南达杰拔出那支生锈的五四式手枪，“太大意了。”他说，然后走上前去。

一个盗猎者从对面走过来，好像与他打招呼，走到跟前，那人突然一个虎扑将索南达杰抱起，两人厮打起来。只见索南达杰一下将其摔在地下，抬手一枪，那人再也不动。五

① 李良荣．西方新闻事业概论．上海：复旦大学出版社，1997：160.

四式手枪居然打响了！

枪声“叭叭叭叭”响起，一排排子弹射向他。所有车灯打开，照着索南达杰。他手持手枪冲那一片车灯射击，就像舞台上的孤胆英雄，又像一只藏羚羊，在灯光照射下失去视觉，任人枪杀。突然，索南达杰似乎中弹了，一条腿跪下，艰难爬起绕到车后。人看不见了，但枪声持续，韩伟林和靳炎祖不断听到“哗啦”“砰砰”的声音，那是子弹击中汽车。后来方知，索南达杰凭一支旧枪打烂了大部分车灯。

枪不响了，可可西里静悄悄的，一片死寂。

过了好久，一个盗猎者冲索南达杰的卡车司机喊：“把车开走，要不吃肉喝汤一块干！”

那司机“轰轰”地将车开走。灯光下，只见索南达杰匍匐于地，右手持枪，左手拉枪栓，怒目圆睁，一动不动，犹如一尊冰雕。

没人敢过去。即便死了，他也令人胆寒。

（三）悬念式结尾

记者在报道高潮到来之前戛然止笔，故意留下一个关键的问题或疑惑不予作答，使受众无法确定报道人物的最终命运或报道事件的最终走向。一般说来，悬念式结尾的使用主要基于两种情况：可能是由于事件的结果尚未可知，需要通过后续报道来补充和完善；也可能是记者为了达到某种传播效果或激发舆论话题而有意为之，让受众自己去思考和探讨。在题材适用方面，悬念式结尾多出现于故事性较强的事件或人物报道中，在那些以说理见长的特稿题材中往往很少采用这种“怪诞”的结尾方式。因此，记者不可以为了追求报道的噱头与华丽而滥用，否则只会使整篇报道的传播效果受损。

（四）意外式结尾

这种结尾也被称为“欧·亨利式结尾”（O. Henry Ending）[①]，是一种典型的文学化操作方式。具体来说，记者在报道正文的叙述中，通过巧妙的情节编排来“迷惑”读者，而后在文章结尾处突然让报道的叙事内容发生出人意料的变化，或使主人公命运陡然逆转，与此前的内容形成强烈的对比反差，令读者瞠目结舌。“意料之外，情理之中”是此类结尾最为突出的阅读感受，也是其最大的传播魅力所在。需要特别强调的是，对于新闻报道而言，意外式结尾的内容必须要符合报道对象的客观实际，记者不能为了追求所谓的艺术魅力而幻想杜撰，这是意外式结尾写作不可跨越的禁区。

【本章小结】

特稿作为一种独特的新闻文体，其独有的魅力在于传递信息的方式。特稿通常会采用旨在

① 欧·亨利是美国著名批判现实主义作家，世界三大短篇小说大师之一，曾被评论界誉为曼哈顿桂冠散文作家和美国现代短篇小说之父。他的短篇小说多表现美国中下层民众的生活，以构思精巧、风格独特、语言幽默、结局出人意料（即“欧·亨利式结尾”）而闻名于世。

娱乐或以侧重讲故事的方式来提供信息。故事化的讲述方式，是特稿区别于消息的最本质的特征。这样一种信息呈现方式，使得特稿具有文学性、独创性、人情味等特质。

特稿的撰写是对记者新闻感知力、创造性才华与文字驾驭水平的综合性考量。特稿写作中重点要写好导语、正文和结尾。具备生动的细节和浓郁的情感是特稿成功的关键。

选材和运思是特稿写作中的重点和难点。特稿题材的发掘与选取，我们需要做到观念上的转变与视野上的拓展，善于运用以小见大、因果推理、逆向思维等方法开掘主题。

【思考题】

1. 选择 2004—2013 年十年间获普利策新闻奖的特稿类作品，从写作角度梳理它们成功的因素。
2. 以《中国青年报》的《冰点》专刊为例，分析其特稿的选材及结构。

【推荐阅读书目（或视频、网站等）】

1. 布隆代尔．《华尔街日报》是如何讲故事的．北京：华夏出版社，2006.
2. 中国纪录片网：http：//www. docuchina. cntv. cn。

第三部分

报道方式篇

第五章

连续报道

【本章学习要点】

连续报道的概念界定及特征

连续报道的优势

连续报道的写作环节

连续报道写作应注意的事项

美国报业大王约瑟夫·普利策的名言："在一件事情的真相被彻底查清之前，绝不放过它！连续报道，连续报道！"这也许是迄今为止能找到的关于连续报道的最早描述，普利策对于客观事物发展规律的探寻与把握使他发现了连续报道这个行之有效的专业利器。在普利策新闻奖中，因单篇报道而获得殊荣者凤毛麟角，许多获奖作品属于连续报道。

第一节　连续报道的界定与特征

较之传统的一次性报道，连续报道能够将新闻事件的各个片段联结成一条历时性的线索，有助于受众对新闻事件的内容与意义形成完整、系统而深刻的认知。连续报道一般用于具有重大社会意义或正处于发展运动过程中的事件，其优势在于，通过在一段时间内对新闻事件的整体进程展开集中、突出、不间断的报道，形成报道强势，引起受众的广泛关注，扩大报道的影响力，进而产生强烈的社会效应。

一、连续报道的界定

连续报道，又称为追踪式报道、行进式报道，是指新闻媒体在一段时间内，围绕某一新闻事件，追踪其发生、发展、结束的全过程，及时地、持续不断地进行纵向深入报道。

连续报道方式日益受到新闻人的重视，主要基于受众与媒体两个方面的原因。首先，从受众的立场而言，随着社会环境的变化和自身受教育程度的加深，人们不仅想获取更多的信息，还想更深刻地理解这些信息所蕴含的意义，掌握信息的来龙去脉，甚至预测信息的发展趋向。[1] 其次，从媒体的角度来说，记者编辑每天所面对的新闻事件不是孤立和静止的，而是不断发展、变化的。即使是同一事件，随着时间的流逝，其内容与性质也会发生新的变化。为了更为细致深入地反映这些变动着的复杂新闻事件，媒体开始尝试使用连续报道的方式增强新闻信息的深度和广度，连续报道随之成为媒体间争夺受众的有力武器。

二、连续报道的特征

（一）连续性

这一特征揭示了连续报道名称的由来，也是连续报道区别于传统报道方式的关键所在。较之于以往的“盖棺定论式报道”和“一次性消费式报道”，连续性这一特征赋予新闻报道全新的价值与内涵。对于连续性，我们可以从三个维度进行理解：

1. 报道时间上的递延性

连续报道最重要的特征是时间上的递延性，即它随着新闻事件变动的客观进程而同步运动。具体来说，连续报道必须以时间顺序为轴线，随着事件发生、发展的进程而逐步展开，直到事件完结。在报道过程中，持续时间的长短并不为媒体所控制，而是主要取决于新闻事件自身的发展时长，只有当事件尘埃落定后报道才可以宣告结束。

2008年年初，中国南方地区普降大雪，引发了大范围的冰雪灾害。针对这一突发性事件，中央电视台《焦点访谈》节目在第一时间派出大批记者赶往前线灾区，对其进行了持续、及时的大规模报道，时间跨度从2008年1月21日开始一直延续到2月20日结束，大约通过20期节目对灾情、抗灾救灾、灾后重建等一系列问题给予全方位的跟踪式呈现。1月21日《焦点访谈》播出《大雪突袭》，1月24日播出《应对大雪》，此后转入救灾抗灾报道，1月26日、27日播出《京广线迎战风雪》《抢修京广线》，2月15日后报道重点转入灾后重建，当天播出了《积极行动，恢复家园》，2月20日以《千方百计，保障民生》为题，关注各地如何保障受灾群众生活。[2]《焦点访谈》通过近一个月的连续报道，真实地向广大受众展现了冰雪灾害给人民生命、财产带来的严重破坏。今天，当我们回顾这些报道时，脑海中依然能够清晰地再现新闻事件当年的发展脉络，进而引起我们深刻的警醒和反思，而这一切都得益于连续报道对时间原则的恪守与遵循。可以说，在连续报道中，时间要素是报道者无法逾越的屏障，然而，也正是这种时间上的纵向延伸，使得连续报道形成了其他报道所无法企及的历时性报道强势。

2. 报道内容上的过程性

连续报道是跟随事态进展所进行的报道，是一种行进式的报道，属于“现在进行时”。与等待事件完结后进行的“总结式报道”不同，连续报道所关注的并非事件的“两极”，而是事

---

① 刘海贵．中国新闻采访写作教程．上海：复旦大学出版社，2008：294.

② 陈冠兰．电视连续报道与系列报道的融合：以《焦点访谈》2008年的两次大型灾难报道为例．新闻爱好者，2008（12）.

件的整体动态过程。

从哲学的观点来说，任何事物的发展都不是一蹴而就的，而是一个动态的过程。连续报道的对象既然是客观存在的事物，就必须遵循事物发展的一般规律，报道不应该只注重事件的最终结果，更应该关注事件发展的动态过程，将事物发生、发展、高潮和尾声的全过程呈现出来。报道对象本身的过程性，决定了连续报道中各次报道之间存在着内在的逻辑关联。也就是说，各篇报道之间的顺序不能任意变动，必须要与新闻事件发展的基本走向相吻合，主要表现为报道内容的承上启下、时间与事态的紧密衔接、整体结构呈线性分布三方面。①

接下来，我们以《中国青年报》2008年发表的《山西霍宝干河煤矿矿难记者领“封口费”事件》连续报道为例，来分析连续报道中过程性特征的体现。

2008年10月27日，《中国青年报》独家刊发《真假记者排队领取“封口费”》《“端着新闻饭碗的丐帮”》《“封口费”事件曝光内幕》《中央有关部门着手调查“封口费”事件》4篇报道，揭开了山西霍宝干河煤矿矿难中记者领“封口费”事件的报道序幕，石破天惊般的报道立即在社会上引发了强烈的反响。随着中央有关部门的介入，事件的处理工作有了初步结果，《中国青年报》及时跟进，于10月29日发表了《将严肃查处干河煤矿“封口费”事件》《让社会监督新闻界》《山西“封口费”事件又添视频证据》3篇文章，向广大受众告知事件的最新进展，也触发行业内部关于新闻道德的再思考，其中第三篇文章更是起到了铺垫的叙事效果，为后续报道的波澜再起埋下了伏笔。10月31日，中华全国新闻工作者协会就山西“封口费”事件发表声明，对发放和领取“封口费”的行为予以强烈谴责。“封口费”事件引起中央领导同志的高度重视，指示新闻出版总署要严肃查处，公开曝光，以此为训，整顿和规范新闻采访秩序，维护新闻公信力。当公众普遍认为“封口费”事件将就此归于沉寂时，《中国青年报》于11月3日再次抛出3枚重磅炸弹——《收取“封口费”的媒体不止6家》《“直播山西”表示愿向调查组提供证据》《戴骁军：“再这样下去，我要依法维权”》。这3篇报道再次点燃了公众参与公共事务的热情，也最终将本次事件推向了高潮。11月26日，新闻出版总署通报了“封口费”事件的处理结果。《中国青年报》对于本次事件的报道也随之进入尾声，11月27日《中国青年报》以整版形式发表了《自觉维护新闻公信力　树立记者的良好形象》《新闻出版总署通报“封口费”事件处理结果》《打铁还须自身硬》《“封口费”事件触动新闻教育界》等7篇文章，以一种追问与反思的精神完成了本次重大事件报道的收官工作。

在上述文章中，《中国青年报》用连续报道的方式为受众呈现了“封口费”事件发生、发展、高潮、结局的完整过程，其报道如剥竹笋般层层深入，事件的真相也随着报道的深入而逐渐清晰，并促成了问题的最终解决。这组报道既符合客观事物曲折前行的发展规律，也取得了传播效果上的巨大成功，可以说是对连续报道过程性这一特征的完美诠释。

3. 报道问题上的牵连性

连续报道是一种致力于追问与探寻的报道方式，对于事件真相锲而不舍地挖掘是连续报道的内在旨趣，正是这种旨趣使其在反映问题时表现出一种牵连性。也就是说，随着报道的不断深入，报道所反映的问题不会完全囿于报道内容本身，它很可能牵连到其他领域的一个问题或

---

① 曹仁义．新闻实用业务系列谈之九：连续报道和系列报道．中国广播，2010（5）．

一连串问题，整个报道在问题的关注与设置上呈现出多米诺骨牌式的连锁效应。以2010年的“药家鑫事件”为例：

第一阶段：事件之初，媒体的注意力完全集中于案件的过程与细节之上，对惨案发生的来龙去脉做了详尽的分析和报道，关注的是事件本身。

第二阶段：随着事件的逐步深入，由药家鑫身世之谜所引出的关于“官二代”“富二代”等阶层敏感话题成为媒体热议的焦点，媒体的目光已经开始游离于事件之外。

第三阶段：药家鑫伏法后，公众的愤怒情绪渐趋缓和，一些媒体开始尝试从青少年心理教育的视角来引导受众重新审视案件。同时，许多秉持理性精神和反思意识的学者开始思考本次事件中新闻界的用力过度问题。由此，司法独立性、媒介审判、律师道德底线等一连串问题被牵连而出，成为媒体竞相追逐的新焦点。

通过上述分析，我们不难发现，在连续报道中，媒体所关注和报道的问题并非完全受制于事件本身，而是随着事件的深入呈现出逐步扩散的态势。这种彼此牵连的特征既是客观事物之间存在逻辑联系的表现，也是新闻媒体引导舆论的内驱力使然。

（二）广泛性

连续报道的广泛性，主要表现在报道题材覆盖的广泛和报道体裁组成的广泛两方面。

1. 报道题材覆盖的广泛

连续报道的题材内容丰富，几乎涉及政治、经济、社会、法制、文娱、体育等各个方面，可以说是对生活百态全景式的呈现。例如，在政治新闻方面，最典型的莫过于每年一度的“两会”报道，新华社等国内主流媒体都会运用连续报道的方式对“两会”进程展开追踪报道，及时向受众告知会议的新进展、新精神。在经济新闻领域，经济环境的意外变动也是连续报道的重点关注对象。例如，在2007年美国发生的次贷危机中，世界各大媒体都不约而同地使用了连续报道的形式对这一牵涉多方利益的重大事件进行了关注。在体育新闻方面，许多重大赛事的报道，如奥运会、世界杯、欧锦赛等，也都会用到连续报道。

连续报道在题材上的包罗万象和信息覆盖上的海纳百川，使其具备了全景化的传播优势。许多媒体在报道突发事件时习惯采用连续报道的方式，这是因为突发事件动态性强、不确定性强，受众对其进展和结局都有浓厚兴趣。例如，2008年6月28日，贵州省瓮安县发生了震惊全国的严重打砸抢烧事件。事后，大量未经证实甚至虚假的信息在网络上流传，贵州形象严重受损。《贵州日报》第一时间派出记者赶赴现场，并对事件进行了持续、深入的调查，20多天共刊发现场报道30篇，上演了一场捍卫新闻真实、公开事件真相的舆论战。这些报道起到了良好的舆论引导效果，最大限度地争取和挽回了民意，使得相信事件真相的受众逐渐占据多数，许多网民对于党报的态度，也由事件之初的批评转向认同与肯定，新华网、人民网等数百家报刊、网站相继转载了《贵州日报》的相关报道，起到了舆论和声的作用。

2. 报道体裁组成的广泛

连续报道在体裁的选择和组成方面随意性较大，可以是清一色的一种文体，也可以是多种不同新闻体裁的有机结合。也就是说，连续报道可以综合运用消息、通讯、评论、特写、读者来信、采访实录等多种新闻体裁来追踪事件的来龙去脉，探究其前因后果，揭示其社会影响和意义。这种全方位、多元化的表现方式有助于丰富报道的信息含量，也有助于新闻作品更好地实现社会效果。

2009年10月24日下午2时许，湖北省荆州市的长江边上演了“大学生结梯救人”的悲壮一幕。《楚天都市报》接到线索后，迅速派记者赶赴现场采访，于10月25日在一版显著位置以《大学生结梯救人 3人英勇献身》（消息）为题，在全国率先报道，并配发评论《舍己救人的“梯子”精神永远值得敬仰》。此后两个多月的时间里，《楚天都市报》一直以“人梯精神”和“90后”新形象为报道主线，投入上百个版面，刊发稿件百余篇，图片70余幅，综合交叉运用消息、通讯、评论、手记、摘录、图片等形式，对事件进展、社会各界反响和英雄群体精神等内容展开全方位报道，实现了报道层次的有序推进，也增强了报道的立体感和丰厚感。《楚天都市报》对该事件浓墨重彩的报道，体现了主流媒体的责任担当和弘扬社会主义核心价值观的自觉意识，在全国产生了广泛影响，得到了李长春、刘云山等中央领导和湖北省委主要领导的高度肯定。《楚天都市报》也因“大学生结梯救人”的连续报道而获得了中国新闻奖一等奖。

连续报道在体裁运用上的广泛与自由，不仅为受众带来了全面而丰富的信息，也带给他们阅读上的愉悦和价值观的认同。不过，需要注意的是，体裁的广泛性绝不意味着可以在连续报道中机械地套用各种体裁，而是要根据新闻报道的具体需要来适当取舍，不能盲目追求表现形式上的多与全。

（三）开放性

开放性，主要表现为报道过程的公开性和报道内容的互动性。

1. 报道过程的公开性

公开性是新闻传播活动的一个重要特征，也是其区别于流言和小道消息的重要标志。这里所谈的公开性，主要是针对连续性调查报道而言的。连续性调查报道与传统调查报道同属于深度报道的理论范畴。从现实功能而言，二者都致力于对新闻事件的深度挖掘与探索，强调问题的指向性和舆论的威慑力。但不同的是，连续性调查报道并不具备传统调查报道那种隐秘性的特征，即等到事件彻底查清之后才能进行报道。连续性调查报道在报道之初就将记者的一切行踪都置于受众的监督之下。在报道的整个过程中，记者和受众一样，都是“蒙在鼓里的人”，并不知晓事件的最终走向和结局。记者只有通过各种阶段性的报道来逐步揭开新闻事件的神秘面纱，使真相大白于天下。与传统调查报道那种“不见天日”的工作方式相比，连续性调查报道可以说是一种“阳光下”的新闻采编活动。

2. 报道内容的互动性

在报道内容的策划与制作环节，连续报道具有与周围环境交流、沟通的特征，报道建立在传受双方信息往来与互动的基础之上。也就是说，在报道展开后，媒体所关注的内容不仅体现在对事件进程的追寻上，也体现在将报道思路置于多种关系的比较与探讨之中，通过与受众的不断联系来修正报道的方向，丰富报道的内涵。这样的特征决定了连续报道在引导舆论方面必须肩负起双重任务，即在引导舆论的同时也要密切关注着舆论的发展走向，适时地将受众对事件的意见融入报道当中。与传统报道方式相比，连续报道中报道内容的互动性主要体现在报道关系的分布上，它并不是媒体与报道对象的简单二元对立，而是呈现出媒体、受众和报道对象三者相互作用与影响的多维态势。

接下来，我们以2008年《济南日报》的“济南黄河大桥收费问题”为例，来具体分析报道内容的互动性在实际操作中的体现。

9月28日，《济南日报》以《济南黄河大桥该不该继续收费》为题，对这个困扰百姓已久的问题进行了抛砖引玉式的报道。文章分别从国家法规、政府授权、山东高速部门权限和济南黄河大桥收费标准四个方面对问题进行了分析。报道刊发后立即引发了广大市民的热议，许多市民通过多种途径向报社反映自己的心声，绝大多数人认为，济南要均衡发展，必须突破北部这个瓶颈，黄河大桥通行费不该再收了。

针对群众的意见与呼声，《济南日报》的编辑人员通过稿件进行了及时的跟进，于10月7日刊发了消息——《“济南黄河大桥该不该继续收费”受热议（引题）　多数人认为：通行费该停收了（主题）》，在广泛征集各方意见的基础上，对市民来电中具有较强代表性和说服力的观点进行再现式报道。

随着问题逐步浮出水面，济南黄河大桥的既得利益者感受到了舆论的压力和威胁，他们纷纷拿出“法不溯及既往”和大桥属于上市公司资产，取消收费将影响股东利益等说辞予以回应。这种解释使得市民心中的不满情绪再度升温，希望通过媒体的力量来尽快促使相关部门取消济南黄河大桥的通行费。

《济南日报》敏锐地体察到了社会舆情的变化，从10月8日至10月10日，先后发表了《部分法学教授、律师、人大代表和政协委员表示（引题）　济南黄河大桥收费站早该撤销（主题）》《济南黄河大桥收费还要维持现状？（主题）　省交通厅：正在等待相关细则　法律人士：到期就该依法取消（副题）》《山东高速股份回应济南黄河大桥通行费收支情况（引题）　未经批准不便透露（主题）》3篇报道，将各界对收费问题的态度陈设其中，并分别从行政、司法等不同角度，对这一久治不愈的管理顽疾进行了客观的分析和有力的揭露。

在这场持续了3个月之久的报道中，《济南日报》共发表相关稿件14篇，内容广泛且针对性突出。这组报道成功的关键在于，媒体对受众的意见给予高度重视和及时反馈，通过与受众的交流互动来设置事件的报道议程，在一种协商与洽谈的氛围中完成了舆论监督的重要使命。通过这组报道，《济南日报》的权威性、公信度和影响力均得到了有力提升，报道获得了全国及山东省和济南市社会各界的广泛关注与好评，并被评为2008年度山东新闻奖连续报道一等奖。

值得一提的是，在报道进行期间，国家有关部门顺应民意，正式出台政策，要求各地从2009年1月1日起，逐步取消二级以下公路收费站，这一政策的出台标志着遗留已久的公路收费问题有了解决与改变的可能。

（四）时效性

新闻是易碎品，如果说真实是新闻的生命，时间则是新闻的血液。在新闻价值的构成要素中，时效性是极为重要的因素。连续报道对时效性的追求使其在新闻报道方式的大家庭中独树一帜。

连续报道不是等客观事实“尘埃落定”后才去作一次完成式的总结报道，而是在新闻事件发生伊始就予以关注，力求缩短新闻事实出现与传播之间的距离，是一种相当灵活、快捷的报道方式。如前所述，连续报道是一种行进式报道，其主旨就是要及时反映新闻事件发生、发展和结局的各个过程，使受众随时掌握事件的最新动态，并通过串联起来的“碎片化”信息了解到事件发展的全貌。对新闻事件持续追踪与跟进的特性，使连续报道的时效性不仅体现在首发报道中，也贯穿于整个报道环节的始末。也就是说，连续报道中的各个组成篇章也同样要具有很强的时间观念，记者的每一次出击都是与新闻事件在时间上赛跑。

连续报道对于时间概念的强化在突发性新闻事件中表现得尤为突出。北京时间 2010 年 1 月 13 日 05 时 53 分，海地发生了里氏 7.3 级强烈地震，中央电视台第一时间派出记者赶赴灾区，对这一灾难性事件进行了持续半个月的连续报道。

1 月 13 日，央视以《海地发生 7.3 级强烈地震造成重大人员伤亡》和《海地发生强烈地震国际社会伸出援手》两则消息揭开了本次报道的序幕，及时地向国内受众告知了地震的有关信息和国际社会的反应。

1 月 14 日，中国政府派出国际救援队赶赴海地灾区参与救援工作，央视立即以《中国国际救援队 12 小时紧急出动》《中国国际救援队抵达海地迅速展开救援》和《中国国际救援队全力搜救海地地震受灾人员》3 篇报道向国内和国际社会展示了中国参加救援的决心和行动。

1 月 15 日，救援工作全面展开，央视分别用消息和特写的方式对中国救援队的救援过程进行了细致入微地呈现，以点面结合的报道手法向世人展现了中国救援人员英勇无畏的献身精神和高尚无私的人道主义情怀。

1 月 16 日，随着黄金救援时间的临尽，部分国家的救援队开始将工作重心由搜救转向医疗，而此时的中国救援队却依然坚守在搜救的第一线，为废墟中的人们搭建着生命的通道。央视对这一情况进行了及时报道，以《中国国际救援队全力搜救海地地震受灾人员》为题，向全世界公众展示了中国救援队无远弗届的仁爱精神和对生命的守护与尊重。报道一出，立即引发国际社会的广泛赞誉，中国的国际形象得到了有力提升。

据笔者不完全统计，从 1 月 13 日地震发生到 1 月 27 日报道结束，央视坚持以每天播报的方式在第一时间向受众传递信息，共制作播出相关报道 100 余条，重大独家新闻报道量居全球媒体之首，其中有 39 条独家报道被 CNN、BBC 等 100 多个国家和地区的媒体转播、转载。这些新闻迅速及时地报道了灾区的最新情况，真实全面地记录了事件的发展全貌，客观地呈现了救援的感人片段，使受众在不间断的信息流动中感受到新闻时效性所带来的冲击与震撼。

（五）被动性

这一特点是从采写方式的角度而言的，连续报道的采写过程在很大程度上受制于新闻事件本身。原因如下：首先，连续报道的报道对象是正在发生和处于不断变动中的事物，报道对象自身具有很强的动态性和不可预知性；其次，连续报道以时间为轴线，新闻报道进度与事件发展进程之间，具有一种内在依附性和外在同步性的关系。以上原因要求记者必须以一种旁观者和记录者的身份来追踪与呈现事件的发展过程，在报道过程中要以客观事实为依据，不能掺杂过多的主观成分。

高钢教授认为："在重大新闻发生之际，记者需要全天候观察事态的发展，其工作压力都要比平日大上若干倍。你的上下班时间表开始完全失效，你的生活开始变得没有规律，你会感到你几乎不再属于自己，你的生活完全受到新闻事件发展进程的支配，你甚至不能断定这种紧张的情景什么时候能告一段落。"[①] 可以说，正是这种采写流程上的客观制约，使得连续报道中的新闻信息具有了高保真的传播效果。今天，在许多重大新闻事件中，受众常常会选择连续报道来满足自己的知情欲，那些长于连续报道的媒体，也因此赢得了受众的尊重和信任。但从另一个角度而言，连续报道这种被动与不确定的特质，也是对媒体反应速度、思维深度、坚守长度等多方面素质的综合考验。这种采写上的困难与压力，使得许多媒体在对连续报道的选用上采取了审慎的态度。

第二节　连续报道的优势

作为一种简单而灵活的新闻报道方式，连续报道弥补了传统深度报道因难度大、周期长而造成的新闻时效较差的缺陷。它善于将一个错综复杂的事件分解为若干部分进行跟踪式报道，具有信息呈现全面、完整、系统，报道过程充满悬念，信息传播时效性强等优势。

一、信息呈现全面、完整、系统

全面性、完整性与系统性是哲学上的三个概念，它们分别从不同角度影响着人们的思维方式，诠释着客观世界的存在样态。但在连续报道中，三者却得到了有机的完美结合，共同服务于新闻信息的挖掘与呈现，使得连续报道具备了与众不同的文本价值和深度指向。

（一）全面性

从传播本体论的角度出发，信息"是消除人们随机不确定性的东西"[②]。连续报道以它对事件的追踪、分析和预测，最大限度地消除了人们对于报道事件的不确定性，并通过不拘于一时一地、由此及彼、由表及里的报道，更深入地挖掘事实的信息含量及新闻价值，多角度、全方位地对事实包含的意义进行了开掘。[③] 这也就是说，连续报道中所传递的信息并不局限于新闻事件本身，而是沿着这一线索逐步进行信息拓展，尽可能多地为受众呈现与主体事件相关的或能够对其产生影响的支线信息，使受众在了解主要事实的同时也能对次要环节有所掌握，进而达到深化传播效果的目的。例如，在世界杯足球赛的连续报道中，媒体不仅关注赛场内的剑拔弩张与硝烟弥漫，同时也将目光投向赛场之外，以一种开放的报道视野为受众呈现赛事举办

---

① 高钢．新闻写作精要．北京：首都经贸大学出版社，2005：280.

② 李良荣．中国报纸的理论与实践．上海：复旦大学出版社，1992：66.

③ 梁媛．连续报道社会效果初探．湖南大学学报（社会科学版），1998（1）.

国的政治、经济、历史和文化等方面的信息，使人们在欣赏精彩足球赛事的同时，也能领略到异国的风土人情，进而将世界杯中所蕴含的“运动无国界”精神深深地融注于每一位喜爱足球的受众心中。

（二）完整性

从叙事学的角度而言，新闻事件的展示是一个绵延的历时性过程，成功的新闻报道不仅体现在对事件结局的终极关注，更体现在对于事件过程的持续聚焦上，较之于其他报道方式，连续报道的视野更便于表现这个绵延的过程。连续报道在时间上的连续性与报道上的过程性特征使得它能够对新闻事件进行全景化的呈现。连续报道中的新闻事件不再是一个个片段，而是一个连缀在一起的有机整体。这样的报道方式显然有助于最大限度地还原新闻事件的本来面貌，使受众在持续不断的信息接收中形成对事件的完整认知。

（三）系统性

从系统论的角度来看，世界上万事万物都可以看作由处于一定结构中的要素构成的系统，而这些要素有机的、合理的优化组合，往往能引起事物质的变化和产生神奇的力量。[①] 媒体之所以采用连续报道的方式来发布信息，是缘于对深度新闻的追求与渴望。在很多情况下，由于新闻价值尺度的限定，连续报道中的一些组成部分无法单独成为一篇相对独立的深度报道，但通过连续报道的整合，这些连缀起来的报道就成为连续报道系统的一个侧面或一个部分，每个组成部分都在一定程度上具有了整体的功能与效果，从而实现了由一般报道向深度报道的旨趣转变。[②]

此外，从受众的角度出发，信息的系统性也有着重要的存在价值。以往人们在观察和研究问题时，总是倾向于将事物分解为若干个部分，从中抽象出最简单的因素，以部分的性质去说明整体的意义与内涵，一次性客观报道便是这 认知体系下的产物。但随着人类社会化程度的不断加深，事物的复杂性与多变性逐渐显露出来，过去那种“一叶知秋”的认知方式已经不能满足现代人对生存环境的探索。人们开始日趋注重系统性的思维方式，即从多侧面、多角度、多变量出发，把事物看成是一个有结构、有层次的整体性系统，注重对事物作多项因果分析的认识。[③] 在这样的认知背景下，以系统性思维见长的连续报道开始走入受众的视线，并成为他们观察与了解世界的重要手段之一。

二、报道过程充满悬念

从叙事学的角度来说，悬念是一部优秀文学作品不可或缺的关键性元素，它既是营造故事情节的枢纽，也是启动读者心灵的钥匙。从悬念的功能与效果上看，连续报道与影视、小说等

---

① 刘海贵．中国新闻采访写作教程．上海：复旦大学出版社，2008：295.

② 杜骏飞，胡翼青．深度报道原理．北京：新华出版社，2001：31.

③ 同①.

文学作品有着一定的相似之处，它们都致力于通过跌宕起伏的情节来调动受众的阅读兴趣或收视欲望，使受众产生欲罢不能的憧憬与期待，同属于心理控制的范畴。但从悬念的生成而言，它们又有着明显的区别。尽管也有人为操作的痕迹，但连续报道中的悬念主要取决于新闻事件本身的发展进程。也就是说，由于时间的原因，新闻事件被分解为具有不同历时性特征的各个阶段，这些片段在报道流程上的节点，便顺理成章地成了连续报道的悬念。

如前所述，连续报道是一个动态的报道过程，它反映的是新闻事件发展变化的全貌。虽然连续报道的每一组成部分都能给受众带来一定的信息量，但如果不看完整组报道，受众就不可能对新闻事件有一个完整的印象。[①] 从这个意义上说，连续报道的悬念优势，首先源于它对过程性的关注。事物的发展是蜿蜒曲折的，呈现出“起伏”交替的波浪状。“起”是事物发展的高潮，“伏”是事物行进的低谷，同时也是孕育下一个“起”的基点。连续报道通过持续不断地关注，来对事物的发展状态进行阶段性呈现，其中的每一阶段，都代表着事物发展中或起或伏的存在样态，正是这种动态的涨落变化，构筑了报道中连续不断的悬念，也为受众营造了一个又一个兴趣点。受众在破解了一个悬念之后马上又陷入对下一个疑问的探索中，如此悬念迭生，直到全部报道结束，在阅读过程中形成了一种由悬念激发的快感与愉悦。应该说，报道结构错落有致和报道内容跌宕起伏，不仅使连续报道具备了十足的可读性，同时也产生了强烈的美学效应，许多优秀的连续报道即便是与经典文学作品相比也毫不逊色。

三、信息传播时效性强

在重大新闻事件中，媒体在报道方式上可以有多种选择，但从时效性的角度出发，连续报道无疑是最佳方案。连续报道在传播时效上的优势主要表现在抢占独家新闻和解决深度报道固有困境两个方面。

（一）抢占独家新闻

独家新闻通常是指媒体发布信息时的独家视角或独家观点，考验的是一个媒体对于新闻事件的观察角度和分析深度。在新闻行业市场化程度尚浅的阶段，这样的要求无疑将那些专业人才匮乏、专业理念欠缺的地方媒体拒之门外，所以，那一时代的独家新闻往往为占据着丰富媒介资源的中央级媒体所把持。如今，随着媒介产业化的渐趋成熟和媒介竞争的日益激烈，许多媒体都具备了抢夺和发布独家新闻的能力，各个媒体对于独家新闻的渴望与追求达到了前所未有的高度。然而，媒介环境的变革并未促使当代新闻人在独家新闻的道路上勇往直前，行进中也伴随着问题与困惑。新闻采编人员自身素质的局限和受众知识水平的提升，使得独家新闻的采写难度与日俱增。在受众的种种压力与质疑中，独家新闻的内涵在发生变化。从某种意义上来说，今天媒体的独家报道能力，更多地体现于能否在第一时间向社会发布信息。

连续报道在时效上的优势恰恰满足了媒体的这一需要，使其成为媒体追逐独家新闻与争夺

---

① 杜骏飞．深度报道写作．北京：中国广播电视出版社，2000：159.

受众的有效利器。如前所述，连续报道是一种节奏快捷、形式灵活的报道方式，这样的特性使它能够在新闻事件发生的第一时间展开报道，起到引领风气的传播效果。即时的信息发布不仅实现了媒体抢占独家新闻的夙愿，同时符合现代人对于时间概念不断强化的要求。通过迅速及时的首发报道，大批受众被聚集到所在媒体的影响之下。此时，受众不仅获知了新闻事件本身的信息，还增强了他们对媒介品牌的接受与认可。

如果说第一时间的首发报道完成的是接收层面的任务，那么，后续报道中的及时跟进完成的则是强化阶段的任务。连续报道的最大特色在于对新闻事件始末的持续关注，这一特征决定了它对时效理念的追求不仅体现在报道的第一落点上，还要一以贯之地融注于报道的全程当中，通过及时、不间断地传递信息，持续吸引受众的注意力。从这个意义上说，连续报道极大地提升了媒体对独家新闻和目标受众的掌控能力。在报道过程中，即便不能做到所有环节的首发，但长期的关注使受众对媒体产生了一定程度的心理期待和依赖，有效地增进了受众对媒体的忠诚度。

（二）解决深度报道的固有困境

深度报道是一种致力于深挖与探寻的报道方式，旨在揭示事物深层次的关联与内涵，对于复杂的新闻事件而言，深度报道具有拨开云雾见青天的传播效能。随着受众认知水平的提高和媒介新闻专业理念的提升，深度报道得到了越来越多的青睐与认可。通过这一手段，媒体在新闻报道中的专业综合能力与人文主义情怀得到了最大限度的彰显。但这并不意味着深度报道达到了尽善尽美的程度，在许多突发性新闻事件中，深度报道在时效上的劣势使许多媒体在采用深度报道时陷入了进退两难的困境：一端是抢占独家新闻的诱惑，另一端是对于深度新闻的渴望，媒体常常在鱼与熊掌的抉择中举棋不定。

连续报道弥补了传统深度报道中调查难度大、采写周期长、传播时效滞后等缺陷。连续报道是一种快捷而灵活的新闻报道方式，有助于弱化新闻事件的复杂性，强化报道的条理性。从报道展开的角度来说，事物发展的阶段性特征为连续报道提供了便利，使它能够将一个错综复杂的新闻事件分解为若干个环节逐一进行呈现。这些被分解开来的报道，不仅具有时间上的迅捷与递延，同时也包含着逻辑上的因果联系，实现了对事件中多重矛盾进行细致划分的目的。通过媒体持续不断的快速报道，受众能够在第一时间掌握事件的最新进程，同时，事件每一阶段的发展态势和内在主旨也得到了清晰的呈现，从而避免了传统深度报道时效性不足和内容繁杂冗长的问题。

总之，连续报道成功地解决了深度报道中“时效”与“深度”之间的矛盾，为深度新闻的开掘提供了新的思维方式，注入了新的活力，使深度报道摆脱了时效性原则的束缚，走出了“欲速则不达”的固有传播困境。

四、舆论监督的利器

舆论监督是新闻媒体行使社会公共职能的重要手段之一，体现的是媒体的社会责任意识与职业道德良知。舆论监督能否健康、自由地发展，直接关系到一个社会是否有自我完善、自我净化和自我更新的功能。[①]当下的中国，随着改革进程的逐步加深，社会中的矛盾出现了多元化与极端化的发展趋势。这一方面为新闻媒介的舆论监督提供了更大的活动场域，另一方面也将前所未有的挑战摆在了中国新闻人面前。近年来，在许多涉及公权力的新闻事件中，新闻媒体的报道往往在关键阶段便再无下文。这种无疾而终的信息传递，不仅阻碍了媒体舆论监督功能的实现，引发了受众的诟病与指责，也严重损害了新闻媒体公众代言人的形象。造成舆论监督失效的原因是多元的，但最主要的因素是媒体在报道方式的选择上出现了偏差，寄希望于通过一次性报道来解决问题的想法，既不符合新闻传播的基本规律，也背离了事物发展的一般规律。

从这个意义上说，连续报道与生俱来的传播特性使其在舆论监督方面具备了强大优势，它是一种全方位的舆论监督手段，具体来说，主要表现在生成舆论问题、引导舆论走向和将舆论转化为行动三个方面。

（一）生成舆论问题

从议程设置的角度而言，媒体的版面与时段安排并非随心所欲，而是具有强烈的计划性与目的性，体现的是媒体在信息传播中的价值取向和责任意识，是舆论问题形成的前提和基础。具体到连续报道来说，它以新鲜、渐进的信息和观点，频繁展示于相近的版面位置或相似的播出时段。这种带有反复性与相对规律性的信息刺激，容易引起广泛的阅看（听）兴趣，使受众产生一定的“定读性”，进而对其报道的事件予以关注。[②] 近年来，我国的许多社会事件和社会问题都是在连续报道的作用下成为社会舆论关注焦点的。例如，《济南日报》报道的《济南黄河大桥收费事件》、《南国都市报》发表的《谁动了渔民们的救济大米?》、《中国青年报》报道的《山西煤矿封口费事件》和《一篇帖子换来被囚八日》等等。通过比较分析，笔者发现，这些连续报道在报道时间上的集中和编排位置上的相近使其形成了高度的报道强势，起到了强化受众注意的传播效果，从而有效地促成了舆论问题的生成。

（二）引导舆论走向

“以正确的舆论引导人”是党和人民赋予新闻媒体的神圣职责，这样的职能定位要求新闻报道必须积极发挥舆论引导作用。连续报道的舆论生成是一个渐次的发展过程，先要通过报道引起受众对问题的广泛关注，然后便转入了对舆论走向的引导阶段。连续报道对于新闻事件持续关注的特性，使它能够对事件的社会意义进行深层挖掘，向受众提供丰富全面的信息，为生成变化中的舆论意见提供足够的事实依据及观点支撑。需要指出的是，连续报道中所呈现的信息是媒体加工处理后的结果，其中暗含着媒体对事件的观点、态度。也就是说，媒体通过对事实的选择（包括受众观点和反馈意见的选择）来为受众提供权威见解，受众在接收媒体信息的同时自然也接受了附着于其中的观点和倾向，这也正是连续报道舆论引导任务得以顺利完成的关键。

---

① 于芳．从批评性报道看舆论监督的社会功能．东南传播，2009（1）.

② 梁媛．连续报道社会效果初探．湖南大学学报（社会科学版），1998（1）.

此外，连续报道的舆论引导优势不仅体现在媒体自身观点的呈现上，也表现为对于公众舆论的及时修正与疏导。在许多重大社会事件中，新闻报道的延时或缺位，会造成流言与谣言的乘虚而入，使得公众舆论出现偏激化的发展趋势。连续报道的及时性特征使它能够在第一时间向受众发布有关事件的最新信息，及时向受众澄清事件的真相，进而达到消弭错误言论的目的。同时，连续性的特征又决定了这种舆论矫正是一个长期的过程，使社会舆论处于连续报道的全程监控之下，极大地提升了舆论引导的有效性和成功率。

综上所述，通过连续报道来引导舆论走向是一种积极的媒介行为，它不仅有利于树立一个负责任的媒体形象，也有助于防止因舆论过激而产生不良的社会影响，使舆论不断朝着理性化的方向发展前进。

（三）将舆论转化为行动

新闻的舆论监督作用不仅在于引导受众的理性思维，更为重要的是能够促成问题的最终解决，使整个社会的运转趋于良性。这既是舆论监督中最为重要的一环，同时也是新闻报道的最高追求与使命。

从认识论角度观之，新闻作为一种信息产品，是人们观察与认识客观世界必不可少的介质与桥梁。但与人类的直接实践相比，新闻又是第二性的东西，它对客观世界的影响和作用是间接的，需要通过影响人们的意志来左右人们的行为方式，其中，信息在数量与时间上的强化，对于行为方式的产生又起着至关重要的推动作用。这也就意味着，较之于一次性报道，连续报道在促成行为转化方面有着强大的优势。连续报道通过对新闻事件的深度追踪和持续关注，能够引发受众思维层面由弱到强的变动，进而在社会中激起巨大的舆论浪潮，这种力量将直接促成社会行为的产生。

回顾近年来发生的社会热点事件，我们不难发现，许多重大社会问题都是在连续报道的巨大舆论压力下才得以有效解决的。比如，在 2009 年《中国青年报》发表的《一篇帖子换来被囚八日》连续报道中，河南灵宝籍青年王帅，由于发帖举报家乡违法征地，被认定为“诽谤”，当地警方将其从上海抓回灵宝拘留 8 天。我国《宪法》规定，公民对任何国家机关和国家工作人员，有提出批评和建议的权利。但王帅发帖，却被当地政府认定为“诽谤”并遭拘留。这个看似只是个人命运的事件，实则指向了公民言论自由和公权力限度的层面。《中国青年报》抓住这一事件的核心问题进行了报道，进而对事件的起因——违法征地情况——进行了深入的剖析与揭露。报道发出后，立即在社会上引起了强烈反响，引发了舆论关注的热潮。国内众多媒体同时跟进：新浪、搜狐等门户网站的首页评论频道连续一周将此事作为头条；《人民日报》、人民网以评论文章、网络访谈等方式对此事进行持续关注；中央电视台的《新闻会客厅》《新闻 1+1》等栏目也作了不同程度的深度报道。最终，在舆论的压力下，灵宝市公安局局长率干警亲赴上海向王帅道歉，王帅也拿到了 783.93 元的国家赔偿金。不久，河南省国土资源厅对灵宝市政府违法用地的相关责任人进行了严肃处理，将河南省政府批准用地以外的土地全部复耕。至此，这一事件得到圆满解决，“灵宝事件”也因此成为 2009 年媒体舆论监督的一个典型案例。

五、强化新闻的真实性

真实是新闻的生命，是媒体公信力的来源，也是新闻工作者的基本准则。但就我国目前的媒介状况来看，新闻的真实性原则正在遭受挑战与蚕食，媒介的整体生态环境不容乐观。造成新闻失实的原因是多方面的，这其中既有媒体主观因素的诱导，也有客观事物发展规律的制约，在二者的合力之下，新闻真实性正被逐步推向悬崖的边缘。

从主观方面来看，在“眼球经济”“注意力经济”的大背景下，一些媒体为了吸引受众眼球，甚至不惜采取盲目夸大的手法和耸人听闻的方式来杜撰新闻，造成虚假新闻泛滥成灾。另外，新闻的真实性还受到时效性的挑战。许多媒体为了保证新闻的新鲜，使“独家新闻”、社会共同关注的热点新闻在最短时间内到达受众，放松了对新闻真实性的核查，因此也就出现了虚假新闻。①

如果说主观上的新闻失实可以通过道德教化、行业自律和法律威慑等手段来解决，那么由客观因素制约导致的新闻失实则让许多媒体人束手无策，成为多年来困扰新闻界的一大顽疾。

从客观因素而言，事物的质变不是突如其来的，而是要经历一个复杂而漫长的过程。新闻作为客观世界的反映，必然遵循这一规律。由此来说，新闻的真实性必须是一个过程，事实发展到什么程度，人们认识到什么程度，新闻真实性才能到达什么程度。② 从这个意义上说，连续报道为新闻真实性的追求与强化提供了一种理论上的可能与实践上的可行。连续报道的持续性特征使得它对新闻事件的关注与报道不是一次性的，而是会随着事件的发展呈现出一种纵深的走向。具体来说，当某一新闻事件发生时，由于事件的复杂与不确定性，记者往往只能选取事件的某一角度、某一侧面来展开报道，这样一来就会使新闻信息因报道视角的局限而产生偏差。这种偏差如果出现在一次性报道中，就会直接导致新闻失实，使媒体陷入信任危机。但连续报道对事件及时、持久的追踪与跟进却能使它避免此类失实。随着报道的不断深入，记者对于事件的认知和理解会逐步加深，这些体悟都会随着后续报道的跟进而及时呈现出来，从而实现对过往报道的修正和补充，最终使事件真实、完整地展现在受众面前。可以说，与传统意义上的一次性报道相比，在追求新闻真实性的道路上，连续报道走的是一条自我完善的“修正主义”路线。它对于新闻真相不断追问与探寻的态度，有效解决了受客观因素制约而导致的新闻失实问题。

需要注意的是，连续报道在强化新闻真实性方面，也不可避免地带有一定程度的局限性，它所提供的仅仅是一种操作上的范例而非理念上的标准。我们不能寄希望于通过某一种报道方式来扫清阻碍新闻真实的所有羁绊，这种想法是不现实的。因此，对新闻真实性的讨论，将长期存在于新闻界与全体社会公众的思想深处，只有借助全面的自律和他律体系才能更好地解决问题。

---

① 谢清华．再谈新闻的真实性．理论观察，2011（4）．

② 谢静．如何确保在第一时间报道新闻的真实性．淮南师范学院学报，2006（3）．

第三节 连续报道的写作

连续报道的诞生与推广是基于事件发展动态过程的。虽然任何人都不能预料事态进程，但是记者却要善于对报道进程实施规划，并配合事态的发展来设计报道节奏，使其张弛有度。连续报道的写作主要涉及选材、写好首发报道、做好后续报道和设置悬念等几个重点环节。

一、精选题材

选材是连续报道写作的第一个环节，也是其报道发挥社会影响、引导社会舆论的关键。新闻媒体每天都会接到不计其数的新闻线索，但并非所有题材都适合写成连续报道。此时，记者编辑需要对此进行筛选与甄别，从中挑选出最有价值的素材加以报道。可以说，选材体现的是记者编辑的匠心与新闻敏感度。

连续报道的选材一般包括动态与静态两个层面，它们分别从不同角度体现着新闻的社会责任与价值。

（一）动态题材

动态题材通常是指突然发生或正在发展的重大新闻事件。比如突如其来的自然灾害、战争、金融风暴，具有重要意义或性质恶劣的社会事件，等等，都可以归入动态选材的范畴之内。这类事件的发展变化通常具有较强的不确定性，且持续时间长、影响范围大，容易引起受众的广泛关注。连续报道在报道时效与报道过程上的优势使得它成为此类动态新闻的“最佳人选”。通过媒体的连续报道，受众能够及时获知事件的发展细节，了解事件的整体面貌，从而最大限度地满足知情欲。但从操作上看，动态题材给记者的采写提出了更高的要求和挑战。由于新闻事件的复杂多变，记者必须时刻绷紧每一根神经，跟随事态的发展做旁观式记录。任何思想上的松懈与疏忽都可能造成报道与事件核心环节的失之交臂，破坏连续报道的完整性，使整组报道在主题内涵上流于肤浅。所以，在报道过程中，除了要具备过硬的专业素质之外，耐心与毅力也是报道取得成功的关键所在。

（二）静态题材

静态题材通常是指受众高度关注却长期无人问津的具有典型代表性的社会问题或社会现象。这类题材尽管不像动态题材那样节奏紧张、扣人心弦，但却与百姓的生活密切相关，因而也同样具备了心理上的接近性，有着一定的群众基础。如果对此进行连续报道，很容易在社会中产生共鸣，收到良好的传播效果。此外，从深度报道的角度来看，这类题材的新闻更容易彰显连续报道内在的深度旨趣，为舆论监督功能的实现提供了坚实的平台。与动态报道那种旁观式记录所不同的是，静态题材的新闻包含了更多的人为因素，强调的是记者主观能动性的发挥。因为从某种意义上说，正是由于记者的深度介入，才有了事件后来的发展变化，是报道影响了事态的发展进程、改变了事件的原有面貌。所以，记者如果选择了静态题材的新闻，就必须有一种深挖与探寻的精神，在解决原有问题的基础上不断进行更深层次的追问，直到事件得到彻底澄清为止。比如，我们上文提到的“济南黄河大桥收费问题”就是连续报道静态选材方面一个很好的例证。

二、写好首发报道

常言道，良好的开始是成功的一半。从心理学的角度来说，人们对于某一事物的接受与认可往往与他们初识该事物时的良好印象息息相关，好的认知体验可能促成人们“进一步接近事物”的行为变化，而较差的印象则会使其敬而远之。作为一种信息产品，连续报道应该重视对信息内涵的包装与推介，争取在首发报道中给受众留下好印象，让他们产生继续关注的兴趣和愿望，从而为后续报道的顺利进行创造良好的认知条件。需要指出的是，由于报道题材性质上的差别，首发报道在写作层面产生了两种截然不同的操作规范和旨趣追求。接下来，我们将对这两种不同写作方式进行分别阐述。

（一）静态题材的首发报道要突出悬念性

由于静态题材的连续报道所关注的是某一社会问题或社会现象，其目的在于通过报道来引导社会的舆论走向，并在此基础上促成问题的最终解决。所以，其报道重心在于，通过信息的持续传递来最大限度地调动受众的关注热情，使他们能够积极地参与到事件中来，成为媒体的拥护者和舆论的传播人。基于这样的传播目标，记者在首发报道的写作上应该注意悬念的营造，以悬而未决的情节处理方式来调动受众的情绪，使他们产生一种“欲知后事如何”的心理期待。

接下来，我们以2009年《中国青年报》发表的连续报道《一篇帖子换来被囚八日》中的首篇报道为例，观察一下媒体在实际操作中是如何运用悬念设置来吸引受众关注的。

一篇帖子换来被囚八日

——青年举报家乡违法征地遭遇跨省追捕

年仅24岁的王帅刚刚经历了一场牢狱之灾。在《中国青年报》记者面前，他一直显得很警觉，不时查看有没有被跟踪，然后不好意思地笑笑：“实在是被弄怕了，有些草木皆兵了。”

3月6日到3月13日，在上海和河南灵宝看守所，他度过了人生中最难熬的8天。“我到现在也想不通，在网上发一篇帖子，又没对哪个人指名道姓，怎么就算‘诽谤’了？”王帅对《中国青年报》记者说。

他更没想到的是，灵宝市公安局的网警会如此有能耐，迅速认定发帖者是远在上海的他，并跨省追捕，将他“捉拿归案”。

跨省追捕

3月6日下午两时左右，王帅正在上班，忽然有两名着便装的男子来到他们公司。其中一位对他掏出证件，证件显示对方是上海刑侦5队的警员。他们要求王帅“跟我到公安局走一趟，我们有点事要问你”。

“我还在想是不是我租房的地方有什么事了，就跟他下了楼。”容不得王帅多想，两名便衣将王帅带进了一辆桑塔纳轿车。在车里，王帅见到了两名灵宝的老乡，没有亲切的招呼，只有一副冰冷的手铐。后来王帅得知，他们是灵宝市刑警大队的何艳伟和网警大队的李平。

此时王帅明白了，肯定是自己在网上发帖披露老家河南灵宝非法征地，引来了祸端。

王帅向记者回忆了当时的情景：

“知道为什么抓你吗?”刑警何艳伟问。

“不就是我举报市政府违法征地的事么?”王帅说。

“那就对了，看把你本事大的。你还干过什么?”

“没有。”

“没有？那些照片怎么跑到网上去的?”

王帅在上海市第二看守所待了3天。3月9日下午，上海警方和灵宝警方一起把王帅提出来，带到火车站。“上火车前戴着手铐，一路上他们一直说，这次只是回去问问你。”

王帅说，在车上没有戴手铐，但到晚上睡觉的时候，他被铐在了卧铺床沿的栏杆上。“旁边跟我聊天的乘客都不说话了，用异样的眼光看着我。”

因言获罪

王帅遭此祸，只因他在网上发了篇“河南灵宝老农的抗旱绝招”的帖子。

2008年5月28日，当地政府以建设五帝工业聚集区为名，“租”用了大王镇农地28平方公里，其中大部分是基本农田，3万余农民将失去土地。

市政府书面公告了地上附着物数量及补偿金额，以每年1 000元/亩的价格租地，30年为限。为促使农民尽快清理，政府承诺，在规定时间前清理完毕者，便可得3%地上附着物补偿金额的奖励。大部分农民为得到奖金，争先恐后地把果树、小麦等清理了。但有几个村民研究了土地法，发现以租代征是国家正在严厉打击的违法行为，先后在三门峡、郑州上访。政府为安抚农民，将租价提高到1年1 200元/亩，终于达成协议。

王帅的老家在大王镇南阳村，他在电话中得知此事后，感觉政府所为明显违法，就上三门峡土地局、河南省国土厅网站查批文，并通过网络在线信访多次向河南省国土厅递交举报信，但一直没有结果。

“农民们大多以为土地是国家的，不知道土地是集体的，国家什么时候想征就征了，只要补偿附着物补偿金和青苗费就行了，有关人员在宣传时也故意这样误导。”王帅专门买了一本农村土地法律的书籍，让村民们团结起来维护自己的权益。

王帅向记者出示了《土地管理法》，其中规定，征收耕地的补偿费用包括土地补偿费、安置补助费以及地上附着物和青苗的补偿费。而大王镇村民目前得到的补偿只有地上附着物和青苗补偿费，土地补偿费和安置补助费根本没涉及。

2月12日，在多次求助无果的情况下，王帅“迫于无奈和义愤，想通过网络曝光，引起相关部门的注意，于是将照片发布到网上”。

这个帖子一上网就红了，网易、新浪、搜狐、雅虎等都放在首页，也惊动了当地相关部门。

“我听说警察去了我家，但没想到，警察竟然到上海来抓我了。”说起此事，王帅仍心有余悸。

被囚八日

3月10日，王帅从上海被带回了灵宝。在公安局，王帅第一次做笔录。“还是那两个警察，他们想让我写悔过书，想让我承认因为征地补偿不满意，诽谤灵宝市政府不抗旱。”

“地都征了，还抗什么旱？”王帅反驳说，他认为自己说的都是事实，更没有诽谤。

警察又让他承认照片是移花接木的，王帅拒绝。

做完笔录，警察给王帅发了拘留证，罪名是“诽谤”。“这时，警方容许我给家里打了一个电话。我刚说了一句，‘我现在回来了，在灵宝市公安局’，警察就让我挂掉了。”

下午5时，王帅被送到了看守所。

王帅的父亲王社平告诉记者，3月6日王帅被抓后，至3月10日到灵宝，河南警方都没有通知其家人。“那天我给儿子打电话打不通，就感到出事了。”

家人心急如焚，四处打听无果。直到5天后，他们收到拘留通知书，才知道王帅在灵宝看守所。

王社平与灵宝公安局联系，希望能放人，得到的答复是，把地里的树刨了，人就出来了。王社平说要先见人，才肯刨树。“那就等着吧。”对方说。

3月13日，警方将王帅作了取保候审，理由是“证据不足”。后来王帅才知道，原来是他家人和政府达成的协议，把果树砍了，警方才答应放人。“要求我保持沉默，并每两个月写一封‘对发帖行为的思想认识’给他们。”王帅说。

这时，王帅离开公司有8天了，他生怕因此被公司辞退，“顾不得许多，就想尽快回到上海”。

“教训一下”

“这个人实在是太过分了，你看看他在网上说的这些，简直是胡说八道。什么‘抗旱绝招’，明明是混淆视听。这些地被征了，农民让羊把麦苗吃掉，这是很正常的，没什么好炒作的。这样说给我们灵宝带来多坏的影响！”灵宝市委宣传部一位王部长在接受《中国青年报》记者采访时说。

王部长说，这个发帖人完全是“造谣”“诬蔑”，让市里之前为抗旱做的很多工作都白费了，“实在是太让人生气了”。

王部长说，主要是水利部门认为这个帖子给他们造成了很坏的影响，“反映到公安，然后按照法律程序，对发帖者进行了处理”。

说到征地，王部长认为是“省里统一规划，手续完全合法，只是部分村民对补偿有意见”。

记者在一份三门峡市人民政府土地管理文件上看到，题为《三门峡市人民政府关于灵宝市2007年度第一批乡镇建设征收土地的批复》中写到，同意灵宝市政府征收几个村的土地，灵宝市2007年度第一批乡镇建设用地共计33.4314公顷。批复中强调，“要严格依法履行征地批后实施程序，按照征收土地方案及时支付补偿费用，落实安置措施，保证其原有的生活水平不降低”。

但村民反映，征地后村民生活水平严重降低。苹果是当地的特色产业，比如王帅家，都是20年左右的果树，一亩年收入在7 000元～8 000元，租地后一亩地才得1 200元。还有村民种的是蔬菜，收入一个大棚就能达到1.5万元～2万元。

王部长的说法是，土地补偿费和安置补助费目前政府正在研究一个成熟的办法。“不是不给，只是要想一个较好的补偿方式。”

他说，以前“有过这方面的教训”，补偿费给了村干部，被挥霍了，或者发到农民手里，花完了又来找政府。“所以这次就想找个妥善的办法，考虑给农民买社保，让年老者有所养，给年轻人开辟一些就业岗位，比如园区优先用本地农民等。总之是想让失地农民有所保障，但我们的良苦用心一些农民不理解。”

至于农民反映的“以租代征”，王部长说，征地手续得一批批地办，由于要赶工期，有些规划内但手续还没办全的，就以租的方式先占下来。

王部长说，政府一直在想办法跟村民沟通，但总有些村民不理解，做出一些过激行为。“有意见可以通过正常渠道反映，但不应该采取这种在网上发帖的方式，败坏政府名声。”

“做事就要承担责任，受到一定惩罚，至少有点教训，下次不会再犯错。”王部长最后说。

不再“愤青”

“这件事确实给我一个深刻教训，以后再不敢‘多管闲事’了。”王帅说。作为上海的一名白领，他这次“打抱不平”确实付出了惨痛代价。“再多拘我几天，工作都该丢了。你知道现在工作不好找，回家务农都没地了！”

王帅说，他“早已不做热血青年好多年”，但这次看到乡亲们被“逼到了绝路”，忍不住站了出来。“我本来是想通过正常渠道反映的，可根本没用。”他向记者展示了通话记录，有打给各级国土部门和相关纪检部门的，“没有任何回音”。这时他才想到在网上发帖，为引起人们注意，用了当时比较热门的“抗旱”。

“有人说这跟抗旱没关系，可能是，但我说的都是真话，怎么就被当成‘诽谤’了？”

“本想帮乡亲们办点事，结果把自己弄进看守所了。现在想想，能出来已经是万幸了，也算得到教训了吧。”

在这篇首发报道中，记者通过五个环节的内容向受众讲述了王帅发帖被捕的基本经过及有关部门对于王帅事件的处理态度。如果我们对这五个环节进行逐一分析的话，将不难发现，每一个环节都有记者设置悬念的痕迹：大动干戈的跨省追捕是否有充足的法律依据？公民言论自由是否只是一纸空文，其底线何在？经执法机关逼供后审讯结果是否还具有法律效力？地方政府专横的处理态度能否取信于民？所有这一切都给受众留下了悬而未决的困惑和无处宣泄的愤怒。而最后一个环节的设置更是起到了画龙点睛的反讽效果，在当事人王帅的“幡然醒悟”中，受众的公权力意识被彻底唤醒，产生了对于报道问题展开进一步讨论的欲望。然而，这也正是本次报道的收束环节，受众心中一连串的愤懑与疑惑只能通过后续报道来疏导和解除。可以说，《中国青年报》的这篇首发报道的确起到了聚焦受众目光、为后续报道铺平道路的作用。

（二）动态题材的首发报道要突出及时性

与静态题材相比，动态题材的首发报道侧重报道时间的迅速与报道信息的准确。这并不是说悬念对它不重要，只是由于新闻事件价值取向的不同，造成二者在首发报道侧重点上的差异。如前所述，动态题材的新闻事件具有突发性和不确定性的特征，这就使得事件本身具备了一种悬念优势，记者只需对事件加以如实反映便能收到良好的传播效果。此外，从受众的信息需求来看，他们更加关心的是事件的最新变化和走向，并以此作为个人行动的参考。比如在自然灾害的报道中，人们往往关注的是灾情的严重程度、人员的伤亡情况、受灾的范围、救援工作的进展等十分严肃而迫切的问题。如果不合时宜地故弄玄虚，只会使受众对报道产生厌烦心理，导致他们对媒体的疏离。此时，记者应该强化脑海中的时效观念，力争在新闻事件发生的第一时间，对事件的核心要素进行报道，最大限度地消除事件本身的不确定性。

下面这则消息是陕西电视台 2008 年《决战“109”》连续报道中的首篇新闻，关注的是宝成铁路 109 隧道塌方事件，报道时间是 2008 年 5 月 13 日。通过这篇报道，我们来看一下动态题材的首发报道在实践中是如何运作的。

109 隧道明火已基本控制　现场抢险全面开始

【导语】5 月 12 号，汶川大地震使宝成铁路 109 隧道发生塌方、起火，造成线路中断。我台记者第一时间赶赴现场，现在就让我们连线记者兰金龙，了解那里的情况。兰金龙，你好！

记者：主持人好！

主持人：你好，辛苦了！请给我们大家介绍一下塌方的 109 隧道具体地点和情况。

记者：好的。109 隧道位于甘肃徽县火车站附近，整个隧道长度大约在 700 米。地震发生的时候，刚好有一列运输油品的火车通过隧道，司机发现异常现象后，紧急制动并赶紧跳车，但是由于惯性，车体还是冲入了隧道，机车司机顺利逃生，由于火车上没有其他人，所以未有人员伤亡。

主持人：但隧道内为什么会着火呢？目前抢险工作进展得如何？

记者：是这样的，列车冲到隧道里边后，油罐车上的汽油发生泄漏，在车体与坍塌巨石、隧道剧烈碰撞之后起火。现在，上千名西安铁路局干部职工、宝鸡消防队以及驻陕部队官兵正在紧张抢险。目前明火已基本熄灭，抢险人员正在给隧道降温。下一步就是要尽快清理机车头、车体和塌方碎石，但是现在隧道内的温度还很高，而且里面情况不明，所以不能盲目进入，等待隧道温度彻底降下来之后，防化官兵才能进入隧道内查探。

主持人：宝成铁路中断会产生什么影响？

记者：宝成铁路是西北进入四川乃至整个西南的运输大通道，承担着入川物资运输的一多半任务，宝成线中断直接影响着大量抗震救灾急需物资入川。因此尽快抢通宝成线格外重要。

主持人：我们也期待着 109 隧道早日抢通。另外，目前我台已派出卫星直播车赶往

109 隧道，随时直播宝成铁路抢险进展情况。

在这篇报道中，隧道所处的位置、起火的原因和经过、有无人员伤亡、抢险的工作进度等核心新闻要素都交代得十分清楚，使受众对事件的概况有了初步了解。难能可贵的是，在报道的尾声，记者将宝成铁路的重要运输意义放在了抗震救灾的整体系统中予以说明和强调，这无疑会加深受众对于事件重要性的理解，促使他们继续关注媒体的后续报道。

三、后续报道要保持新鲜感

如果说首发报道的一鸣惊人给受众带来的是瞬间的情感震撼，那么后续报道的精彩纷呈则是连续报道持续吸引受众的关键，也是其存在价值的根本所在。在连续报道中，随着事件进程的逐步深入，许多新情况、新问题都会显现，而这些正是受众需要迫切知晓的信息。此时，如果记者能够及时地将这些鲜活的信息呈现出来，必然使受众的知情欲得到极大满足，也能使他们对报道产生更大的心理期待，形成报道与受众在情感联系上的良性循环。正如高钢教授所言，写作连续报道的关键技术是在每一次报道中都要把最新的信息提供给受众。[①] 新颖的内容和新颖的角度是采写连续报道的关键。

那么，如何才能做到后续报道在内容与角度上的新颖呢？具体来说，就是要在后续报道中提供事态的最新变化和进展，人们对于事件的评论与意见，权威人士对于事件的分析和预测，以及前面报道发表时所没有交代的事件细节和背景、没有提及的次要原因等一系列能够补充与强化受众认知的有效信息。这些内容的融入不仅有助于填补前面报道留下的信息空白与心理悬念，同时也能够使受众产生耳目一新的阅读（视听）快感，对事件形成更为细致、系统的了解。然而，这一切又都与记者的勤思善问密不可分。他们需要在观察事件的同时不断进行更为深入的思考，不断通过新颖的报道内容和视角来刺激受众的思维神经，进而达到预期的传播目标和社会效果。

考虑到思维上的顺接性，我们将继续以上文所提到的《中国青年报》发表的《一篇帖子换来被囚八日》连续报道为例，来分析后续报道中内容与角度的新颖是如何实现的。

2009 年 4 月 10 日，针对两天前报道“王帅因言获罪事件”，《中国青年报》记者王俊秀发表了一篇题为《违法征地为何成了新闻盲区》的新闻评论。文章没有纠缠于此前事件的细节，而是从更为宏观的视角，以一种质疑与反思的态度对我国普遍存在的政府征地现象及其背后动因进行了一针见血的揭露，同时也对媒体在这一问题上舆论监督的实际效果表示出了担忧。从文章的功能与效果上看，这篇后续报道有着巨大的成功之处。它将受众的目光从“王帅事件”本身抽离出来，将其引向“征地现象及其本质”这个更为广阔的空间，引导受众通过这一层面来重新审视“王帅事件”，实现了由点到面再由面到点的循环思维律动，使得报道事件的内涵与外延得到了极大的丰富，也使受众获得了更为深刻的认知体验，为接下来的报道奠定了厚重而深远的思想基调。

以下部分为报道原文：

---

① 高钢．新闻写作精要．北京：首都经贸大学出版社，2005：271.

违法征地为何成了新闻盲区

做记者时间不算短了，接触了太多的社会负面现象，不知从何时开始，神经变得有些麻木了。比如违法征地的事，我做过不少报道，手头压着一摞线索，每天还是会不断接到电话，反映耕地被占、村民生活无着的情况。

有时，我感到很无力。显然，我们没法一一报道，只能有选择地关注。由于反映违法征地的事太多了，以至于我们要先问一声："占了多少？"现在，少于1 000亩的占地案件都不能引起关注了。

正因为此，灵宝青年王帅没有以违法征地为名发帖，而是利用了当时较为热门的"抗旱"，果然被广为转载，吸引了无数网民眼球。的确，王帅是有些投机取巧，但也无可非议，否则他的帖子早淹没在众多违法征地的举报中了。没想到，"聪明反被聪明误"，网上的走红给他带来了麻烦。

中央三令五申，要加强征地管理，严保18亿亩耕地红线。然而，这几年，我国耕地正在以惊人的速度减少，相应地，以征地、补偿为主题词的信访案件逐年上升，并由此引发各种抗议和冲突。

为什么政策法规在某些地方成了一纸空文？一切离不开"利益"二字。听听每次征地的理由，都很冠冕堂皇：为了发展当地经济，要建工业园、科技园、商业区，村民要服从整体规划云云。在一些地方官员眼里，盖房、上项目是最重要的事，其他统统靠边站。耕地能带来多少GDP？上了项目之后，一部分人就有"油水"可捞了。

而每个违法征地案件的背后，都有失地农民的泪水，他们无非想要一点糊口之资，却总是上天入地无门。且不说政府部门少有过问，连最被他们信赖的媒体都"管不过来了"。这些年，违法征地的事媒体报了不少，但常常没了下文，即使是被曝出来、炒得很热的新闻，也很少听说哪个政府官员因为违法征地受到了处分。

因此，建立健全土地违法行为的稽查制度，显得尤为重要。

在王俊秀发表评论的当天下午18时30分，灵宝党政公众网上出现了一篇管理员发出的帖子：《关于〈一篇帖子换来被囚八日〉一稿有关情况的回复》，落款是"灵宝市信息中心"。这是自事件发生以来灵宝官方做出的首次回应。文章称，报道给灵宝市委、市政府及有关部门负责人造成了不良影响，并强调王帅诽谤案正在办理中。对于这一新情况，《中国青年报》于4月13日刊发了消息《灵宝官方：王帅诽谤案正在办理中》，以摘录和转载的方式对帖子的主要内容进行了报道。在整篇报道中，记者没有掺杂任何的解释或评论，完全是从一个信息记录者的角度对灵宝官方发表的核心观点进行复述，为受众提供的是一种原生态的信息，让他们能够充分听到另一方的声音，并在此基础上做出自己的价值判断。较之于以往报道中媒体所表现出的"一边倒"的报道倾向，这种呈现视角上的转换不仅能够给受众带来别样的阅读感受，同时也起到了丰富与平衡观点的作用。

值得一提的是，与这篇报道同时刊发的还有王帅本人针对政府声明撰写的公开信——《我本想过自己的安稳日子》。在信中，王帅讲述了他发现家乡违法征地现象后，决定为乡亲们打抱不平的坎坷心路历程。文章对发帖的初衷、经过等关键环节进行了细致的回顾，对灵宝政府所提出的质询与指责做出了解释和回应，并通过具体的数据分析和自家的实际情况说明，对征地补贴不会降低农民生活水平的官方说辞予以了辩驳。通读整篇文章，我们不难感受到作者作为弱势群体的愤怒与无奈，笔锋中所蕴含的对故乡现状的忧思和对家乡百姓的深情不禁让每一位读者为之动容。

与上篇报道一样，本篇报道也是一则没有“人为痕迹”的原生态信息，但就后续报道的传播效果而言，它却实现了“延续”与“对比”的双重功能。首先，从纵向层面来看，本篇报道与首发报道中的部分环节有着内在的逻辑关联，是对此前报道信息的增补和完善。这种信息上的延续起到了将受众心中的笼统认知进行细化的作用，使他们对事件的来龙去脉有了更为深入的了解。其次，从横向层面来看，本篇报道与上篇报道是一种彼此对峙的关系，是就官方发帖针锋相对的回应，媒体通过将这两种截然不同的观点共时呈现，为受众提供了一个双向思考的平台。这种双维报道视角的选取将使受众在阅读过程中产生强烈的思想碰撞，从而形成更大的关注热度和舆论声势。此外，媒体在两篇报道中的“不作为”也为受众的思索与讨论提供了更多的可能性，究竟孰是孰非，人们只能在接下来的报道中寻找答案。

四、善于设置悬念

文似看山不喜平。在文学作品中，情节的跌宕起伏是吸引读者持续阅读的重要因素。从这个意义上说，一组连续报道能否取得成功，在很大程度上取决于它是否能够最大限度地调动与激发受众的关注热情，使他们对报道产生欲罢不能的阅读（视听）惯性。在实际操作中，这种传播效果的产生是通过报道中的悬念设置来实现的，悬念构成了各篇报道之间相互连接的纽带，有助于强化媒体在信息传递过程中的“控制权”。

从悬念的功能与作用上看，它与上文我们所提到的保持报道的新鲜感有着一定的相似之处，二者存在着一种逻辑上的关联，但它们之间又有着明显的差别。

首先，二者之间存在着一种互为因果的辩证关系：悬念的设置与产生是保持报道新鲜感的前提，而报道新鲜感的满足又为下一次的悬念设置奠定了基础。在这种循环往复的交替作用中，受众的关注目光被吸引和锁定在了报道事件之上。

其次，二者在报道中肩负着完全不同的职能。报道的新鲜感主要是指在报道中为受众提供新颖的信息，使他们能够对新闻事件有进一步的了解，侧重的是认知层面的补充与丰富。而悬念的作用在于通过写作与编排技巧的运用让受众产生心理期待，使他们对新闻事件有了进一步了解的欲望，其着力点在于心理层面的引导和控制。

对二者联系与区别的澄清，有助于我们更好地理解悬念在连续报道中的作用及其发生机理，进而使我们在日后的实际操作中能够做到驾轻就熟、游刃有余。

此前，我们在首发报道的写作中，简要提及了有关悬念的作用与价值。然而，悬念之于连续报道的意义不仅体现在首发报道中，也深刻地内化于后续报道的各个环节。也就是说，新闻事件发生之后的每一次重大波动与转折，都可能成为记者进行悬念设置的动力和契机。悬念设置得合理与准确，体现的是记者对报道技巧的运用能力和对报道流程的掌控能力。

（一）不同阶段的悬念设置

从悬念设置的时间顺序来看，主要可以分为两个阶段，即首发报道的悬念设置与后续报道的悬念设置。

1. 首发报道的悬念设置

从事物的发展进程而言，首发报道是设置悬念的最佳时机。由于事件刚刚发生，许多问题与细节都处于朦胧状态，记者不可能通过一篇报道把所有的情况都解释清楚，这就为悬念设置提供了宝贵的空间。此时，记者应该把目前所获知的事件主要信息传递给受众，让他们了解到事件的基本概况，同时将尚未掌握的信息以悬念设置的方式进行处理，给受众留出更多的思考空间，使他们处于一种“欲知后事如何”的信息饥渴状态。

2. 后续报道的悬念设置

连续报道不是一次性消费的信息产品，其传播上的持续性决定了后续报道同样需要悬念设置来保持受众的关注目光，使他们对报道产生更大的心理期待。

后续报道在悬念设置上主要表现为纵向与横向两种思维方式。

就纵向思维方式来看，事物发展过程中所呈现出的波动与反复，为后续报道的悬念设置提供了操作上的依托。记者可以根据事态发展变化的各个节点来设置报道悬念，悬念设置与事件本身的进程有着高度的关联性，能够使受众在一种历时性的线索中体会出新闻事件的曲折与复杂。

就横向思维方式来看，在后续报道中，随着事件的逐步深入，相关信息大量出现，媒体可以根据自己的价值判断对信息予以整合、提炼，并在此基础上进行悬念设置。具体来说就是，用联系的观点和系统化的思维方式对事件进行更加深入的思考，将悬念设置的着力点置于事物彼此之间的联系与作用之中，通过更为宏观的报道视角和由此及彼的信息链接向受众展现事件的深度内涵，进而引发他们更广泛的思考和讨论，形成对后续报道的强烈关注。在这方面，《中国青年报》在“王帅事件”中发表的后续报道——《王帅门事件：互联网有无禁区》为我们做出了良好的示范。

王帅门事件：互联网有无禁区

不出所料，王帅门循例成了罗生门。上海青年王帅在网上发帖举报家乡河南违法征地，遭跨省追捕被关8天经媒体报道后，引起广泛关注。4月10日，河南灵宝党政公众网上出现一篇管理员发出的帖子，称网帖和报道给灵宝造成了不良影响，对党政部门及干部造成很大的伤害。（《中国青年报》4月13日）

是非曲直自有公论。在此之前，从“彭水诗案”到“稷山文案”中，人们已经见识了这种权力逻辑。王帅是“因言获罪”还是“散布诽谤”自会有答案。除了持续地对王帅表示关注，民众更感兴趣的是，在互联网上网民的言论有无禁区？换句话说，什么可以有？什么真没有？

在某些人眼中，号称“自由、平等、共享”的互联世界，其实是有“禁忌”的。于是，尽管“北外香水”不惜殃及无辜，把自己打扮成向教育弊端挑战的堂吉诃德，虽然赢得掌声，最终却能毫发无损地重归校园。可惜王帅不谙世事，没有守住“对事不对人”的底线，落了个身陷囹圄。

有人将2008年命名为“网络问政年”，“人是天生的政治动物”也随之愈发地勃兴。这期间，数目跃居世界第一的中国网民，已经被扣上了“新意见阶层”的桂冠。谈笑间，互联网政治似乎指日可待。人们已经开始在周正龙现形和周久耕倒掉的愉悦中，弹冠相庆，如同他们真的打开了现实和虚拟之间的任督二脉。

然而，多情总被无情伤，理想毕竟不是幻想。不期而至的“王帅门”，给狂热的以“第五种权力”自居的网民们兜头泼了一盆冷水。尽管在洛阳，网民们获得了“代表委员”的头衔，常州市市长在论坛里发帖回应网友的批评，可我们不难发现，所谓的互联政治竟是如此脆弱。一旦触动某些底线，前程未卜。

互联世界究竟是私人领地还是公共平台？概念界定的差异决定着互联网是否该存在禁区，以及存在着怎样的禁区？如果把互联网理解为私人领地，则违反公序良俗的怪力乱神就该被视为禁区；倘若把互联网看作公共平台或准公共平台，则违反法律和规章的才能被认定为“越位”。否则，“若批评不自由，则赞美无意义”。

互联世界权界的含糊不清，使得公权力僭越私权利，私权利冒名公权力的现象屡有发生。正如你不能一边加油又一边踩刹车一样，立法禁止“人肉搜索”的同时，又如何能网络反腐？在吁请网民参政的同时，又缘何会“因言获罪”？毕竟，汹涌的民意不该是“招之即来，挥之即去”的“群众演员”。

有人把互联网称为“弱者的武器”，因为互联网几何数级的“放大效应”使得一切皆有可能。王帅到底触及的是互联世界私人的领地，还是闯入了公权的禁区？随着公权力的强力介入，已然发生了变形。而一旦互联网的“公共性”成了流失的摆设，谁会是下一个王帅？

需要指出的是，两种悬念设置的思维方式并不是一种非此即彼的对立关系，而是一个相得益彰的思维共同体。在实际操作中，我们要学会将二者综合运用，为受众带来立体化的悬念呈现。

（二）隐性悬念与显性悬念

从性质与功能角度进行划分，悬念设置又可以分为隐性与显性两个方面。

1. 隐性悬念设置

所谓隐性悬念设置，是指在报道中记者并不人为地设置一些带有疑问色彩的问题或观点，而是将所有的追问与质疑都隐藏于事件本身的客观叙述之中，让受众通过自己的思考去理解和体悟。从阅读体验上看，虽然整篇报道没有丝毫悬念设置的痕迹，但读过之后却会产生一种意犹未尽的信息缺失感，进而对于新闻事件有了更为深入的兴趣，迫切期望后续报道能够瞬间浮现眼前。从传播效果来说，这种“润物细无声”的悬念设置手法具备两方面的功能优势：首先，它为受众提供了一个多元化、开放性的认知场域，使他们能够脱离报道者的思想束缚，从多种不同的角度去理解和发掘事件的内涵，进而生成各自的见解和疑问；其次，它起到了强化悬念记忆的作用，因为从心理学的角度来说，人们经自我理解而产生的记忆是更为深刻的，而隐性悬念这种“无为而治”的操作方式恰恰有助于受众心中悬念热度的保持，从而为后续报道的顺利展开营造了良好的心理环境。

上文中我们所提及和分析的《中国青年报》针对“王帅事件”所作的首发报道——《一篇帖子换来被囚八日（主题） 一青年举报家乡违法征地遭遇跨省追捕（副题）》和后续两篇并发报道——《灵宝官方：王帅诽谤案正在办理中》《我本想过自己的安稳日子》都属于隐性悬念设置的典型范例。在三篇报道中，记者并没有将自己对于事件的种种质疑与困惑直接传递给受众，而是以一个记录者的身份默默地倾听与陈述着双方的声音和事件的进展。然而，正是在这种波澜不惊的信息流动中，受众心中的疑问被逐一唤醒，对于报道的关注热度随之攀升，不绝于耳的猜测与讨论之声在社会中散播开来，为媒体的后续报道创造了理想的心理环境和舆论氛围。

2. 显性悬念设置

与隐性悬念相比，显性悬念是我们常见的一种悬念设置手法，是指记者在报道中直接将自己对事件的困惑与疑问呈现给受众，毫不隐讳地表达报道的传播意图，为后续报道的发生埋下伏笔。从阅读体验上看，显性悬念的设置方式较为直白，受众通读文章之后便能发现悬念问题的所在，其思维很容易受报道者的引导，进而与其产生同样的追问与共鸣。从实际操作而言，使用显性悬念设置的报道，上下篇报道之间的衔接都比较紧凑，下篇报道必须对上篇报道所留下的悬念及时进行解释和交代，如果长时间引而不发必将挫伤受众的期待情感，使其与报道疏远。

以上是关于连续报道中悬念设置问题的分析，在实际采写中，大家可以根据报道内容的不同选取最为恰当的方式进行悬念构筑。然而，必须强调的是，无论采取何种方式进行悬念设置，都必须遵循新闻事件发展的客观规律，不能为了吸引受众眼球而故弄玄虚，对报道事件强加粉饰。在实际生活中，我们常常能看到有些记者为了营造耸人听闻的故事，而将新闻事件演绎得扑朔迷离、面目全非，这样的报道尽管“精彩”，却已背离了新闻的本真内涵。需要铭记的是，悬念设置只是一种编辑手法，不能因此牺牲了新闻的真实性，新闻事件的真实是悬念设置的基础，也是新闻从业者任何时候都不能逾越的职业道德底线。

五、连续报道的收束

连续报道作为一种全景化新闻报道方式，反映的是事件从发生、发展、转折到结束的全过程，其目的在于，通过持续不断的信息传递向受众呈现新闻事件发展变化的全貌，使其形成深刻、完整、系统的认知。报道过程上的完整性使得连续报道必须要做到善始善终，虎头蛇尾、有头无尾都是不可取的。

通常而言，谢幕报道中所报道的内容多为事件的最终结果、影响、意义和评价等带有总结与归纳色彩的信息。一方面，通过报道向受众告知事件已经结束；另一方面，也能起到感动、凝聚、教化、警醒、反思等强化心理认知的传播作用。由此看来，连续报道的收束环节在整个报道中的作用是极其关键的，其地位的重要性丝毫不亚于首发报道。它不仅是对过往报道的回顾与总结，也是对整体报道在主题上的提炼与升华。

然而，许多媒体和记者并未意识到收束报道的重要性，通常以单篇报道的形式向受众告知事件的最终结果后，便宣布连续报道的大功告成。这种急于应付的心态不仅是报道理念上的误区，同时也使媒体错失了一次扩大报道影响力的绝佳良机。

例如，《中国青年报》2010年刊发的连续报道《一青年举报同学公务员考试作弊被刑拘》，在报道的收束环节以组合报道的形式发表了《失去自由的8天》《王鹏案的处理不能止于免职》《吴忠警方对王鹏作出国家赔偿决定书》《从迷雾重重的跨省追捕案中学什么》《新任利通区公安分局局长谈宁夏跨省追捕案（引题） 程序错，一切都错了（主题）》共5篇文章来强化受众对事件的认知。仅从各篇文章的标题来看，我们不难发现，媒体对于“王鹏案”的讨论并没有沉浸于事件解决后的兴奋与喜悦之中，而是以一种更加深邃的目光对本次案件进行重新审视，使受众在欣喜之余再次陷入深深的思虑。另一方面，从各篇文章的具体内容上说，它们没有像过去许多报道那样对违法涉案人员予以“穷追猛打”，而是以一种理性化的思维方式对案件的核心问题进行开放式讨论。比如，针对诽谤罪在本案中的适用，记者用两篇报道分别从两种不同角度对其进行了讨论。

在《新任利通区公安分局局长谈宁夏跨省追捕案（引题） 程序错，一切都错了（主题）》一文中，记者引述了利通区公安分局局长吴海波的观点，以下部分为报道原文：

> 不过，吴海波认为，具体到王鹏的情况，他此前多次发出一些匿名信件，根据一些部门的核查和声明，这些举报并不属实。从小的范围来讲，对国家机关的办公秩序和个人有一定的骚扰，但这还达不到刑法上规定构成诽谤罪的扰乱社会秩序的严重程度，因此按公诉案件立案就是错误的。吴海波把错案原因归咎为“基层执法人员水平低，理解相关法律不到位”。

与此同时，在另一篇报道《从迷雾重重的跨省追捕案中学什么》中，记者也对具体办案人员的看法予以了转述，以下为报道原文：

> 在今天的利通区公安分局，警员中弥漫着“想不通”的情绪。吴海波把错案原因归咎为“基层执法人员水平低，理解相关法律不到位”。
>
> 一位警员与记者探讨了对诽谤罪的解读问题。他认为即使在公检法内部，对司法解释也经常存在争议。比如公安部规定只有在以下三种情况下，诽谤罪才能作为公诉案件办理，其中前两条很明确，第三条是“因侮辱、诽谤行为给国家利益和社会秩序造成严重危害的其他情形”。
>
> “哪些算其他情形？”该警员问道。根据该分局掌握的情况，王鹏多次发出针对马晶晶及其家人的匿名信件。一些部门的核查和声明称这些举报并不属实。从小的范围来讲，这对国家机关的办公秩序和马晶晶个人的工作生活都造成一定的骚扰。
>
> 该警员认为，很多法条中的“其他情形”有类似无法准确解读的问题。
>
> 他还告诉记者，马晶晶最初到公安局报案时，当班警员未予受理，建议他去法院自诉。可是马晶晶当时根本无法判定匿名信是谁写的。因为法律规定，“谁主张，谁举证”，这也造成了他自诉的困境，而公诉又达不到“严重”这个程度。
>
> “设想如果马晶晶不是官二代，3年来有人以匿名信的方式，对他和他的家庭不断地

造成影响，作为司法机关该怎么维护他作为公民的合法权益呢？”该警员说。

在这位基层执法人员看来，相关法律和司法解释还需要完善、明确和细化。

通过这种对比化的信息呈现，受众对办案人员的苦恼有了感同身受的体认，同时也对案件的司法困境深感忧虑，如何使司法更具独立性、合理性、操作性等一系列问题，犹如一记记重锤深深地叩问着受众的心灵，使他们意识到，如果不能从根本上解决问题，此类悲剧仍将一如既往地上演。

从这个意义上说，在连续报道的收束环节，媒体的报道目光不应停滞于某一问题的解决，同时也应该思考如何能使报道本身的影响和意义最大限度地发挥出来，使其更具普世价值。新闻不仅是一种信息产品，更是社会发展的镜鉴，通过报道来推动社会的良性运转与合理化建构，是所有媒体人应有的责任与担当。

六、写作连续报道的注意事项

（一）把握报道内涵，切忌牵强附会

作为深度报道中的一员，连续报道所反映的是具有典型性、代表性或重大意义的新闻事件，事件本身所蕴藏的深刻内涵是连续报道进行深入探索和持续关注的外在依托。换句话说，是事件本身的纷繁与复杂决定了连续报道的存在样态。然而，在实践中，许多记者常常持有这样一种观点，认为只要对某一事件进行持续不断的报道就可以算是连续报道。这种观点陷入了“只知其表不识其里”的形式主义误区，其结果往往是，为了所谓的“连续报道”而把内涵较浅的题材有意地放大、把原本简单的叙述人为地拉长，把明明可以用简单消息来报道的题材，生拉硬拽成一个长周期的连续报道。

这样的连续报道是无法收到预期的传播效果的。其重要原因在于，新闻报道是以传递信息为己任的，事件的复杂与深刻程度，是选择报道方式的前提和依据，任何报道活动都要在尊重客观事实的前提下进行，事件内涵本身的浅显使得报道信息的具象性不足。也就是说，在报道信息的组成上，记者的主观意见和评论占据了大部分篇幅，而能够对事件加以说明的具体材料则寥寥无几。整组报道的内容空洞乏味，缺乏有效信息支撑。其结果是，受众花费了很长时间去阅读，但所获得的有价值信息却几乎为零。因此，对于那些线索清晰、时间跨度较短、中心思想明确的材料，写成简单的消息或通讯就可以了。如果需要进一步挖掘，还可以配发相应的评论，没有必要刻意追求报道形式上的奢华与铺张。否则，其效果只会适得其反。

（二）把握报道节奏，引发持续关注

古语云：“一张一弛，文武之道也。”这一辩证思想在新闻报道中也同样适用。如前所述，连续报道所关注的对象是正处于发展变化中的事物，事物发展过程中所表现出的蛰伏与躁动，使得记者必须沿着这一轨迹来安排各个阶段的报道范围与报道深度，依照事态的发展来掌控报道的节奏，使其张弛有度，富有动感。具体的处理方法是，根据报道对象在其发展变化过程中

的阶段性，抓住其在量变过程中某些质的飞跃，或于某日组合几条信息作“倾盆大雨”式的突出传播，或逐日、逐月地搞“绵绵细雨”式的发布。① 连续报道最忌讳平均主义，这样的处理方式会使得整组报道平淡乏味、重点模糊。总之，连续报道中报道节奏的掌控和设置，必须以新闻事件的发展变化为参照，使用强弱相济的报道手段来激发受众的兴奋点，引导他们对事件的持续关注。

（三）回顾核心事实，做好信息衔接

由于连续报道的时间跨度较长，各篇报道之间往往存在着或长或短的间隔，这会给报道的信息接收带来一定的障碍。受众不可能将所有目光都盯在媒体每天的报道上，时刻关注着事态的进展，其间难免会出现疏漏和空缺。如果在后续报道中不能获得有效的信息衔接，受众的认知就会出现断层，对原本熟悉的报道产生陌生感。如果上述情形出现在第一次接触报道的受众身上，问题就更加严重了。这就要求记者在从事连续报道写作时，要有一个意识：看这篇报道的人是第一次知道这件事情。② 具体来说，就是在每一次的报道中都要尽可能地对事件的核心事实进行回述，尤其是在事件发生最新变化的时候，对于事件主要背景的交代更显得尤为关键。

需要指出的是，这种回述同时也必须要把握在一定的限度之内，不能喧宾夺主，使新闻成为旧闻。报道本身所带来的全新认知体验是吸引受众持续关注的核心，正如合众社的报道信条所宣称的那样：“出色的报道与编辑技巧在于将背景资料或前一段的情况同今天的新闻糅合在一起而又不使其失去新鲜感。”③

（四）做好总体策划，调控报道流程

连续报道所关注的事件通常具有较强的动感，事件发展的不确定性使得它不可能像系列报道那样，在报道之初便能游刃有余地展开策划工作。但这也并不意味着连续报道没有进行策划的可能与必要，它的策划重心主要体现于对后续报道的把握之中。也就是说，报道者依据事件可能的发展方向和当前的受众反馈，对后续报道的整体思路及具体内容进行预先的考虑和设计，进而实现对报道流程的有效调控。如若没有预先的规划，而是被报道事件牵着鼻子走，就会出现报道方向的偏离和反馈信息的失控，致使报道难得善终。

所以，很少有哪组连续报道是单个记者或编辑的即兴之作，往往是编采人员集体策划的产物。可以说，策划水平直接决定了连续报道的价值含量。在实际编采过程中，案头策划工作主要包括题目酝酿、角度选择、报道深度的把握、采编力量的调配、稿件组合、节目安排等等。④

（五）“留白”与“独立”结合，彰显连续报道优势

连续报道是由多轮报道组织而成的，在每一轮报道时，不可将话说满，要为后续报道留出

---

① 刘海贵．中国新闻采访写作教程．上海：复旦大学出版社，2008：296.

② 高钢．新闻写作精要．北京：首都经贸大学出版社，2005：281.

③ 同②.

④ 王伟，万国强．浅谈连续报道的写作技巧．黑河学刊，2003（3）.

一定的空间和余地，静观其变。这就是所谓的“留空白”技巧。[①] 这一处理方式不仅为后续报道中的悬念设置提供了有利空间，同时也使得记者处于一种相对宽松的报道环境之中，有助于他们对过往报道信息进行有效的增补与修正。反之，如果在新闻事实尚处于变动之际，就匆忙地对其盖棺定论，则会使后续报道的展开陷入困境，也会造成整组报道的可信度大打折扣。

然而，“留空白”技巧的运用并不意味着当次报道中核心信息的缺位，连续报道中的每一篇报道在保持整体连续性的同时也要具备一定的独立性。也就是说，每一篇报道都应该阐述清楚某一方面的问题，或某一阶段内事件发展变化的情况，必须完成本篇所承担的那一部分报道责任。

总之，报道的“留白”与“独立”是一种整体与局部的辩证关系，二者的分工协作是保持报道连续性与完整性的有力武器。

【本章小结】

连续报道是对正在发生并持续发展的新闻事件在一段时间内进行多次、连续的报道。其特点有二：一是以时间为顺序，随着事件的发生、发展的进程而展开。报道对象事态本身的连续性决定了各次报道之间存在有机的联系，内容承上启下，时间与事态衔接呈线性分布。二是在事态进展过程中进行报道，必须把握时效性。及时对事件展开追踪或跟进，各篇报道的发布时间相隔较短。

连续报道的题材主要是事件性新闻，包括动态与静态两个层面，它们分别从不同角度体现着报道的社会责任与价值。连续报道的优势主要集中在信息呈现的全面、完整与系统，报道过程的悬念优势，信息传播的时效优势等方面。在具体操作的过程中注意：把握报道内涵，切忌牵强附会；把握报道节奏，引发持续关注；回顾核心事实，做好信息衔接；做好总体策划，调控报道流程；“留白”与“独立”结合，彰显连续报道优势。

【思考题】

1. 以《北京青年报》和《中国青年报》为例，分别选取其近一年对热点社会民生问题所做的连续报道，进行比较分析。

2. 以《新闻联播》2018 年 1 月份所做的某一连续报道为例，分析其特点。

【推荐阅读书目（或视频、网站等）】

1. 肖文健．通讯员写作精要与范例实用全书．北京：中国华侨出版社，2012.

2. 伊图尔，安德森．当代媒体新闻写作与报道：第 6 版．北京：中国人民大学出版社，2009.

3. 廖雪琴，郑贵兰．优秀新闻作品选读．武汉：华中科技大学出版社，2009.

---

① 王春泉．武装的眼睛：现代新闻报道形式及写作．合肥：安徽人民出版社，2008：256.

第六章

系列报道

【本章学习要点】

系列报道的概念及形式

系列报道与连续报道、组合报道的异同点

系列报道的特征及写作技巧

在深度报道大家庭中，系列报道以紧凑、系统、全面见长。较之连续报道，它更强调预先策划，再按照报道计划方案依次展开。系列报道强调在报道视角上的全面延伸，各篇报道由一个主题统摄，而各“分题”从不同角度向外拓展延伸，具有相对的独立性和完整性。

第一节　系列报道的界定与特征

虽然同属深度报道范畴，但是系列报道和连续报道、组合报道具有较大的不同。系列报道的特征集中体现为同题性、同构性、分列性、透视性、专题性、策划性六个方面。

一、系列报道的界定

（一）定义

系列报道是深度报道中一种重要的报道方式，通常围绕同一新闻主题对某一新闻题材从不同侧面、不同角度进行多次、连续的报道。各条报道之间没有外在的时态连续，却有内在的逻辑联系。一般说来，系列报道所关注的对象多为具有重大现实意义的非事件性新闻，如典型模范人物，先进工作集体，地区与行业的风貌、成就、经验和事迹，以及某一种精神、某一社会现象或社会问题，等等。

系列报道和我们上一章介绍的连续报道及下一章将要介绍的组合报道同属于深度报道范畴，所以在实际操作中，有些记者会将三种报道方式混淆。因此，在正式介绍系列报道之前，对其与连续报道、组合报道的区别加以说明，就显得尤为重要。它将为我们正确地理解系列报道的特征和功能打下良好的基础。

（二）系列报道与其他两种报道方式的区别

作为深度报道的表现形式之一，系列报道通常围绕同一主题，由若干篇各自独立又彼此联系的报道集合而成。与连续报道和组合报道一样，系列报道不是靠单篇的力量，而是通过多篇稿件形成整体性的报道强势。但是三者在操作理念和呈现形式上却有很大不同。

1. 系列报道与连续报道的区别

由于系列报道也常常采用集中的、连续的方式进行报道，这使得很多人容易把系列报道和连续报道相混淆。事实上，二者在报道对象、报道过程、篇目关系方面存在着本质区别。

连续报道中的每篇文章都是围绕着同一核心事件进行的，侧重事件发展的时间维度，以时间顺序为轴来组织安排各篇报道。各篇报道之间有着密不可分的联系，通过一系列具有时间流动性和内容关联性的报道来描摹出事件的全貌，强调的是报道的历时性，是新闻事件纵向移动的结果。

系列报道中，文章的组织是依据编辑在某一事件中提炼出的观点与主题来进行的，各篇报道的主题具有不同的侧重性与针对性，且彼此之间的联系相对松散，旨在通过一系列角度各异的报道来支撑起所要呈现的主题，突出的是视点上的铺排。换言之，在系列报道中，对文本的架构和连续起关键作用的，不是事实进程的更新，而是新闻视点上的编辑需求。① 从篇目的关联性上看，各篇报道之间并没有实质性的时间延续，报道时间的先后顺序是人为处理的结果而非新闻事件本身的要求，篇章组织在一起不是按照时间顺序来架构的，各篇目之间甚至可以互换顺序。

由此可见，系列报道与连续报道的最大不同在于，连续报道所关注的是同一新闻事件，报道的每一个组成部分是事件在不同阶段发生发展的情况。而系列报道追求的是同一主题，每一篇报道所反映的是报道主题在不同侧面上所展现出的价值与内涵，具有相对独立性。

以 2009 年中央电视台《经济半小时》为迎接国庆六十周年推出的特别报道《中国符号改变世界》为例，这组报道题目分别如下：

第 1 期：中国制造

第 2 期：13 亿

第 3 期：人民币

第 4 期：A 股

第 5 期：.CN

第 6 期：改革开放

这组六天连续播出的报道，看上去彼此之间似乎没有太大的逻辑关联，其报道对象不是某一具体的新闻事件，每一篇报道与其前后间隔的报道也没有时间上的延续性，6 篇稿件组织在一起凭借的是一个共同的主题——“中国符号改变世界”。这六个代表着中国经济发展历程的

---

① 杜骏飞，胡翼青．深度报道原理．北京：新华出版社，2001：33.

符号，正在改变着世界的现在和未来。此外，虽然这6篇报道是每天一篇连续播出的，但是每篇稿件却具有自身的独立性，甚至它们的前后顺序都可以随意置换。这组报道十分鲜明地体现出了系列报道的典型特征。

2. 系列报道与组合报道的区别

系列报道与组合报道在表现功能上有着诸多的重叠与相似之处。例如，二者都是围绕同一主题进行全方位、多侧面、多层次的立体化信息呈现，都致力于通过观点上的铺陈与组合来揭示新闻事件的深度内涵，都具有系统性的思维方式和运作机制。但二者的差异也非常明显，主要表现为以下三个方面：

首先，报道次数不同。系列报道与组合报道最大的区别在于是否连载。系列报道的信息承载量较大，考虑到版面（时段）容量限制及受众接受能力等问题，必须以分批、分期的方式进行信息传递，具有连载性特征。而组合报道的内在特征和结构方式，决定了其信息发布过程必须是一次性完成的，方能形成自身的报道强势与深度指向。

其次，报道的构成方式不同。构成系列报道的是若干篇指向各异的稿件，彼此间除了逻辑关联之外，还具有各自的独立性。每篇稿件即便是从整体中拆分开来，仍是一篇完整的新闻报道，其深刻性尽管有所削弱，但并未完全消失。而组合报道则不具备这样的特性，它的稿件构成是一种碎片化的信息整合，各部分之间的联系十分密切，一旦分割开来，会显得零碎不堪，报道原有的深度色彩也将瞬间褪去。

最后，报道的外在形式不同。系列报道中的各篇报道往往文体一致、篇幅相近、内容均衡、风格统一，整组报道表现出强烈的同质性特征，容易给人带来整齐划一的审美体验。组合报道在元素构成上则表现出较大的随意性，可以是消息、通讯、评论、背景资料，也可以是图表或图画，通过这种风格各异的素材整合，给受众带去一种多元化、立体化的视觉冲击。可以说，报道形式上的巨大差异，为我们识别与归纳二者所属的范畴提供了简便而直观的路径。

二、系列报道的特征

（一）同题性

所谓同题性，是指系列报道的所有篇章都必须围绕同一主题展开和深入，不能分散，更不能跑题。主题同一化是系列报道的标志性特征，从某种意义上说，系列报道是由多篇稿件贯穿而成的“主题新闻”，其水平在很大程度上取决于报道所预设的主题，而非内容或形式。没有统一、深刻的主题，系列报道就失去了深度报道的指向力度与启迪功能。古语云：“无帅之兵，谓之乌合。”在系列报道中，主题与各篇报道之间存在一种“将兵式”的统领关系。尽管报道的每一个组成部分都有各自的职能和任务，但它们的总体目标是一致的：通过共性化的信息呈现，使报道主题更为鲜明和突出，为受众带来全面而深刻的认知体验。报道主题的深刻与集中，是我们衡量系列报道成功与否的重要标准。

接下来，我们以《温州日报》2010年推出的《十问温州发展》系列报道为例，来观察一下同题性特征在系列报道中是如何体现的。

改革开放30多年来，温州创造了举世瞩目的“温州模式”。从名不见经传的小渔村到享誉全国的商品经济重镇，温州不仅是世人心中的成功代名词，更成为许多地区争相效仿的典范和楷模。然而，新时期经济格局的变化给温州带来了巨大的挑战。站在改革开放前沿的温州，如何深入践行科学发展观的指导理念并从中得到更大的惠泽？历经风雨的“温州模式”如何在新的历史起点上“凤凰涅槃”？在这样的主题背景之下，《温州日报》敏锐地抓住影响温州科学发展的突出问题，于2010年9月15日至20日，推出了《十问温州发展》（简称“十问”）的系列报道。整组报道分别从十个方面对温州发展过程中所遇到的问题和困境进行了深入的叩问和反思。

《一问温州速度——为什么我们经常“慢半拍”?》

《二问城市形象——我拿什么吸引你的目光?》

《三问大平台建设——为什么我们难以扬帆远航?》

《四问生态建设——蓝天碧水何时回到身边?》

《五问机关效能——能不能更快更好更有为?》

《六问体制机制建设——为什么我们难以加快创新的步伐?》

《七问城乡统筹发展——农村到城市到底还有多远?》

《八问人才支撑——为什么人才难引更难留?》

《九问固定资产投资——我们的投资还有多少课要补?》

《十问温州人精神——我们每个人该为温州发展做点什么?》

尽管各篇文章所选取的报道角度各不相同，但都无一例外地服务于“促进温州发展”这一宏大而深刻的主题。每一次发问都是对报道主题的印证和补充，突出了主题的层次性和厚重感，而主题的统领功能又起到了强化单篇报道言说价值的作用。可以说，正是这种传播意图上的鲜明与一致，使得“十问”报道展现出了恢宏的气势和深远的内蕴。报道刊发后，犹如一股扑面而来的劲风，不仅在当地引发了广泛热议和强烈共鸣，同时也在海外温州人群体中产生了良好的舆论反响。社会各界普遍把这组报道看作继改革开放初期温州“姓资姓社”问题争论之后，代表着第二次思想大解放的成功之作，成为广大干部群众思想大讨论的必读文本。

（二）同构性

如果说同题性展现的是各篇报道与主题之间的必要联系，那么同构性所说明的则是各个组成部分之间的有机关联。如前所述，系列报道是由多轮报道组合而成的深度报道，它必须以一种完整而系统的样态出现在受众面前。组成这个系统的各个部分并非一种简单的叠加和拼凑，它们彼此之间必然存在着一种逻辑上的关联与呼应，从而使整组报道所传递的信息能够达到结构上的完备与观点上的饱和，而这一切都要依赖系列报道的同构性。同构性的一个突出特征是，各篇报道遵循同样的价值原则，质量相当，构成相似，风格一致，能够达到大致相同的水平，有着大体相同的运行机制，能在同一个范围之内向着系列报道的整体目标运行。[①] 同构性

① 程世寿．深度报道与新闻思维．北京：新华出版社，1991：137.

越强，吸纳异质的力量就越大，就越能把各个单项报道的功能协调起来，用众多不同质的东西从不同方面来说明整体，进而达到“收拢五指出重拳”的聚合效应。①

此外，从实际效果来看，同构性特征更是直接铸就了系列报道的呈现样态。我们在系列报道的阅读过程中，常常会有这样的体验：整组报道中各个独立篇章的文体、篇幅甚至版式，一般都相对固定、和谐，读完之后往往让人产生深刻的认知体验和齐整的审美感受，而这正是同构性特征作用于其中的结果。

（三）分列性

分列性，是指系列报道中的各个篇章不仅存在逻辑上的有机关联，同时在形式与内容上也具有很强的独立性，各篇稿件可以独立成篇。也就是说，尽管系列报道作为一种组合型的报道方式，需要讲求内容上的彼此衔接和整体上的规模效应，但较之于连续报道那种必须依附于新闻事件的阶段性信息发布手段以及组合报道那种强调以观点为轴的碎片化建构方式，系列报道中的单篇文章在内容构成上具有更强的完整性和饱和度。对于一组优秀的系列报道而言，即使把其中某一则报道从整体中抽离出来单独刊发，也能成为一篇具有较高深度指向的新闻。其原因在于，系列报道是依据主题需要来谋篇布局的，每一篇报道必须充分说明主题某一侧面的内涵，报道自身的深刻与完整是主题得以成功彰显的前提。从这个意义上说，每一次报道活动的展开都是报道者对深度旨趣不懈追求与探寻的过程。

在这方面，《温州日报》发表的“十问”系列报道为我们提供了一个很好的例证，十篇报道既彼此呼应又能独立成章，每一篇报道都给受众带来了与众不同的阅读感受和意蕴隽永的认知体悟。接下来，我们将以“十问”系列报道中的第二篇稿件《二问城市形象——我拿什么吸引你的目光？》为例，体会一下分列性特征所具有的传播魅力。

在城市的发展中，形象力越来越突出。人们对温州的城市形象如何评价？“原先是一张淡淡的水墨画，现在是一张没有画完的油画。”“小、散、乱”的温州城，拿什么吸引别人的目光？

——题记

什么是城市的形象？提起维也纳，我们的耳边会响起音乐声；说到威尼斯，你会闻到异域水乡的浪漫情调；巴黎纽约，就算没去过，眼前也会有鲜明的画面出现。这就是城市形象的深入人心。

那么，谈到温州，你会想到什么？面对这个问题，多数人总是紧锁眉头，努力在脑海中搜索，然而记忆仿佛总被迷雾笼罩，有种说不清、道不明的感觉。

城市形象是一座城市的内在历史底蕴和外在品位特征的综合表现，是城市综合竞争力的集中体现。形象是一种力量，因此称之为形象力，提升城市形象力，是区域竞争发展到一定阶段的必然产物。

温州的城市形象建设，已经迫在眉睫！

① 孙佳志．深刻 同构 整体：系列报道策划之我见．新闻导刊，2001（1）．

看一看外地：杭州最有个性，宁波最具潜力。温州呢？

最近，由新华社《瞭望东方周刊》、复旦大学等主办的中国城市国际形象调查活动结束。按照排名高低，上海、北京、成都、南京、杭州、宁波、西安、长沙、昆明、长春等10座城市获得了首批“中国（大陆）国际形象最佳城市”称号。

浙江省内，杭州在“城市个性”方面排第一；宁波则在“城市的发展潜力”方面排第一。按主办方解释，城市个性所展示的，是“一座城市在多大程度上有自己的独有面貌”；城市的发展潜力，则是“城市未来竞争力的一种体现”。

温州与这份榜单无缘。

撇开这个榜单，再来看看我们可以触摸到的城市面貌：

厦门，温馨城市。花园式的景致点缀在岛内各处。旧城小巧，新区精致，有着南方沿海城市特色的街道和建筑，都收拾得非常干净漂亮。的确，厦门最温馨之处，就在于她像一个家。

大连，浪漫之都。即使没有到过大连的人，也大都知道她有时装节，有女骑警，有足球，有很多广场、草坪、雕塑、喷泉。“拆墙添绿”“广场生趣”等一系列城市环境革命，换来如梦美景，让旅行者流连忘返。

杭州、宁波、厦门、大连……她们的魅力从何而来？就来自一座城市在“体形、面孔和气质”等个性特征上的综合表现。

那么温州呢？

比一比自身：温州城市“形”散乱，“神”缺失，仿佛“没有画完的油画”

一座富有魅力的城市首先要有鲜明的城市形象。

温州是一个风景秀丽的海滨城市，有好山好水，有源远流长的瓯越文化。然而，随着这十几年城市化进程的加快，城市建设在塑造、增强城市特色，提升城市形象方面的工作却显得欠缺，以致给人的印象总是模模糊糊的。

“温州应该是什么样的形象定位？宜居？宜商？轻工城？港口城？这些仿佛都对，但是又都不对。”温州市生态园管委会总工程师、高级规划师高永兴说，因为这一切定位都只是手段，而不是目的。城市，就是美好生活的载体，我们建造城市的目的是生活，并且要幸福地生活。

且让我们从这个角度来寻找一下温州城市的幸福感。

先来看城市之形。温州城市空间布局不够科学，基础设施建设比较落后。

温州城市虽然实施了“东拓、西优、南连、北接”的发展战略，但是城市框架仍然拉不开。深圳城市环境设计研究所所长沈晓恒给温州做了十多年的设计工作，他认为：客观上讲，温州城市显然受地理条件限制较多；主观上讲，温州市民有着很浓的老城情结，不愿意离开老城。但是温州老城的资源条件落后，人口的日渐拥挤又使得老城难以有很好的修复和改善。温州城市发展于是常常陷入这种“新不新”“旧不旧”的尴尬。

温州的基础设施建设中，最让人难以接受的是交通问题。高永兴毫不客气地指出：“一座交通如此拥堵的城市，有美好可言吗？温州的交通已经成了城市病。在市区，一条60米宽的路可以同6米宽的路交叉，斑马线隔50米，甚至20米就遇上一条，瓯海大道高架路遇到主干道就平交。这是为什么？以我的智慧想不通！”

再来看城市之神。现代建筑对历史文化的轻视，对自然资源的侵占，都不同程度破坏了这座城市的传统特色和文化环境。

温州大学校史博物馆研究员张索认为，人们评价一座城市时，关注的不仅仅是看得见的经济繁荣，更要关注社会文化，“城市，应该是人心灵的家园”。

毋庸置疑，温州是一个有文化底蕴的城市，但这些年的城市建设缺失文化元素。“就好比一个人的身体发育了，可脑袋还是小孩子的，很不协调。”市工艺美术研究院副院长潘钦权说。比如市区朔门街的改造，单单注重了门面的设计，而没有挖掘文化内涵，时间稍长些，这条“失去灵魂”的街便开始卖皮鞋卖服装了；还有温州的文化公园，名不副实，走进去看根本就是“文化沙漠”。

温州也缺乏对自然资源的合理利用。1680多年前，东晋著名舆地学家郭璞营建温州古城时，连五斗之山，通五行之水，依据的就是温州丰富的自然资源。这些被誉为“九山斗城”的多处山岭，如今没有被作为景观元素纳入城市规划设计中去，多数被周围建筑严严地圈在中间。张索举例道，市区人民路的街心公园中山公园，是温州底蕴非常深厚的文化带，但现在，高高的广告牌挡住了山体，也挡住了文化的展示，这不能不说是一种遗憾。而这，仅仅是温州城市的一个细节。

市城市规划设计研究院总规划师林观众说，和周边城市、先进城市相比，我们的城市建设差距至少有八到十年。“近年来，我们城市的规模没有扩大、功能没有扩展、品位没有提升，太可惜了！”

找一找原因：“封闭”造成负面循环，“粗放”带来发展症结，“逐利”导致狭隘行为

爱之深，痛之切。每一位关心温州城市建设的人，都试图为这些问题把脉寻因。

首先，温州的“封闭性”造成了城市建设问题的负面循环。

“我们都有种感受：温州人很容易融入外面的城市，但外地人很难融入温州城市。”潘钦权说。祖籍温州的深圳市规划院副院长黄卫东则一针见血地指出，温州其实是一个很封闭的城市，经济上自给自足，思想上自我禁锢，不容易接受多元文化，体现在城市管理政策上也有其独特性。他说，温州的城市管理政策倾向于符合老百姓的传统习惯，这在现代城市建设理念来看，是不与时俱进的。温州的拆迁政策恐怕是全国“最好”、最“宽容”的了，但这样做的结果是，无形中“劣币驱逐良币”，导致如今一些进步的政策无法推行。

温州独有的封闭，也让外来资本无所适从。黄卫东说，他们在温州所遭遇的是“排他”的竞争环境，因此，温州难以大量引进外来资本和外来企业，导致我们的城市开发行为比较局限，“这是一个负面的循环”。

黄卫东认为，这一系列问题反映到城市形象上，就造成了“都市里的乡村”或者“乡村里的都市”现象，模棱两可，并非一个高效率的城市运营状态。

其次，温州的“粗放发展”导致了城市规划体制不完善等一系列症结。

粗放导致粗糙。规划本身科学性的问题，城镇规划与总体规划、土地规划不衔接的问题，规划执行过程中的随意性问题，在温州都或多或少地存在。“在温州做规划，难。”沈晓恒说，每一个设计都很难原原本本地实现，“因为每一个地块总有很多个理由来要求你不得不改规划，不停地改，改到最后，连我这个做规划的自己都不认识这个规划了。当然，规划本来就是理想和现实的博弈，只是在温州，博弈得太辛苦!”

粗放导致急进。“就拿城市形态整治来说，自上世纪90年代以来，温州已经进行了三轮较大型城市形态整治运动，部分改善了城市环境，但由于只注重形象工程和迅速见效，出现一些‘半搭子工程’，显得太急于求成，而不注重规划和实施的可持续性和操作性。”市城市规划设计研究院段丙庆曾专题研究过这个现象，他指出，城市形态是一个复杂体，不可能通过短期的建设就迅速改观，急进不是办法，累进才是可持续之路。

专家们都认为，温州城市建设应适时告别粗放式，进入集约式、内涵式的发展阶段了。

另外，温州城市建设的“逐利性”较强，受利益的驱动，在决策时，多从经济效益出发，却很少考虑到自然存在的客观条件和文化历史的人文条件。

可能是受市场经济发育较早的影响，逐利性在温州表现得特别突出。林观众说，从百姓个体利益的微小化到部门利益的微小化，都有所存在，不像其他一些城市，老百姓能很配合地参与到城市建设上来；也不像深圳这些城市，虽然逐利，但有很好的法治来约束，比如规划立法，就是从深圳开始的。

逐利性也导致部门权力的物化，行政效率的低下。高永兴曾计算过：“在温州，一个普通的建设项目，从立项到竣工决算，其审批手续达298个环节，要盖300多个章。若再调整概算，不知道还要增加多少环节。把这些手续办完，花上两年时间是常有的。而上海、苏州，同样的项目只需15天!”

想一想办法：我们要站在更高的层次，用更宽的视野来谋划城市转型发展

中国正在向城市化时代高速迈进，温州跟得上这趟奔驰的列车吗？换句话说，有这么多问题存在，我们还来得及纠正吗？

中国城市规划设计研究院副院长杨保军本月初在接受央视《面对面》专访时曾谈到同类话题，他说：“我个人的判断是还来得及，因为现在还没有定型，所以当前这个阶段比较关键，我们还有20多年的时间可以调整我们的步伐、方向、路径，这些问题的呈现对我们来说非常重要，不能再延续原来的那种发展思路了!”

市建设局副局长陈高鲁也认为，城市建设和规划中的失误也许是难免的，即便是上海这样的国际大都市，也会有不尽如人意的地方。不过当下，必须反思过去的失误，促使我们更好地谋划未来。

站在更高的层次，用更宽的视野来谋划，专家们不约而同提到城市的转型发展。

转型发展，首先要立足长三角和海峡西岸经济区交汇城市这个实际，进一步找准城市定位。黄卫东说，温州要把眼界放开，和周围的兄弟姐妹站在一起全方位认识自己，确定在区域经济中应扮演什么角色？这过程中，要尽快改变“以问题为导向去解决问题”的习惯，“遇事先考虑问题，纠结于困难，什么事情都会难以推动”。黄卫东建议温州要树立“以目标为导向来解决问题”的思维习惯，否则，只会更加封闭了自己，当周边兄弟城市的“首位度”提高时，温州就容易成为别人的附属。

转型发展，要求做强做优中心城市功能。对此，林观众说，我们城市的发展正在进入以发挥主体功能为主导的新阶段，在建设过程中，城市主体功能区的产业结构、人口规模和发展能力，将有效影响带动相邻区域的发展。

转型发展，对城市管理也提出了“精细化”要求，要越来越关注人性需求的多样性，为市民提供良好的公共服务产品。黄卫东说：“现在人们一味只关心容积率，而忽视了幼儿园、医院等公共设施的建设。但公共设施不是单纯靠市场就能做起来的，政府应该有一种主动干预的姿态，凡事把公共政策放在第一位，这样才能精细化管理好几百万人口的城市。”

转型发展，还要解决好钱的问题，搭建服务于城市发展的资本平台。副市长章方璋表示，下一步，温州将加强融资平台的打造，做好城投公司的资产打包。同时，加大城建领域开放力度，树立“不求所有，但求所在”的理念，畅通准入通道，抓紧制订鼓励民资参与基础设施、公共服务业等领域的政策措施，实现政府投资和社会投资的良性互动。

发展机遇选择城市的时代已经到来！如何提升温州城市形象，增强温州城市的凝聚力、认同感，到了必须十分重视的时候。当然，我们也必须认识到，城市形象需要一个相对较长的培育期。但无论怎样，随着人们对城市建设、城市形象等方面认知程度的提高，一个真正现代文明的城市必将越来越快地来到我们的身边！

（四）透视性

透视是绘画理论的专业术语，简单说来，就是通过绘画技巧的运用来表现物体的深度，使其更具空间感和层次感。之所以将透视概念引入系列报道并作为它的一个重要特征，是因为二者在展现事物的深度层面有着一致的目标和追求。如前所述，系列报道作为深度报道的表现形式之一，所关注的对象是非事件性新闻，侧重的是问题的剖析与现象的解读。其报道目的在于，对新闻事件进行多角度、多侧面、多层面的深入发掘，使受众对所述问题有一个清晰、完整而深刻的认知。

系列报道的透视性特征主要表现在两个方面：

1. 结构透视

在绘画创作中，艺术家需要运用线条和色彩来表现物体的空间存在感，使其达到生动逼真的艺术效果。而在系列报道中，记者对报道对象进行呈现的方式不再是线条和色彩，而是内容与角度各异的多篇新闻稿件，它们分别从不同角度、不同侧面、不同层面对报道对象加以解释和论说。每一篇报道都犹如一笔重彩，将报道对象的轮廓勾勒得愈加清晰可感。在这些纵横交错的报道线条中，报道对象得到了立体化的信息呈现，形成了整体透视的传播效果。

2. 背景透视

如同绘画构图中需要借助背景画面来凸显主体形象一样，系列报道也经常将所要说明的问题或现象放置于一定的社会背景环境之中，通过对比之后产生的强烈反差，来强化受众对于报道内涵的认知。例如，《经济日报》2008 年刊发的《成长中的产业集群》系列报道就充分体现出了“背景透视”这一特征。

随着全球经济一体化进程的加速，产业集群在我国部分地区逐渐崛起，形成了强大的产业配套和生产制造能力，迅速提高了劳动生产率，为国民经济持续快速增长提供了巨大动力。然而，不容乐观的是，在我国的大多数地区，管理者对于产业集群的概念还很陌生，人们仍然沿袭着单一型发展的老套路。在劳动力成本逐步上升、资源和环境瓶颈制约日益明显、全球贸易保护主义在国际金融危机之后再度抬头的种种严峻背景之下，这种落后的发展模式必然会成为我国经济发展前行中的重大羁绊。

《经济日报》围绕产业集群问题所发表的13篇报道正是在上述背景下逐步展开的，报道选取了浙江诸暨珍珠、江苏建湖节能灯、重庆摩托车、广东东莞家具、云南斗南花卉等13个具有典型意义的产业集群，深入研究了各个产业集群的发展历程、现状和经验。从单篇来看，每一篇报道都对特定的产业集群案例进行了分析和讨论。以首篇报道《这里，让淡水珍珠更加"闪亮"——来自浙江省诸暨市珍珠产业集群的调查》为例，文章细致地描述了诸暨珍珠产业从养殖到加工、交易再到品牌化的历程，展示了产业化经营给当地带来的诸多良性效益，同时也指出了诸暨珍珠产业集群在研发设计方面的集群效应并不明显、品牌形象有待加强等问题。可以说，整组报道对于各地培育产业集群、转变发展方式，实现经济社会平稳较快发展具有重要的借鉴意义。同时，通过报道的"背景透视"，加快建立产业集群的必要性与紧迫性被十分自然地凸显了出来，这对于新时期中国经济的再度腾飞，无疑起到了很好的舆论引导作用。

（五）专题性

《现代汉语词典》把"专题"解释为"专门研究或讨论的题目"。有些讲报纸体裁的书，也把"专题"解释为"需要加以研究、探讨和解决的理论问题或实际问题"①。专题性这一特征主要是针对透视性系列报道而言的。如前所述，透视性系列报道不是对某一现象或规范进行或者肯定或者否定的印证性报道，而是以一种质疑、反思、批判和建设的态度对所关注的对象进行开放式的研究与讨论，进而引发受众的广泛关注和深度思考。可以说，这种报道旨趣充分体现了"专题"所蕴含的功能和价值。专题性特征在透视性系列报道中主要表现如下：报道总是沿着提出问题、分析问题、解决问题的一般性思路来进行，与受众接受新生事物时的认知规律大致相同。它所提出的问题不是空泛的、虚化的、零散的，而是具体的、确定的、集中的，不能超出专题的讨论范围，且带有强烈的现实指向性。此外，从实际传播效果来看，一组优秀的透视性系列报道中往往蕴含着浓厚的启蒙意识与思辨色彩，而这种风格的形成则是"专题"的理性言说方式内化于其中的产物。

例如，上文我们所提及的《十问温州发展》系列报道，可以说对透视性系列报道中的专题性特征做出了较好的诠释，主要表现在以下三个方面：

第一，对于"如何促进温州发展"这样一个宏大而复杂的问题，报道不是作简单的泛泛而谈，而是分别从发展速度、城市形象、平台建设、生态建设、机关效能等十个不同的角度对所述问题进行有效切割，并在此基础上展开有针对性的剖析与讨论。每一个问题都是具体的、确定的，是城市发展中所遭遇的现实阻力和困境，也是所有温州人都能够深刻感知的切肤之痛。同时，报道所关注的这十个问题并非各自为战的"散兵游勇"，它们有着严格的归属范畴，共同作用于"如何促进温州发展"这一主题，使整组报道表现出强烈的聚合力。

---

① 程世寿．深度报道与新闻思维．北京：新华出版社，1991：129.

第二，从单篇来看，每一篇报道都无一例外地遵循着“提出问题—分析问题—探讨解决之道”这条严谨的逻辑路径来进行，使受众能够在一种相对固定与熟悉的思维模式下接收报道所传递的信息。以上面提到的《二问城市形象——我拿什么吸引你的目光?》为例，记者在开篇部分通过同类对照的方式将“城市形象”问题自然引出。紧接着，分别从“形”散乱、“神”缺失两方面对目前温州城的窘迫现状予以呈现，并分析了这种城市怪象的成因。在文章结尾，记者在综合了多方观点的基础上提出了解决问题的办法，分别从找准城市定位、做强做优中心城市功能、城市管理“精细化”、搭建城市发展的资本平台等方面，勾勒出了温州城未来的发展蓝图。可以说，这种“提出问题—分析问题—探讨解决之道”三步走论说方式将整篇报道的节奏调配得紧凑、合理、有序，简化了受众理解过程中的困难，在一条完整而清晰的思维路径中，所述问题得到了更为详尽的呈现和解读。

第三，整组报道充满了理性的批判精神，具有促进社会意识觉醒的强烈倾向。报道以质询为起点，以希冀为归宿，字里行间所传递出的是记者对家乡发展的忧思与深情，能够使受众在阅读之后产生强烈的思维震撼与情感共鸣。

（六）策划性

古语云：“凡事预则立，不预则废。”系列报道中的策划性特征便是使其“立”之“预”。精良的策划会使系列报道取得巨大的成功，反之，则会使其流于肤浅。从操作层面来讲，策划性是系列报道最为重要的特征。之所以把它放在最后来论述，是因为策划性对于上述五种特征的产生与运行起着至关重要的决定性作用，是其功能得以充分展示的前提和保障，失去了策划性，系列报道的其他特征也就成了无源之水。

策划性这一特征主要是由系列报道的关注对象与追求旨趣共同决定的。首先，系列报道所关注的对象往往是已发生的新闻事件，对于报道时效的要求相对较弱，这就为策划的展开提供了理论上的可能，使记者可以从容地对所述问题进行构思与编排。其次，系列报道的使命是揭示事物的深度内涵，而这种深度信息又常常被盘根错节的外在事实包裹得十分严密，如果记者仅是凭着直觉和热情去进行报道，其结果必然是无功而返。此时，可以通过策划的方式对事物进行深入细致的思考和分解，厘清事物的结构脉络，并将其清晰完整地呈现出来，进而实现系列报道所追求的深度旨趣。

较之于连续报道和组合报道，系列报道的策划性特征有着自己独特的运行机制和表现形式，主要体现在以下三个方面：

首先，从策划的频度来看。系列报道的策划不是时有时无的调剂品，而是始终深深融注于系列报道之中的，可以说，每一组系列报道都是新闻工作者集思策划的产物。

其次，从策划的方式来看。系列报道主要以案头策划为主，在时间上表现出一定的前置性，即在报道的采写开始之前就对整个报道做出详尽的计划，做好充分的准备。

最后，从策划的精细度来看。系列报道的策划表现出强烈的细分化特征。从报道主题的确定到各个分主题的设置、从报道次数的选择到每次报道内容深度的把握、从整体结构的布局到内在逻辑的连接、从报道文体的选取到报道风格的确立，以及版面安排、字数要求、图片选定等一系列过程和方面，都需要报道者做出精心的设计与谋划。可以说，这种事无巨细的策划方式使得系列报道的报道质量与传播效果均得到了有力的保障。

三、系列报道的分类

依据报道内容与报道目的的差异，系列报道大体上可以分为展示性系列报道和透视性系列报道两种类型。

（一）展示性系列报道

展示性系列报道，是指报道者通过组合而成的多轮报道，对某一问题、事件或人物，从不同角度、不同侧面、不同层次进行或为肯定或为否定的展示与评价，报道的立场与倾向十分鲜明，其目的在于引导受众接受并强化报道所传递的某种精神内涵或行为规范。从时间上看，展示性系列报道出现较早，并非一种新的报道形式。比如过去我们所熟知的、时常见诸报端的有关某个典型人物、优秀集体、先进经验的宣传和推广等。尽管依照现在的要求，许多作品在报道形式上不够成熟与完备，但就报道功能和性质而言，它们都属于展示性系列报道的范畴。

（二）透视性系列报道

透视性系列报道，是一种以分析、探询为旨趣的报道形式，蕴含其中的是报道者对于某一问题或现象的质疑与反思。与展示性系列报道相比，透视性系列报道的立场和倾向较为隐晦，但却具有浓厚的思辨色彩，其目的在于通过报道来引发受众对自身生存现状和生存环境的思考与审视，在思维方式变革的基础上推动社会整体的革新与进步。透视性系列报道在出现时间上要晚于展示性系列报道，它是伴随着20世纪80年代中期的新闻思潮变动发展而来的。《中国青年报》发表的《大学生毕业成才追踪记》《西部贫困探源》《命运备忘录》等一批优秀新闻作品可以看作透视性系列报道的早期代表成果。这些佳作的问世，不仅仅是一个时代的缩影和记录，更为重要的是它们开启了当时中国社会发展的新进程。

综上所述，尽管展示性系列报道与透视性系列报道在出现时间和表现功能上有所不同，但二者之间的衔接与过渡，却体现了我国新闻工作者对于新闻专业理念和社会责任意识认知的不断深化。目前，这两种系列报道类型仍活跃于新闻报道的第一线，在不同层面以不同方式影响着受众的思维路径和行为方式。

第二节　系列报道的优势

与连续报道和组合报道相比，系列报道的最大弱点是时效性较差。通常来说，系列报道必须要等到事件尘埃落定之后才能逐步展开。然而，所谓“祸兮福之所倚”，时效上的失利也恰恰给了系列报道更多从容应对新闻事件的时间和空间，使它能够更为细致地发掘事件的本真内涵，进而在深度报道的路上走得更远。

一、立意彰显深度

事物的优势并非与生俱来的，而是经过比照之后产生的结果。为了更好地说明系列报道的深刻性优势，我们将对连续报道与系列报道进行简单的“深度”对比，使大家能够对这一优势有一个更为具体的理解和感知。

连续报道是一种追踪式的报道。它的每一篇报道都受到事件发展的局限，因此在空间上相对都是比较杂乱的，哪一天新闻事件的内容丰富，报道的篇幅就相对较长，哪一天新闻事件的内容贫乏，报道的篇幅就相对较短。每一篇报道都可能涉及事件的方方面面，没有统筹的规划，只有一条时间的线索。[①] 所以，无论是单独篇章抑或是报道整体，其认知效力与深刻性都不得不受新闻事件本身的制约。相比而言，新闻事件对于系列报道的限定则相对宽松，仅仅是其展开的依托，而不是束缚其思想的枷锁。系列报道是在全面掌握新闻事件的基础上进行谋篇布局的，报道者对于整组报道的立意深度及发展脉络已经有了宏观上的构思和把握。此外，每一篇报道又都是针对新闻事件某一方面的意义所进行的细致阐述与分析，且各篇报道之间的内容比重都相对均衡，这就最大限度地避免了因信息分布不均而产生的“虎头蛇尾”现象，同时也保证了单篇报道的完整性与深刻性。如果将它们组合起来，就会使人产生一种认知上的丰厚感与时空上的错落感。由此可见，深刻性在系列报道中表现为一种常态性追求，从单独篇章到报道整体，都无一例外地显示着深度信息的魅力。这种深刻性的信息优势，也使得系列报道在许多重大新闻事件中常常扮演着“思想传播者”的角色，体现了其“失之东隅，收之桑榆”的价值定位与传播策略。

以 2010 年由《解放日报》《文汇报》《新民晚报》三家报社记者联合采写的《上海世博会纪略》系列报道为例，我们选择这组报道中的头篇稿件《和平发展的生动演绎》来感受一下系列报道的“深度”冲击力。

“没有对和平的热爱和对和谐的向往，就不可能有这么多国家和民族的人们欢聚在一起。”

“人们离开上海世博会的时候，感受到一个文明、和平、寻求互利共赢的中国。”

“这样的中国不可怕!”

184 天的盛会成为历史一页。璀璨灯火渐熄，满园人潮渐散。参展者，参观者，组织者，志愿者，依依惜别，难说再见。

人们难舍合作相处的情缘，更留恋世博园中呈现的和平发展、和谐共处的动人图景。

体味不同的文化，更感受共通的心灵

一个多月前，国际展览局秘书长洛塞泰斯就急切地提前对本届世博会创造的历史之最作了盘点。他想说的，是“世界需要世博会”。除了世博会，还没有任何活动能提供一个与之相似的平台——通过创意、教育、对话来促进和平发展与合作。

184 天来，在世博中心，两百多面旗帜依次升起，两百多个国家馆日、国际组织荣誉

---

① 杜骏飞，胡翼青．深度报道原理．北京：新华出版社，2001：32.

日活动逐日举行。各个国家和国际组织，无论大小，不论强弱，都得到了有尊严的表达和充分的展示，浦江两岸的这片园区，俨然成了“联合国第二总部”。

184 天里，2 万多场文化活动，不同地域，不同民族，各显其能，从大名鼎鼎的弗拉门戈舞、费城交响乐、印度宝莱坞，到鲜为人知的布隆迪大鼓、佛得角赤脚女歌王、新西兰毛利歌舞。

窦德龙是上海世博局活动部的工作人员，整天跟各种演出打交道。一开始，他和众人一样，感叹于世界文化的多样性。时间一长，他渐渐看出门道，布隆迪大鼓和韩国黑鼓虽然风格迥异，但同样都在抒发面对生活的感情。文化不同，心灵相通。

尽管交通条件改善、信息技术发展，“天涯若比邻”几成现实，但面对面的人际交流依然珍贵。184 天里，2 万参展方人员，16 万工作人员、保障团队和志愿者，加上 7 000 多万游客，面对面微笑，心与心交流，那种跨越肤色、跨越种族、跨越文化而握手、拥抱的场景，常常令人动容。

对于许多国外参展人员来说，他们一天接待的中国人数量，比他们一辈子所能遇见的陌生人还要多。当他们看到，为了踏进自己的展馆，热情的中国人甘愿在最炎热的夏季耐心地排上几小时队，对于这个国家的人民，他们一定会有特别的印象。而成千上万的中国人走进园区，一个个原本只是写在教科书上的抽象国名，如今化成了生动可感的人物和图景。进入爱沙尼亚馆的游客，惊诧于这些“洋面孔”会字正腔圆地唱《龙的传人》；参观过土耳其馆的人，一定会记得那里爱捉弄人的卖好吃冰淇淋的大伯；突尼斯馆门口，常常有游客手捧刚刚捏制完成尚未定型的泥制小花瓶，像对待宝物一样小心翼翼。今后，当家里的客厅多了这样一件小物品后，他们仿佛与突尼斯这个遥远的国度产生了某种特殊的亲密联系。

“爱生活，爱世界”，这是中国馆馆长徐沪滨漫步世博园的最大感受。的确，上海世博会安排的地球村村民的这次“美丽约会”，让不同民族、不同文化、不同经济发展阶段的人们，感受到了相互的差异，更感受到了彼此的共同点——爱生活，爱和平。“通过密集的人际交流，构筑了和平发展的坚实基础”，这是全国政协外事委员会主任赵启正对上海世博会的评价。

分享不同的经验，更探索共同的课题

上海世博会的 E 片区，地偏一隅，游客并不很多。可是，对有些人来说，这里有着超过中国馆、沙特馆和石油馆的吸引力。他们会一遍遍地来这里参观，在这里驻足。因为这里展示的是当今世界城市发展的最佳案例。80 个案例选自 200 多个城市参展方案。

踊跃的参展情形，得益于一个能引起共鸣的主题——城市，让生活更美好。上海世博局负责主题演绎的季路德说，这个主题，既有时代性，又有普遍性，穷国富国都可展示。

的确，城市化加速带来的诸多挑战，资源匮乏，能源紧缺，环境危机，贫富差距……几乎威胁着每一座城市。无论经济处于怎样的发展阶段，人们都在探索如何让生活更美好。而引领探索的理念正日益趋同：不再是互相掠夺、彼此争斗的此消彼长，而是荣辱与共的共生性发展，是互相促进的包容性增长。

于是，太阳能板成了不少展馆外墙共同的选择，雨水收集利用成为不少展馆屋顶必备的功能；于是，竹屋、零碳、智能卡、水幕墙、空气树、生态家让人津津乐道；于是，重污染区改造重生、衰败老港脱胎换骨、贫民区改头换面的案例获得了空前的关注。

世博园里，来自五大洲的人们交流如何更高效、更清洁地从大自然获取可持续的能源，而不是吵闹着分割地球上那点有限资源。大家思考的是一样的课题：少索取，低排放，修复被我们破坏的地球生态，填平被我们切割的社会鸿沟。

世博的乐章已成余韵，但这平衡、和谐发展的主旋律仍在回响。如果世博的精髓能够延续和推广，那么，“祝全世界所有国家和平、发展”，这个由国展局负责人在公众参与馆许下的美好心愿，就能够成为美丽的现实。

贡献中华的智慧，更呈现真实的中国

“历史上任何一届世博会，对举办国来说都意味着两个目的，既是一个庆祝仪式，又是一种信息传递。”上海世博会中国政府总代表助理徐波说。

是的，30 年成就值得庆祝。但这种庆祝不仅仅是一场自我肯定的喜筵，更是一次自我沉思的契机。30 年成就，我们靠的是改革开放，靠的是和平的发展环境。继续前行，我们需要放眼长远，更应珍惜和平，维护和平发展的环境。

所以，上海世博会更是一次向世界传递中国包容、和合智慧，展示和平发展理念的重要机会。

246 个国家和国际组织及企业的赴约，是中国包容智慧的体现。中国积极推动阿拉伯、非洲、南太、加勒比地区的参与，甚至出资上亿美元建立非洲联合馆——发展中的中国已经并将继续对世界的共同发展做出自己的贡献。

所有的参展者、参观者，从国家政要，到展馆工作人员，中国人均以礼相待，体现出和合之道。园区事务均按规则操作，国家馆日无论强国弱国，严格依照先到先得原则。馆日活动安排，即使是类似升旗地点在室内还是室外，组织方都充分尊重参展方的意见。包括什么样的人可以走绿色通道等园区运行政策，都由多方共同商定。由参展方、组织者、中国政府总代表三方参加的联席会议，每月两次，尽管大家意见有时并不一致，但上百个问题都在坦诚友好中协商解决，上演了一出“和谐共治”的连续剧。上海世博会总代表联席会议主席塚本弘注意到，在各个国家馆日，无论国家大小都能得到同等的报道和关注，“我非常荣幸成为上海世博管理和谐团队中的一员”。

闭幕式上有感人的一幕，肤色各异的参展方代表一起唱响了中国民歌《茉莉花》：“让我来将你摘下，送给别人家。”这种“授人以花，手有余香”的情怀，正是真实的中国在本届世博会上所表现的风采。它体现的不仅仅是作为“术”的中华智慧，更有作为“道”的中华文化的根基——以仁为本，以德为上，以和为先。

世博园里最流行的是世博护照。当工作人员面带微笑敲下印章、游客面带微笑接过护照的时候，我们应该体会到，传递着友爱与和平力量的微笑，是我们在这个世界上最好的通行护照，也是我们人与人、国与国之间相处的最好法宝！如世博歌曲《世界》所唱：“微笑辽阔无界，拥抱超越一切。”

后世博的日子，中国需要继续发展，发展需要持续和平。中国，必将永远微笑面对世界！

本组系列报道由《和平发展的生动演绎》《融入世界　坚持发展》《共同为未来发展思考》《付出艰辛　收获科学》四篇稿件组成。四篇文章的论述高屋建瓴、大气磅礴，熔新闻综述、新闻评论于一炉，分别聚焦于“和平发展”“坚持发展”“面向未来发展”“科学发展”这四个主题，始终如一地贯穿着“发展”这条红线，主题鲜明、深刻、集中，富有极强的思想性、前瞻性和现实针对性，对于回应外界疑虑、呼应国人期盼起到了良好的舆论引导作用。

需要指出的是，尽管这组报道在整体上表现出恢宏的气度，但每一篇报道又都不是口号式的宣传和鼓动，激昂的外表下蕴藏的是深刻的反思与启迪。记者通过大量的细节性描述将所要阐述的主旨加以强化，使受众对于文章的体会更加具象、真切，实现了“一滴水珠见太阳”的传播效果。以首篇报道为例，从表面上看，文章由“体味不同的文化，更感受共通的心灵”“分享不同的经验，更探索共同的课题”“贡献中华的智慧，更呈现真实的中国”三大部分构成，满腔激情地追忆了“成功、精彩、难忘”的上海世博会盛况，全面深刻地诠释了世博会的精神实质与内涵，热情洋溢地赞颂了成功举办上海世博会的中华智慧，并以饱满的自信与激情面向“后世博”这个更为广阔的发展前景。可以说，从这三“更”之中，受众所感受到的是一个文明、和平、寻求互利共赢的大国形象。从细微处着眼，每一环节的论述又都有具体可感的细节支撑。比如：在第一部分中爱沙尼亚馆内让人难忘的《龙的传人》、土耳其馆里卖冰淇淋的顽皮大伯、突尼斯馆中关于泥制花瓶的美好记忆；第二部分中的太阳能板、雨水收集器、竹屋、零碳、智能卡、水幕墙、空气树、生态家等体现环保理念的现代设施；第三部分中肤色各异的参展方代表合唱中国民歌《茉莉花》的难忘景象。正是在这样一个个生动感人的细节背景衬托下，文章每一部分的主题思想都得到了最大限度的展示，实现了政治宣传的软着陆。通过这种抽象与具象相结合的论说方式，受众对于报道的认知效力得到了极大的提升和强化，更使得弥足珍贵的世博精神能够流传延续，启示明天，也激励着未来。

纵观整个上海世博会期间，国内各家媒体围绕这一盛会所进行的报道不计其数，丰富的报道内容和多样化的报道手段不禁让人眼花缭乱。然而，当激情与热潮渐渐退去后，在受众心中留下最强震撼与共鸣的却非《上海世博会纪略》莫属。报道以其前瞻的思想、敏锐的洞察、充沛的情感、艺术的表达在上海广大干部群众中、在全国传媒业界引起热烈反响，受到中宣部领导、上海市委领导的充分肯定和高度评价。本组系列报道因其气势上的恢宏与思想上的深刻而荣获第 21 届中国新闻奖一等奖。

二、独家视角与观点

与连续报道的“独家时效”相比，系列报道所追求和实现的是传统意义上的独家新闻，即通过独家视角的选取与独家观点的呈现来给受众带去与众不同的认知体验。正是这种对独家新闻本初内涵的坚持，使得系列报道与其他报道方式相比，在信息价值的追求上表现出强烈的差异性。可以毫不夸张地说，每一组系列报道都是具有不同程度独家色彩的深度信息。

那么，缘何系列报道能够在信息传递中表现出如此强势的独家性呢？这主要与两方面因素有关：报道策划和报道文体。

（一）报道策划

从本质上说，信息同质化现象产生的主要原因在于众多媒体在报道事件和报道视角上的集中化呈现与无意识重合，而报道策划的缺位或薄弱又是诸多失利因素中最为重要的一环。从这个意义上说，系列报道的策划性特征使其实现了报道取向与报道价值上的自我救赎。系列报道通常是某一媒体的独家策划，从报道事件的选取到报道主题的提炼再到报道流程的展开，体现的是媒体自身的报道理念与报道风格。这种相对封闭的操作模式使得系列报道在表现形式与表现内容上具有很大强度的排他性与独一性。即便是同一新闻事件，经过策划环节的加工与打磨之后，其呈现角度与内涵深度也会发生巨大的变化，从而有效地避免了“信息同质”的尴尬局面。

（二）报道文体

独家新闻生成的另一处土壤是受众对于观点性新闻的需求。正如喻国明教授所指出的那样，现代媒介竞争已由单一的信息再现发展到了信息解读与信息整合交叉进行的复杂阶段。受众不仅要获知新闻，同时也需要报道者对此做出解析。可以说，正是这样的功能诉求与定位，使得以观点见长的系列报道在独家新闻领域有了更大的作为空间。从实际经验来看，系列报道中所采用的一般多为新闻综述与新闻评论相融合的复合型文体，这主要是由系列报道需要凸显报道主题的特殊使命决定的。在整篇报道中，“述”的主要作用在于对主题思想的引发与映衬，报道的重心与亮点则在于那一笔笔画龙点睛的“评”。它体现的是报道者对于事件本身的态度和意见，是引领受众走向深层次认知的思想坐标。从独家性的角度来看，这些带有浓厚主观色彩的、表达效力更为直接的观点性话语也正是报道所承载的独一无二的原创性信息。它们使得系列报道在同一新闻事件中表现出较高的识别度和认可度，也使得整篇报道的思辨性与启迪性更加强烈。

可以说，上述两种因素的有机结合使得系列报道在传播效果上具备了超乎寻常的独家性优势。在我国新闻同质化现象日益严峻的背景下，在媒体竞争渐趋白热化的情况下，具有独家性优势的系列报道将帮助媒体实现差异化竞争的理念，成为它们提高自身价值、创造现实利益、掌控舆论话语权的有力支撑和可靠保障。

三、形式的审美意味

随着信息时代的来临，人们对于新闻的要求变得更为苛刻，内容的精彩与形态的美观是受众赋予新闻报道的全新内涵。因此，在不破坏新闻真实的基础上对报道信息进行加工与包装，进而最大限度地强化新闻作品的观赏性，是媒体取悦受众和获得市场份额的又一关键所在。在我们所介绍的三种报道方式中，系列报道的审美价值是最高的。一组优秀的系列报道给受众带去的不仅仅是思想上的震撼，同时也有审美上的愉悦。这份体验有时甚至超出了新闻报道自身的审美范畴而逐步向文学领域靠近。从实际情况来看，许多规模宏大、主旨深刻的系列报道完全可以直接装订成册出版，其思想性和美感度丝毫不亚于同类题材的书籍。比如：浙江人民出版社出版的《我们来了，80后创业者》一书，是《杭州日报》采写的系列报道；中国对外翻译出版公司出版的《真心英雄："非典"人物系列报道》一书，是中央电视台《东方之子》栏目制作的系列报道。所以，这也就不难解释为什么在诸多报道方式中，系列报道的受青睐程度往往是最大的。可以说，除了思想内涵的深刻之外，报道形式上所具有的独特气质与美感也是其取得成功的重要依托。

同独家性优势一样，系列报道的审美优势也是两方面因素交叉作用的结果，即形式的齐整性和结构的立体化。在二者的合力之下，系列报道实现了由普通信息向新闻艺术品的飞跃。

（一）报道形式的齐整性

这可以说是系列报道最为直观的审美特质。较之于连续报道与组合报道那种篇幅长短不一、文体五花八门的报道形式，系列报道所呈现出的是一种齐整、同质的外在轮廓，在信息操作上具有高度规范化的要求。整组报道就像阅兵式中的一个个方阵，散发出齐律化的气息。整齐划一的报道形式有助于大幅度提升报道的冲击力和观赏性，在保证报道信息有效传递的同时也能使受众获得视觉上的享受。

（二）报道结构的立体化

如果说报道形式的齐整性所追求的是一种直观的视觉体验，那么报道结构的立体化指向的则是认知上的审美感受，它表现出一定的间接性。系列报道的结构安排是围绕着报道主题来进行的，每篇报道都是主题思想在某一方面的延伸和拓展，起到的是支撑与架构的作用，将它们组织起来会使整组报道呈现出一种丰满、立体的结构样态。较之于单一线索的平面化解读，这样的结构方式会使受众在接收信息的过程中产生系统化的思维律动与审美体悟。

经过上述两方面功能的修饰与美化，系列报道所蕴藏的美学属性得以充分彰显，报道的整体格调得到提升，进而产生让人过目难忘的传播效果。

第三节　系列报道的写作

从系列报道的功能和特性出发，要做好系列报道，首先要处理好三个环节：精选报道题材，精练报道主题，切分报道视角。在此基础上进一步做好素材归类、选好报道形式、设计好报道结构。

一、精选报道题材

从传播成本来看，系列报道是占用媒介资源最多的一种新闻报道方式。无论是报纸、广播、电视还是互联网，只要选择了采用系列报道的方式来发布信息，就必须做好高成本投入的准备。因此，在决定某一新闻素材是否应该选择系列报道这柄双刃剑时，必须做到慎之又慎。

一旦选题方向出现了偏差，整组报道的传播价值将大打折扣。其结果是，这一重磅炸弹非但不会给媒体带来可观的收益，甚至可能使其所有的努力都付诸东流。

那么，什么样的新闻题材才适合做成系列报道呢？从系列报道的功能与特性来说，它必须要满足以下三方面的要求：

其一，事件本身必须具备足够广泛和较大程度的社会影响力。

通常来说，它们往往是生活领域和现实变革中的重大问题，是社会发展进程中所出现的热点、焦点和难点。对于这些问题的关注和探讨，有助于纠正人们思想上的偏差，形成一种共识与合力，进而推动社会的良性运转与合理化建构。相反，如果将系列报道的关注目光聚焦于一些家长里短的琐事，则势必会造成其传播功能上的大材小用。

其二，事件中必须蕴含着丰富的信息量和错综复杂的逻辑关系，具有高度的可议性。

对于报道者来说，这些问题的解决往往是一项庞大的系统工程，需要思考与研究的方面颇多，必须从不同侧面、不同角度分别延伸，进行深入细致的分析。系列报道鸿篇巨制的规模恰恰能够为报道者提供合适的信息载体，使报道对象得到全方位的展示。相比之下，那些内容贫瘠、线索单一，千字之内便能陈述清楚的新闻事件是无法走进系列报道视线的。

其三，事件本身对于新闻时效的要求不能过高。

在三种报道方式中，系列报道是出了名的“慢性子”，具有“十月怀胎，一朝分娩”的传播特性。比如，我们所熟知的张建伟撰写的《大学生毕业成才追踪记》系列报道，从开始酝酿到收集材料再到正式动笔，差不多用掉了八个月的时间。这就要求系列报道所选取的新闻事件必须给它留出足够的运作空间，使整个报道过程能够有条不紊地进行。因此，那些十万火急、争分夺秒的事件性新闻素材往往是无法与其“共事”的。

此外，需要特别强调的是，与事件性新闻线索那种一目了然的“露天矿产”相比，非事件性新闻素材具有一种隐匿性的特征。它常常隐含在一般化的生活之中，潜伏于诸多的社会关系之内，需要记者从繁杂的社会图景中去搜索和发掘。从表面上看，这些问题或现象是人们平日里所司空见惯的，但就认知程度而言，又存在着一定的误区与盲点。这也正是我们在系列报道选题过程中需要高度重视的一个问题。如果仅仅是从记者的可视范围内出发来寻找新闻素材，其结果必然是短视之下的疏漏，进而造成系列报道传播效果和社会功能的大幅度削弱。所以，一组优秀系列报道的选题往往是记者运用新闻敏感的“望远镜”和“显微镜”双重观察与思考的结果，那些“目之所不及”的地方也许正是“新闻金矿”的所在。

二、精练报道主题

“凡为文以意为主，以气为辅，以辞彩章句为之兵卫……苟意不先立，止以文彩辞句，绕前捧后，是言愈多而理愈乱……是以意全胜者，辞愈朴而文愈高，意不胜者，辞愈华而文愈鄙。是意能遣辞，辞不能成意，大抵为文之旨如此。”这是唐代文学家杜牧在《答庄充书》开篇时的一段精彩论述，他向人们形象而深刻地表达了主题思想在行文叙事中的重要作用，这对于我们更好地理解系列报道中的主题提炼是有借鉴意义的。

确定报道主题对于任何新闻报道来说，都是首要的工作，是报道能够顺利完成的前提和基础。但从系列报道的自身特性来看，其重要性与必要性又是其他报道方式所无法相比的。原因在于，系列报道涉及的内容较为丰富和深奥，且报道的整体规模十分庞大，因此，在主题的价值判断上就需要更为精准。如果把系列报道看作一个生物机体的话，那么主题就是支配这一整体的中枢神经，在它的统领之下，报道的各个组成部分才能得以有机运转。可以说，主题的准确与深刻直接影响着系列报道的存在价值和传播效果。所以，在选取与获得了合适的报道题材之后，首先要解决的问题就是如何从事物纷繁复杂的脉络中提炼出精深的内涵主旨，使整组报道具备思想上的灵性。在主题思路不明晰、不成熟的情况下就匆忙动笔，其结果不是南辕北辙，便是失之毫厘，谬以千里。

从实际操作来看，系列报道的主题提炼是一种宏观与微观相结合的、具有高度反复性特征的思维创造活动，它主要取决于三方面的因素：整体把握社会环境，深入研究报道对象，明确报道的目的和方向。接下来，我们将就这三方面内容逐一展开分析。

（一）整体把握社会环境

这是系列报道主题提炼成功的首要条件，也是其深度内涵的直接来源。我们之前所论述的系列报道的“背景透视”特征，正是这一思维方式作用之下的必然结果。对社会整体环境的了解与把握主要体现在对国家现行方针政策的充分学习和深入理解，对社会格局深层变动的敏锐感知和理性思考两个层面，二者相辅相成，不可偏废其一。通过这种整体上的观察与背景上的衔接，所提炼出的报道主题将获得深刻的思想内涵和强烈的现实指向力，进而使整组报道能够真正做到有的放矢、师出有名。

（二）深入研究报道对象

如果说上一环节追求的是一种宏观上的战略性思考，那么这一层面所侧重的则是微观上的发掘与整合，是报道主题得以形成的关键性所在。通常来说，这一阶段的任务主要是，对报道对象所涉及的诸多方面信息展开细致入微的分析和研究，从中归纳出它们所具有的共性化特征与内涵，并在此基础上进行反复的推敲、核对，直到完全涵盖报道对象各方面的复杂关系为止。应该说，在充分了解报道对象之后所提炼出的主题思想，有助于为报道整体提供一种更为开放和自由的信息环境，使报道的吸纳力与包容性大大提升。

然而，需要特别指出的是，由于这一环节的工作相对细化，记者很容易陷入大量芜杂、琐碎的报道素材中不能自拔，为那些纷繁复杂的现象所困扰，看不清事物的本质，进而造成在主题确定过程中产生“一叶障目”“挂一漏万”的现象。这会给后续工作的进行带来很大的麻烦和阻力，所以在强化不厌其烦工作态度的同时，整体性的思维观念也是不可或缺的，要做到既能深入得进去，又能超越得出来。

（三）明确报道的目的和方向

这是主题提炼的收束环节，也是主题思想得以强化的关键阶段。其工作重心在于对主题的舆论导向进行再度确认与修正，完成的成功与否直接决定着报道的社会效果。新闻是社会发展的镜鉴，新闻报道公允与客观的程度会影响到受众对事件是非曲直的判断以及对整体生存环境的感知。因此，在报道主题正式确立之前，必须要对报道的目的和方向进行充分思考，使主题思想在形成针对性的同时更具合理性和建设性。

由于报道类型的不同，在主题导向性的把握上也是有差别的。对于典型人物、典型事迹的展示性报道来说，应该使主题导向更具现实性与合理性，避免因过度拔高而造成主题思想与实际情况的脱节。我们过去所熟知的那种人物塑造上的“高大全”和经验推广中“放之四海而皆准”的主题建构方式是必须予以摒弃的。对于批评与反思的透视性报道而言，应该掌握好批判的力度和质疑的尺度，高度重视报道主题中的建设性内涵，防止舆论导向的片面化和过激化。要使报道有利于修正和完善现有的规范，并在此基础上推动新的、更为合理的规范的形成，为受众思考和解决现实生活中存在的问题提供有益的帮助和启示。

综上所述，我们不难得出这样的结论，系列报道的主题提炼，是由宏观到微观，由感性到理性不断推进的思维过程。想要实现主题立意上的深刻，就必须努力做到上述要求：具有时代气息、反映社会问题、揭示事物本质、把握正确方向。只有这样，报道才能与受众发生共鸣，才能更好地发挥新闻媒体的舆论引导职能。

三、切分报道视角

系列报道是一个从全景出发，由具体体现的报道集群，具有异质同构的组合性特征。报道中的每一个篇章既是主题的影子，同时又是相对独立与完整的个体，彼此之间存在着一种“形散而神聚”的逻辑关联。各个组成部分在报道视角上的差异使得主题呈现出丰满、立体的形态，而这也正是我们之所以要对其进行深入研究的原因。如果说之前的主题提炼是一种“集零为整”的思维过程，那么，我们这一环节所要做的工作则是将报道主题“化整为零”。对它进行拆分与细化，找出一系列能够对其进行解释与说明的思想支撑点，使它们成为一个个独立的报道单元，从而最终形成同题集中的强大传播合力。

系列报道整齐划一的外在形式与传播过程中应接不暇的亮点，首先缘于各篇稿件在报道角度上的“等效”与“独立”，任何一方的过度或缺失，都会影响到主题的完整性与饱和度。这是我们在切割报道主题的过程中，必须要加以注意的两个重要问题。

（一）报道视角上的“等效”

这一要求是说，我们划分出的各个分主题，在地位排列上应该是齐头并肩、平起平坐的，彼此的“辈分”要大致相当。不能良莠不齐、有大有小、有高有低，把“爷爷、爸爸、儿子，甚至是孙子”都混杂在一个序列里，出现四世同堂的大团圆局面。这样会使受众出现认知上的落差，造成报道整体接收效果的弱化。所以，只有经过严格的地位划分，保证报道视角彼此之间的平视和等效，才能使系列报道总主题的基础更为牢固，冲击效力更强。

（二）报道视角上的“独立”

与之前的论述相比，“独立”所着眼的是报道视角的内部关联。也就是说，各篇报道的主题应该泾渭分明，能够独立成篇。各个分主题之间存在着一种彼此独立、互不重叠的“零交集”关系，以保证每个报道角度都能够给受众带来与众不同的认知体验。切忌出现“你中有我，我中有你”的主题杂糅现象，其结果只会使整组报道在思想上显得逻辑混乱，路数不清。表现在行文过程中，往往是同一类材料前后交叉使用，或者围绕某一观点展开“车轮式”长篇累述。如果这样的情况反复出现，无疑会挫伤受众对后续报道的积极性和期待感，让他们觉得整组报道已是江郎才尽、黔驴技穷。

总而言之，在实际操作中，我们必须切实把握好上述两个环节的工作，将两方面的问题进行综合思考、交叉验证，在反复的比较与归纳中完成主题划分的任务。唯有如此，才能使切割出的报道视角更加准确、合理，使整组报道的主题更加鲜明、深刻、集中。

下面所列出的是我们之前所提到的《经济日报》2008 年发表的《成长中的产业集群》系列报道中的各个分主题。可以说，它为我们深入地理解上述两种操作规范提供了较好的例证。

1.《这里，让淡水珍珠更加“闪亮”——来自浙江省诸暨市珍珠产业集群的调查》

2.《小商品之都的产业支撑——来自浙江省义乌市小商品产业集群的调查》

3.《一个不断创造美丽的大产业——来自山西省祁县玻璃器皿产业集群的调查》

4.《创新，“点亮”节能灯产业发展之路——来自江苏省建湖县节能灯产业集群的调查》

5.《“摩托车之都”的可持续发展之路——来自重庆市摩托车产业集群的调查》

6.《“家具出口第一镇”的战略转型之路——来自广东省东莞市大岭山镇家具产业集群的调查》

7.《小玩具打开了国际大市场——来自广东省汕头市玩具产业集群的调查》

8.《田野上闪耀“绿色”的希望——来自山东省寿光市蔬菜产业集群的调查》

9.《“中国鞋都”加快品牌建设步伐——对福建省晋江市运动鞋产业集群的调查》

10.《自主创新催生希望之“光”——来自湖北省武汉市光电子产业集群的调查》

11.《一支笔“写出”一篇大文章——来自江西省南昌市进贤县文港镇笔产业集群的调查》

12.《鲜花，盛开在滇池东岸——来自云南省昆明市斗南花卉产业集群的调查》

13.《“低压电器之都”的新跨越——来自浙江省乐清市柳市镇低压电器产业集群的调查》

此外，需要指出的是，我们在切割主题的过程中也要注意“度”的把握，并不是越细越好、越多越佳，在建构观点的同时也要考虑主题的承载力与饱和度。然而，很多记者在具体操作时常常忽略了这一问题，把凡是与主题相关的问题通通招致麾下，结果陷入了“过犹不及”的泥淖。从实际情况来说，过于细致的划分会超出主题所能容纳的信息空间，削弱主题应有的聚合力，使整组报道显得琐碎、凌乱。因此，在拆分的同时也应把握好合并工作，抓住那些与主题联系密切的主要矛盾和核心问题，把那些价值内涵不高、与主题关联不强的角度与观点，或归于别处，或就此舍弃。须知，我们切割报道角度的最终目的是能够更好地说明与凸显主题，而非让它们自立门户、各自为政，这是该环节工作展开的首要前提，也是必要基础。

四、做好素材的归类

系列报道是媒体报道活动中的大手笔，在信息传播上，以跨时空、多角度、大范围、集束式为其显著特点。这些特征一方面使系列报道具备了高强度的信息容量，另一方面也对报道素材的收集、整理与归纳提出了更为艰巨的要求。从实际采写过程来看，系列报道的素材收集工作十分庞杂，非一人之力所能及，常常是由数名记者多路出击、分工协作来完成的。所以，这些来自四面八方的新闻资料往往呈现出凌乱、冗繁、杂糅的存在状态，报道者无法将其直接使用。面对着堆积如山的新闻素材和背景资料，如何进行合理的取舍和分配是摆在报道者面前的又一难题，操作的优劣将直接关系到系列报道整体传播质量的高低。

如前所述，系列报道是围绕同一主题而展开的多元化报道方式，各篇报道在内涵主旨的呈现上具有较高的相似度，所以更容易出现信息上的冗余和重复。那么，我们如何才能最大限度地规避这一现象的发生，使系列报道的内容分布更具条理性呢？具体来说，在进行材料的选择与归类时，需要考虑以下三方面的因素。

（一）要考虑报道素材与总主题之间的关联

这是此项工作的第一着眼点，也是某一报道素材能否进入后续分配流程的基本前提。在这一环节中，我们要将那些能够对总主题起到支撑作用的材料统统保留，等待后续环节的再次分配。反之，如果材料与主题无关或相悖，即使再精彩也要坚决剔除。因为这些无效信息会成为传播中的“噪声”，对真正有价值的内容造成干扰和破坏。

（二）要考虑所选材料与分主题之间的关联

这是此项工作的核心环节，分配的准确性直接决定着单篇报道的认知深度。具体要求是，根据之前所切割出的报道角度，将报道素材进行分门别类的整理与归纳，让它们各司其职，出现在报道所需要的最恰当的位置上。需要注意的是，所选取的材料一定要与篇章主题存在较高的契合度，能将各个分主题所蕴藏的思想内涵准确、生动地表达出来，从而起到一种丰实与具象化的架构作用。

（三）要考虑已选材料的核心信息与其他报道之间的联系

如果说上一环节的工作是一种分段式思维的话，这一环节则是一种整合性思维，也是材料归类工作的最后一道把关。其重点在于，在材料分配过程中，既要保证单篇报道的识别度，又要注意它与其他报道所存在的逻辑关联，从中发现联系、建立联系，使各篇稿件结构成为一个有机联动的报道集群。可以说，这一环节的工作既是一种整体的观照，也是对此前分配结果的校正和检验，是衡量材料分配是否合理的重要标尺。

综上所述，我们不难发现，报道素材的归类工作所遵循的是一种“总—分—总”的系统化思维路径。经过各个环节的筛选和归类，冗繁、杂糅的报道素材被逐一分解开来，报道的整体轮廓开始渐趋明朗，这就为正式报道中信息的准确传递和有效到达奠定了坚实的基础。此外，必须强调的是，在对已有新闻素材进行加工处理时，不论是舍弃、修正还是全盘吸纳，都应以表达事件的规律性及逻辑性为第一要务。在整个过程中，报道者必须保持清醒的头脑，形成明确的方向，只有这样才能真正实现系列报道的深度化追求。

五、选择报道形式

在整理好报道素材之后，接下来的工作就是为这些半成品信息选定合适的传播载体，使其思想内涵得到有效传递。在系列报道中，由于报道内容与功能旨趣的不同，对于报道形式的选择是多种多样的，每一组系列报道都要根据自身所承载的任务来确定具体的报道形式。从实际操作来看，报道形式的选择主要表现在结构形式与体裁形式两个方面。这两方面的工作犹如为报道素材找来了“骨骼”和“外衣”，支撑着报道的结构，装点着报道的外观。

（一）结构形式

这是确定报道形式的首要环节，也就是说，我们在选择具体的新闻体裁之前，首先要考虑采用何种方式来架构起各篇报道之间的联系，使其在整体论说上形成合理的逻辑性。从现实情况来看，系列报道在结构形式上主要可以分为集束型与松散型两种存在样态。

所谓集束型，是指系列报道的整体结构是由一系列彼此联系紧密的报道组合而成的，各篇稿件在形式上表现出齐整的风格，在标题中通常都标注着带有顺接关系的数字序号，比如“之一”“之二”“之三”等。《中国青年报》发表的《大学生毕业成才追踪记》《西部贫困探源》和我们之前所提及的《十问温州发展》等系列报道都可以归于这一范畴。

所谓松散型，是指组成系列报道的各篇报道彼此之间的联系是相对松散的，它们在形式上没有硬性的同质化要求，也不需要用序号来标注。例如我们所熟知的《中国青年报》关于大兴安岭森林火灾的“三色”系列报道《红色的警告》《黑色的咏叹》《绿色的悲哀》和之前所引述的《上海世博会纪略》系列报道，所采用的都是松散型的结构形式。

（二）体裁形式

在确定了整组报道的结构形式之后，还存在一个新闻体裁的选用问题。由于报道内容与主题侧重的不同，会使系列报道在体裁形式上存在巨大差异。有的可能需要演绎曲折的故事，有的可能需要阐释复杂的关系，有的可能是相关事物的比照，有的可能是多方观点的汇总。体裁上则一般多采用通讯、特写、新闻述评、分析性新闻等篇幅容量较大的报道类型。比如，《解放军报》2010 年刊发的系列报道《身边的感动——老兵，难说再见》所采用的体裁就是新闻通讯。整组报道紧扣“老兵退伍”这一主题，聚焦退伍老兵这个特定群体，采取人物通讯的写作手法，陆续推出 13 篇讲述退伍老兵以不同方式告别军旅生涯的感人故事，展示了退伍老兵难舍军营的感人情怀。而我们之前所提及的《十问温州发展》和《成长中的产业集群》系列报道所选取的体裁则是新闻述评。

通常而言，出于报道风格与形式的同质化考虑，在系列报道中，报道者所选取的多是单一体裁的系列，从体裁、篇幅、标题，乃至版式都表现得相对和谐与得体。可以说，这在某种程度上已成为报道者从事系列报道时的普遍共识与一致追求。然而，不容乐观的是，在实际操作中，许多被新闻工作者称为“系列报道”的新闻作品，在内部篇章构成上存在着杂乱无序的现象：消息、通讯、评论、讲话、来信集纳、座谈纪要、转载文章等各种新闻体裁汇聚一堂，东一样、西一样地随意组合，真可谓是“系列报道是个筐，什么都能往里装”。这不仅破坏了系列报道信息传递的有效性和精准度，也使整组报道的观赏性和冲击力大大弱化。所以，在报道体裁的选用上，要注意保持文体形式的大体相同和整体风格的基本一致，使它们有着共同的结构形态与运行机制，而不是不假思索地随意组合。

六、设计写作结构

这一部分的论述主要是围绕单篇报道的写作展开的，是对系列报道组成要素的加工与锻造，也是对此前各项准备工作的落实与践行。对于以集群形式出现的系列报道来说，只有将每一篇稿件都做出深度才有可能实现报道整体的立体透视效果。从实际操作来看，比较规范的系列报道在单篇稿件的写作结构安排上，主要可以分为提示、开篇、主体和结尾四个环节。

（一）提示

由于系列报道属于组合式深度报道的范畴，整组报道的信息容量较大、时间跨度较长，所以需要在首篇报道的写作中向受众交代报道的目的、传递报道的主题、揭示报道的意义，以便他们对报道的整体情况有一个概略性的了解，进而达到引起社会关注的目的。此外，如果策划得较为周详，还可以将报道接下来的发展进程告知受众，使他们能够在关注时间上做到有的放矢，从而强化报道信息的有效到达率。综上所述，我们把这种带有总括和预告色彩的说明文字称为“报道提示”，其位置一般出现在前言或编者按中，是整组系列报道最先与受众见面的部分。需要注意的是，报道中的提示文字不宜过长，应该以简明扼要地说明主要事实为宗旨，否则会造成信息传递上的前后重复，削减受众的阅读兴趣。

下面这段文字是《国家电网报》2010 年刊发的《走进西藏户户通电现场》系列报道中的提示部分：

> **编者按** 西藏国家电网供区“户户通电”工程将于 8 月全面完工，届时国家电网公司供电区域内全面实现户户通电，这在西藏经济社会发展史上及中国电力发展史上都具有里程碑意义。3 年来，西藏电力有限公司精心组织，广大员工克服山大沟深、气候恶劣等困难，加紧工程建设，在最短时间内把光明送给 32 个县的广大农牧民。本报今起刊登“走进西藏户户通电现场”系列报道，敬请关注。

（二）开篇

开篇环节的写作是系列报道能否取得成功的第一道考验。它之所以关键，不仅仅是由于报道结构的硬性需要，更为重要的是它能够为整篇报道奠定某种情绪与基调，其水平与质量直接影响着受众持续阅读的兴趣和可能。出色的报道开篇既可以简洁明快，也可以娓娓道来；既可以制造悬念，也可以蓄力而发。总而言之，要根据文章的具体需要而定。从实际情况来看，系列报道在开篇写作的处理上，较为常用的方法主要有两种。

1. 概括事实

这是开篇写作中最为简单、常见的操作方法，即用概括性的文字将报道中所蕴含的主要事实及其相关背景信息传递给受众，使他们对报道形成一个初步的价值预判，并通过后续的深入阅读不断地对其进行探索和印证。

下面这段文字是《走进西藏户户通电现场》的首发报道——《雅鲁藏布江上飞“彩虹”》的开篇部分，它所运用的就是概括事实的写作方法。

> 这里毗邻雅鲁藏布江，路面坑洼、砂石遍布。这里几乎每个“户户通电”施工现场都在海拔4 000米以上。在这里空手作业，也相当于背着七八公斤重物施工。一支支施工队在几乎可以触摸到云彩的高度，组立杆塔、架设导线，一条条银线如彩虹般将清洁的电能送到千家万户。

2. 设置悬念

在报道开篇的悬念设置上，又可以分为两种操作方法。

首先，可以采用白描的手法来设置一个有助于激发受众阅读兴趣的情节性事件，使他们在一种充满疑惑与探寻的心理氛围中自然而然地走向报道的主体环节。比如，系列报道《走进西藏户户通电现场》中的第19篇报道《熊出没，请注意》的开篇悬念设置所采用的就是这样的方法。

> “熊来了!”负责拉多乡至缅达乡段“户户通电”工程施工的周尚彬，在驻地听到外面有声响，推开房门，用手电筒一照，发现一只身高与他接近的黑色野兽正在外面向院门挥舞着上肢。2010年7月14日，他描述两年前这次有惊无险的遭遇时，仍心有余悸。

其次，可以用引述或转述的方式来进行开篇环节的悬念编排。具体来说，我们可以将专家、学者的观点或事件中的人物话语作为报道的引子，通过这种“只言片语”的信息来引发受众的思考、激起他们的阅读兴趣。需要注意的是，所选取的观点一定要独到、深刻，所截取的话语要具有一定的矛盾冲突效果，那些司空见惯、平淡无奇的文字是无法达到预期传播效果的。

“概括事实”与“设置悬念”两种方法为我们提供的仅仅是谋划篇章的基本思路，而非程式化、公式化的理论框架。从实际情况来看，优秀的系列报道在开篇写作的手法运用上，往往是不拘一格、灵活多样的。报道者能够根据自己对新闻主题的理解和自身的文字驾驭能力，恰当地运用记叙、抒情、描写、议论等多种表达方式，为文章营造一个生动形象、有血有肉的开篇，以灵活多变的笔调紧紧地抓住受众的阅读心理，使他们欲罢不能。

（三）主体

在系列报道的主体写作环节，相当一部分的报道者仍然沿袭着传统的操作模式：将系列报道看作“以量取胜”的传播载体，通过对事件相关资料的简单堆砌来结构篇章，忽视了对于新闻素材的重铸和解读。对于那些带有一定专业色彩和思辨意味的报道对象而言，这种晦涩难懂、杂乱无章的信息既不利于彰显报道应有的深度内涵，同时也浪费掉了大量宝贵的媒介资源。在当前的传播环境和社会背景下，我们应该充分考虑受众的接受心理与审美取向，以艺术化的、讲故事的方式引导受众的阅读和思考。

《河北日报》副总编李恕佳认为，保证文章可读性的一个行之有效的办法是“大处着眼、小处着手”，即从人们所关心和熟悉的一个个具体事件切入，从剖析某一事物、某一问题的现象入手，找出报道主题与各环节之间的有效结合点，采取从个别到一般、从具体到抽象、从微观到宏观的渐进式行文路线，力争以通俗的语言和简洁的叙述方式来传递复杂的新闻信息。

《经济日报》2008年发表的《成长中的产业集群》系列报道中的头篇稿件《这里，让淡水珍珠更加“闪亮”——来自浙江省诸暨市珍珠产业集群的调查》就为我们理解这种操作手法提供了较好的例证，以下为部分原文：

不断拉长的产业链

本地的产业链越长，产业的发展空间就越大。从养殖、原珠交易延伸到加工、深度开发之后，当地农民发现，遍地都是挣钱的机会。

湖光粼粼，清风娓娓，坐着小船徜徉在田畴星罗、河湾交错的白塔湖，眼前间或掠过几缕垂柳、一丛芦苇或是远处挺拔的水杉。湖面上密密匝匝地布满了竹桩，连接着挂满河蚌的尼龙绳，白色的浮标在水面上纵横交错，煞是好看。几位农民撑着铁皮船穿行在湖中，细心查看自家养育的珠蚌。

这样恬静的田园风光，在山下湖镇随处可见。其实，在当地农民眼里，养殖珍珠也并非易事。“珠子没有取出来之前，谁也不敢放心，所有的投入都可能付诸东流。”东方神州珍珠集团董事长詹伟建说，养殖珍珠是一个充满了艰辛和风险的过程。

“第一年养小蚌，插种。养3至5年，把河蚌捞上来剖蚌取珠，洗净，再分别按大小和形状分拣，然后加工。不同形状的珠加工程序不同，以圆形珠为例，加工分打孔、增光、漂白、穿链、首饰品加工等环节。”这一个个环节，詹伟建都亲手做过，讲起来头头是道。

36岁的詹伟建在珍珠行业已是资深人士——17岁开始做珍珠生意的他，现在另一个身份是浙江省珍珠行业协会的会长。

的确，珍珠的历史虽然很悠久，但诸暨的珍珠产业却还很年轻。1972年何木根卖出第一颗珍珠的时候，詹伟建刚刚出生。17年后，初中毕业的詹伟建“瞄”上了珍珠生意，并很快把生意从诸暨做到了深圳、香港。

“做珍珠生意久了，渐渐摸清了其中的门道。”詹伟建说，眼看着别人把自己的珍珠贴上牌子，价值就翻了数十倍，开始明白要在这个行业里做强，必须控制住珍珠养殖和品牌这两端。

1994年，詹伟建开始从原材料交易拓展到养殖领域。1996年，有了自己的养殖基地，詹伟建创办了佳丽珍珠首饰有限公司，搞起了珍珠饰品加工。如今，“佳丽”已经成为中国名牌，东方神州珍珠集团也成为诸暨珍珠产业集群的龙头企业之一。

詹伟建和佳丽公司的成长轨迹，几乎就是诸暨珍珠产业集群发展的轨迹——在这之前，诸暨珍珠产业局限在养殖和原珠交易领域，当地农民在辛辛苦苦养成了珍珠之后，只能等着外地的商人上门收购，像卖农副产品一样把珍珠论斤销售。

从养殖到加工，产业链拉长之后，发展的空间豁然开朗。“光是漂白、打孔这些环节，就有家庭作坊500多家。”山下湖镇党委书记何浩挺说，山下湖、佳丽、阮仕等龙头企业发展起来之后，以前埋头养珠的农民发现遍地都是挣钱的机会。

来自江西的曹玲红以前专门生产纽扣，为农民提供珍珠核。离这个行业越近，曹玲红越觉得商机多，最终她选择了利用蚌壳加工工艺品。“山下湖到处都是蚌壳，前些年堆积成山，怎么处理成了一个麻烦。”曹玲红说，她的金红真贝工艺品有限公司每年能消耗蚌壳1 500吨。现在，山下湖像金红真贝这样利用蚌壳生产工艺品的公司已经有好几家，为它们配套粗加工蚌壳的家庭作坊也有数十家。这些企业用剩的废料，还能生产饲料。

类似的深加工在各个领域全面展开。山下湖镇每年1 500吨珍珠产量中，70%左右不具备加工成珠宝首饰的价值，对这些珍珠的深加工形成了一个巨大的产业。“目前深加工的方向主要是工艺品、保健品、化妆品等几大类。”何浩挺说，山下湖镇出产的珍珠工艺品就有1万多种，还有大量的珍珠粉、珍珠化妆品等。

“这些年来的发展使我们认识到，本地的产业链越长，产业的发展空间就越大，农民致富的机会就越多，所以我们要通过政策引导千方百计地拉长产业链。”诸暨市市长王继岗说。近年来，诸暨市着力打造省级特色工业园区——山下湖珍珠产业园区，已吸引入园企业50家，中外合资企业21家，同时投资30亿元建设华东国际珠宝城，进一步奠定诸暨市全球淡水珍珠集散中心的地位。

可以说，“产业集群”对于大多数受众而言是一个较为陌生的认知领域，没有一定相关的知识储备是无法对其形成深刻理解的。本篇文章的作者则充分考虑到了这一问题，在行文中，他没有将报道带入专业化、理论化的误区，而是从大多数受众的知识水平和接受能力出发，以具体可感的事例和浅显易懂的文字来引导受众的认知。事实证明，这种看似平常的写作手法恰恰起到了力透纸背的传播功效。

此外，从报道的内容构成上看，由于系列报道中的每一篇稿件都承载着较大的信息量，如果采取一气呵成的行文方式，难免会造成受众的阅读疲劳，不利于他们对报道信息的吸收和消化。此时，较为合理的做法是，根据所掌握的材料对报道主题进行拆解和切割，以不同的小标题为统领，从若干个方面对其展开论述，使主题得以全方位、分段式地展现。

例如，在系列报道《十问温州发展》的头篇稿件《一问温州速度——为什么我们经常“慢半拍”?》中，记者就将整篇报道内容划分为四个部分：“当我们陶醉于过去的成绩时，别人正以一日千里的速度在发展”“审视脚下这片土地，重新考量温州速度：我们是不是慢了”“寻找发展差距，不应讳疾忌医：为什么我们慢了”“温州发展已处在非常关键的时候，除了迎头赶上，我们还有退路吗”。

再如，上文我们所提及的《这里，让淡水珍珠更加“闪亮”——来自浙江省诸暨市珍珠产业集群的调查》报道中，整篇报道分别由“不断拉长的产业链”“寻找产业升级路径”“品牌引领升级之路”“产业升级之路越走越宽”“何木根和497元的故事”“油毛毡下的珍珠市场”六部分内容组合而成。

可以说，这种“分解麻雀”式的操作手段，不仅有助于缓解受众的阅读压力和审美疲劳，也使得报道的整体思路更为清晰、合理、有序。

（四）结尾

这虽然是系列报道写作的最后环节，但其重要性也同样不容忽视。人们常把好文章的结尾称为“豹尾”，这实际上是说文章的结尾应该追求凝练、生动与传神。精彩的结尾往往是言有尽而意无穷的，读之就像欣赏一段绝妙的乐章，一曲终了，余音仍在耳畔缭绕回荡。因此，无论是以事件为中心还是以人物为核心，系列报道在结尾处都要尽量设计出一段能够给人带来深度思考的文字，使受众对报道的内容有所感悟和反思，进而激发他们对后续报道的阅读期待。

【本章小结】

同主题、多侧面、多次报道是系列报道的独特之处。组成系列报道的多篇稿件都是彼此独立的，它们没有外在的联系，却有内在的关联。它与连续报道的最大不同在于，连续报道着眼的是同一新闻事件，系列报道面对的是多侧面的事实，打造的是同一个主题。

“精心设计、策划到位、微观切入、宏观展开”是采写系列报道的基本要求，对这些环节的掌控有助于系列报道深刻性、独家性、艺术性等综合优势的发挥。

【思考题】

1. 分析2003年1月中央电视台新闻联播系列报道《舌尖上的浪费》。
2. 分析2010年由《解放日报》《文汇报》《新民晚报》三家记者联合采写的《上海世博会纪略》系列报道。

【推荐阅读书目（或视频、网站等）】

1. 里奇．新闻写作与报道训练教程：第6版．北京：中国人民大学出版社，2012.
2. 庞亮，宫承波．新闻报道策划．北京：中国广播电视出版社，2009.
3. 欧阳明．深度报道采写概论．北京：清华大学出版社，2011.
4. 门彻．新闻报道与写作：第11版．北京：清华大学出版社，2012.

第七章
组合报道

【本章学习要点】

组合报道和连续报道的异同点

组合报道的特征及优势

组合报道的分类及具体操作

组合报道是深度报道中非常重要的一类报道方式。组合报道与生俱来的一些特质——多元化的结构方式、广博的关注视域、深厚的思想内涵，使其成为当下采用频度较高的新闻报道方式和媒体信息发布方式。本章将重点探讨组合报道的特征、优势、架构格局和写作策略。

第一节　组合报道的界定与特征

作为一种报道方法和手段，组合报道旨在通过对各种信息的组合达到最佳的传播效果。组合报道的特征集中体现于规模的集束性、报道事实的完整性、报道体裁的多样性、报道主题的统一性。

一、组合报道的界定

（一）定义

组合报道，是指围绕某一新闻事件或同一新闻主题，将不同内容、形式，甚至不同来源的多篇新闻稿件或相关素材，依据一定的逻辑关系以组合架构的方式一次性集中刊发的深度报道形式。

较之连续报道和系列报道，组合报道的表现方式可谓不拘一格、灵活多样：文体组合、媒体联动、区域整合等不同信息发布形式的运用都可以打造出深刻而鲜活的组合报道。

（二）组合报道与连续报道的联系与区别

此前，我们已经对连续报道与系列报道、系列报道与组合报道彼此之间的区别与联系进行了相应阐释。在此，我们将对组合报道与连续报道之间的关系做一简要分析。

1. 组合报道与连续报道的联系

组合报道与连续报道在报道形式的呈现方面存在着一定程度的交集，主要体现在组合报道时常从属于连续报道，是其众多新闻稿件中的某一组成部分。从实际报道经验来看，许多媒体在进行连续报道的过程中常常会在某时某处采用组合报道的方式来发布信息，将其作为整个连续报道环节中的一个节点，以此来强化当日报道信息的冲击力与影响力。媒体如此操作的原因在于，连续报道的传播特点之一是由点到线再到面，而组合报道恰巧是一种典型的由点到线再到面的新闻报道方式，它能够十分完美地将点、线、面的信息集中展现在同一版面或时段之内，形成立体交叉式的信息架构网络，其信息含量与效度要远远高于常规状态下以单篇形式刊发的普通连续报道。

例如，我们在第五章中提到的《中国青年报》2008 年刊发的《山西霍宝干河煤矿矿难记者领“封口费”事件》连续报道中，就出现了以组合报道样态呈现信息的组稿现象。在报道过程中，报道者数次采用将多篇稿件合于一处集中刊发的形式来发布相关新闻信息，使受众对新闻事件形成了全知全景化的解读。

在 10 月 27 日的首发报道中，《中国青年报》在其“特别报道”版将《真假记者排队领取“封口费”》《“端着新闻饭碗的丐帮”》《“封口费”事件曝光内幕》《中央有关部门着手调查“封口费”事件》共 4 篇稿件以组合报道的形式集中刊发，完成了对该事件的初步呈现。

10 月 29 日，随着“封口费”事件社会影响力与关注度的逐步攀升，《中国青年报》再次采用组合报道的方式发布信息，以《将严肃查处干河煤矿“封口费”事件》《让社会监督新闻界》《山西“封口费”事件又添视频证据》3 篇文章对事件进行了卓有成效的后续跟踪性报道。

11 月 3 日，当多数人认为“封口费”事件即将落幕淡出之时，由《收取“封口费”的媒体不止 6 家》《“直播山西”表示愿向调查组提供证据》和《戴骁军：“再这样下去，我要依法维权”》3 篇文章组成的重磅信息炸弹使刚刚经过短暂平复的社会舆论再度澎湃激荡。

11 月 27 日，作为本次连续报道的收官之作，《中国青年报》于同一版面集中刊发了《自觉维护新闻公信力　树立记者的良好形象》《新闻出版总署通报“封口费”事件处理结果》《“无人接听”的煤矿和媒体》《打铁还须自身硬》《“封口费”事件触动新闻教育界》《“封口费”事件追查还在继续》《“封口费”事件让戴骁军面临痛苦抉择》共 7 篇稿件，其报道信息的全面与深刻使受众对本次事件形成了更为完整的认知，同时，文章所散发出的气势与力度更是让读者生发了酣畅淋漓的阅读快感。

通过上文的记录性说明，我们不难发现，虽然在单日报道信息的呈现方式上，诸多稿件是以组合报道的特有面貌出现的，但就实际从属关系论之，它们仍然隶属于由这起事件所引发的连续报道的整体信息框架之中。其原因在于，整组报道鲜明的历时性特征与报道中夹杂的单篇报道文本（11 月 7 日，《“封口费”发放现场有真记者》）决定了其作为连续报道的真实身份归属，也决定了组合报道在其中发挥的辅助性效能。

《中国青年报》采用组合报道的方式对“封口费”事件所进行的连续报道，不仅在传播效果上最大限度地强化了信息传递的冲击力与影响力，更为重要的是，它令受众对连续报道中每一个环节的认知具象化、完整化、立体化，建构起“由点到面，由面映点”的多维度感知空间，其认知形象的深刻、完整与全面，的确是普通的单一性连续报道所无法比肩的。

2. 组合报道与连续报道的区别

媒体对重大新闻事件进行报道时，常常会用到连续报道和组合报道这两种报道方式，那么，作为新闻工作者，如何对二者进行区分和识别呢？我们结合具体的新闻报道可以做出这样的判定：组合报道在自身的时间维度之外无任何报道内容衔接，所有新闻稿件在某一时间点以爆破性方式集中呈现，即此前没有任何报道铺垫，此后也没有其他后续报道的跟进，整组报道具有明显的“一次成型”的特征。连续报道在时间维度上表现出明显的承接或延续性特征，所含稿件以零散、分列的方式渐次呈现，即此前已有相关报道的铺垫，之后仍有稿件继续刊发，即使报道中运用了组合报道的方式，其中的组合报道也只是连续报道整体报道环节中的一部分。

（三）组合报道的分类

基于关注主体及谋篇布局方式的差异，组合报道主要可以划分为事件中心型与主题中心型两类。

1. 事件中心型

在事件中心型组合报道中，由于新闻事件本身固有的内在联系，单篇稿件之间存在着某种天然的、特定的逻辑关联，它决定了各篇稿件的编排顺序和彼此之间的承接关系。在编辑过程中，报道者虽然可以依据自己对新闻事件的理解与判断，对稿件的内容与布局做出适当调整，但所有改动都必须以事件本身的基本发展脉络为前提。通常说来，事件中心型组合报道多见诸具有线性特征的新闻事件。如新华社 2011 年 10 月 20 日发表的组合报道《卡扎菲伤重身亡》，整组报道分别由《特急讯：战地指挥官：卡扎菲伤重身亡》《现场目击：的黎波里民众庆祝卡扎菲时代结束》和《国际观察：卡扎菲之死将对利比亚未来局势产生重大影响》三篇稿件组合而成。仅从文章标题来看，蕴藏于三篇新闻稿件之中的显性逻辑顺序是新闻事件自身的发展走向。三篇文章既有时效，又有现场，亦有深度的分析解读。可以说，这种全方位、立体化的信息传递方式，使其形成了强大的报道声势。

2. 主题中心型

在主题中心型组合报道中，尽管单篇稿件之间也存在一定的逻辑关联，但较之于事件中心型组合报道，这种联系则显得相对松散，将各篇稿件统摄在一起的，不是稿件之间天然形成的承接关系，而是整组报道所服务的新闻主题。例如，《文汇报》2004 年刊发的关于“禽流感”的组合报道就属于主题中心型组合报道的范畴。整组报道由 7 篇稿件组成，文章的报道角度各异，分别从不同层面反映了禽流感疫情以及由其引发的诸多问题（包括禽流感的出现征兆与预防措施、是否会传染给人类等一系列社会广为关注的敏感话题）。从整组报道的内容承接性观之，各篇稿件之间的逻辑关系并不十分鲜明，将众多篇章连缀于一处的无非是“禽流感”这个重大的社会话题。

要言之，较之于事件中心型组合报道，主题中心型组合报道在各大媒体上出现频次较高。其原因在于，它的组稿方式较为灵活，所受限制较小，反映问题的角度不拘一格，更能发挥组合报道的长处。①

---

① 于泳．组合报道：现代平面媒体深度报道的另一种尝试．新闻战线，2005（9）．

二、组合报道的特征

（一）报道规模的集束性

报道规模的集束性可以说是组合报道最为鲜明、最为直观的外在呈现方式。它不仅使组合报道为受众带去了过目难忘的阅读体验，同时也使组合报道获得了设置与营造舆论热点的超凡能力。这一超凡能力的产生基于报道信息碎片化的存在方式以及由其所衍生出的整合型传播策略。

作为一种“碎片化”的信息存在方式，组合报道中的个体稿件如果失去了其他稿件和相关信息元素的支撑和照应，则势必会降格为普通新闻报道，深度指向与思想内涵都无从谈起。组合报道在充分发挥各方面新闻稿件优势的基础上，完成对它们的合理化调配与组合，将其整合为一个主题集中而意义多元的报道系统，通过一次性传播的方式集中呈现给受众。这种由报道者所设计出的“聚合效应”使得组合报道中各篇新闻稿件通过强化关联产生了对比和联想效果。

组合报道中的信息不是孤立的，而是呈现出一种完备而系统的形态。原来单篇稿件中所包含和承载的信息内容与信息价值已经得到了大幅度的强化与提升，具备了系统的属性和功能，其传播效果的考量方式不再是各篇新闻稿件的简单叠加，而是在此基础上形成了“1＋1＞2”的信息效度。

（二）报道体裁的多样性

报道体裁的多样性是组合报道较为显著的特征。消息、通讯、评论、特写、调查报告、读者来信、图片、图表、音频、视频等，都能在组合报道中找到自己的位置，组合报道也因此有“万花筒”之称。这些形态与功能各异的报道体裁在组合之后产生出强大的信息动能，原因有二：

首先，不同的新闻体裁承载着截然不同的信息传播功能，而每一种新闻体裁的特质与优势都为组合报道增添了一份活力与色彩。例如，消息是以简括的文字来传递最新鲜、最重要的新闻事实，较强的时效性是其最为显著的体裁优势。在媒体的新闻报道争夺战中，消息以其简明扼要的特色，常被用来刊载那些重要且急迫的新闻信息。通讯，是对新闻事件翔实、完备且富于情节性的再现与解读，不仅能够最大限度地满足受众的知情欲，还能赋予作品极大的感染力和生命力。新闻评论，是报道者就当前社会中具有普遍意义与广泛代表性的新闻事件或重大问题发表自己的观点与见解，是体现媒体价值判断与倾向的重要体裁，其所传递的信息内容具有鲜明的思想性、针对性和启迪性，在影响公共舆论方面较之其他体裁的新闻稿件有着更为显著的引领与导向功能。因此，在构成组合报道的诸多体裁元素中，新闻评论往往是最为重要且不可或缺的一种。除上述三种较为常见的新闻体裁外，新闻特写、调查报告、图片、图表、漫画等体裁元素也都是组合报道中的常客，在报道中发挥着无可替代的重要性作用。

其次，各种体裁的新闻稿件在同一时间点以爆破式状态集中呈现，每一种体裁在发挥各自专属特长的基础上形成优势互补，使得整组报道信息的框架体系更为完整、牢固。较之于连续报道的体裁多元化特征，组合报道在报道体裁上这种“集中发力”的组稿方式，无疑赋予单篇稿件及报道整体更高的信息价值与更大的意义空间。具体说来，在组合报道中，各种新闻体裁的元素往往呈现出既相互独立又彼此依存的奇妙共生景象：一方面，各种文体的稿件能够单独成篇，独自肩负起报道所赋予的重要传播职能，表现出新闻事件或报道主题在某一层面或维度的信息坐标与价值内涵；另一方面，各种体裁的文章作为报道整体的有机组成部分，它们彼此之间又存在着一定意义上的逻辑关联，或相互补充，或相互印证，或相互比照，共同服务于报道所建构的主题，深化与丰富报道的思想内涵。

（三）报道事实的完整性

报道事实的完整性也是组合报道的重要特征。中国传媒大学陈作平教授在《新闻报道新思路——新闻报道认识论原理及应用》一书中写道，一篇优秀的深度报道通常应包括如下具体指标的部分或全部：事件、背景、有关资料、说明、原因、意义、过程、分析、前景、时效和建设性意见。[①] 从上面列出的这些指标来看，组合报道作为深度报道的重要组成形式，不仅要关注新闻事实本身，还要对新闻事件的生成背景、原因、影响等一系列相关要素进行全方位、立体化、深层次的分析与解读，竭尽所能地展现出新闻事件的全貌，进而从更为宏观的层面揭示出新闻事件的现实意义和影响。

从宏观的信息传播视角看，某一新闻事件的真正意义只有通过与相关事物的相互作用与影响才能显现出来，人们很难从孤立、封闭的关系链条中对所知事件做出准确的价值判断，所有的认知过程必须在一种此事物与彼事物的联系与比照之中展开和完成。此外，随着社会媒介化程度的不断加深和受众媒介素养的不断提升，人们对于信息的需求正逐步呈现出差异化、多元化、开放化的趋势。即便是同一新闻事件，受众也期望能够在报道中获得角度各异、层次丰富的信息，过去那种盖棺论定式的单项报道已然无法满足现代人的信息欲求。从这个意义上说，报道事实完整性的特征恰恰符合了上述两种信息传播方式的内在要求。首先，在组合报道中，构成报道主体的某些关键性信息要素并非孤立地存在和运转，报道者往往会将其置于社会文化的大背景、大环境中去观察和考量，为之建立便于受众理解和消化的参照系、坐标轴，从而使得新闻事件的本真意义和深层次内涵在这种时空交错的信息网络中自然而然地显露出来。其次，组合报道中的各篇稿件形态多样、内容各异，其构成关系也并非是一成不变的，往往呈现出多元化、非定性的复合型样态，这就使得报道整体在信息传播层面形成了一种开放性架构。在信息接收方面，多方观点的碰撞与融合无疑会拓展受众对新闻事件的认知范围，加深其对新闻事件的认知程度。

《北京青年报》2010 年 8 月 19 日刊发的《别让网络水军成为网络打手》（见图 7－1）的组合报道便是一个很好的例证。该报在国内众多媒体中最先关注到这一现象，并进行了有针对性的调查和采访。整组报道从一则“网络水军”的操作个案入手，以一篇调查性新闻引出讨论话题，报道不仅介绍了“网络水军”的人员构成情况、收费标准、操作方法，还对那些与“网络水军”存在利益瓜葛的相关行业进行了说明，勾勒出与其运作相关的完整的利益链条，全面展

① 陈作平．新闻报道新思路：新闻报道认识论原理及应用．北京：中国广播电视出版社，2000：154.

示了我国网络公关行业乱象丛生的现实图景。随后，记者又分别从“水军公司”和“水军团体”两个不同角度对“网络水军”这一新生群体的运营方式与生存现状进行了较为翔实的考察和记录，掀开了“网络水军”长久以来的神秘面纱，使其在受众脑海中的形象逐渐真实和立体起来。在整组报道的最后环节，记者以北京大学新闻与传播学院副教授胡泳对“网络水军”问题的研究结论为依托，既指出了这一网络乱象的成因，同时也对其实际影响力和未来发展趋势做出了评估和预判，增强了公众日后面对与解决该问题的信心。

本市·焦点

A15

别让网络水军成为网络打手

网友对“网络水军”表示忧虑　专家认为无需将“水军”神化

水军公司

自称“水军”以万计　花钱可攻击对手

水军自述

“水军”生存也不易　月收入难超千元

专家观点

“水军”还会存在　网民要会鉴别

图 7-1　组合报道《别让网络水军成为网络打手》

从整体上看，该组合报道图文并茂、结构严谨，分别从不同角度，运用不同体裁对“网络水军”现象进行了细致、周详的报道，使受众对于该问题形成了全面而深刻的认知。该报道虽为组合而成，却浑然一体，读起来非但不觉冗长、乏味，反而有种意犹未尽之感。

值得一提的是，该报道发表之后，迅速被多家门户网站转载。随后，各大报纸、电视台也纷纷开始着手刊登关于“网络水军”的深度调查报道。一时间，针对“网络水军”的舆论热点逐渐在社会上形成。与此同时，“网络水军”问题也得到了政府部门的高度关注，在2011年的全国“两会”上，“网络水军”的话题成为代表委员们争相讨论的热点。《别让网络水军成为网络打手》因其强烈的现实意义与理性客观的报道立场而荣获第21届中国新闻奖二等奖。

(四) 报道主题的统一性

报道主题的鲜明与集中是组合报道最为重要的存在价值。较之其他两种报道方式，组合报道中的各篇稿件，既没有连续报道那种紧凑的历时性发展线索，也不具备系列报道那样坚实过硬的单兵作战能力。碎片化的呈现方式与整合型的报道格局，决定了组合报道的全部存在意义与传播优势在于通过各篇稿件的纵横联合建构起逻辑缜密的信息网络，并在此基础上形成巨大的报道强势。而在这一过程中，起决定性作用的便是报道主题的集中、鲜明与统一。换言之，无论组合报道的构成要素多么庞杂，无论其采用了多少种新闻体裁，也无论报道展现的视野多么宽阔、观点如何多元、版面如何厚重，它的每一个符号、每一个环节都要始终如一地围绕着报道所预设的中心思想和主题内涵来展开，不能与之偏离，更不能有所背弃。

接下来，我们以中央电视台新闻频道在2017年3月17日《24小时》节目中播出的组合报道《身边的感动》为例，具体观察一下报道主题的统一性这一特征在组合报道中是如何体现的。

该组合报道由三部分组成。第一部分为《广西贺州：为保手术顺利　医生跪地40多分钟》，讲述的是贺州市人民医院耳鼻咽喉头颈外科主任邓碧凡为顺利取出卡在病人气管中的鸡骨头，避免病人出现大出血情况，用跪姿进行手术长达40多分钟。据了解，这并不是邓医生第一次用跪姿给病人做手术。邓医生表示，弯腰弓背的样子不利于手术操作，会加大手术风险。对医生来说，采取任何姿势给病人做手术都不奇怪。不管采用什么样的方式，都是为了更好地救治病人。第二部分为《广西南宁：老人在扶梯摔倒　众人及时相助》，讲述的是南宁某商场里一位老人在自动扶梯上摔倒后，周遭群众热心帮助的故事。事故发生后，老人女儿迅速呼救，一楼的工作人员将电梯紧急制动。接着，周围的顾客也纷纷跑来帮忙。随后，120急救车赶来，将老人送往医院。经医院检查，老人只是皮外伤，并无大碍。老人女儿表示，受到这么多人的热心帮助，发自内心地感动和感激。第三部分为《江西南昌：三车相撞起火　市民火场救人》，讲述了南昌一处立交桥发生三车相撞的交通事故之后，两名市民奋力救人的故事。事故发生时，一辆白色轿车起火燃烧，驾驶员当场死亡，另外三人受伤。两名市民发现火势后迅速冲进火场，其中一名男子脱下自己的外套，奋力扑打着伤者身上的火苗，另一名男子把身在副驾驶的男子拖了出来，并大声呼救。两名救人者在事后采访中均表示，当时没有考虑太多，救人要紧。

整组报道中的各个独立报道单元呈现的是发生在不同地区的不同新闻事件，各报道单元之间看似没有关联，实则从不同视角为受众展现出生活当中温暖人心的画面，共同呼应了“身边的感动”这一报道主题。可以说，正是由于对报道主题的严格恪守与执行，使得报道中的所有新闻稿件与相关信息要素形成了一种强劲的向心力与冲击力，很容易让人对其产生情感与行动上的共鸣。

由此可见，组合报道之所以能够为众多新闻工作者所喜爱和采用，其最为关键的因素在于报道者能够通过报道主题的统一性特征最大限度地凸显和强化自身的报道目的，传递媒介的价值观念和立场，进而达到整合与引导公众舆论的利益诉求。所以，报道主题的统一性既是组合报道的一个鲜明特征，同时也是组合报道对包含其中的每篇稿件与信息要素所划定的最为基本的合作底线，一旦有所缺失或破损，也就不能称其为组合报道了。

第二节 组合报道的优势

组合报道强调多角度、全方位、立体化地报道新闻事实、反映新闻主题，其形成的立体效应极大地满足了读者在深度、广度和审美上对新闻报道的需求，因而深受广大受众的欢迎。组合报道的优势集中体现在有限时空里的信息大幅增值、简洁明快的深度信息传播和多元高效的背景材料运用方面。

一、有限时空里的信息大幅增值

组合报道凭借其丰富的信息内容、灵活的布局方式与深刻的思想内涵，极大地改变了传受双方对旧有的、单一的新闻报道模式的定式化认知。它迎合了当代社会信息传播的新需求——在有限时空范围内实现了报道信息的大幅度增值。

苏州大学罗时进教授在《信息学概论》一书中曾经指出："信息的组合是实现信息增值的一种有效方法。按信息学的观点，信息累加具有放大功能，能够生成新的信息。"① 这也就意味着，某一零散信息与另一零散信息的聚合并非只是数量的简单相加，而是具有功能放大的作用。这种功能放大是随着零散信息量的增加而增加的，即两者是成正比关系的。另外，从信息接收者的角度来看，人们在感知了大量的信息后，就能够从孤立的信息之中找出它们之间的内在联系，从旧的联系中发现新的联系，然后经过一定的符合逻辑的思路转换、聚合，重新组合为新的信息。从这一意义上说，信息的一定量的扩充是建立信息联系、发掘信息内涵的前提条件。②

组合报道方式的信息处理直接体现了这一传播规律。

（一）信息建构方式

从报道信息的构成数量与布局方式来看，组合报道的存在样态无疑为所含信息的增值提供了充足的外在条件。在我们所常见的单篇新闻报道之中，记者需要整理和归纳的采访素材与资料相对较少，在谋篇布局的过程中考虑的多是报道信息于微观层面上的融合与衔接，其操作手法与操作痕迹较为隐蔽。而组合报道由于稿件数量的庞杂和信息要素的繁多，在统筹全局与排兵布阵的过程中，其操作方式与组合痕迹比较明显。此时，报道者展开构思的着眼点与发力点已不再仅仅局限于对某篇稿件逻辑结构的设计与安排，而是侧重于在不同的信息区块之间进行整合与架构，在更大的区域与更多的数量级中进行信息的累加与联合。这种大手笔的信息建构方式，使得组合报道所带来的信息增值效果更加明显。

（二）信息聚变反应

从信息的意义拓展与关联的角度来看，组合报道中各类报道信息的纵横联合为信息意义多

① 罗时进．信息学概论．苏州：苏州大学出版社，1998：122.

② 卜松涛．从信息学的视角透视报纸的组合报道．辽宁教育行政学院学报，2005（3）.

向性的实现提供了潜在的可能，而这也正是实现报道信息增值的另一个必要条件。在哲学的范畴中，联系是不同事物之间普遍存在的一种相互制约、彼此影响的作用方式，是世界得以有效运转的最为根本的前提保障。信息的传递过程亦是如此，任何一个看似孤立的个体信息在传播扩散时都可能与周围事物建立起不同种类的逻辑关联。某些平日里看起来不太相关的事物，在一方存在状态发生变动之时，内含其中的逻辑关系便会显露出来。某一重要因素或关键环节的改变，经常会引起“牵一发而动全身”的信息联动效果。

在组合报道中，作为整体构成要素之一的单篇新闻稿件，所呈现出的往往只是新闻事件或报道主题于某一方面的片段或投影，其信息内容不可避免地带有某种程度的片面性和浅显性。但如果能将这些看似肤浅与零乱的信息个体按照新闻事件的内在逻辑或报道主题的表现要求有机地整合于一处，那么，这些原本“杂乱无章”的新闻稿件便会自然而然地再造出新的信息结构。这种新的结构方式会积极主动地寻求和利用信息意义的多向性功能，使各种报道元素之间产生良性的信息聚变反应，令报道整体生成各部分所不具备的功能指向，并在此基础上发掘出更高层面的信息价值内涵。

二、简洁明快的深度信息传播

传统的深度报道（主要包括调查性报道和解释性新闻）常留给人们“篇幅冗长、内容庞杂、数据繁多、思想艰深”的阅读感受，鸿篇巨制的报道样态在给受众带来丰富的新闻信息的同时也加大了人们接收与理解信息的难度。从这个意义上说，组合报道的诞生可以看作对传统深度报道模式的一次全新改良，其“化整为零”与“集零为整”相结合的信息传播特性不仅有效地简化了传统深度报道冗长繁复的信息结构方式，也大大降低了信息接收与解读的难度，使受众可以在一种轻松明快的氛围中接触深度新闻。

（一）“化整为零”与“集零为整”

在新闻要素的构成与设置环节，组合报道打破了媒体传统认知中新闻六要素在单篇报道中缺一不可的传统新闻操作规范，代之以“分列”和“散布”的方式来安排各个要素。一些研究者将这一特质归纳为“化整为零”与“集零为整”。

具体说来，在组合报道中，新闻六要素在报道者的统筹调配之下经常会发生裂变与聚合的“化学反应”：5W与1H往往被分别拆装到若干个报道单体之中，甚至任意一个单一的新闻要素——如新闻事实（What）的各个侧面，新闻发生、发展过程（How）中的各个环节，新闻事件因果关系（Why）的各个层面——也都可以被拆解到以个体为单位的单篇稿件中去，以一种相对独立与完整的面貌出现在受众面前，为其带来关于某一新闻要素的全方位探索与深层次解读。[①] 换言之，在组合报道中，新闻六要素的呈现是由各个单篇稿件分工协作来完成的，报道整体所承担的任务只是将这些零散化的信息按照一定的逻辑关系集中到统一的内容框架之内，使之能够彼此衔接、良性运转，从而将内含于组合报道中的深度信息内涵最大限度地展现

① 孙剑忠，刘曦．对复杂事实的综合演绎：论组合报道的组合效应．中国记者，2000（4）．

出来。这种“化整为零”与“集零为整”的特殊传播结构将庞杂而多元的新闻信息切割为若干个特色分明的信息区块，使受众在一种简洁明快的信息传播空间内获取信息，有效地降低了受众解读信息的难度。

（二）“轻重结合”的体裁组构

在报道体裁构成方面，组合报道能够根据自身表现需要将不同体裁的新闻稿件融于一处，形态多元的报道体裁不仅丰富了报道的信息呈现方式，也使得报道的整体信息传递具有张弛结合的节奏感。

按照新闻体裁的篇幅长短与传播效果来划分，业内人士通常将消息、特写等新闻体裁称为常规报道中的“轻武器”，而将评论、通讯、专访等思想内涵较为深刻的报道体裁比作“重武器”。从这个意义上说，组合报道堪称“轻重兼备”的多面手——它既具有“轻武器”的轻灵和快捷，又承载了“重武器”的深度与广度。组合报道这种将各类体裁的新闻信息合理地安排在同一报道体系之中的操作方式，不仅使报道信息之间能够相互取长补短，发挥出报道的综合性传播强势，而且使得报道的整体节奏变得张弛有度，有效地缓解了受众在长时间阅读过程中可能产生的焦虑感和倦怠感。组合报道这种独一无二的“碎片化”的传播特质使得它常常能够在众多报道方式中脱颖而出，成为媒体报道重大新闻事件时采用频率极高的专业报道利器。

三、多元高效的背景材料运用

长时期以来，新闻从业人员对于信息背景材料在新闻写作中的运用手法较为单一、刻板，在认知上存在着某种程度的局限性，受制于报道经验与操作惯例的影响程度颇深。在许多有着多年媒体从业经验的记者编辑眼中，使用背景材料的“最高境界”莫过于以“散化”和“隐化”的方式将相关材料植入所要撰写的新闻稿件之中，使其与报道内容本身融为一体，从而起到穿针引线的组织架构作用和拓展深化的立体透视效果。这种将新闻背景材料揉碎分解后使之遁迹潜形的操作手法，已经成为新闻写作中一种约定俗成的硬性规范，被许多报道者视为圭臬。

然而，随着新闻业务的逐步拓展和报道理念的不断深化，许多学者对此前的约定俗成提出了质疑。沈阳师范大学卜松涛先生认为，一篇新闻稿的篇幅往往是相当有限的，如果为了追求报道深度而在稿件中大量穿插背景信息，一方面必定会使单篇稿件的报道篇幅大大增加，最新最重要的新闻信息很可能被淹没在背景材料之中，得不到突出。另一方面，记者在新闻写作时也必须要花费更多的精力和时间来研究如何将背景材料运用得巧妙，特别是要与受众的思维逻辑习惯等相一致，否则就会使新闻信息条理不清，从而出现记者花了很大的力气，而受众却看得很累的现象。① 组合报道的出现不仅改变了传统新闻写作中背景材料的运用和存在方式，拓宽了人们对于背景材料的认知，更为重要的是，它在不破坏主体新闻事实的基础上实现了对背景材料更为高效的利用。

在组合报道中，用于说明和衬托主体新闻事实的背景信息往往占有很大比重，这是组合报

---

① 卜松涛．组合报道中背景材料的用法．记者摇篮，2005（2）．

道能够产生深度透视效果的关键因素之一。不过，组合报道在对背景材料进行扩充与增幅的同时，还对背景材料与主体事实的构成关系方面做出了必要调整与创新。

在组合报道中，报道者往往将最为重要的主体新闻事实安排在版面（或时段）最为显要的位置集中呈现，而将那些与主体信息相关的背景材料以网络媒体中“超链接”的方式按类别逐一列出，使之独立成篇。从表面上看，二者之间在信息存在形式上并无明显的融合关系，整个报道空间被有条理地分割为若干个“泾渭分明”的信息板块，主体信息与背景材料之间各自独立运转。但若从其意义关联的角度进行考察，二者之间又存在着某种程度上的内在逻辑连接。它们彼此影响，相互支撑，在二者的合力作用之下，报道整体实现了由普通信息向深度新闻的蜕变。这种方式不仅有效地拓展和深化了本体新闻信息的价值内涵，同时也最大限度地保证了所要说明与补充的主体新闻事实的完整性与独立性。

从传播效果来看，组合报道通过“花开两朵，各表一枝”的叙述手法与架构方式，实现了新闻背景材料使用方式的深层次变革。例如，一些组合报道一改传统报道将背景材料置于导语之后正文之前的操作规范，将相关新闻背景材料单列于一处，以“信息链接”“新闻闪回”“关键词”等形式独立出现，既适应了现代人在网络环境中业已养成的“超链接性”思维，同时也使得报道整体的历史纵深感与层次感获得了大幅度提升。

对新闻背景材料的有效合理运用，使得组合报道在原有传播效果的基础上产生了更为强大的信息动能。具体说来，主要包括三方面的优势：

首先，将新闻主体信息与新闻背景材料进行“分列化”处理的组稿方式，有效地改善了组合报道的整体信息布局，冗长繁杂的背景信息材料被有条理地划分到若干个信息区块当中，由不同的子标题分别统领，使得报道的结构脉络变得更加清晰有序。

其次，从受众信息接收与理解的层面而言，精简与分类之后的规范化报道信息为受众的阅读提供了前所未有的便利条件，他们可以在最短的时间内对新闻事件的整体因果关系与大致发生背景形成初步的判断和认知。此外，受众还可以根据自己的关注点选择最感兴趣的背景材料进行阅读，甚至可以按照自己的时间来安排阅读顺序，实现真正意义上的跳跃式阅读。[①] 可以说，组合报道对背景材料运用方式的革新使得受众在接收与理解信息方面有了极大的自由度。

再次，组合报道中新闻背景材料的多元化运用方式，使得报道者在行文与组稿中可以较少考虑背景材料的穿插与融合问题，而是将思考重点转移到丰富与深化新闻背景信息层面上，有助于丰富组合报道深刻、广博的信息价值内涵。

第三节　组合报道的写作

与连续报道、系列报道相比，组合报道在写作环节有着自己独特的价值标准和操作规范，其思维模式、组织结构与表现手法均呈现出较强的开放性与包容性。从报道本身的成文方式来

① 卜松涛．组合报道中背景资料的用法．记者摇篮，2005（2）.

看，组合报道的架构格局与写作策略会因稿件来源的不同而有所差异，具体来说，主要有两种类型：由不同来源的新闻稿件整合而成的组合报道，由单一媒体独立采写刊发的组合报道。

一、由不同来源的新闻稿件整合而成的组合报道

受资金、人力、地域、时间等客观因素的制约，许多综合实力相对较弱的媒体经常无法在第一时间对某些突发性重大新闻事件做出反应、予以关注，久而久之，会导致媒体自身的公信力与影响力下降。为了最大限度地改变和扭转信息传播中的被动局面，掌握“后发制人”的主动权，许多新闻从业者往往倾向于采用组合报道的方式，将那些别人已经关注和报道过的，来自不同媒体机构的“过时新闻”进行重新拼接与整合，从中发掘和提炼出能够体现自身立场与观念的新层次信息内涵，使受众在原有认知层面的基础上对新闻事件形成新的理解和体悟。需要强调的是，这种将不同“产地”的新闻产品集中起来进行二次处理加工的做法，不仅为弱势媒体的信息传播提供了一条“亡羊补牢”的权宜之策，也为那些实力雄厚的媒体注入了一种新颖而实用的新闻报道理念，使它们的新闻报道手段更加灵活、多元。例如，我国权威新闻机构新华社旗下的《参考消息》就经常采用组合报道的方式来安排头版头条的新闻信息。每逢重大新闻事件发生，《参考消息》就会把世界各大通讯社的电讯稿片段拼接整合于一处集中刊发。从个体信息的角度而言，零散独立的稿件片段所呈现出的仅仅是某一新闻事实的表层信息内涵，其深度指向并不明显，但当它们被有机地整合于同一报道框架体系之后，信息整体所具有的深度内涵便会自然而然地流露出来。

根据杜骏飞教授等在《深度报道原理》一书中提出的观点，将片段信息整合成文的组合报道有两种操作方法：一种是使用列述的方法展现片段，将内容相关的片段整合在一起，归纳成文，并赋予标题，可称为归纳式组合报道；另一种则是使用叙事的方法拼接片段，使之产生故事化的意义，可称为蒙太奇式组合报道。①

（一）归纳式组合报道

从新闻写作的职能分工类型来看，归纳式组合报道是一种典型的编辑化文体写作。在归纳式组合报道当中，报道者需要将众多着眼于同一新闻事件的、来自不同媒体机构的新闻稿件片段，按照一定的逻辑关系组合拼接到同一报道体系之中，使它们共同服务于“新生报道”所要传递的价值立场与思想主题。从报道整体的角度粗略观之，各部分稿件之间的内容会不约而同地表现出某种程度上的相近性与互通性。但细致观察之后则会发现，每一素材片段的信息内涵与信息侧重却又都有所不同，它们的主题、观点甚至语言风格均呈现出较强的差异化特征，每一个信息个体都有着他者所无法替代的传播功能与存在优势，它们彼此之间的观点交融与意义联动共同构筑了报道整体的深度旨趣。此外，从报道类型的适用范围来看，归纳式组合报道——由于其观点铺陈的集中和逻辑结构的严谨——通常在主题性较强的新闻报道中应用较多。

接下来，我们以《参考消息》于2012年9月4日刊发的《外媒争论中国经济能否软着陆》（见图7-2）为例，来体察一下归纳式组合报道在实际报道活动中是如何架构与应用的。

① 杜骏飞，胡翼青．深度报道原理．北京：新华出版社，2001：142.

外媒争论中国经济能否软着陆

中国经济告别“好年景”？

【彭博新闻社网站9月2日报道】从制造业到银行业，中国经济正在呈现越来越多的恶化迹象，这有可能让中国政府自2003年以来第一次不能达到自己定下的增长目标。

政府昨天公布的一项调查显示，由于订单减少，制造业出人意料地出现9个月来的首次萎缩，这进一步证明了经济的疲软。此前，大量待售商品导致中国重要港口的橡胶库存接近历史最高水平；此外，金融领域面临的压力不断增大，今年上半年五大银行的逾期贷款增加27%。

澳新银行集团中国区首席经济学家刘利刚说：“如果不在政策上做出进一步回应，国内生产总值将可能达不到预期目标，这样一来，本届政府交给下届政府的可能是被削弱的经济。”刘利刚认为，如果地方政府资金不足，那么低于7%的增长率可能让金融领域陷入困境，甚至引发金融危机。

表明经济在减速的证据正不断强化。根据政府公布的数据，工业企业7月份利润的降幅为今年以来的最大，中国钢铁工业协会说，由于需求疲软和价格下跌，中国钢铁企业今年上半年利润骤降96%。

【加拿大《环球邮报》网站9月2日报道】题：中国需求平平，库存积压

当包括厨房洗碗池在内的各种商品都在库房里落灰的时候，你就知道中国的出口商今年看不到好年景了。

随着经济增速放缓，对北美和欧洲出口量下降，包括铁矿石、铜制品、汽车、酒类、奢侈品在内的各种商品库存都在增加。中国7月份出口额同比增速仅有1%。

现在，家电制造商正大打价格战，努力招揽生意，其他制造商则急切地把目光转向新兴国家，希望弥补销量的空白。从生产链的开端到最终产品，产能过剩的状况普遍存在。

英国龙洲经讯公司一位经济师说：“预计库存量还将继续增加数月之久。结构性复苏不会在近期内出现。”

我们还可找到中国经济减速的其他迹象。外国中高档商品的零售商发现销售量正在下滑，中国二线城市的零售商铺空置率随之升高。

增速下滑令中国的决策者非常担心，因为对上次危机所导致的不良贷款及产能过剩问题记忆犹新。美国环球通视有限公司专家阿利斯泰尔·桑顿说：“库存的明显增加证明在过去大约9个月里经历了经济的大范围走软。毫无疑问经济增速已大大放缓，问题在于何时会触底。”

增速放缓会波及美国？

【美国“Daily Beast”新闻网站9月2日报道】题：中国经济放缓会影响美国的经济复苏吗？

房价下跌，库存积压，焦虑情绪上升。所有这些都表明，世界最重要经济引擎之一的中国正在放缓增速。

在经观数据和经济学家的警告持续数月后，中国1日发布的最新经济数据也不妙。中国制造业长期以来一直是该国经济增长的主要驱动器，但9个月来首次出现萎缩，因为面对国外严重的经济困难，出口和内需均有放缓。

在美国正热火朝天地进行总统竞选之际，中国的经济问题有可能给美国提振本国经济的努力制造障碍。

2008年，为了避免迫在眉睫、正在席卷全球市场的灾难，中国实施了耗资约5860亿美元的一揽子经济刺激计划。这笔钱基本上都给了地方政府，而地方政府又把钱投入基础设施、交通运输和住房等项目。分析人士说，大笔现金的投入从短期看支撑了中国经济，但也引起房地产泡沫等副作用，这些副作用现在看来使中国的长期前景面临的危险越来越大。

【《澳大利亚金融评论报》网站9月3日报道】题：随着中国衰退，美联储暗示要采取经济刺激计划

中国制造业连续第二个月收缩。与此同时，美联储暗示准备增加刺激措施以推动陷入停滞的经济。

中国官方公布的8月份制造业采购经理指数下滑至49.2，是自去年11月以来的最低点。经济学家们原本一直预言这个指数会略微下降至50。

美联储主席伯南克发表讲话，哀叹世界第一大经济体失业率居高不下，表示美联储将“视需要提供更多的政策调整措施”来推动经济增长。摩根公司的经济学家罗伯特·梅尔曼认为，伯南克的讲话“证实了我们的看法，即美联储将在9月推出进一步的政策调整措施”。

但并非专家都这样认为，瑞士银行的经济学家萨姆·科芬说：“这个月就实施第三轮量化宽松的可能性极小。”

发展“燃料”仍然很充足

【新加坡《联合早报》9月3日文章】题：中国没问题（作者 摩根士丹利公司前亚洲区主席斯蒂芬·罗奇）

对中国经济可能出现硬着陆的担忧一日深过一日。过去一年中国股市下跌20%，下探2009年的低点。最新数据持续疲软——采购经理指数、工业产出、零售额和出口——进一步加深了忧虑。许多人担心，长期以来一直是全球经济最有力引擎的中国，燃料快用完了。

这样的担心被夸大了。是的，中国经济放缓了，但这种放缓已被消化。我们还是有很好的理由相信，中国经济会软着陆。（下转第2版）

美侦察机参加菲演

（上接第1版）2009年让全球贸易量史无前例下跌10.5%的可怕外部冲击，导致中国的出口导向型经济迅速从繁荣走向破灭。光是广东省就减少了2000万个工作岗位。这一回，经济下滑的速度温和得多。中国GDP增长率从2010年第一季的峰值11.9%降至2012年第二季的7.6%——降幅只有2009年大衰退期间的一半。

目前，出口导向领域疲软对中国经济的威胁远低于两三年前，硬着陆因此不太可能发生。当然，中国经济还面临其他难题，尤其是政府政策导致的房地产市场降温。但以低收入家庭为对象的所谓社会保障房的建设应该足以抵消跌势。

中国以前过度依赖被经济危机重创的发达国家的外部需求，如今，它已开始实施刺激消费的十二五规划，包括一个能提供数十年发展动力的再平衡战略。

中国拥有巨大的盈余储蓄，预算赤字不到GDP的2%，因此有充足的资金来做这些事。此外，货币宽松的空间也很充足；与西方央行不同，中国人民银行的弹药库相当充盈。

中国比世界其他国家的境况要好得多。

【美国《福布斯》双周刊网站8月31日报道】尽管经济放缓，中国就业市场仍保持活跃，该国工资水平也在不断提高。

虽说中国的就业形势不如以前，但也没糟到像其他经济体那样出现严重下滑，这意味着中国未来几乎不会出现社会动荡。中国就业形势很稳定，官方失业率约为4.5%。巴克莱资本公司的分析师说，中国劳动力市场今年的形势一直很好，好形势持续的时间比许多人士所预测的都要长。

官方数据显示，中国今年第二季度平均工资仍保持了两位数的增幅。巴克莱资本公司的分析师称，有18个省份宣布截至目前今年平均工资涨幅达20%。工资增速虽有所放缓，但仍很强劲，且是该国通胀率增速的两倍。尽管经济形势十分严峻，但中国人现在确实越来越富了。

【美国《华尔街日报》网站8月31日报道】题：德国汽车商仍看好中国

德国宝马汽车公司、大众汽车公司和戴姆勒-奔驰汽车股份公司今天表示，尽管有迹象表明新车需求增速正在放缓，且降价压力增大，但它们仍对各自公司在中国市场实现业绩增长抱有信心。中国车市正日益成为全球汽车商销量和利润的重要来源。

宝马公司发言人说：“我们汽车的需求量仍很大。”奔驰公司发言人表示，该公司今年在中国继续瞄准新的销售纪录。大众汽车则证实，该公司正扩大在中国的生产网络。

·责编 陈鹏·

图7-2 《外媒争论中国经济能否软着陆》

外媒争论中国经济能否软着陆（总标题）

中国经济告别“好年景”？（小标题 1）

【彭博新闻社网站 9 月 2 日报道】从制造业到银行业，中国经济正在显现越来越多的恶化迹象，这有可能让中国政府自 2003 年以来第一次不能达到自己定下的增长目标。

政府昨天公布的一项调查显示，由于订单减少，制造业出人意料地出现 9 个月来的首次萎缩。这进一步证明了经济的疲软。此前，大量待售商品导致中国重要港口的橡胶库存接近历史最高水平；此外，金融领域面临的压力不断增大，今年上半年五大银行的逾期贷款增加 27%。

澳新银行集团中国区首席经济学家刘利刚说：“如果不在政策上做出进一步回应，国内生产总值很可能达不到预期目标，这样一来，本届政府交给下届政府的可能是硬着陆的经济。”刘利刚认为，如果地方政府资金不足，那么低于 7%的增长率可能让金融领域陷入困境，甚至引发金融危机。

表明经济在减速的证据正不断强化。根据政府公布的数据，工业企业 7 月份利润的降幅为今年以来的最大。中国钢铁工业协会说，由于需求疲软和价格下跌，中国钢铁企业今年上半年利润骤降 96%。

【加拿大《环球邮报》网站 9 月 2 日报道】题：中国需求平平，库存积压

当包括厨房洗碗池在内的各种商品都在库房里落灰的时候，你就知道中国的出口商今年看不到好年景了。

随着经济增速放缓、对北美和欧洲出口量下降，包括铁矿石、铜制品、汽车、酒类、奢侈品在内的各种商品库存都在增加。中国 7 月份出口额同比增速仅有 1%。

现在，家电制造商正大打价格战，努力招揽生意，其他制造商则急切地把目光转向新兴国家，希望弥补销量的空白。从生产链的开端到最终产品，产能过剩的状况普遍存在。

英国龙洲经讯公司一位经济师说：“预计库存量还将继续增加数月之久，结构性复苏不会在近期内出现。”

我们还可找到中国经济减速的其他迹象。外国中高档商品的零售商发现销售量正在下滑，中国二线城市的零售商铺空置率随之升高。

增速下滑令中国的决策者非常担心，因为对上次危机所导致的不良贷款及产能过剩问题记忆犹新。美国环球通视有限公司专家阿利斯泰尔·桑顿说：“库存的明显增加证明在过去大约 9 个月里经历了经济的大范围走软。毫无疑问经济增速已大大放缓，问题在于何时会触底。”

增速放缓会波及美国？（小标题 2）

【美国“Daily Beast”新闻网站 9 月 2 日报道】题：中国经济放缓会影响美国的经济复苏吗？

房价下跌，库存积压，焦虑情绪上升。所有这些都表明，世界最重要经济引擎之一的中国正在放缓增速。

在悲观数据和经济学家的警告持续数月后，中国 1 日发布的最新经济数据也不妙。中国制造业长期以来一直是该国经济增长的主要驱动器，但 9 个月来首次出现萎缩，因为面

对国外严重的经济困难，出口和内需均有放缓。

在美国正热火朝天地进行总统竞选之际，中国的经济问题有可能给美国提振本国经济的努力制造障碍。

2008年，为了避免迫在眉睫、正在席卷全球市场的灾难，中国实施了耗资约5 860亿美元的一揽子经济刺激计划。这笔钱基本上都给了地方政府，而地方政府又把钱投入基础设施、交通运输和住房等项目。分析人士说，大笔现金的投入从短期看支撑了中国经济，但也引起房地产泡沫等副作用，这些副作用现在看来使中国的长期前景面临的危险越来越大。

【《澳大利亚金融评论报》网站9月3日报道】题：随着中国衰退，美联储暗示要采取经济刺激计划

中国制造业连续第二个月收缩，与此同时，美联储暗示准备增加钞票印量来刺激摇摇欲坠的经济。

中国官方公布的8月份制造业采购经理指数下滑至49.2，是自去年11月以来的最低点。经济学家们原本一直预言这个指数会略微下降至50。

美联储主席伯南克发表讲话，哀叹世界第一大经济体失业率居高不下，表示美联储将“视需要提供更多的政策调整措施”来推动经济增长。摩根公司的经济学家罗伯特·梅尔曼认为，伯南克的讲话“证实了我们的看法，即美联储将在9月推出进一步的政策调整措施”。

但并非专家都这样认为，瑞士银行的经济学家萨姆·科芬说：“这个月就实施第三轮量化宽松的可能性极小。”

发展“燃料”仍然很充足（小标题3）

【新加坡《联合早报》9月3日文章】题：中国没问题（作者摩根士丹利公司前亚洲区主席斯蒂芬·罗奇）

对中国经济可能出现硬着陆的担忧一日深过一日。过去一年中国股市下跌20%，下探2009年的低点。最新数据持续疲软——采购经理指数、工业产出、零售额和出口——进一步加深了忧虑。许多人担心，长期以来一直是全球经济最有力引擎的中国，燃料快用完了。

这样的担心被夸大了。是的，中国经济放缓了。但这种放缓已被消化。我们还是有很好的理由相信，中国经济会软着陆。

2009年让全球贸易量史无前例下跌10.5%的可怕外部冲击，导致中国的出口导向型经济迅速从繁荣走向破灭。光是广东省就减少了2 000万个工作岗位。这一回，经济下滑的速度温和得多。中国GDP增长率从年第一季的峰值11.9%降至年第二季的7.6%——降幅只有2009年大衰退期间的一半。

目前，出口导向领域疲软对中国经济的威胁远低于两三年前，硬着陆因此不太可能发生。当然，中国经济还面临其他难题，尤其是政府政策导致的房地产市场降温。但以低收入家庭为对象的所谓社会保障房的建设应该足以抵消跌势。

中国以前过度依赖被经济危机重创的发达国家的外部需求，如今，它已开始实施刺激

消费的十二五规划，包括一个能提供数十年发展动力的再平衡战略。

中国拥有巨大的盈余储蓄，预算赤字不到GDP的2%，因此有充足的资金来做这些事。此外，货币宽松的空间也很充足：与西方央行不同，中国人民银行的弹药库相当充盈。

中国比世界其他国家的境况要好得多。

【美国《福布斯》双周刊网站8月31日报道】尽管经济放缓，中国就业市场仍保持活跃，该国工资水平也在不断提高。

虽说中国的就业形势不如以前，但也没糟到像其他经济体那样出现严重下滑，这意味着中国未来不会出现社会动荡。中国就业形势很稳定，官方失业率约为4.5%。巴克莱资本公司的分析师说，中国劳动力市场今年的形势一直很好，好形势持续的时间比许多人士所预测的都要长。

官方数据显示，中国今年第二季度平均工资仍保持了两位数的增幅。巴克莱资本公司的分析师称，有18个省份宣布截至目前今年平均工资涨幅达20%。工资增速虽有所放缓，但仍很强劲，且是该国通胀率增速的两倍。尽管经济形势十分严峻，但中国人现在确实越来越富了。

【美国《华尔街日报》网站8月31日报道】题：德国汽车商仍看好中国

德国宝马汽车公司、大众汽车公司和戴姆勒-奔驰汽车股份公司今天表示，尽管有迹象表明新车需求增速正在放缓，且降价压力增大，但它们仍对各自公司在中国市场实现业绩增长抱有信心。中国车市正日益成为全球汽车商销量和利润的重要来源。

宝马公司发言人说："我们汽车的需求量仍很大。"奔驰公司发言人表示，该公司今年在中国继续瞄准新的销售纪录。大众汽车则证实，该公司正扩大在中国的生产网络。

通读上述报道，我们不难发现，《参考消息》正是运用归纳式组合报道的操作手法，巧妙地将来自于彭博新闻社网站、加拿大《环球邮报》网站、美国"Daily Beast"新闻网站、《澳大利亚金融评论报》网站、新加坡《联合早报》、美国《福布斯》双周刊网站、美国《华尔街日报》网站等世界权威媒体的7篇新闻稿件组合在一起，并在此基础上赋予它们全新的报道主题，使报道整体焕发出强劲的生命力。

在这篇经过二次加工的组合报道当中，尽管每篇稿件的基本内容并无实质性变动，但经过报道者的重新编排与组合之后，各篇稿件分别被划分到小标题所提示的"中国经济告别'好年景'?""增速放缓会波及美国?""发展'燃料'仍然很充足"等三个不同的观点阵营之中，服务于各自的报道主题，它们彼此之间形成了既平行对立又相互依存的网状结构关系，其功能与性质与此前的单体化信息相比已是大相径庭了。可以说，这种合理有效的编辑手法的运用，使报道的整体意义与传播效果获得了不同程度的改变和提升，受众也得以充分感受组合之后的新闻信息所蕴藏的全新内涵与深度旨趣。

（二）蒙太奇式组合报道

与归纳式组合报道所擅长的那种将零散信息片段进行列举及分类处理的表现方式相比，蒙太奇式组合报道侧重的是信息的整体建构与融合，叙事手法的运用与故事化效果的突出是其最明显的操作特征。具体来说，在蒙太奇式组合报道中，报道者常常会以手中所占有的初始信息资料为蓝本，在对信息片段进行细致梳理与分析的基础上，提炼和设计出一条有助于将报道所涉内容陈述清楚的结构主线。这样一来，那些处于零散化状态的信息个体就能够被有效地串联和整合于同一报道框架之内，在一条相对完整与清晰的叙事轨迹中合力运转，共同支撑起报道者之前所预设出的新层次意义空间。由于蒙太奇式组合报道在写作过程中所表现出的浓重的主观色彩与强烈的叙事性特征，使得它更加适合于报道事件性较强的新闻信息。

对蒙太奇组合方式的运用，最具代表性的案例莫过于1999年12月3日《南方周末》关于“大舜号”沉船事件所作的大型特别报道《11·24烟台特大海难事故备忘录》。该报道以独特的关注视角和翔实的信息内容，向受众真实地再现了从事故发生到救援、打捞、处理、慰问等各个环节的全景式画面，字里行间无不饱含着报道者的真挚情感，使那些劫后余生的幸存者能够在心痛欲碎之余鼓起继续前行的信念和勇气，也使所有见证了此次灾难的人们能够深切领悟到生命的意义与宝贵。

杜骏飞教授等在《深度报道原理》中已经对该篇报道的部分环节有所关注，在此我们主要通过资料拓展的方式对其进行结构性分析与补充性说明，来帮助读者对蒙太奇式组合报道的操作手法有更深刻的理解和掌握。

现将报道原文的主要片段摘录如下：

11·24烟台特大海难事故备忘录

山东烟大轮船轮渡有限公司“大舜”号滚装船，昨（24日）晚因风大浪高，动力丧失，在牟平姜格庄附近海域搁浅倾斜。船上共有旅客船员312人（应为302人），截至记者发稿时为止，已抢救生还36人（应为22人）。

“大舜”号滚装船昨天下午去大连，因海上风浪太大，途中返航。16时30分发现二层甲板有烟雾，请求救援。烟台救捞局、烟大公司、烟台港务局轮泊公司相继派船救助。但因风大浪高，无法靠近。

——新华社济南11月25日电

“大家仍然很安静地站在甲板上，有手机的人一个接一个地向家里通报目前的状况，声音很嘈杂，我身边的一个男的好像有一个很小的孩子，他在打电话给妻子时有些绝望，已经提到照顾孩子的事了。我觉得挺可笑，这么大的船能沉吗？我挺怀疑。我没敢给家里打电话，怕他们担心。只有公司的老总知道我要去大连。8点多钟时，风浪已大得吓人，一旦有人抓不住东西便有被从船上甩出去的可能。人们在甲板上冻了3个小时，情绪都不高，说话的很少，有时候甲板上几乎鸦雀无声。终于有一个乘务员告诉大家可以顺着右侧的船舷回到舱里去了。……”杜运伟说。

——《辽沈晚报》

服务小姐说：“让妇女和儿童先下。”

王海平（男，42岁，江苏汇鸿国际集团土产进出口股份有限公司司机，同船的4位同事中，他是唯一的幸存者）说，那一刻他终生难忘：所有的男同志都贴着墙站着，让妇女和小孩先下去，没有人抢楼梯。有一个女乘客拉自己丈夫的手，要他也下去。丈夫挥了挥手说："你先下去。"

据王海平讲，等男乘客下到右舷舱门口的时候，服务员告诉他们：你们可以到船舱里躲一躲，不要走远，就在这个门口。王海平就走了进去。这时候船的摆动很厉害。"我一下子从右舷摔到左舷，腰就撞在放置自动售货机的台阶上，腿也摔破了。"他说，"后来陆陆续续又摔下不少人，有人头撞破了。"

到 11 点半多的时候，船向左倾斜的角度越来越大。突然，船立了起来。上面的楼板被踩穿了。很多站在那里的人，一下从右舷一直摔到左舷，隔板全部被撞断。

王海平看到水从前舱往后舱里灌。他看了一下五等舱的钟，11：37。一会儿，灯就灭了。

"灯一灭，船就成了 90 度。我们把时间记住了。船往左倾的。这时候很短的时间，水就上来了。从下面顶上来的。"王海平断断续续地回忆，"一刹那之间，一股水流就到了胸前。"

——本报记者

17：10，"烟救"13 号拖轮直驶出事水域，当看到"大舜号"时，天已经黑了。"当时船的甲板上正在着火，船体已经倾斜，但火势不大，能隐约看到船舱里乘客的影子，只有十几名船员在甲板上紧张地与陆上联系。当时风浪很大。"话务员于培范告诉记者。

"我们用 3 个小时的时间一直想靠近它，但浪太大始终不能靠近，扔绳子对方也接不着，直到最后大约 10 米，仍然贴不上去。"政委林治秀说，"用抛缆枪打绳都打不过去，前天渤海湾里少见的大浪，我当海员 20 年都没见过。"

——《北京青年报》

17：30，第一个赶来救援的是一艘大货轮，由于风浪很大，货轮无法靠近。

海军的救援工作是从 7：30 开始的，当海军某大队接到上级命令时，他们紧急出动了 5 条船，到海上进行救援，大队的 6 名常委全部随同出海，组织指挥作战。

首先到达现场的是 686 号船。686 号船干部：船出港后全速向出事地点航行，11 点 20 分左右，我船接近"大舜号"并与"大舜号"取得联系，当时"大舜号"的船长向我们求救。我们紧随它的后面航行三分钟过后，"大舜号"船长发出呼救信号，告诉"大舜号"已经倾斜严重，几分钟后"大舜号"沉没。

另一位 686 号船干部：当我们接近"大舜号"以后，就在我们眼前 100 米左右。"大舜号"眼看着沉没了。沉没以后，当时海边上漂起来一些救生筏、苹果、拖鞋，还有一些衣服什么的，一些杂物、木板什么的。

——中央电视台《东方时空》

那是一个不安稳的夜晚，王海平的妻子努力想让自己睡下，却怎么也睡不着。她在想丈夫走前的种种，偶尔冒出万一丈夫真出了事怎么办的念头，又赶紧打下去。王海平在4个小时之后的电话，让她彻底放心了。当天（26日）一大早，她就开始往烟台赶。

……王海平深吸了一口气，一股气流把他冲了上去。露出水面后，他惊奇地看到有皮筏子漂在水面上，有的皮筏正在绽开，像花朵一样。回头，“大舜”号已经慢慢地沉没下去。

他一把抓住一个，上面已经有一个人。连拖带拉，王海平总算爬上了皮筏。接着，他们又拽上去一个人。

海面上被灯光照得特别亮，一切像白昼一样清晰。一艘救援船上甩了一根绳子过来，在他们的皮筏上打了一个口子，却没有挂住。对方再想甩第二下的时候，已经来不及了，浪已经把他们赶开了，拼命喊也没用了。

这时候又一个浪打了过来，皮筏子翻了。

从皮筏里出来后，谁也看不到谁。不会游泳的王海平知道，现在只能听天由命了。于是他一沉下去就憋住气，一露头就吸气。每次浮出水面，他都能看到天上的月亮。他告诉记者：“那天，天上的月亮挺亮的……”

“我穿着救生衣在海上漂。左一个浪右一个浪，始终保持头脑清醒。最后筋疲力尽的时候，已经漂了很长时间，我都准备放弃了。手一伸，摸到沙子了。”

11月25日凌晨1点多钟，王海平到了沙滩。低头一看，自己的裤子被海浪打掉了。他想把裤子拽起来。手还没动，人已经倒下了。

——本报记者

杜运伟手中的香烟一直燃着，可他并没抽几口，留下很长的烟蒂，讲起二等舱里的几个人时，手抖了一下，烟蒂瞬间落在了地上。

“……又是一股海浪把我向前猛推了一下，我糊里糊涂地感到活动空间一下子变大了，摸不着什么东西了（事后得知我可能是从一个被人砸碎了玻璃的窗口逃出来的）……我幸运地发现了前方有一个皮筏子。费了很大的力气游过去紧紧抓住边上的粗绳子。我又用尽了全身的力气向上爬了三次，可一次也没有成功，我当时就哭了，心里边念叨如果再上不去，我就彻底完了……歇了好一会儿，我开始第四次向皮筏子上斜，恰好一个大浪打过来，我被脸朝下推到皮筏子里，昏了过去。不知多长时间，我醒过来，感到筋疲力尽了，在耳边还隐约听到有女孩呼救声，我坐起来，发现皮筏子的角上有一个20多岁的女孩紧紧抓住缆线，一动不动，我赶忙爬过去，开始拉她。前两次都失败了，女孩哭着说：‘大哥，再试最后一次吧，我快不行了。’我也哭了，紧紧握住她的手，拽住她的衣服喊着‘一、二、三’终于把她拽上来了。接着我俩又先后拉上两个男人，其中有一个是船上的水手。这时海军的渔船向我们驶来，他们向我们扔来了两个救生圈，那个女孩和水手把其中一个套在我身上，另一个给了旁边的很虚弱的一个男人。水手则抓住海军第二批扔过来的一根绳子游走了，旁边的男子很快也被拉走了，海军便开始使劲向上拽我……”

——《辽沈晚报》

686 号船战士：刚到时，看到海上漂着到处都是东西，也有救生艇，很多东西，不知道人在哪儿，反正过去慢慢找，摸索着找，结果看到救生艇，向救生艇靠近，发现上面有人，于是打皮缆过去。他们看不到，当时他们非常紧张，他们没有注意到这个皮缆。然后我们打了多少根皮缆，最后……把他们拉进来。

——中央电视台《东方时空》

25 日凌晨 1 时，离沉船最近处的姜格庄镇云溪村的农民就发现了海上的情况，全村 870 多人几乎全部出动，抱出家里的棉衣被褥，开出了三轮车等大小车辆，顶着寒风，到海边巡查。附近 16 个村的 5 000 多村民来到海边，自发地在 45 公里长的海岸线设置瞭望哨，进行拉网式巡查。仅云溪村农民就救起了 99 名遇难者，其中 6 人生还。

——新华社 11 月 27 日电

凌晨 1：25 左右，正在酣睡中的村长王司英被一阵急促的电话铃声惊醒。村支书告诉他，开往大连的"大舜"号滚装船在附近海域遇难，要马上通过村内有线广播通知全村青壮劳力组织救援。

王司英胡乱穿上几件衣服，一路小跑来到广播室，对全村广播："烟台开往大连的船在咱渤海抢滩，请渔民带好雨衣，开着三轮车前去救援。"他一口气广播了三遍。陷入寂静的云溪村几乎瞬间沸腾起来，到处是嘈杂的叫声和三轮车、卡车发动机的轰鸣。

短暂的混乱之后，救援行动很快变得井然有序。王司英因为年纪大了，大家就不让他去海滩，而是和妇女主任在家里组织妇女烧水、做饭，准备取暖衣物——他们知道，刚从海里上来的人怕冷。数百名青壮年劳力和渔民，有的步行，有的发动自家的三轮车装满了人向海滩疾驶。

救援工作很快就展开了，武警、公安和部队官兵很快也陆续赶到。但找到的大部分是被海浪冲到岸边的尸体。

"当时的担架很少，尸体只能由四个人来抬。"贺传英说。他抬了两个人，身上都没有救生衣，估计早已经被海浪打掉。

海滩上到处是散乱的水果和救生筏、救生衣等，也有不少皮包。但是云溪村的村民们自发地把这些死难者的遗物归拢，上缴给部队官兵，没有人据为己有。提到这点，云溪村的村委会主任王德君非常自豪。

村妇女主任说，第一个到达现场的是该村五个渔业守护点的一个守夜人（负责看管该村的渔船、渔具和海滩养殖场等）。

这个人在午夜巡查时突然发现了一具尸体，并且看到远处有亮着灯光的船只（因"大舜"号已沉没，估计是当时抢救船只的信号灯）。他急忙奔到守护点的平房内，在靠海的窗台上点亮了一支蜡烛，之后又点亮了一支蜡烛。他希望逃生的人能够看到灯光，辨认出海岸的方向。之后，他便开始在海滩上搜索生还者。

…………

从 25 日起，抢救工作开始由驻军、武警部队及其他单位的救援人员接管，云溪村村民不再参与其中，但他们在“11·24”不眠之夜自发的救援行动，正在每个幸存者和死难者家属中传播。

牟平区卫生局在接到救援通知后，迅速组织了牟平医院、中医院等医疗单位的100多名医护人员投入救援。

——本报记者

当10多名幸存者送到烟台山医院时，该院创伤外科、胸外科和急救中心的100多名专家和医护人员全部到位参加了抢救，他们不仅给病人准备了生活用品，病房中还摆上了鲜花，配备了特护。

——《中国青年报》

“许多来烟台找亲属的人从《东方时空》上认识了我，都到我这儿来看看，有个小伙说他的女朋友在船上，两人就要结婚，听说我见到了获救时唯一的一个女性，便跑来问我那个女的长什么样，我们俩都很小心地说着互相知道的女性的模样，男青年听的时候一脸茫然，他说他再去问问别的幸存者，但他就是不肯去见被救的那个女士。我心里很理解他心里的感受。”

杜运伟告诉记者，这几天一直住在海运大厦，条件不错，可就是晚上睡不着，一闭上眼睛，海上发生的一切，就像电影一样在眼前闪过。杜运伟还说现在他的心里有一个最大心愿，就是海难的幸存者能在一起拍个照片，这将是他们永远抹不去的记忆。

——《辽沈晚报》

尸检结束以后，遇难者的尸体将由解放军战士专程护送到烟台市区的医院存放，等待亲属前来认领。

截至11月30日晚8时，烟台“大舜”号海难遇难者尸体一共打捞上来179具，其中109具辨明了身份。

国务院“11·24”特大海难事故调查处理领导小组副组长闪淳昌：做好善后工作，是当前很重要的一项工作。现在一个很重要的问题就是加快搜寻打捞工作，尸体打捞以后很重要的一个工作就是验尸辨认工作，这些工作人员夜以继日地、不顾疲劳地在加快验尸工作，这样的话使得遇难者的家属能尽快见到自己的亲人。

——中央电视台《东方时空》

11月28日4：30左右，记者赶到殡仪馆，在停尸房发现一名年近40岁，戴深度眼镜的男子在一具尸体旁轻声啜泣。

经询问，此人是吉林白山人刘万隆，死者是他的哥哥刘万波（音）。

空荡荡的停尸房里，当时被推出来的只有这一具尸体。死者的脸颊上有深紫色的创伤痕迹，额头上有一个深陷下去的凹痕。刘万隆说，尸体已经经过整容，他说，此前在医院认尸时，哥哥的脸上甚至还有些许血迹。

那凹痕也是深紫色的，也许是长时间被海水浸泡的印迹。

四五分钟后，死者的其他家属乘车来到停尸房，10来个人。他（她）们扑上去，抚摸死者的身体，开始号啕大哭。男人们先是强忍悲痛，轻声啜泣，后来也不禁大放悲声。一个年龄较长的女人突然仰头直挺挺倒下去，头部重重地撞在坚硬、光滑的大理石地板上，晕厥过去，四个家属手忙脚乱地把她抬了出去。

死者的衣服已经被重新换过，身上披的可能是红色的冥旌。他的嘴唇里含着一枚铜币，是谁放进去的不得而知。

——本报记者

几天前咆哮着吞噬了“大舜”号滚装轮的大海，今天稍稍平静下来。早上7时，4到5级的寒风呼呼地刮着，记者来到“11·24”海难事故现场。

“大舜”号橘红色的船底朝天，如一条被困巨鲸，静卧在大海海平面上。两艘工作船“芝罘岛”号和“北救122”号分布在它的左右，寒风刺骨，船体不停地摇晃，打捞人员紧张地忙碌着。

在20米深的水下，潜水员蒋玉国正在“大舜”号船舱里摸索着。船上指挥小组肖组长专注地盯着水面，捕捉着手中话机中的音讯，向蒋玉国发话：“能看到吗?”蒋玉国的声音从话机中传出来：“什么也看不到。”“仔细搜索!”水面下一时没了声音。过了一会儿，蒋玉国的声音又传上来：“淤泥太深，摸不到底。”但他仍然继续在船舱里摸索着……

“潜水服被挂碎了，衣服进水了。”过了一会儿，蒋玉国通报道。

肖组长马上发令：“上来吧!”他嘱咐信号员拉信号绳，“慢慢上，慢慢上。”

37岁的蒋玉国是深圳海监潜水公司的潜水员。据介绍，广州、上海、烟台等全国打捞系统的精兵强将，都汇聚在此，不分昼夜地下水打捞。

——新华社11月30日电

闪淳昌：根据党中央国务院领导的指示，在做好善后工作的同时，我们正在抓紧加快事故原因的调查，这次遇难人员的调查取证工作已基本告一段落，下一步我们将对事故的直接原因和间接原因，从管理气象轮船的整个的设施资料以及在施救过程当中的一系列问题都要进行调查。我们的态度是要客观、公正、实事求是，要让调查结论经得起历史的检验，经得起群众的检验。

——中央电视台《东方时空》

交通部部长黄镇东：因为现在家属们最希望看到的是亲人们，这样的心情我们完全可以理解，所以我们第一位的任务，是要做这个，第二个任务是怎么打捞这条遇难船。

记者：把船打捞上来对查明事故原因有什么帮助呢?

黄镇东：那太有帮助了，因为所有的航海日志现在都在水下呢，打捞上来以后，我们看看它的舵钟是怎么摆的，对事故的原因，就可以考虑得比较清楚了，好分析了，现在很多都是根据经验来判断，这个不行。

记者：还有其他调查方法吗？

黄镇东：岸上还有调查，比如说这条船和岸上是怎么联系的；第二个，现在有生还的旅客，还有生还的船员，他们是现场出来的，他们看到的是目击的情况，但是是局部情况，而不是全面的情况；第三个，遇难船本身的一些情况；第四个，因为这条船周围还有很多的船和它通讯联系，它们有的是录音，有的是监听收到的一些资料，这些资料都要综合在一起。

记者：整个事故的结论什么时候能出来？

黄镇东：调查一个海难事故是一个相当复杂的过程，需要技术上的分析，需要对气象的分析，操作的分析，各方面的分析，初步研究要分六个阶段来进行事故调查，比一般的海难事故多三个过程。比如说一般的过程，取证，分析，做模型，然后得出一个初步结论，就差不多了，这个不行，再取证，进一步地论证，遇难这么多人，我们要向群众交代清楚，究竟是什么原因。

——中央电视台《东方时空》

从整体上看，这组由多家媒体信息拼接而成的新闻稿件，无论是报道所包含的信息容量还是报道所占有的时间坐标均表现出较强的丰厚性与跨度性，是地地道道的“新闻大杂烩”。从新闻报道的常识性规范来说，这样的操作方式很容易使报道整体产生逻辑不清、杂乱无章的负面传播效果。然而，当我们通读完报道全文之后，却并未产生预想中的那种信息凌乱之感，相反，整组报道浑然一体，各篇稿件的位置安排合理有序，彼此之间的意义衔接与信息互补体现出很强的逻辑性关联，使受众能够在一种循序渐进的阅读路径中完成对庞杂新闻信息的有效接收。《南方周末》的该组合报道之所以能够产生如此奇特的传播效果，其原因主要在于，报道者在进行稿件的整体谋篇布局时并没有过度纠缠于稿件本身的意义归属和功能分类，而是从叙事学的角度为这些繁杂凌乱的信息个体规划出了一条色调鲜明的结构主线——本报记者关于该事件的采访信息——将其他新闻媒体的报道信息灵活、合理地附着于这条基本线索之上，使报道整体能够沿着一条相对统一的叙事路径有序行进，从而最大限度地避免了由于信息结构的盘根错节与时间坐标的前后交错而可能给受众带来的理解和认知障碍。

此外，从主线信息与支线信息的构成关系上来看，二者之间又呈现出复杂化的共生景象。一方面，二者在信息内容上相互独立、泾渭分明，没有多余的交叉和重叠，每一段文字在报道整体中都显现出一种独立与唯一的特质；另一方面，二者在意义构成上又彼此关联、互相依存，支线信息起到了对主线信息进行补充与支撑的功能。可以说，正是主线信息与支线信息二者之间的有机结合与协同作战，使得报道整体的全部信息内涵能够淋漓尽致地展现在受众面前，帮助他们对已经知晓的新闻事件形成更为系统、全面和深刻的解读。

以上是对不同来源的新闻稿件进行信息组合的常见方式。在此，需要特别指出和强调的是，不论是哪一种组合类型，都必须严格遵循以下写作原则：

首先，确保选取稿件与报道主题的关联性。

尽管组合报道在组稿过程中常常表现出相对宽松与开放的信息建构特征，可以将不同体裁、不同来源、不同观点、不同风格的各类稿件进行多样化组构，具有很强的信息兼容性。但是，这也并不意味着报道者可以来者不拒，将所有精彩片段都招致麾下。需要牢牢把握的一点是，收入囊中的稿件信息必须与组合报道预设的基本主题存在一定的关联性，能够为深化和拓展主题的思想内涵做出应有贡献，而不能使其弱化或散化。凡是那些与报道主题关联度较低的报道信息，无论其生动与否都必须坚决剔除，从而最大限度地维护主题的集中性和鲜明性。

其次，力求结构的严谨与层次的分明。

从新闻报道的功能指向来看，作为深度信息而存在的组合报道，其所涉内容要尽可能丰富、全面，从而使受众能够对报道主题或新闻事件产生更为深刻的理解。然而，这并不是说报道者可以在信息收集过程中随心所欲地"韩信将兵"，我们在注重量的积累的同时也必须要充分掌控好信息的分工和报道的层次，力争每一部分的报道信息都能够在认知上给受众带来不同的刺激和收获。相反，如果组合报道中的信息个体之间是以一种"你中有我，我中有你"的杂糅关系存在的话，那么，即便报道的文字篇幅再长、信息含量再丰富，也始终都无法改变报道本身低效度传播的命运。须知，结构的严谨与层次的分明是任何组合报道都必须努力追求的传播境界，这是帮助受众实现有效信息接收的先决条件。

二、由单一媒体独立采写刊发的组合报道

对于由单一媒体独立采写刊发的组合报道而言，其操作手法和写作流程与我们之前所介绍的系列报道在成文方式上有着诸多的相似之处，大体说来，也需要经历题材选取、主题提炼、角度切割、素材分类、形式选择、结构设计等一系列具体工序。因此，为了避免叙述内容上的前后重叠，同时也为了能够更为鲜明地突出组合报道的操作重点和写作特色，本章关于组合报道写作方法的论述将主要围绕"形式选择"和"结构设计"两部分内容展开，以便使读者能够在较短时间内对组合报道的基本写作技巧有所掌握，并在此基础上对三种报道方式的操作差异形成更为深刻、系统的认知。

（一）选择报道形式

信息整合方式的灵活多变可以说是组合报道最为鲜明的存在特征。从业界的实际操作经验来看，组合报道可以是两篇或两篇以上独立文体的深度报道，也可以是一篇独立文体的深度报道加上若干篇消息、评论或特写，甚至可以是一篇述评加上一些背景材料和图表。① 可以说，无论何种形式的新闻要素，只要能够契合与凸显报道主题，就都能够为组合报道者所用。

程世寿教授在《深度报道与新闻思维》中指出，依据其构成要素的多寡与所占篇幅的大小，组合报道可以分为以下两种类型。

1. "一马一鞍式"组合报道

这种操作方法是最简单、最基本、最实用的信息组合方式。具体来说，"马"是指新闻报道中的消息，"鞍"则是指评论或解释性文章。所谓"一马一鞍式"组合报道，就是我们通常所说的"就事论事"：在一则新闻消息的基础上配发一篇与之相关的评论或解释性报道，将二

---

① 杜骏飞，胡翼青．深度报道原理．北京：新华出版社，2001：31.

者合为一体集中刊发。这种稿件组合方式在媒体的信息发布过程中十分常见。通常，当报道者面临着截稿时间的巨大压力，却又不想因此使报道信息停留于“信息搬运”的表层功能时，“一马一鞍式”组合报道不失为一条媒体追求深度信息旨趣的良策。其传播优势在于，它能够使原本单薄、笼统的报道信息获得意义上的拓展和深化，令其在较短时间内实现由普通新闻信息向深度新闻的过渡与转变，从而帮助所属媒体在同类新闻的报道角逐中占得先机、脱颖而出。

“一马一鞍式”组合报道，在写作中的操作要点主要有两个：首先，作为核心信息传递载体的消息类稿件，在基本新闻要素的呈现方面要尽量做到准确、简洁，使受众能够一目了然地对新闻事件的整体面貌有所了解，从而为之后的深入阅读打下良好的认知基础；其次，尽管评论或解释性文字在整个报道体系的构成关系中处于一种相对次要的辅助性地位，但它们却是促使报道整体完成深度转向的最为关键的动因。因此，这一部分的内容表达必须做到完整、透彻、深刻，产生足够的说服力和解释力。

最后，需要特别指出的是，由于“一马一鞍式”组合报道在存在样态与操作方式上表现出单一固定和简单易行等特征，许多媒体从业者在使用组合报道时对这种信息结构方式不屑一顾，认为它太过简单直白，不应该归属于组合报道的范畴，这无疑是一种认知上的误区。任何事物的演变过程都必须经历一种由简到繁的蜕变与升华，组合报道也不例外。在众多形式多样的组合报道当中，无论报道信息的构成要素如何繁多，结构方式多么复杂，其信息架构过程与思路都必须建立在“一马一鞍式”这种最简单、最基础的组合形态之上，并由此进行更深层次的空间拓展和意义延伸。所以，程世寿教授说：“‘一马一鞍’可以说是组合报道的原始形式，一切复杂的组合报道都由它演化而来。”①

2.“加重式”组合报道

“加重式”，是相对于之前所论述的“一马一鞍式”而言的。从外在特征上看，“加重”一词的含义主要表现在两方面：报道体裁的增多与报道版面的扩大。首先，在“加重式”组合报道当中，新闻体裁的选取与运用打破了数量和类别的限定，消息、通讯、评论、特写、特稿、读者来信、背景材料等各种体裁元素都可能被纳入其中并进行整合编排，报道的综合性特征与自由化程度十分明显；其次，由于报道元素的繁多与报道内容的丰富，报道者往往需要采用整版甚至通版的方式来发布信息，醒目的标题、生动的图片、相连的区块，所有这一切都令报道整体产生了强烈的视觉冲击效果。可以说，正是这种信息元素的多元化占有与信息内容的高强度输出，使得“加重式”组合报道成为一种更为复杂、高格与成熟的信息传播方式。

“加重式”组合报道的达成条件相对简单，从呈现样态上看，由三种或三种以上的新闻体裁构成的组合报道便可称之为“加重式”组合报道。然而，如果就其操作手法的难易程度而言，它则要比“一马一鞍式”复杂得多，因为“加重”的意义绝不仅仅体现在报道形态上的改观——报道体裁的叠加与整体篇幅的扩充，更重要的是能够通过信息数量的丰富来拓宽报道所传递思想内涵的广度和深度，进一步凸显与强化报道的主题，从而使报道整体的信息传播效果获得大幅度增值。这一目标的实现需要我们花费相当的精力和时间对其写作过程进行深入研

---

① 程世寿．深度报道与新闻思维．北京：新华出版社，1991：194.

究，熟练掌握信息组合中的各种相关技巧及规范。鉴于此，我们接下来关于“设计报道结构”的环节将主要围绕“加重式”组合报道来展开，着重介绍几种较为常见的信息结构方式，以期大家能够对这一报道类型形成更为系统、透彻的认知。

（二）设计报道结构

如前所述，“加重式”组合报道并非各类新闻稿件的机械叠加，而是报道者依据传播需要所采用的一种重量级信息整合方式。“组合”的目的在于将诸多形态与功能各异的“碎片化”信息拼接为一个有机的报道整体，使之产生系统性优势与集群化效应，从而达到之前所预设的传播目标。然而，在这一过程中，报道信息的结构设计与逻辑编排往往起着十分重要的助推性作用，其合理化程度的高低直接决定着报道本身传播效果的优劣。从业界的实际操作经验来看，“加重式”组合报道中常见的信息结构方式主要可以归纳为以下几种：

1. 平行分布式

组合报道中的平行分布式组稿策略，就是将若干篇关乎同一报道主题的同类型新闻稿件集中整合于一处，使之形成共同出击、多点开花的信息传播优势。从稿件之间的逻辑关系来看，处于集合体之中的各个报道单元往往呈现出一种平行独立的结构特征，即每一篇稿件所传递的信息要素都只代表了报道主题的某一侧面，它们彼此之间在内容构成要素方面并无多余的覆盖和交叉，诸多报道单体在共同服务于报道主题的同时又能够十分鲜明地独立于他者而存在，具有较强的自主性和较高的辨识度。

从实际应用来看，平行分布式组合报道通常适用于社会影响较为广泛、主题内涵较为深刻的重大性新闻题材，其原因在于，报道对象自身信息要素的丰厚与庞杂能够为报道者选取和划分报道角度提供更为广阔的外在空间，使其思维成果能够有的放矢。《南方周末》2000 年 5 月 26 日在 1 至 8 版刊发的组合报道《2000：北方大旱》，为我们理解这一报道类型提供了较好的例证。

2000 年春，我国北方地区发生了一场严重的旱灾。据权威的官方消息称，截至 2000 年 5 月 16 日，全国作物受旱面积 1.9 亿亩，干枯 690 万亩，白地缺墒 7 940 万亩，水田缺水 1 680 万亩，因旱灾造成近 1 560 万人、1 310 万头大牲畜发生临时性饮水困难。正值灾情处于不断扩大蔓延之际，《南方周末》同时派出 9 名记者分别前往河南、山东、苏北、鄂西北等地区进行深入走访记录，并在此基础上最终完成了这组记录时代、发人深省的报道。

整组报道分别由《河南：罕见的大旱》《山东威海：断水危机悄悄逼近》《苏北：洪泽湖已无法通航》《干旱，从胶东半岛到黄河沿岸》《鄂西北：干旱与贫困同行》《旱灾不仅仅因为缺水》共 6 篇稿件组合而成，文章分别从不同角度、不同层面详细记录了我国北方干旱区域的实际受灾程度及当地百姓的真实生存状态。从操作手法上看，该组合报道之所以能够产生如此强烈的信息冲击效果，最为关键的原因便在于，它没有将报道的重点局限于对旱灾问题进行概括式分析与总结的宏观层面，而是在把握报道主旋律的前提下将这一重大新闻事件细分为若干个地理区域，并在此基础上展开深入调查和细致研读，以一种群像化的结构手法和全景化的再现方式对我国北方旱灾问题予以全面、透彻的报道，从而最大限度地凸显和强化了报道所要传递的思想主题。

最后，需要强调的是，在平行分布式组合报道当中，各篇新闻稿件除了报道视角不能重叠交叉之外，还必须要做到内容翔实、思想深刻、特色鲜明，将所要传递的信息要素表述清晰、表达完整，成为一个独立的意义个体。也就是说，只有集合体中的每一个报道单元都拥有了独立的内容与完备的形式，整组报道才可能形成更大的传播合力，发挥出更强的传播动能。

2. 对比反差式

这种组合方法是将那些处于同一运行层面，但性质和方向却截然相反的不同新闻事实组合在同一报道体系当中，通过它们彼此之间的鲜明反差来揭示某种道理或原则，表明媒体的态度和立场，从而给受众带来更深层次的启迪与思索。对比反差式组合报道的传播特点和优势在于，正反比照鲜明，反差效果强烈，具有较强的震撼力与说服力，容易引起受众思想上的共鸣。

从业界的操作经验来看，对比反差式组合报道通常不适合那些正面色彩较为浓厚的新闻题材，如对于某类典型人物或典型事件的宣传与推广。从某种意义上说，由于它所具有的褒贬兼备的信息功能特质，我们可以把它看成是一种形式特殊的、带有一定积极意义与引导作用的批评性报道。因此，对于那些着眼于问题解决和强调思想性的新闻事件而言，对比反差式组合报道不失为一种十分有效的传播手段。

采写对比反差式组合报道，最为重要的操作环节在于选准用于进行比照的报道对象，而选择报道对象的基本条件又在于新闻素材之间是否具有可比性。从我们的实际生活经验来看，并非任何事物、任何人物都可以用来进行集中比较，那些生长环境不同、运行地位不等以及缺乏意义关联度的事物，是不适宜作为对比反差式组合报道的关注对象的。通常而言，只有当对比双方处于同一重量级时，报道整体才能形成较为理想的对比反差效果。

从操作手法上看，对比反差式组合报道的写作方式主要可以归纳为两种。

（1）纯新闻事实的比照。这种组稿方式的操作手法相对简单、直接，就是报道者在信息发布过程中只是真实客观地将正反两方面的新闻信息传递给受众，其间不夹杂任何个人的主观感受和见解，报道的思想性与目的性完全暗含于主体新闻事实之中，由受众自己去寻找和发现，进而体悟出文章的深度主旨与内蕴。在此，需要强调的写作要点是，由于报道者将自身定位于事件“旁观者”的角色，所采取的是一种“不作为”的话语表达方式，所以，两种不同性质的新闻稿件在信息呈现方面务必要做到清晰、完整、准确、鲜明，不能留给受众过多不确定的信息要素，事实的明晰与比照的强烈是这一报道手段取得成功的关键。

（2）附带主观色彩的比照。如果说之前的写作方法是一种“润物细无声”式的对比，那么这种操作方式在传播效果上则表现出很强的目的性和引导性。具体来说，附带主观色彩的比照就是在呈现主体新闻事实的基础上配发与之相关的评论性文字，将报道者对于正反两方新闻事件的态度与评判直接传递给受众，使他们能够对事件的是非曲直形成深刻的感知。这一报道方式的操作重点在于，评论文章中的观点阐述与意见表达要特别注意“度”的把握，言说的内容与方式必须立足于理性引导，切忌出现捧得太高或贬得过低的极端现象发生。植入评论的目的在于最大限度地纠正人们的错误思想或更新其落后的行为理念，引导社会朝着良性方向积极运转。如果只是为了追求传播效果上的轰动而一味地追捧一方而贬损另一方，不仅容易造成新闻报道的失实，也容易引发人们心理上的反感与抵触情绪。

3. 联系互补式

这种信息组合方式是我们在之前的论述中出现频率最高的组合报道类型。之所以称其为联系互补式，主要有两方面的原因：首先，从报道的外在形态来看，组成报道体系的各篇新闻稿件往往表现出体裁各异、长短不一的存在特征，“碎片化”的传播样态与差异化的功能表达，使得它们只有将自己与其他信息要素拼接组合在一起才能发挥出预想中的深度言说效果。其次，从报道的内在结构来说，处于报道体系中的不同信息单元之间往往存在着十分紧密的逻辑关联，整组报道中每一篇稿件都无一例外地需要其他报道元素为其提供信息上的补充和印证，任何一方都不能独立于他者而存在，互为支撑、协同运转是这一报道手段得以存在的根本，也是其最显著的传播特质。

联系互补式组合报道的应用范围极其广泛，无论是正面的宣传赞扬还是负面的批评警示，无论是报道人物、关注事件还是揭露问题都可以采用这一报道手段。这也是我们能够在众多媒体的报道中经常见到它的原因，灵活的组稿方式、严谨的逻辑结构与高强度的信息输出使得它可以轻松胜任各种类型的新闻报道。

策划与组织联系互补式组合报道有两个需要特别注意的操作点。

(1) 报道中心点的选取。从业界的实际操作经验来看，报道者在组稿工作正式开始之前往往需要为报道整体设置一个意义鲜明的信息中心点或曰思维发散点——它可以是任意形式的新闻稿件，但必须具有较强的信息统摄力——其作用就好比圆心，使报道中的所有信息要素都能够有效地围绕着这一中心点逐次展开，在发挥各自功能特长的基础上形成强大的传播向心力，从而使报道整体产生系统效应与集群优势。可以说，报道中心点的选择与确定对于之后的组稿工作进行以及报道传播效果的最终实现有着十分重要的意义，报道整体能否形成严谨的逻辑结构，报道的深度主旨能否得到最大限度的彰显，都与报道中心点设定的恰当与否紧密相关。

例如，在我们之前所提及的《别让网络水军成为网络打手》的组合报道中，报道者将一篇简短的“水军”调查报告作为整组报道的信息中心点，并在此基础上引申出一系列与之相关的问题讨论，使报道整体的思维路径不断朝着深层次空间拓展，全面揭开了“水军”这一新生网络群体的神秘面纱。再如，在《空军报》刊发的组合报道《80岁老兵朱卜良：还了27年的“心债”》中，报道者巧妙地将朱卜良本人递交给部队的一封“还款信”作为众多稿件的意义集结点，以真情为纽带将各个信息单元紧密连缀在一起，有力地彰显了当代中国军人的高尚精神风貌，使报道整体的思想内涵获得了极大幅度的强化和提升。

(2) 新闻信息内涵的扩展。在设定好报道中心点之后，接下来的工作就是考虑如何扩展已有新闻信息的思想内涵。通常而言，扩展信息内涵的方式主要是在主体稿件信息的基础上配发与之相关的评论、通讯、解释性文章、读者来信、背景材料、图片或图表等，报道体裁与内容的选择要依照报道的功能性质和传播目的而定。在此，需要特别强调的是，我们所选取和配发的新闻稿件，一定要具备补充、论证、解释等辅助性功能，在确保各部分内容协调运转的前提下最大限度地丰富和拓展主体新闻信息的外在意义空间。

【本章小结】

在组合报道中，各类报道信息聚合之后所产生的整体传播效果并非单纯意义上的稿件数量叠加或版面大小测量，众多新闻稿件及其相关信息要素的合理化衔接与融合使得组合报道的整体传播功效要远胜于各部分内容与意义的累加之和。这使得组合报道成为实现信息增值的一种最为有效的传播方式与途径。

组合报道在新闻要素处理与报道体裁组构两方面的出色表现，使得它最大限度地避免了传统深度报道模式中可能出现的篇幅冗长、节奏缓慢、结构繁杂等信息传播缺陷。

【思考题】

1. 以《北京青年报》和《南方周末》为例，选取组合报道新闻作品，进行案例分析。
2. 选择最近一天的《参考消息》，分析其新闻报道的组合方式。
3. 分析组合报道和连续报道的异同。

【推荐阅读书目（或视频、网站等）】

1. 程世寿．深度报道与新闻思维．北京：新华出版社，1991.
2. 杜骏飞，胡翼青．深度报道原理．北京：新华出版社，2001.

第四部分

新媒体篇

第八章 “两微一端”的新闻写作

【本章学习要点】

微博新闻的文本特征

微博新闻的写作技巧

微信公众平台新闻的操作技巧

新闻客户端的内容生产技巧

新闻客户端的运营策略

第一节 微博新闻写作

微博由博客发展而来，是一个可与他人分享自己感想、意见、经历、即时状态的地方。与博客不同的是，微博内容大多简短，只要能起到表达心情、发布信息的作用就可以了。由于篇幅短小，且可以通过智能移动终端操作，微博在新闻即时性方面优势突出。

一、微博概述

（一）微博的起源与发展

微博，又称微型博客，是一种基于用户关系实现信息发布、分享及获取的社交网络平台，用户可以通过 WEB、WAP 等各种客户端组建个人社区，发布信息，即时分享。

世界上最早的微博是 2006 年在美国出现的推特（Twitter）。2007 年，我国出现了叽歪、饭否等与 Twitter 类似的网站，微博开始进入我国网民的视野。微博大规模在我国网络上登陆是 2009 年，新浪网于该年 8 月 28 日启动新浪微博对外公测，对外公测 66 天后用户数量就突破 100 万。自此，我国微博进入飞速发展阶段。到了 2010 年 8 月 28 日，新浪微博用户数量增长到3 000 万。2011 年和 2012 年的用户数量分别是 2.5 亿和 3 亿。除新浪网外，我国著名的商业门户网站，如搜狐、网易、腾讯等纷纷上线各自的微博产品，此外，人民网、新华网等官方新闻网站也推出了各自的微博。

据新浪微博发布的2017年第一季度财报，截至2017年3月31日，微博月活跃用户达3.4亿，已超过Twitter成为全球用户规模最大的独立社交媒体公司。[①] 作为中国网民使用的主流应用，微博庞大的用户规模进一步巩固了其网络舆论传播中心的地位，无论是普通用户还是意见领袖和传统媒体，其获取新闻、传播新闻、发表意见、制造舆论的途径都不同程度地受到微博平台的影响。

（二）微博信息传播特点

微博作为新媒体技术的先进代表，在传播方式上表现出异于其他媒体的特征。

1. 病毒式的信息传播

和其他媒体不同，微博是依靠粉丝进行信息传播的。每一个微博用户都有属于自己的大小不一的粉丝群体，而其自身也是其他微博用户的粉丝之一。当某微博用户发布一条微博时，其粉丝不仅可以进行评论，还可以进行转发。当其粉丝的粉丝看到这条转发的微博时，同样可以进行转发。换句话说，微博传播是一种一对多的病毒式传播。当某条微博具有一定的吸引力时，它的传播就会如滚雪球一般，在很短的时间内传播到许多微博用户的页面上，其传播速度之快、传播范围之广是任何传统媒体都无法比拟的。一条热门微博甚至可以被转发数百万次。因此，当某热点新闻事件在微博上发布时，很容易引起轰动式的舆论狂潮，这就是微博的放大效应。

2. 内容的开放性和碎片化

微博的信息内容具有高度的开放性。在微博平台上，所有微博用户都是平等的。这一点和某些论坛网站不一样，有些论坛需要成员具备一定的权限或条件才能浏览某些信息。微博不一样，任何微博用户都可自由浏览其他微博用户发布的微博。这种内容上高度的开放性使得微博成为一个海量信息的平台。

此外，微博的信息内容具有碎片化的特点。如今，微博已在发布器中取消了字数不超过140的限制，开放长微博发布权限，但是，长微博在信息流中依然只显示140字，要想浏览全文则需要点击句末设置的“全文”按钮。因此，为保持内容吸引力，多数微博用户仍然会在信息发布中控制篇幅。这种碎片化的信息传播使得微博新闻不仅具有较强的易读性，还能适应受众快捷的生活节奏和信息接收心理，大大提高了微博新闻的传播效率。

3. 传播的参与性和交互性

微博是一个技术门槛极低的新媒体平台。它的注册手续方便、操作手法简单，稍有互联网使用常识的人都可以掌握微博的写作技巧。这种技术上的特征大大加强了微博用户的参与性，许多微博用户都乐于运用微博这个信息发布与交流的平台来叙述生活经历、抒发生活感想、评论新近时事。此外，由于其较高的传播效率和较广的传播覆盖面，许多新闻媒体也乐于运用微博进行新闻报道，以求用最短的时间将新闻事件展现在众多受众面前。

---

① 新浪微博2017年Q1财报：月活跃用户达3.4亿，世界第一！.（2017-05-17）[2018-02-28].http://www.yxdown.com/news/201705/352742.html.

此外，微博具有较高的交互性。上文提到，在微博平台上，所有微博用户都是平等的，人人都可以对任何微博进行评论和转发。这就大大模糊了传播者和受传者之间的界限，微博用户既是传播者又是受传者。微博成功地搭建起了用户之间的交流平台，用户与用户之间可以随心所欲地进行信息传播活动。

4. 微博用户的草根性

技术门槛低、内容共享性高、传播参与性强的特点，使得微博的用户具有很强的草根性。大多数微博用户在现实生活中是普通人，他们在微博平台上可以自由地发出自己的声音，发表自己的观点。然而，在传统媒体时代，传播资源往往为强势机构或强势人群所占有，普通人很难在公共平台上发出自己的声音，所以，传统媒体时代的传播活动具有高度中心化的特点。微博的产生在很大程度上打破了这种中心化的传播格局，使得每一个微博用户都成为发言主体。微博受众的草根性在一定程度上促进着信息传播的自由化和民主化。

5. 微动力的大影响

随着我国微博热的兴起，微博的社会影响力不断增强。在历次的新闻热点事件中，微博都积极介入了新闻热点事件的发展，其社会干预能力日益显现。比如，“随手拍照解救乞讨儿童”事件就是众多微博事件中的典型代表。2011 年 1 月 25 日，中国社会科学院农村发展研究所于建嵘教授在微博上发起的“随手拍照解救乞讨儿童”倡议引起全国网友、各地公安部门的关注。网友纷纷将乞讨儿童照片上传至微博，希望家中有孩子失踪的父母能借此信息找到自己被拐的孩子。据于建嵘介绍，目前发布的乞讨儿童信息中，已有部分家庭留言称可能是自家失踪的孩子，并与发布消息的网友联系。该事件引发了巨大的社会反响，公安部门对此做出回应，呼吁公众遇到未成年人进行乞讨应立即报告公安机关。

随时随意表达、即时即刻互动，从微信息到微交流，人们借助微博生成着足以推动社会变革与进步的“微动力”。可以说，包括微博写作在内的新媒体写作是一种活动——广泛散布于我们生活中的公民活动，体现公民义务与责任的传播活动，推动社会知情与表达的文明进步活动。①

2010 年 3 月，新华网《新华视点》专门著文介绍：“两会”微博是新闻报道一大进步。一些代表委员直接将议案、建议发上微博，随手拍的好玩图片也第一时间上微博；《新华视点》记者集体开设微博，众多鲜活的“两会”新闻受到追捧；多家报纸开设微博版面，搜集刊登源于微博的评论、跟帖；记者、网民更是集创作者、阅读者与传播者于一身，一边看一边写，不亦乐乎。对于新华社《新华视点》栏目首次将微博引入“两会”的报道，新华网负责人贾奋勇表示：在新华社内部，我们经过充分的论证、评估，形成的共识是，面对微博这种新兴的传播方式，不能缺位，不能失语，而应该主动去参与、利用。如果不参与，就是没尽到新闻人的责任。②

二、微博新闻的文本特征

微博新闻，是指通过微博将新近发生的有价值的事实发布出来的新闻。通常，微博新闻字

---

① 喻季欣，薛国林．新媒体：催生“新新闻文体”．新闻与写作，2010 (1).

② 同①.

数精简，内容言简意赅，时效性强，有时是图片，有时是图文并茂，甚至还有视频、音频链接。[①] 微博新闻与其他媒体所刊载的新闻并没有本质上的区别，同样要尊重新闻价值规律，并且符合真实、新鲜这两大新闻基本属性。但微博新闻作为在微博平台上发布与传播的新闻，在文本特征上与其他媒体所刊载的新闻有所区别。

（一）篇幅较短，要素齐全

上文提到大部分微博用户在微博写作的篇幅上坚持短小精悍的原则，这就决定了微博新闻的篇幅较其他媒体要小。“小身量”的微博新闻虽然在字数上少于其他媒体所刊载的新闻，但是麻雀虽小，五脏俱全。微博新闻依然要具备一般新闻的基本要素。换句话说，微博新闻依然要有5个W要素。如：

> **【四川古蔺大客车坠崖已致7死22伤】**《人民日报》记者王明峰消息，1日17时30分左右，泸州市一辆金龙牌大客车途经古蔺县石堡镇小坝路段时，侧翻至100余米的斜坡下，造成7人死亡，22人受伤。据泸州当地媒体报道，该车属于古蔺县畅通运输有限公司。目前，伤者已送往医院，事故具体原因在进一步调查中。

以上是《人民日报》官方微博在2013年2月1日所刊发的新闻。虽然这则新闻只有短短140个字左右，但新闻的基本要素完整，没有一点遗漏。

（二）时效性强，更新迅速

微博具有强大的传播效率，信息传播速度极快。与传统媒体相比，微博的信息传播速度可谓惊人。在微博上，前一分钟的新闻在下一分钟就可能成为历史。原因有两个：“一是微博可以与手机、MSN等绑定，各家媒体可以随时随地通过网络、手机发布新闻；二是微博新闻篇幅短，结构简单，为记者节省了思考、编辑新闻的时间。”[②] 因此，微博新闻与传统媒体相比，时效性更强。此外，如果对同一新闻事件进行报道，微博新闻更新的速度同样很快，这就为跟踪报道新闻事件提供了良好的平台。

以《人民日报》官方微博在2013年2月15日所发布的“陨石坠落俄罗斯”新闻为例：

> **【陨石坠落俄罗斯，已致150伤】**新华社消息，北京时间15日11时许，一块陨石坠落在俄罗斯车里雅宾斯克州。另据俄新社报道，俄内政部称已有超过150人请求医疗援助，无重伤人员，其中数十人是因陨石碎片击碎玻璃而受伤，有部分碎片落入哈萨克斯坦。

事故发生的时间是11时，《人民日报》官方微博于16时10分在微博上发布了这一新闻。17时49分，《人民日报》官方微博又一次发布消息跟进：

> **【俄降陨石：以为是战争爆发，受伤人数升至400多】**央视消息，俄罗斯天降陨石，这一罕见自然现象已造成400多人受伤。陨石降落时，在空中划出一道白烟，并发出巨大爆炸声，引起地上汽车防盗铃响，当地居民一度以为是战争爆发。该陨石并未对车里雅宾

---

① 王卫明，甘昕鑫．微博新闻的特征及其采写原则．新闻与写作，2012（1）.

② 薛国林，胡秀．微博新闻的写作及其文体特征：以2010年两会微博报道为例．新闻与写作，2010（5）.

斯克州军事设施、核设施造成影响。

（三）多媒体的新闻报道形式

新媒体都善于运用多种媒体形式来呈现信息。微博新闻同样如此，同一则新闻可以运用文字、图片、视频等形式进行报道。这种运用多种媒体形式进行新闻报道的方式，不仅大大增强了新闻的吸引力，还能全面立体地展现新闻事件的全貌。此外，如果一则新闻的信息量较大，发布时可以选择长微博形式，附上超链接或新闻图片，引导受众进一步浏览。

（四）单篇微博结构简单、角度单一

使用过微博的网友都知道，微博内容是不按段落显示的，这就导致了单篇微博新闻的结构非常简单，它就是一句话，或者一段话，最多再配上一幅图片，更别提标题、导语和结尾了。

同时，单篇微博的报道角度单一。一篇微博新闻只报道一个事件、一个情境、一个观点。这样的新闻就略显琐碎，信息量不足。微博有一个“关注”功能，网友可以对其感兴趣的微博账号设置“关注”，也可以随时取消“关注”。如果媒体不能吸引他们继续关注，那就意味着要流失一批粉丝，媒体在微博上的影响力也就无法保证。

这时候，信息组合和架构意识就显得尤其重要。《新华视点》在其微博上就采用了层层链接的方式拓展其报道的内容和角度，在宏观上构成了一个相互联系、相互配合的信息群。

以《新华视点》2018 年 1 月 20 日发布的微博新闻《“钱宝网”非法集资案真相调查》为例，该微博在首层页面传递了核心事实：“钱宝网”实际控制人向南京公安局投案自首，并通过微博短文下的一张图片将用户引向第二层链接信息，点开后呈现的页面就是《“钱宝网”非法集资案真相调查》全文，手动下拉全文页面至结束，又出现了第三层信息链接。这第三层信息链接则主要补充了央视财经、华尔街见闻、中国青年网、华夏时报网等国内其他媒体关于该事件的相关报道（见图 8－1 和图 8－2）。

图 8－1　《“钱宝网”非法集资案真相调查》首层页面截图

图 8-2 《“钱宝网”非法集资案真相调查》第二层、第三层信息链接页面截图

三、微博新闻的写作技巧

（一）迅速发稿、多媒体呈现

微博的传播优势之一在于其即写即发的传播速度。微博新闻写作要善于利用微博这个传播优势，这就要求在进行微博新闻写作时，要有较快的速度，能够在第一时间将微博新闻发布出去，把最新鲜热乎的新闻呈现在受众面前。此外，微博是一个多媒体信息呈现的平台，记者要充分利用多媒体传播的优势，除文字外，还要善于运用图片、音频、视频等多媒体形式展现新闻事件，使微博新闻更加立体化、全面化。以《人民日报》官方微博发布的“陨石坠落俄罗斯”新闻为例，这条微博新闻，不仅用文字叙述了陨石坠落的概况，还附上了陨石坠落的现场照片和俄罗斯电视台整理的视频资料（见图 8-3）。

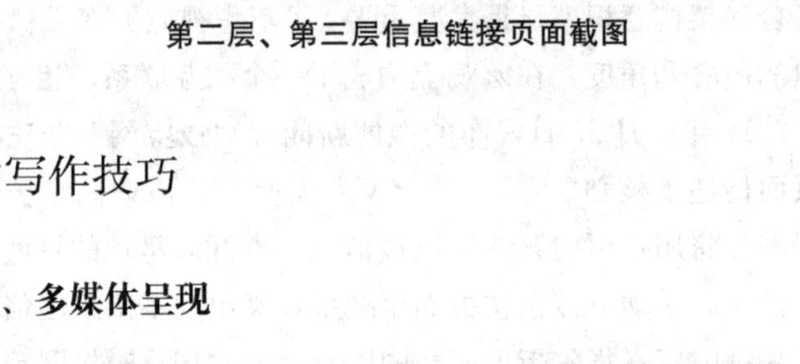

图 8-3 《陨石坠落俄罗斯，已致 150 伤》微博截图

（二）要素齐全、语言简洁

微博新闻虽然篇幅短小，但在写作的过程中千万不能遗漏任何一个新闻的基本要素，否则这条微博新闻就不完整。这就要求记者在写作的过程中要绷紧确保新闻基本要素齐全这根弦，在完成之后，还应回头看看，认真检查新闻的基本要素是否齐全。

在较短的篇幅内完整地展现新闻的基本要素是一项颇具难度的工作，它要求记者善于运用简洁的语言对新闻事件进行高度的概括和描述，用词准确到位，行文不能拖泥带水，避免内容重复拖沓。如果在140字内无法表述清楚新闻事件，则可以用长微博或超链接的形式引导受众进一步阅读。下面是新华社中国网事官方微博于2013年2月5日发布的一则微博新闻：

> **【10名非法拘禁来京访民者被判刑】**（记者涂铭）5日上午，王高伟等10名河南禹州籍被告因非法拘禁来京访民，被北京市朝阳区法院判处2年至6个月不等的刑罚，并赔偿民事损失。去年4月王高伟等10人将11名河南籍访民非法拘禁于王四营乡2个院落多日。法院审理认为，王高伟等人行为构成非法拘禁罪。

整则新闻从标题到正文内容清晰明确，新闻基本要素齐全，作者行文相当简洁，没有半点多余之处。

（三）标题精练、信息明确

一般的微博新闻都需要制作标题，但与报纸等传统媒体不同，报纸上的新闻可以有双行题甚至三行题。囿于篇幅，微博新闻一般只制作单行题，且字数不宜过多。所以记者在制作微博新闻标题时，要用最少的字数将新闻事件的核心内容集中体现在标题之中。所以，在涉及某些名词时，该用缩写的就用缩写，但不能违反相关规定，更不能引起歧义。比如，“蒙古族”不能简称为“蒙族”，“省人大常委会副主任”不能简称为“省人大副主任”。再比如，中国人民大学如果简称为“人大”容易使人理解为“全国人民代表大会”。值得特别指出的是，由于微博新闻没有版面设计，为了将标题和正文区别开来，可以用一些特殊符号比如“【】”隔开，以突出标题的重要性，使读者一目了然。

下面是《人民日报》官方微博于2013年2月1日发布的一则微博新闻：

> **【新交规满月闯灯降4成　驾考理论合格率仅55%】**（记者涂铭）新交规实施已满一个月，公安部数据显示，今年1月以来，全国严重交通违法行为大幅减少，违反交通信号灯指示通行同比下降40%。新交规还对驾驶人考试制度进行改革，考试合格率普遍较低，其中理论考试合格率为55.7%。

在这则微博新闻中，作者合理地将“交通规则”简称为“交规”，将“驾驶员从业资格证考试”简称为“驾考”，使得标题语言精练，且在标题中作者突出了“理论合格率仅55%”这一新闻事实的核心，这就使标题完整地突出了整则新闻最重要的地方，读者一看便心中有数。

（四）选材典型、善用细节

微博用户一打开屏幕，满屏都是各式各样的微博，那么微博新闻如何从众多微博中脱颖而出，抓住读者的注意力呢？其中很重要的一点就是微博新闻写作时要注意善于运用典型材料表现新闻事实，刻画新闻人物。此外，还要高度重视细节的作用，用细节去打动读者的心。如《新华视点》官方微博于2013年2月4日发布的一则微博新闻：

【习近平为七旬老人端饭】习近平4日上午来到兰州一家虚拟养老餐厅。在这里，政府补9元、老人交6元，就能吃到三菜一汤。“饭量够不够?”“卫生不卫生?”“全市有多少这样的餐厅?”习近平一一问来。他端起一个盛满饭菜的餐盘，走到72岁的老人杨林太面前，轻轻送上，请他用餐。

在这则微博新闻中，作者匠心独运地抓住了习近平总书记在考察工作期间为七旬老人端饭的这一微小细节作为标题，生动地展现了总书记亲民爱民和尊老爱幼的作风。在正文中，详细描写了总书记细致的问话，整则新闻十分生动，可读性强。

（五）善用@，注意版权

如果在微博新闻写作中提到了某个人或某个机构，可以用微博独有的功能@加以标示，这样的做法不仅可以扩大新闻的信息量，还可以让读者能够循着这条线索了解到更多的新闻背景。此外，在转载其他新闻媒体发布的新闻时，要清晰地标明该新闻的出处，涉及照片的，不能将原照片的水印随意去除，以免引起版权纠纷。

第二节 微信公众平台新闻写作

微信中的新闻依据其传播路径，大致分为朋友圈新闻、微信群新闻和公众平台新闻三大类。其中，朋友圈新闻和微信群新闻在传播过程中倾向于熟人之间的一对一或一对多的传播，私密性较强，而微信公众平台新闻则强化了公共性，彰显出微信公众平台的媒体属性。[①] 我们在此要集中探讨的是微信公众平台的新闻。

一、微信公众平台概述

（一）微信公众平台的起源和发展

2011年1月21日，腾讯公司推出了一个为智能终端提供即时通信服务的免费应用程序微信（WeChat），微信支持跨通信运营商、跨操作系统平台通过网络快速发送免费（需消耗少量网络流量）语音短信、视频、图片和文字。2012年8月23日，微信公众平台正式上线，腾讯公司将公众号定位为主要面向个人、政府、媒体、企业等机构推出的合作推广业务，个人或者组织可以开设公众账号，发展自己的粉丝。

---

① 闫伟华，申玲玲，郑雷．一本书学会自媒体新闻写作．北京：人民日报出版社，2016：184.

自微信公众平台诞生以来，腾讯公司不断对其进行升级和改版，其中，2013 年 8 月 5 号的版本调整对以微信为信息发布平台的各大媒体和自媒体产生了较为重要的影响。

微信公众平台 2013 年 8 月 5 日发布的版本有如下变化：

(1) 运营主体为组织，可在新注册的时候选择成为服务号或者订阅号。之前注册的公众号，默认为订阅号，可升级为服务号。

(2) 服务号可以申请自定义菜单。

(3) 使用 QQ 登录的公众号，可以升级为邮箱登录。

(4) 使用邮箱登录的公众号，可以修改登录邮箱。

(5) 编辑图文消息可选填作者。

(6) 群发消息可以同步到腾讯微博。[①]

在此次升级改版中，众多微信公众账号，尤其是媒体微信公众账号，为了保持用户黏性，选择接受平台为其默认设定的订阅号身份，并未升级为服务号。此外，这一改版实现了“公众号折叠”功能，能够每日向用户（粉丝）推送消息的订阅号将被收入统一目录下集体折叠，变成一个子菜单，并且当订阅号推送的消息到达用户（粉丝）时，用户（粉丝）不会收到即时消息提醒。该调整一方面规避了众多微信公众账号蜂拥而至给用户（粉丝）造成抵触情绪的风险，保障了平台的长远发展；另一方面极大削弱了微信公众平台订阅号消息的到达率和开启率，为进驻平台的媒体和自媒体带来了更大挑战。[②]

此后，微信团队接连不断对微信公众平台进行升级，陆续增加了投票和多客服功能、微信小店功能、推广功能、卡券功能、违规处理申诉功能、页面模板和图文消息正文可插入历史群发链接功能、自定义菜单功能、支付功能、关联小程序功能、定时群发功能等一系列新功能，为微信公众平台进一步发展提供了有力支撑。微信公众号“兼具媒体和电商的双重属性，从而革命性地改变了中国互联网以及媒体产业的既有生态”[③]。2014 年 4 月 4 日，微信团队又出台了《微信公众平台运营规范》，力求保障微信公众平台健康有序发展。截至 2016 年 10 月底，微信公众号数量已超过 1 200 万个。[④] 根据企鹅智酷 2016 年发布的调查报告，获取资讯成为用户关注微信公众平台的第一大目的，微信等社交平台是用户获取新闻来源的第二大渠道。[⑤]

（二）微信公众平台的分类及特点

在微信公众平台的发展过程中，微信团队通过摸索确定了服务号、订阅号两分平台的格局。[⑥] 这两种账号类型在定位、功能和运营上均有着明显的区别，呈现出不同的特点。

---

① 参见微信公众平台 2013 年 8 月 5 日的更新说明（https://mp.weixin.qq.com/cgi-bin/announce?action=getannouncement&announce_id=1411551740&version=2&lang=zh_CN）。

② 陈小宁，于晓晓．微信 5.0 之后，看被折叠的媒体微信号如何逆袭．新闻实践，2013（10）.

③ 吴晓波．腾讯传（1998—2016）：中国互联网公司进化论．杭州：浙江大学出版社，2017：286.

④ 艾媒咨询．艾媒报告：2016 年 APP 与微信公众号市场研究报告．(2016-11-29)［2018-02-28］.http://www.iimedia.cn/46539.html.

⑤ 企鹅智酷．微信报告：47 页 PPT 看懂微信五大业务．(2016-03-21)［2018-02-28］.http://tech.qq.com/a/20160321/007049.htm#p=30.

⑥ 微信公众平台曾设“企业号”用于企业内部的沟通及管理，后升级改版为“企业微信”。

1. 公众平台订阅号：为用户提供信息和资讯

（1）订阅号可每日群发消息；

（2）发给订阅用户（粉丝）的消息会显示在用户的“订阅号”文件夹中，不会显示在用户的聊天列表中；

（3）订阅号在获得微信认证后可以申请自定义菜单。

2. 公众平台服务号：为用户提供服务

（1）一个月内仅可发送4条群发消息；

（2）发给订阅用户（粉丝）的消息会显示在用户的聊天列表中；

（3）服务号可申请自定义菜单。

微信团队针对订阅号和服务号的功能及特点对账号主体选择账号类型给出了建议：如果想简单地发送消息，达到宣传效果，建议选择订阅号；如果想用公众号获得更多的功能，建议选择服务号。值得注意的是订阅号通过微信认证资质审核后有一次升级为服务号的机会，升级成功后类型不可再变，而服务号不可变更成订阅号。目前，大部分媒体与自媒体选择了订阅号这一账号类型。

（三）国内媒体微信公众号的开设情况

当前媒体融合发展进入了一个新的阶段，很多媒体出现了向社交媒体转移的趋势：“一是社交媒体本身在电信环境不断改善的前提下，经持续创新而取得飞跃发展；二是移动端渐渐成为人们的首选上网渠道，移动信息传播占据绝对主导地位。”[①] 截至2017年6月，我国网民规模达到7.51亿，我国手机网民规模达7.24亿，较2016年年底增加2 830万人。[②] 为了抓住受众有限的注意力，国内媒体纷纷试水微博、微信、客户端等新媒体平台。

2016年12月15日，人民网研究院发布的《2016中国媒体融合传播指数报告》显示：“从各类媒体两微一端的传播情况看，移动端成为媒体融合传播的主战场。综合各类媒体来看，两微一端中，微信的使用率最高，其次是微博。各类媒体中，报纸媒体的融合传播度最高，百强报纸中，两微账号开通率均为100%。”[③] 开通微信公众号，已经成为主流媒体贯彻媒体融合战略的必选动作。

二、微信公众平台新闻的特点

（一）多媒体呈现，丰富信息表达方式

微信公众平台相较于传统媒体而言，最突出的优势之一就是能够融合各种信息表达方式，

---

① 辜晓进，徐蔓，张鑫瑶．作为报业转型突破口的社交媒体战略．新闻与传播研究，2017（8）．

② 中国互联网络信息中心（CNNIC）．第40次中国互联网络发展状况统计报告．［2018－02－28］．http：//cnnic.cn/gywm/xwzx/rdxw/201708/t20170804_69449.htm．

③ 人民网研究院推出《2016中国媒体融合传播指数报告》．（2016－12－20）［2018－02－28］．http：//media.people.com.cn/n1/2016/1220/c192370－28964256.html．

对新闻报道进行多媒体呈现。纸媒的信息表达方式是文字，广播的信息表达方式是音频，电视的信息表达方式是音视频，而微信公众平台的信息表达方式可以是包括文字、图表、动图、音频、视频以及各种小程序在内的多种形式。

通过对各种信息表达方式的合理组合与灵活运用，微信公众平台新闻形成了更加多元的写作样式，使新闻报道更加生动直观，更易取得良好的传播效果。例如，《人民日报》微信公众号 2017 年 12 月 4 日推送的《八项规定改变中国》就综合运用了文字、视频、图片以及动图等多种信息表达方式（见图 8-4、图 8-5）。

图 8-4　《八项规定改变中国》视频截图

图 8-5　《八项规定改变中国》动图、文字图片截图

这篇报道以一段 1 分 30 秒的短视频开始，视频以一个普通人的视角看八项规定给生活带来的积极变化，如“不必下班后还忙着应酬”“不必逢年过节想着给谁送礼”“不必开完大会开小会”等；接着用文字和动图相结合的方式展示出八项规定带来的具体成效，如“逾 26 万人被处理”“党员干部的工作作风变了，生活习惯好了”“老百姓有了实实在在的获得感”等；最后用文字和图片相结合的方式对八项规定的具体内容进行了简要说明，如“改进调查研究，到基层调研深入了解真实情况”“精简会议活动，切实改进会风”等。

这篇文章借助文字、视频、图片以及动图等多种信息表达方式，生动直观地展示了八项规定给人民群众和党员干部带来的积极影响，妙趣横生的动图更是让比较严肃的时政硬新闻具有了软化的外形，无形中贴近了普通受众，避免了一般硬新闻令受众敬而远之的尴尬。

（二）抢发推送新闻，缩短与受众的时空距离

时效是新闻的生命，而传播介质对时效性的影响是巨大的。报纸新闻的更新受出版与发行时间的限制，通常以天为时间单位。广播电视新闻虽然实现了延时直播和现场直播，却又受到播出时段和节目编排顺序的制约。依托网络技术和智能移动终端发展起来的微信公众平台新闻真正实现了即时传播，最大限度地缩短了新闻内容与受众在时间、空间上的距离。作为用户的受众在网络畅通的情况下可以在第一时间接收到来自新媒体推送的消息，这也意味着相较于传统媒体，新媒体在时效性竞争方面更为激烈，这种竞争的激烈性在时政新闻和突发事件的报道中体现尤其明显。

新华社微信公众号经常用简洁的标题配合醒目的图片推送突发新闻，已经形成了其特有的风格。2017 年 11 月 24 日，埃及清真寺遭遇了恐怖袭击，新华社微信公众号在 22 点 18 分以《突发！埃及一清真寺遭恐怖袭击，至少 155 人死亡》为题，推送了这一突发新闻（见图 8－6）。2017 年 12 月 1 日，天津一大厦 38 层发生火灾，新华社微信公众号也以最快速度推送了以《揪心！天津一大厦 38 层发生火灾，已致 6 人死亡》为题的消息（见图 8－7）。

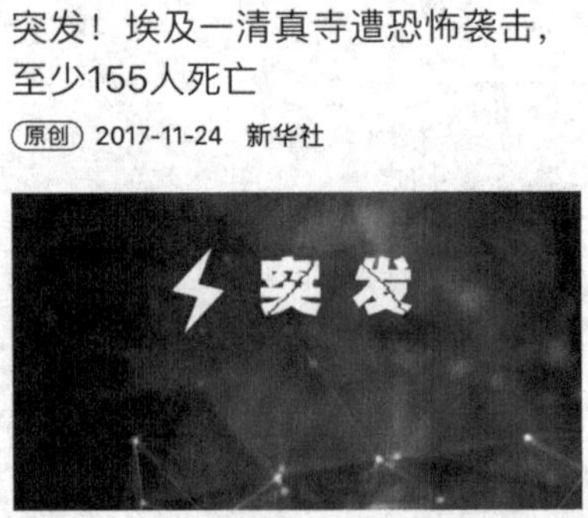

图 8－6 《突发！埃及一清真寺遭恐怖袭击，至少 155 人死亡》截图

图 8－7 《揪心！天津一大厦 38 层发生火灾，已致 6 人死亡》截图

在新华社微信公众号 2017 年 11 月推送的消息中，一些时效性极强的被以“刚刚”为导读词进行推送，短时间浏览量便达到“100 000＋”①，不少用户对新华社微信公众号信息发布的

① 100 000＋：发布于微信公众平台的文章能够对用户（粉丝）显示出的最大浏览量，被视作文章火爆的重要指标。

时效性表示赞许，幽默地将新华社发布重大新闻的体例称作“刚刚体”。抢发推送不仅极大增强了新闻的时效性，也增强了微信公众号的用户黏性，培养了用户忠诚度。

然而，受微信公众平台的平台规则、各微信公众号的自身定位以及信息来源渠道的限制，并非所有微信公众号都能抢占新闻的第一落点。所以，面对热点新闻事件，快速对纷乱无序的信息进行梳理，抢抓第二落点同样是拼抢时效的一把利器。

2017 年 11 月 12 日，中共中央总书记、国家主席习近平对越南进行国事访问。次日，央视新闻微信公众号发布文章《习主席访问越南，会见了哪些人？谈了哪些事儿？（附视频）》，将媒体此前碎片式报道过的国事访问活动进行整合，摘录如下：

习近平抵达河内开始对越南社会主义共和国进行国事访问

中共中央总书记、国家主席习近平 12 日抵达河内，开始对越南社会主义共和国进行国事访问。

…………

• 习近平出席越共中央总书记举行的欢迎仪式

越共中央总书记阮富仲在主席府广场为习近平举行盛大欢迎仪式

• 习近平同越共中央总书记举行会谈

双方一致同意和衷共济 共谋发展 不断开创中越关系新局面

• 习近平会见越南国会主席

习近平高度评价中国全国人大同越南国会的友好交往并向越南国会主席阮氏金银介绍了中国全面推进依法治国的有关经验。阮氏金银表示越南国会在推进革新的进程中，愿加强同中国全国人大的交流互鉴，并共同努力，为深化越中友好关系做出贡献。

• 习近平出席越中友谊宫落成移交仪式暨河内中国文化中心揭牌仪式

越中友谊宫是中国对越南援助的标志性工程。河内中国文化中心是中国派驻越南的官方文化机构。

• 习近平出席越共中央总书记和越南国家主席共同举行的欢迎宴会

越共中央总书记阮富仲和越南国家主席陈大光在河内国际会议中心为习近平举行隆重的欢迎宴会。阮富仲代表越南党、政府和人民热烈欢迎习近平对越南进行国事访问。习近平强调，此次访问的主要目的是巩固传统友好，深化务实合作，规划中越关系美好未来。

（央视新闻微信公众号，2017－11－13）

央视新闻微信公众号准确抓住了习近平对越南进行国事访问这一重大新闻的第二落点，将习近平出席越共中央总书记举行的欢迎仪式，同越共中央总书记举行会谈，会见越南国会主席，出席越中友谊宫落成移交仪式暨河内中国文化中心揭牌仪式，出席越共中央总书记和越南国家主席共同举行的欢迎宴会等碎片化的信息进行整合报道，达到了较好的传播效果。

（三）转发评论功能，扩大新闻的社会影响

微信公众平台具备留言功能，用户可以对新闻内容发表看法，对小编进行质疑或调侃，

对新闻涉及的现象进行批判或提出建议，借新闻内容抒自己胸怀，既丰富了新闻的内涵，增添了新闻的趣味，又给用户提供了更加自由便利的交流互动空间。除了留言之外，用户还可以通过转发新闻来表达对新闻的看法，从而推动新闻向更深层次、更广领域延伸，扩大新闻的社会影响。用户的评论和转发在一定程度上涉及和反映社会议题，并反过来影响新闻传播的走向。[①]

2016 年 8 月 19 日，18 岁的山东考生徐玉玉被诈骗电话骗走了 9 900 元，这 9 900 元是家人为徐玉玉准备的上大学的费用；8 月 21 日，徐玉玉因郁结于心导致心脏骤停，经抢救无效，不幸离世；8 月 23 日，《沂蒙晚报》记者张斌以《玉损伤逝　留怨人间》为题，最早报道了“8·19”徐玉玉电信诈骗案；随后，包括众多微信公众号在内的广大媒体对“8·19”徐玉玉电信诈骗案进行了全方位报道，徐玉玉的遭遇也因此得到了公众的广泛关注。受众对“8·19”徐玉玉电信诈骗案相关报道的转发和评论使电信诈骗、个人信息泄露等不良社会现象迅速成为舆论的焦点，其中不乏引人深思、发人深省的深刻见解。这些积极的互动在传递社会正能量的同时，引导着广大媒体对徐玉玉案件背后的社会问题给予更大关注。

受“8·19”徐玉玉电信诈骗案影响，公安部刑侦局微信公众号发布《紧急提醒：接到这 170、171 两个号码段来电或短信千万要小心》，文章开篇写道：“紧急提醒：接到这 170、171 两个号码段来电或短信千万要小心，已有多人受骗!”随后，文章用四则真实案例披露了电信诈骗的常用伎俩以警示公众，现摘录如下：

真实案例

·1.“你涉嫌洗黑钱。”

…………

·2.“你的信用卡已透支。”

…………

·3.“你的手机号码被盗用。”

…………

·4.“你的网购有问题，可退钱给你。”

…………

警方再次提醒：

接到 170、171 开头号码段的电话或短信时，请详细辨认内容的真伪，尽量不要点击链接，请及时与相关部门进行核实，以免别骗。

（公安部刑侦局微信公众号，2016－08－25）

文章发布后，用户（粉丝）纷纷留言，发表自己的见解（见图 8－8）：

---

① 曹茶香．“两微一端”新闻的传播与写作特点研究．新闻前哨，2016（3）．

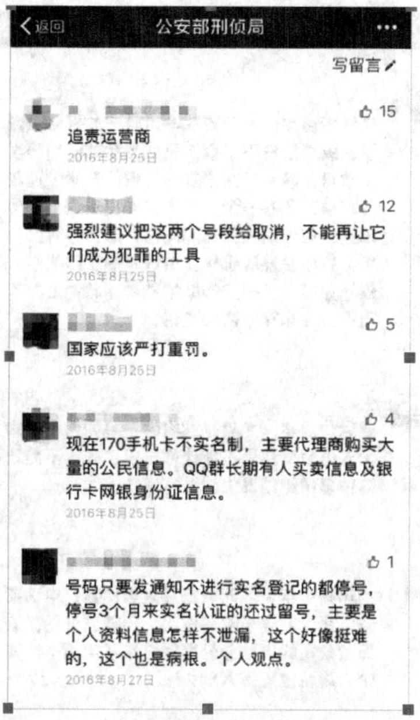

图 8-8　《紧急提醒：接到这 170、171 两个号码段来电或短信千万要小心》部分用户留言截图

同日，澎湃新闻微信公众号发布社论《谁害死了准女大学生徐玉玉》，文章在简要回顾徐玉玉案件之后，将目光聚焦于公民信息遭到泄露这一亟待重视的社会现象：

> 骗子谋财导致害命，当然可恨。同样可恨的是泄露信息的人。
>
> 为个案公平，骗子应该得到法律惩罚。公众的愤怒或许有助于破案进程的加快。但为防止更多悲剧发生，必须从全局出发，从制度入手，把公民的个人信息真正保护起来。
>
> （澎湃新闻微信公众号，2016-08-25）

文章发布后，用户纷纷留言，发表自己的见解（见图 8-9）。

“8·19”徐玉玉电信诈骗案在网络上引起轩然大波的同时，警方的案件侦破工作也在有序进行。2016 年 8 月 26 日下午，公安部发布 A 级通缉令，公开通缉此案 3 名在逃犯罪嫌疑人陈文辉、熊超、郑贤聪；8 月 26 日晚上 8 点，犯罪嫌疑人熊超落网；8 月 28 日，该案头号犯罪嫌疑人陈文辉落网，郑贤聪投案自首。然而，公众及媒体对“8·19”徐玉玉电信诈骗案的关注并没有因为案件的侦破而消减。2016 年 8 月 27 日，《光明日报》微信公众号发布文章《【聚焦】徐玉玉案破了，4 嫌犯落网，然后呢?》；8 月 28 日，新华网微信公众号发布文章《徐玉玉案最后一名嫌疑人落网！电信诈骗有哪些“帮凶”?》。受众与媒体之间的互动，无疑为扩大“8·19”徐玉玉电信诈骗案的社会影响做出了很大贡献。2017 年全国“两会”期间，全国政协委员施杰建议，由全国人大常委会通过立法，尽快出台《中华人民共和国公民个人信息保护法》，以保护个人信息，防止“8·19”徐玉玉电信诈骗案重演。

三、微信公众平台新闻的写作技巧

目前，微信公众平台已经成为各类媒体扩大信息传播范围、提升自身影响力的重要渠道。

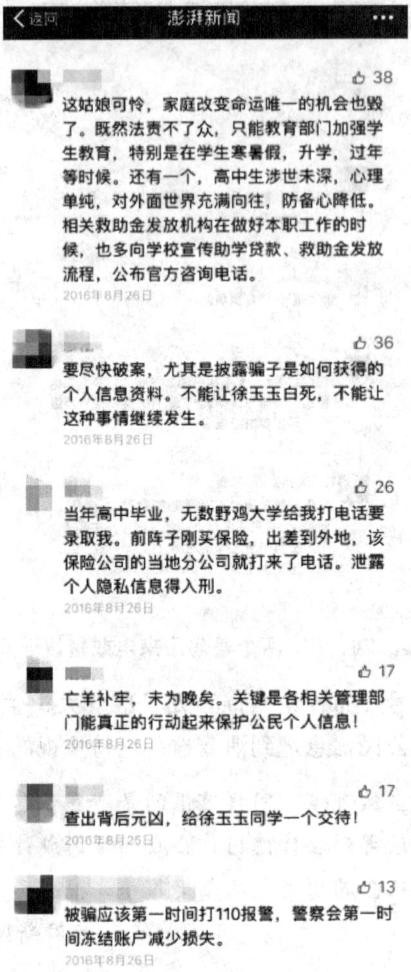

图 8－9　《谁害死了准女大学生徐玉玉》部分用户留言截图

在微信平台上，有 255 家党报开设了微信公众号，开通率为 69.5%。许多媒体的微信公众号，一方面注意借力微信平台的信息传播优势，另一方面积极探索微信公众号新闻采写编评的技巧，在新闻实践中摸索总结出了自己的方法和技巧。

（一）标题简洁生动，突出最具吸引力的信息

标题是“新闻的眼睛”，传统媒体在新闻写作和编辑环节都十分重视标题制作。在微信公众平台上，新闻通常会被“折叠”成一个个简短的标题，能否在瞬间抓住受众的注意力成为衡量标题制作成功与否的重要标准。鉴于微信公众平台的社交媒体属性，微信公众号新闻标题的制作除了要遵循一般新闻标题的制作要求外，往往还会突出强调两点：第一，标题对核心信息的选择是否准确；第二，标题的呈现方式是否有感染力和吸引力。

1. 准确选择新闻中最具价值、受众最关心的事实

从受众接触新闻的心理出发，其实任何时代的受众对新闻的需求在本质上都是一致的，就是要求传播者能够以最快的速度告知发生了什么事情，有什么后果和影响。所以，制作标题的

第一要义就是能够在诸多琐碎的事实和信息面前保持冷静和清醒，准确筛选出新闻中最具价值、受众最关心的事实，将其直截了当地呈现出来。

传统纸媒上，我们通常会把新闻标题分成单行题、双行题、三行题等，并有不同的格式要求。目前，在微信公众号上推送的新闻通常以单行题为主。单行题字数较少，强调短平快的信息传输，也最适合手机屏幕和微信公众平台界面的容量，多用于严肃的时政要闻和突发的重要新闻。单行题制作起来相对简单，通常只需要提炼出人们常说的新闻要素，并选择二三核心新闻要素呈现即可。例如：

鲁炜成十九大后首名落马的正部级高官

（侠客岛微信公众号，2017-11-21）

最新！埃及清真寺恐袭致至少184死125伤

（《人民日报》微信公众号，2017-11-24）

此外，微信公众号的新闻标题并不完全遵循传统标题的分类和制作要求。很多微信公众号在制作新闻标题时，会有意识地突破形式上的束缚，追求目的性和实用性。有的微信公众号在推送时效性不是很强的社会新闻时，常常采用新闻导读式的标题，把主要的事实全部概括在标题中。有的微信公众号会在标题中通过对事实的描述故意制造悬念，吸引读者阅读全文。例如：

小伙原地没动，孩子撞上他骨折了！对方父母：你全责！赔7 500！

（新华社微信公众号，2017-11-24）

中国导游在泰国被大象踩踏致死，到底发生了什么？

（新华社微信公众号，2017-12-23）

女子把11万钻戒扔了，环卫工人翻了13吨垃圾找回！网友炸锅了！

（新华社微信公众号，2017-12-23）

2. 强调对话感、亲近感，拉近与受众的心理距离

微信公众平台具有先天的社交媒体属性，这种社交化的思维模式使得微信新闻标题在制作和呈现上更加强调与用户的对话感、亲近感。一些标题会大胆使用“关注”“荐读”“实用”“提醒”等引导性字眼来唤起受众的注意，并运用问号、感叹号、省略号等带有情感色彩的标点符号表达观点和态度，通过情感上的交流拉近和受众的心理距离。例如：

【关注】都被骗了！清华等名校连续辟谣，网友也怒了

（《人民日报》微信公众号，2017-12-12）

【荐读】司机将乘客带到山顶灌醉！民警到了先给他一个大大的拥抱

（《人民日报》微信公众号，2017-12-10）

【提醒】紧急通知！@所有手机用户，摊上这事，一年就白忙了！

（《人民日报》微信公众号，2017-12-13）

注意！微信红包和转账原来有这么大区别，你分清了吗？

（新华社微信公众号，2017-12-26）

3. 借助生活习语、网络热词，激发受众的关注和参与

一些微信公众号在新闻标题的制作上，还会巧妙借助我们生活中的一些俗语、习语和网络热词，寻找与受众的共鸣点，激发受众对新闻的关注和参与意识。

2017 年 12 月 6 日，美国政府承认耶路撒冷为以色列首都，并将把美国驻特拉维夫大使馆搬迁至耶路撒冷，国际社会普遍担忧此举将增加中东地区的不稳定性。美国始终态度强硬，并威胁持反对意见的国家。12 月 18 日，联合国安理会对一份由埃及起草、旨在推翻美国承认耶路撒冷为以色列首都决定的决议草案进行表决。虽然表决结果为 14 票赞成、1 票反对，但是由于安理会常任理事国美国投票反对，草案未获通过。12 月 21 日，联合国召开紧急大会，以压倒性多数通过一项决议，认定任何宣称改变耶路撒冷地位的决定和行动“无效”。澎湃新闻微信公众号在报道这则新闻时，直接使用了全世界打美国“大耳光”这样的俗语，生动形象地展示了美国在国际舞台上的骄横无理、最终落败的结果。

在很多城市的街头，共享单车从车筐、车把到车身、车座都被贴满了密密麻麻的小广告。媒体报道时直接使用了通俗易懂的“牛皮癣”来指称这一难以治理的城市顽疾。澎湃新闻微信公众号在报道贾跃亭事件时，先后用了“老赖”“喊”等词汇，让人在通俗易懂的消息传达中感受到了媒体的态度和立场。例如：

就在刚刚，全世界给了美国一个大耳光

（澎湃新闻微信公众号，2017－12－22）

共享单车贴满“牛皮癣”小广告，这次摩拜忍不下去了！

（澎湃新闻微信公众号，2017－12－15）

贾跃亭，被法院认证为“老赖”！

（澎湃新闻微信公众号，2017－12－12）

贾跃亭，北京证监局喊你立即回国履责！31 日是最后期限

（澎湃新闻微信公众号，2017－12－26）

网络热词，顾名思义就是那些主要流传于网络、被赋予特定时代意义并被网民广泛接受、高频率使用的词汇。一些微信公众号推送新闻时，在新闻标题中会通过使用一些网络热词来拉近与受众的距离，如“套路”[①]“圈粉”[②]“厉害了，我的国”[③] 等。例如：

家长们被这道小学数学题套路到哭！不服来虐！

（新华社微信公众号，2017－11－25）

被圈粉了！海军特种部队首部官方宣传片发布，霸气十足！

（《人民日报》微信公众号，2017－12－27）

---

① 套路：指精心设计的路数，2016 年开始流行于互联网。

② 粉丝经济时代，不管是明星的自我营销，还是打造自媒体，都需要大量粉丝。粉丝的拥有量往往代表着一个明星或自媒体的社会影响力。“圈粉”就是要通过各种方式扩大自己的粉丝群体。

③ 中国网民曾经创造出一个网络热词“厉害了，我的哥”，以表达对令人惊讶的人的赞叹。“厉害了，我的国”由此演变而来并在网络上迅速火起来，中国网民用该词表达他们对中国所取得的一切成就的真诚赞美。“厉害了，我的国”已经入选 2017 年中国网络热词。

厉害了！河北首家智慧医院要来啦！

（《河北日报》微信公众号，2017－12－27）

（二）文本结构灵活多样，主动适应用户的阅读习惯

传统新闻写作的结构可分为倒金字塔型、金字塔型、沙漏型、华尔街日报体等类型。微信公众号新闻写作在借鉴上述结构的基础上，衍生出了更多自由灵活的新结构，迎合了受众的微信阅读习惯。

1. 不过时的倒金字塔结构

倒金字塔结构作为传统媒体消息写作中的重要法宝，在微信公众号新闻写作中同样适用。先重要后次要的写作顺序，适用于重大新闻和重磅消息，符合浅阅读时代里受众即时获取热点信息的要求。接下来，我们来看新华社微信公众号发布的《刚刚，伊朗宣布“伊斯兰国”被剿灭了!》。

刚刚，伊朗宣布“伊斯兰国”被剿灭了!

伊朗总统鲁哈尼21日宣布，极端组织“伊斯兰国”已经被剿灭。

鲁哈尼当天向全国发表电视直播讲话时说，伊朗伊斯兰革命卫队高级指挥官苏莱曼尼当天向伊朗最高领袖哈梅内伊通报了“伊斯兰国”被剿灭的消息。

伊朗伊斯兰革命卫队在官方网站上公布了这份通报。通报说，伊朗派遣的军事顾问在打败“伊斯兰国”的战斗中发挥了巨大作用。

通报说，伊朗积极参与国际打击“伊斯兰国”的联合反恐行动，伊朗军人与伊拉克和叙利亚人民并肩作战，收复了“伊斯兰国”在叙最后主要据点阿布卡迈勒，这场联合反恐行动取得最终的胜利。

据报道，伊拉克总理阿巴迪21日也表示，在收复拉沃镇后，伊拉克已在军事上终结极端组织“伊斯兰国”。

（新华社微信公众号，2017－11－22）

这则消息第一段，开门见山地道出伊朗总统宣布“伊斯兰国”已被剿灭这一关键信息；第二段，简要说明了伊朗总统发布和获取这一消息的渠道；第三、第四段，扼要介绍了伊斯兰革命卫队发布的通报内容；最后一段，对这一消息的其他报道进行了补充。从信息的重要性来看，呈从重要到次要的倒金字塔状分布。用户在点击浏览这则消息时，能够在最短的时间内把握关键信息，满足受众的浅阅读习惯。

2. 娓娓道来的纵向递进结构

用娓娓道来的方式完成新闻报道，能够帮助新闻实现由“硬”到“软”的转变，拉近与受众之间的距离，引起受众的共鸣。要想使这种叙事方式达到预期的传播效果，就需要在写作过程中先捋出一条线索，如时间的推移、场景的变换、人物的成长、事件的演变等，再沿着线索纵向展开、层层递进。《人民日报》微信公众号发布的《“偷偷”干了这件事，这位工商局长火了!》就采用了这种递进式结构。

“偷偷”干了这件事，这位工商局长火了！

山西朔州工商局副局长郝如翔这几天“火”了，他“卧底”查处保健品讲座的视频在微博上播放740多万次，网友纷纷点赞。

保健品骗局又出什么新花样？老年群体为何屡屡中招？简单告诉长辈“捂好钱包”就行了吗？

工商局长“卧底”查处保健品推销团伙

11月13日，郝如翔在下班路上接到一张传单，上面写着只要参加“健康大讲堂”，就可以免费领取10到15枚鸡蛋。“这一看就是骗老年人的。”郝如翔决定第二天去看个究竟……

…………

16日7时许，郝如翔走上台脱去外套，亮出了自己的制服，当众戳穿了主讲者的身份。工商、公安、食药监部门同时行动，控制了在场的10余名销售人员，并将钱款退给老人。

…………

骗术进化，“免费”噱头，老年群体屡中招

…………

“这个价格太贵，可能是担心老年人不买，14、15日他们主要在卖优惠卡。”郝如翔介绍，一张卡只有10元，持卡的老年人就可以在买保健品时享受优惠，而到16日早上退款的时候，“已经有500多人买了卡。”

…………

网友“谁都找不到我qy”说：“执法需要证据，这些骗子为什么挑老年人下手，因为老年人没有取证意识，比如对方的承诺有没有写下来、盖章认证，买的东西有没有发票，老年人基本是被忽悠几句，就把钱扔进去了。”

…………

网友“勿忘止儿”说：“这种讲座，挂羊头卖狗肉，我家老人就参加过这样的活动，请老人去旅游、去吃饭，让他们买翡翠，让老人交钱，说什么‘存两万块钱，每天可以领两百’，这种不法商贩还会用各种方法躲避检查。”

…………

帮长辈“捂好钱包”还需家人多关怀

…………

“这些人盯准了老年人最大的需求——健康。”上海市心理卫生学会一位理事对记者说，“老年人不熟悉互联网，基本是和同龄人接触，信息渠道相对单一，认知上容易陷入‘信息孤岛’，导致被骗。”

…………

网民也表示，“看看这些欺诈套路，赶紧转发给家里长辈”。

……专家表示，“与其关心老人的钱包，不如多关心关心他们”。

（《人民日报》微信公众号，2017-11-25）

这篇报道以郝如翔“卧底”查处保健品讲座这一事件为线索，用郝如翔自己的语言将从观察到取证再到行动的过程娓娓道来，进而向受众介绍了一系列针对老年人的骗术，最后提出用“关心老年人”的办法防止老年人上当受骗。该报道行文流畅，同时具有较强的亲和力，既满足了用户获取信息的需求，又增强了用户对该公众号本身的好感度。

3. 网罗要点的横向并列结构

与传统媒体新闻不同的是，微信公众号新闻为满足受众获取相对全面的信息并迅速锁定个人兴趣点的需求，在写作结构上衍生出事实或观点横向并列的结构范式。这种写作结构通常将文章分为几个并无明显主次关系的部分，每一部分的主要内容或核心观点由小标题或关键词统领，而小标题或关键词既可以从文章中提炼概括，也可以直接引用文章中的词汇语句。这种能够将新闻中的多个要点直观呈现出来的结构应用十分广泛。《北京安委会回应“驱逐低端人口”传言：从来没有“低端人口”一说》选用的就是这种典型的横向并列式结构。

北京安委会回应“驱逐低端人口”传言：从来没有“低端人口”一说

11 月 18 日晚，北京大兴区西红门镇新建二村发生重大火灾事故，造成 19 人死亡，8 人受伤。火灾发生后，北京市在全市范围内开展了为期 40 天的安全隐患大排查大清理大整治专项行动。目前，这次专项行动已进行将近一周，今天凌晨（26 日），北京市就此次专项行动的最新成果进行了通报。

专项整治一周查出安全隐患 25 395 处

…………

北京市安委会：不存在驱赶“低端人口”说法

…………

北京市安委会：拆除清理隐患前必须先发通告

…………

北京市安委会：专项整治不是毕其功于一役

…………

（央视新闻微信公众号，2017－11－26）

这篇报道分四部分对北京市安全隐患大排查大清理大整治专项行动结果进行通报，每一部分均被冠以一个简明扼要的小标题，像“划重点”一样将“不存在驱赶‘低端人口’说法”“拆除清理隐患前必须先发通告”“专项整治不是毕其功于一役”等关键信息呈现出来。用户浏览报道时能够首先注意到小标题，再根据小标题决定将注意力放到哪一具体部分，如此一来，便可帮助用户快速锁定自己感兴趣的消息。

微信公众号新闻写作结构的灵活多样还体现在对导语、背景、结语等部分的大胆取舍和自由安排上。总体来说，微信公众号新闻的结构选择更加强调主动去满足和适应受众的阅读习惯，根据新闻特点进行结构调整。

（三）语言丰富多元，帮助新闻呈现可视化

在传统媒体的新闻写作中，新闻报道的语言一般以“客观”“准确”“简明”为特点，偏向

书面化。微信公众号发布的新闻在语言使用上，往往更加生动活泼、丰富多彩，甚至追求一些个性风格。

1. 善用日常用语和流行热词，让新闻亲切起来

微信公众平台是一个交互性很强的传播媒介，因而，微信公众号新闻要想获得较好的传播效果就要学会“接地气”，用受众喜闻乐见的语言发声，赋予新闻报道亲和力与亲切感，让硬新闻软起来。

在信息的发布中，注意采用平易直白的表现形式，挖掘和呈现用户最关心的事实。例如央视新闻微信公众号推送的《定了！中国铁路五年“小目标”[①]：2020 年高铁里程达 3 万公里》。

定了！中国铁路五年“小目标”：2020 年高铁里程达 3 万公里

山沟沟里通高铁，中国高铁出口美国，中欧班列开行不断，中国铁路的发展，不仅成为一张闪亮的中国名片，咱们老百姓也是有满满的获得感。这还不够，日前，国家发改委发布《铁路“十三五”发展规划》，给中国铁路定下五年“小目标”。

定目标，先得知道问题在哪儿。“十二五”期间，通高铁的地方越来越多，购取票的手段越来越便捷，我国铁路的软硬件水平都显著提高。但仍存在路网结构不完善、区域发展不平衡、铁路与城市交通衔接水平有待提升等问题。

…………

（央视新闻微信公众号，2017-11-25）

这篇解读《铁路“十三五”发展规划》的文章文风朴实、语言通俗，对“小目标”等热词的恰当使用更是拉近了与用户之间的距离。同时，直截了当地将“2020 年高铁里程达 3 万公里”这一关键信息，也是用户最关心的事实呈现了出来。

2. 多用第一人称讲故事，让语态温暖起来

与传统媒体力图塑造严肃沉稳的形象不同，微信公众号更希望将自身打造成为用户值得信任的好朋友，因而在新闻写作过程中总是力图营造一种坦诚温馨的对话感。例如：

一口气把这 6 000 步走完，你的健康状况就会有质的改善！
世卫组织认定：走路是“世界上最好的运动”

有人说，乌龟和甲鱼爱静养不爱动，照样活得长。这种说法大错特错！

乌龟身上有 230 多块骨头，90 多个关节；人身上有 206 块骨头，230 个关节。人身上那么多关节就是让你运动的。只有运动才能保证关节软骨的健康。关节软骨里没有血液供应，必须得吸收关节液才能有营养，而关节液只有活动时才能大量分泌。

…………

希望大家每天能走一万步，你上厕所走几步，上下楼走几步，办公室里走几步，加起来就有 4 000 步。但是，除去这 4 000 步后的 6 000 步是真正能够改善大家健康的，而且这

① “小目标”：网络流行热词，出自富商王健林，被网友用来指代普通人难以达成的大目标。

6 000 步最好一口气走完，只要你一口气把这 6 000 步走完，你的健康状况就会有质的改善。最佳的锻炼时间是早上 8 点至 10 点。

我们的心脏每天通过跳动往外打血，血出去后还得回到心脏，谁在起作用？全身的 640 块肌肉。只要肌肉运动，就会把血挤回心脏，我们的眼睛打开、闭上、再打开，眼皮使劲就能够把眼球上的血挤回心脏；我们走路，每走一步就相当于把脚上的血挤回心脏。

…………

人吃五谷粮食，就会产生气，但是气一定要从后面排出来，走路就能帮助你排气。发现自己肠道不好、胀气、积食、便秘，每天晚上吃完饭后坚持去走半个小时到一个小时，胃胀、胃酸、肠道胀气通通远离你。

…………

（新华社微信公众号，2017 - 11 - 25）

文章以第一人称自白的叙述方式展开，将新闻事实和观点看法娓娓道来，用“你”“我”“我们”“咱们”“大家”等人称引起受众注意，引发受众共鸣，拉近与受众之间的距离。

3. 融合多种形式的新闻语言，让新闻可视起来

如果将新闻语言看作新闻内容的基本载体和外在形式的话，那么纸媒的新闻语言就是文字、数字、图表，广播的新闻语言就是音频，电视的新闻语言就是音视频，以此类推，微信公众平台等新媒体的新闻语言就是文字、数据、图表、音频、视频、动图等能够承载信息并被展示出来的各种形式。因此，微信公众平台的新闻语言可以说空前丰富多元，这也为微信公众号新闻的呈现提供了得天独厚的条件。

以《人民日报》微信公众号推送的《严重追尾事故，人被甩出车外，这场面完全不需要加特技!》为例，这篇文章融合运用了包括文字、图片、动图、视频等多种形式的新闻语言，并将这些新闻语言巧妙组合为“视频＋文字”“动图＋文字”“图片＋文字”等表现形式，形成了微信公众号新闻写作的新样式，为受众提供了更加直观生动、易于理解的可视新闻（见图 8 - 10）。

（四）提供扩展链接，全景呈现新闻背景

在传统媒体的新闻报道中，为了让受众对新闻有更加全面深入的了解，作者通常会将新闻的背景事件嵌套在新闻导语、主体或者结尾部分。虽然有时候受众对背景信息的关注高于新闻本身，但碍于篇幅的限制，对新闻背景的介绍往往无法做到全面详细，只能截取作者主观判断中能够说明问题同时紧扣报道主题的某一部分进行介绍。这个传统媒体无法很好解决的问题，在微信公众平台上却能够轻而易举地得到解决。微信公众号在发布新闻时，可以通过给热点词汇设置超链接和在文章末尾罗列延展性阅读链接的方式，在不影响新闻报道重点的基础上，轻而易举为受众呈现出新闻背景。

澎湃新闻微信公众号在《李克强总理一句“特事特办”，白血病患儿的救命药本周就能恢复供应》中，首先交代“白血病患儿短缺药‘巯嘌呤片’的生产情况有了新进展”，接着对相关新闻背景材料进行补充（见图 8 - 11）：11 月 15 日白血病患儿遭遇廉价国产药短缺，引起社会广泛关注；11 月 20 日，国务院总理李克强对此作出批示，要求有关部门要“特事特办”，保

【提醒】严重追尾事故，人被甩出车外，这场面完全不需要加特技！

人民日报 2017-03-08

来源：新疆949交通广播（ID：xjfm949）

电影大片中追车的场面大家都看过吧，那真是惊心动魄！最近有位司机竟把这惊心动魄的场面，挪到了乌鲁木齐东外环上。

东外环南湖东路路口

“还好系了安全带！”事故当事人的这句话，令人警醒！

不系安全带，后果不堪设想！研究表明，驾乘车辆佩戴安全带，发生意外时可以挽救40%以上的生命。安全带=生命带！

让我们来看看不系安全带从车里被甩出去的慢播放~~下面这6张动图，可能引起不适，请谨慎点开。

1991-

系好安全带只需要三秒钟，而不系可能失去整个一生。请广大驾驶人在自身系好安全带的同时，提醒乘客系好安全带。

这不是电影特技，这是现实中的惨烈车祸！从今天起，不要忽视安全带，珍惜生命，安全出行。

系上安全带，安全多一点。任何解释和点评都是多余，在事故发生时多一分保障，还是系上安全带吧！

如果系了安全带他会被甩出吗？

@交通安全网

不系安全带　副驾女乘客被甩出

高速上被甩出更是惊心……

系安全带总比打绷带舒服……

现实生活中，有许多人开车、乘车嫌麻烦或是勒着不舒服，总是不系安全带，一旦发生碰撞，这是十分危险的事情。汽车事故调查表明，在发生正面撞击时，如果系上安全带，可使死亡率减少57%，侧面撞车时可减少44%，翻车时可减少80%。

看看下面这个侧翻大巴的真实案例，系上安全带的乘客与未系安全带乘客的不同结果……

据调查统计，安全带加安全气囊的有效保护率为65%，仅使用安全带，有效保护率为45%至50%，而仅使用安全气囊，有效保护率只有23%。

安全带=生命带！
别再让这些悲剧发生！

综合乌鲁木齐交警、乌鲁木齐电视台《在路上》栏目、潍坊交警
本期编辑：田丰、蒋波

@人民日报 PEOPLE'S DAILY 微信

阅读原文

图8-10　《严重追尾事故，人被甩出车外，这场面完全不需要加特技！》页面截图

证廉价药品生产和供应；随后又将早前的新闻报道《澎湃报道白血病患儿救命药短缺后，李克强总理批示：特事特办》以链接方式放在了第二段背景资料的结尾。用户只要点击这个链接，

李克强总理一句“特事特办”，白血病患儿的救命药本周就能恢复供应

原创 2017-11-21 陈斯斯 王文秋 澎湃新闻

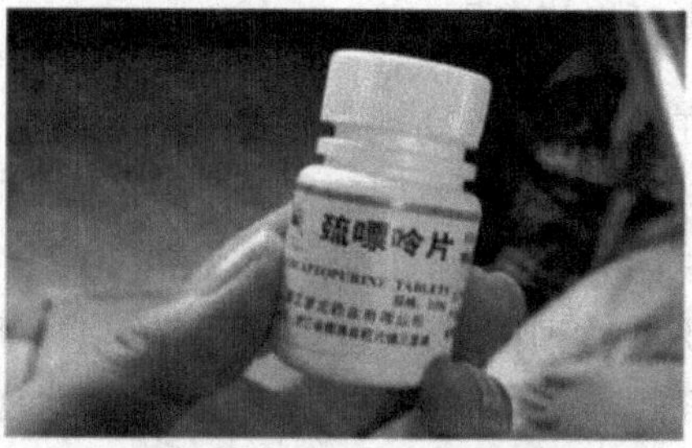

白血病患儿短缺药“巯嘌呤片”的生产情况有了新进展。

11月15日，澎湃新闻报道“白血病患儿遭遇廉价国产药短缺、进口药一瓶超千元”，引起社会广泛关注。

11月20日，国务院总理李克强对此作出批示，要求有关部门要“将心比心”、“特事特办”、“切实加大国产廉价药生产供应保障力度”。（澎湃报道白血病患儿救命药短缺后，李克强总理批示：特事特办）

据澎湃新闻此前报道，国家食品药品监督管理总局网站显示，通过国药批准文号允许生产巯嘌呤片的药企有6家，但其中4家早已停产，目前只有陕西兴邦药业和浙江浙北药业处于暂时停产状态。

图 8-11 《李克强总理一句“特事特办”，白血病患儿的救命药本周就能恢复供应》截图

就可以跳转至澎湃新闻微信公众号此前发布的报道。这样的安排既可避免因回顾此前报道而影响全文连贯的问题，又能满足用户全面了解事件发展过程的需要。

第三节 客户端的新闻写作与运营

近年来，新闻客户端作为新媒体力量中不可小觑的一部分，逐步发展成为人们获取新闻资讯的主要来源，与微博、微信并称“两微一端”，给传媒业态带来了重要变化和深刻影响。如今，涉足新闻客户端已成为媒体谋求融合发展的重要路径。因而，了解新闻客户端发展现状、客户端新闻写作的技巧、客户端运营策略对媒体从业者至关重要。

一、我国新闻客户端的发展与分类

（一）我国新闻客户端的兴起与发展

新闻客户端又称新闻 APP，就是服务方为移动互联网终端用户获取新闻资讯、享受新闻服务而设计开发的应用程序。新闻客户端在我国的发展首先得益于我国互联网技术的发展和智能手机的普及。中国互联网络信息中心（CNNIC）发布的第 40 次《中国互联网络发展状况统计报告》显示，截至 2017 年 6 月，中国网民规模达 7.51 亿，其中手机网民规模达 7.24 亿，手机网络新闻用户超过 5.9 亿。可见，技术的发展改变了人们获取信息的方式，网络化和移动化已经成为信息传播的大趋势。

我国新闻客户端的发展还与商业互联网公司的推动密切相关。以新浪、搜狐、网易、腾讯为代表的互联网公司在 PC 端门户网站的竞争与发展中形成了巨大优势，积累了丰富经验。因而，当移动互联网崭露头角之时，这些公司迅速做出反应，果断向移动互联网领域拓展，着手设计开发适用于智能手机终端的新闻客户端。2010 年 10 月，腾讯新闻客户端的第一个版本在苹果 APP Store 上架。2011 年 3 月，网易新闻客户端上线，3 个月后用户便突破百万大关，让其他门户网站看到了新闻客户端巨大的市场潜力。随后，搜狐、新浪等门户网站纷纷向新闻客户端发力。2012 年 8 月，北京字节跳动科技有限公司发布首版今日头条，在国内开创了新闻客户端通过数据挖掘提供个性化推荐的先河。艾媒咨询的数据显示，2017 年第一季度中国手机新闻客户端活跃用户分布前五名的依次是腾讯新闻、今日头条、网易新闻、搜狐新闻、凤凰新闻。①

随着新闻客户端的发展与完善，“两微一端”的社会化媒体矩阵逐步成型，给传统媒体的发展带来严重冲击。有关数据显示，近七成移动互联网用户更多地使用移动终端阅读新闻资讯，每天多次打开新闻客户端的用户达到了 77.5%。② 为了留住受众，传统媒体在进驻微博、微信之后，将涉足新闻客户端作为实现媒介融合、寻求发展空间的重要手段。主流传统媒体一方面纷纷进驻各家新闻客户端，另一方面着手设计开发独立新闻客户端。2013 年 7 月，中央电视台推出央视新闻客户端；2014 年 6 月，新华社推出新华社发布新闻客户端，《人民日报》推出《人民日报》新闻客户端；2014 年 7 月，上海报业集团推出澎湃新闻客户端。国内传统媒体对新闻客户端的重视和运用为我国新闻客户端的发展起到了促进作用。

据《中国青年报》2016 年 1 月 8 日报道，“全国层面上的新闻类客户端已超过1 300 个”③，其中不乏下载次数过亿、备受活跃用户青睐的重量级新闻客户端。但同样值得注意的是，许多

---

① 艾媒咨询．2017Q1 手机新闻客户端市场研究报告．（2017－05－09）［2018－02－28］．http：//www.sohu.com/a/139353111_483389.

② 腾讯科技企鹅智酷，中国人民大学新闻学院新媒体研究所．移动媒体趋势报告：中国网络媒体的未来（2014）．（2014－11－12）［2018－02－28］．http：//tech.qq.com/a/20141112/048252.htm#p=1.

③ 中国资讯类客户端大数据：全国新闻 APP 超 1 300 个．（2016－01－08）［2018－02－28］．http：//tech.163.com/16/0108/16/BCQP1D7U000915BF.html.

新闻客户端自发布开始便无人问津，“部分 APP 的生命周期平均只有十个月”①。可见，我国新闻客户端的发展在经历了快速增长之后，呈现出“冰火两重天”的现实状况。

（二）我国新闻客户端的分类及特点

按照运营主体划分，我国的新闻客户端大致分为两大类：一类是商业新闻客户端，运营主体为各大互联网科技公司；一类是媒体新闻客户端，运营主体为各级媒体。

1. 商业类新闻客户端

各互联网公司在新闻客户端的发展中始终扮演着重要角色，有的依靠门户网站时期积累的丰富经验谋求发展，有的凭借先进的技术手段弯道超车。

（1）脱胎于门户网站的门户新闻客户端。

门户新闻客户端脱胎于门户网站，主要代表有腾讯新闻（见图 8－12）、网易新闻（见图 8－13）、搜狐新闻、凤凰新闻等，其大部分内容来自传统媒体。门户网站以一定价格同媒体签约，获取内容后再将内容发布到客户端，可以说门户新闻客户端是门户网站在移动互联网领域的延伸，其优势在于成熟的产业链整合、丰富的互联网从业经验和应对监管的机制办法。②

图 8－12　腾讯新闻界面截图

图 8－13　网易新闻界面截图

（2）以技术为亮点的聚合类新闻客户端。

聚合类新闻客户端主要通过搜集和整合互联网上的海量信息来获取内容，简言之，就是“不生产新闻，只做新闻的搬运工”。此外，聚合类新闻客户端的技术亮点还体现在通过对用户历史数据的整合分析，了解用户的兴趣爱好，实现个性化的信息推荐。这类新闻客户端以今日头条（见图 8－14）和一点资讯（见图 8－15）为主要代表，强调新闻客户端的产品属性和服务功能，淡化媒体属性。

---

① 中国资讯类客户端大数据：全国新闻 APP 超 1 300 个．（2016－01－08）[2018－02－28]．http：//tech.163.com/16/0108/16/BCQP1D7U000915BF.html.

② 王超．三类新闻客户端面面观．中国记者，2014（9）.

图 8-14 今日头条界面截图

图 8-15 一点资讯界面截图

2. 媒体类新闻客户端

为推进媒介融合、做好舆论工作，许多实力雄厚的媒体开发了自己的新闻客户端。在媒体类客户端中，绝大部分以传统媒体为母体，少数以完全新媒体形态上线。

（1）传统媒体转化型新闻客户端。

传统媒体转化型新闻客户端背靠传统媒体母体，拥有强大的新闻信息采集能力，并且能够直接将优质原创内容平移至客户端[①]，主要代表有《人民日报》新闻客户端（见图 8-16）、新华社新闻客户端（见图 8-17）、央视新闻、浙江新闻、羊城派等。作为传统媒体与新兴媒体融合发展的产品，这类新闻客户端的优势在于拥有专业的新闻人才和丰富的原创内容。

图 8-16 《人民日报》新闻客户端界面截图

图 8-17 新华社新闻客户端界面截图

① 梁智勇，郭紫薇．中国新闻类 APP 的市场竞争格局及其盈利模式探讨．新闻大学，2015（1）．

（2）完全新媒体形态新闻客户端。

完全新媒体形态新闻客户端作为媒体融合转型发展的探索者，完全放弃了传统媒体的媒介形式，直接切入移动互联网，走彻底的转型之路。这类新闻客户端目前发展最成功的当属上海报业集团旗下的澎湃新闻。澎湃新闻（见图 8－18、图 8－19）在内容生产上注重强化互联网思维，顺应互联网传播特性，创新表达方式和报道形式，建立起了符合互联网传播规律的 24 小时采编发机制。①

图 8－18 澎湃新闻界面截图一

图 8－19 澎湃新闻界面截图二

二、客户端新闻的内容生产技巧

无论传媒业态发生多么剧烈的变化，受众对于优质内容的需求从未改变。2015 年 9 月，今日头条创始人兼 CEO 张一鸣在“头条号创作者大会”上宣布推出“千人万元”计划，该计划提出确保至少一千个头条号创作者单月获得至少一万元收入。2016 年 3 月，腾讯公司正式启动“芒种计划”，该计划为进驻企鹅媒体平台的媒体以及自媒体提供广阔的分发渠道，对坚持原创、深耕内容媒体及自媒体提供全年 2 亿元的补贴，同时承诺文章页面上的所有广告收入 100%归其所有。可见，在新媒体环境下优质内容是紧俏的，而深耕内容恰好是媒体人的强项所在。

各媒体新闻客户端要想在激烈的市场竞争中取得优势，就要保持住自身的内容生产水准，根据互联网传播规律创新表达方式和报道方式，为用户提供有深度的精彩内容。

---

① 刘永钢．坚持内容为王 坚决整体转型：澎湃新闻的实践与探索．传媒，2017（15）．

（一）理性抢抓第一落点，逐步跟进展现全貌

当前，受众的注意力已经成为媒体的稀缺资源，只有第一时间抓住受众的注意力，才能在激烈的媒体竞争中脱颖而出。新闻客户端发布消息既不受次数限制，又能够即时到达用户，因而在拼抢时效性上具有天然的优势。客户端新闻写作应当充分利用这个优势，当遇到有价值的新闻线索时，迅速采集已有信息形成稿件，其他相关新闻要素可在后续报道中逐一呈现。例如，网易新闻客户端在发布中国拳击运动员邹市明因左眼突发疾病送医治疗的相关报道时，就采取了立足时效、实时跟进的方法。具体报道见表 8－1。

表 8－1　　网易新闻客户端 2017 年 12 月 21 日至 26 日关于邹市明的报道节选

2017－12－21	拳王邹市明疑突发失明　紧急送往医院采取救治
2017－12－22	邹市明病床照曝光　硬汉形象不再　左眼视力仅 0.1
2017－12－23	邹市明达残疾人标准：眼眶多处骨折　左眼视力极低
2017－12－26	邹市明眼疾初步确诊：难完全恢复正常　或有后遗症
2017－12－26	娇妻称邹市明眼疾将做手术　病情确诊光片首公开

资料来源：表格内容来自网易新闻客户端。

表 8－1 中列出的为网易新闻客户端发布的中国拳击运动员邹市明因左眼突发疾病送医治疗的相关报道。从报道日期和报道标题中可以看出，网易新闻客户端最开始发布这一新闻事件的相关报道时，邹市明的伤势情况、后续影响等关键信息均是未知数。但网易新闻客户端准确抓住了“邹市明突发失明”这一关键新闻线索第一时间进行报道，而后持续跟进，逐步为用户呈现出事件全貌，每一次更新都获得了较高的关注度。

（二）巧用专题呈现热点话题，兼顾时效与深度

新闻客户端的自由推送功能保障了媒体报道的时效性，成功吸引了习惯于碎片化阅读的大批用户。然而，追求时效性和阅读碎片化并不意味着受众不需要深刻全面的内容，反之，要想在激烈的客户端产品竞争中留住用户，媒体必须保持并提升自身深度报道的能力。媒体在新闻客户端平台上实现深度报道不仅可以依靠敏锐的分析和雅致的文风，还可以利用客户端平台的技术支持制作新闻专题，将同一主题的相关新闻报道集合在一起，为用户提供深度与广度兼备的新闻报道。《人民日报》新闻客户端在 2016 年 7 月南海问题引发全民关注时，适时推出了专题报道《中国一点都不能少》。

整组报道以“这才是中国，一点都不能少”为主旨，使用了图片、动图、海报、文章、视频、九宫格图解、H5 等多种呈现形式，突出了传播节奏和时效度的结合，第一时间表达中国态度、中国立场，同时又对《中国坚持通过谈判解决中国与菲律宾在南海的有关争议》白皮书进行了详细解读，注重相关背景知识的普及。这组报道有力引导了广大网民理性表达爱国热情，传递中国声音，形成 2016 年以来最大的社交媒体传播高峰，并最终斩获了第 27 届中国新闻奖一等奖（见图 8－20）。

中国新闻奖网络新闻作品参评推荐表

作品标题	中国一点都不能少			参评项目	网络专题
刊播网站	人民日报客户端	首发日期	2016年7月12日	语种	中文
网页地址	http://rmrbimg2.people.cn/html/items/wap-share-rmrb/#/index/home/0/normal/polymer/0_topic_99/topic			字数	
页面点击量(PV)	312.1万	单独访客数(UV)	214.7万	独立地址访问量(IP)	170.9万
主创人员	苗苗,郑琪,刘冰,徐丹,李志伟,叶添			编辑	
作品简介	7月12日“菲律宾南海仲裁案”公布，人民日报新媒体中心策划推出“中国一点都不能少”报道专题，以“中国一点都不能少”为报道主题词，策划推出图片、H5动图、海报、文章、视频、九宫格图解等形式，第一时间表达中国态度、中国立场，详细解读《中国坚持通过谈判解决中国与菲律宾在南海的有关争议》白皮书，普及相关背景知识，受到了刘奇葆同志的表扬，中宣部《新闻阅评》专门予以肯定。				

图 8-20 《中国一点都不能少》参评中国新闻奖页面截图

（三）规范内容来源，避免版权纠纷

今日头条凭借爬虫技术从网络中抓取信息，利用个性化推荐机制为用户分发信息，成为备受欢迎的聚合类新闻客户端。但是，这种定制机制也一度使今日头条深陷版权纠纷。2014 年，多家媒体通过提起法律诉讼、发布反侵权声明等方式要求今日头条停止侵权、赔偿损失。① 虽然今日头条侵权案最终得到了妥善解决，但是聚合类新闻客户端侵权规避问题却应该引起媒体从业人员的重视。

国务院新闻办公室、信息产业部发布的《互联网站从事登载新闻业务管理暂行规定》中明确指出，非新闻单位依法建立的综合性互联网站（以下简称综合性非新闻单位网站）“经批准可以从事登载中央新闻单位、中央国家机关各部门新闻单位以及省、自治区、直辖市直属新闻单位发布的新闻的业务，但不得登载自行采写的新闻和其他来源的新闻”。此外，“综合性非新闻单位网站登载中央新闻单位、中央国家机关各部门新闻单位以及省、自治区、直辖市直属新闻单位发布的新闻，应当注明新闻来源和日期”。因而，“客户端新闻的内容生产应当贯彻遵守新闻转载规定，规范信息来源，及时清理不规范来源内容，杜绝无来源内容”②。目前，转载行为比较容易产生版权纠纷问题，新闻客户端应当格外谨慎。“转载时，要事先征得被转载单位或个人同意，或者签订合作协议，并且注明出处，如有禁止转载提示的内容不得私自转载。”③

① 李润阳．新媒体环境下的版权保护与侵权规避：“今日头条”的实践与启示．青年记者，2016（12 下）．

② 范孟娟，钟瑛．新闻客户端内容规范化管理探析．中国出版，2015（16）．

③ 闫伟华，申玲玲，郑雷．一本书学会自媒体新闻写作．北京：人民日报出版社，2016：209．

三、新闻客户端的运营策略

新闻客户端不是传统媒体与互联网的简单叠加，而是媒体在互联网环境中寻求融合发展的新形态。从本质上讲，新闻客户端是一个互联网产品。媒体如果选择自建独立新闻客户端，就必须培养互联网思维，尊重互联网传播规律，拉近自身与互联网、与市场的距离。

（一）培养互联网思维，尊重互联网传播规律

媒体融合发展是大势所趋，若想在互联网平台上实现发展，媒体就必须要遵循互联网传播规律，运用互联网思维思考和看待问题。以澎湃新闻的发展为例，澎湃新闻采编人员虽然来自经验丰富的传统媒体《东方早报》，但却没有直接投入澎湃新闻的采编工作中，而是“通过脱产学习和多样化、多层次的培训，全员快速切换到互联网传播模式”[①]。这为后来澎湃新闻在议题设置和内容呈现方面与互联网传播特性相契合打下了坚实基础。

从内容生产层面上来说，澎湃新闻的“新闻追问”和“新闻跟踪”都是互联网思维的体现。依托“新闻追问”的功能设计，澎湃新闻完全颠覆了传统的新闻生产方式和新闻形态。在澎湃新闻，用户可以针对每一条新闻提出自己的疑问并获得其他用户的解答。只要某一位用户生产出了精彩的问答，就可以被海量用户看到。这一互助方式使得用户可以真正读懂、读透每一条新闻。为了最大限度地鼓励用户进行追问与回答，澎湃新闻还设置了一个热门追问页面，优质的追问与回答将在这里得到展现。

互联网思维除了体现在内容生产中，也体现在品牌推广方面。在互联网时代，必须摒弃“酒香不怕巷子深”的老观念，要力求在抓好优质内容的基础上运用互联网工具“勤吆喝”，注重运用社交媒体推广等诸多品牌推广手段。[②] 新闻客户端可以申请同名官方微博和微信公众号，将内容分发到各类渠道，通过“两微一端”的协同谋划，实现扩大品牌效应的目标。

（二）重视技术创新，完善用户体验

如上文所述，新闻客户端不是传统媒体与互联网的简单叠加，而是媒体在互联网环境中寻求融合发展的新形态。因而，新闻客户端必须克服传统媒体的呆板和被动，多多关注用户体验，通过精巧的设计和先进的技术留住用户。

以《人民日报》新闻客户端为例（见图 8-21），在界面设计上，除了结合用户自身地理位置设置的本地频道（如“冀｜河北”）之外，还有“闻｜热点”“评｜锐度”“问｜问政”“报｜版面”“听｜播报”“图｜镜头”“视｜影像”“帮｜公益”“扶｜扶贫”“游｜旅游”十个频道，一目了然的设计风格能够帮助用户迅速锁定自己需要的新闻内容和感兴趣的新闻形式。同时，导航栏右侧设置了音频按钮，为用户提供朗读新闻的功能。《人民日报》新闻客户端不断尝试突破平面阅读的局限，为用户提供更加多元立体的阅读体验。此外，《人民日报》新闻客户端

---

① 刘永钢．坚持内容为王　坚决整体转型：澎湃新闻的实践与探索．传媒，2017（15）．

② 李嵘．澎湃新闻：内容类平台的实践探索．新闻与写作，2017（10）．

在屏幕底端设置了专门的“直播大厅”（见图 8－22），利用热门的直播技术展现当日国内外的重大活动、民生热点、新闻访谈等用户感兴趣的内容，让新闻直观、可视。①

图 8－21 《人民日报》新闻客户端界面截图

图 8－22 《人民日报》新闻客户端直播大厅截图

澎湃新闻在页面布局和功能设置上也做出了巧妙的设计。在内容结构设置上摒弃了传统新闻客户端频道设置加订阅平台、视频等的叠加设计，力求简洁与扁平：内容的基本单位是一个个类似于自媒体的栏目，它们组成一个规模庞大、分类清晰的订阅池。用户可以订阅管理这些栏目，只有自己订阅的栏目内容才会出现在自己的首页，实现千人千面的个性化首页。此外，为了满足用户对某一新闻事件持续关注的心理需求，澎湃新闻还专门设计了新闻跟踪功能。用户在读完一篇新闻报道后，如果对该新闻事件或话题感兴趣，则可以通过新闻跟踪按钮轻松跟踪该新闻。当该新闻有新的进展时，系统通过标签关键词会自动将最新的进展报道推送到你的跟踪中心。

（三）强化产品属性，探索从新闻信息到服务资讯的转型

新闻客户端作为互联网产品，不仅可以提供资讯，满足用户获取信息的需要，而且能够基于用户数据和用户位置为用户提供个性化服务，这也是新闻客户端的发展潜力所在。以门户新闻客户端网易新闻为例，为应对众多新闻客户端分流市场红利的局面，网易新闻于 2014 年发布 4.0 版本，推出本地导流服务，在 O2O② 方面展开积极探索。

① 覃如冰．人民日报客户端媒体融合创新的路径．传媒，2017（19）．

② O2O：Online to Offline 的简称，指互联网与线下商务的结合，互联网成为线下交易的平台。

网易新闻的操盘手徐诗认为，网易新闻已经有了独特的地域色彩，其LBS[①]功能已经足够强大，地域性细分用户为网易O2O打下坚实的基础。网易新闻的本地资讯覆盖全国300多个城市，从北上广深等10多个一线重点城市向下扩张，以美食、购物、休闲娱乐、酒店等为主体，为用户提供更多吃、住、行、游、购、娱的可能性，“承包”一站式服务。[②] 网易新闻着力构建的“资讯+服务”模式凸显了客户端的产品属性，为新闻客户端的持续发展和商业变现提供了一个新思路。

【本章小结】

“两微一端”组成的新媒体矩阵是当前受众获取新闻信息的重要平台。这三大平台的新闻信息具有信息流动的交互性、信息呈现的融合性与集成性、信息传播的即时性和延展性等共同特点，同时又基于自身平台技术的影响，有一些各自的特点。

微博新闻限于篇幅原因通常更强调选取典型材料，精雕细节。微信公众号新闻强调简洁生动的标题、灵活多样的结构和直观生动的可视化形式。新闻客户端的运营则需要尊重互联网传播规律，重视完善用户体验，探索从新闻信息到服务资讯的转型。

【思考题】

1. 微博新闻有哪些文本特征？
2. 微博新闻的写作技巧有哪些？
3. 微信公众平台新闻的写作特点是什么？
4. 新闻客户端的运营需要注意哪些问题？

【推荐阅读书目（或视频、网站等）】

1. 闫伟华，申玲玲，郑雷．一本书学会自媒体新闻写作．北京：人民日报出版社，2016.
2. 李兰．融合新闻写作．杭州：浙江大学出版社，2016.
3. 以色列：微博力．北京：中国人民大学出版社，2010.
4. 喻国明．微博：一种新传播形态的考察——影响力模型和社会性应用．北京：人民日报出版社，2011.

① LBS：指基于位置的服务，首先确定移动设备或用户所在的地理位置，然后提供与位置相关的各类信息服务。
② 王超．三类新闻客户端面面观．中国记者，2014（9）.

第九章

数据新闻的制作

【本章学习要点】

数据新闻的概念及特点

数据新闻兴起的背景

数据新闻制作的一般流程

数据新闻的制作技巧

数据新闻（data journalism），又称“数据驱动新闻”（data-driven journalism）。它的兴起与大数据时代数据处理能力的提升、计算机可视化技术在新闻领域的应用以及全球性开放数据运动的兴起密不可分。作为新闻生产的又一新方向，数据新闻已经在世界范围内引起了广泛关注。

第一节　数据新闻的界定和特征

一、数据新闻的界定

数据新闻诞生以来，“数据新闻是什么”就成为学界和业界关注的焦点。

2010年，在第一届国际数据新闻圆桌会议上，米克尔·劳伦兹提出：“数据新闻是一种工作流程，主要包括抓取、筛选和重组，过滤掉无用信息，并通过可视化呈现新闻故事。”[①]

数据新闻研究的奠基之作《数据新闻手册》认为，数据新闻是“用数据处理的新闻”。“数据新闻能让记者通过数据和信息图表来报道一个复杂事件的过程。数据可以是新闻的来源，也可以是新闻中讲故事的工具，还可以两者兼顾。”[②]

国内学者方洁从数据新闻的呈现形态、生产流程和行业发展三个角度提出了狭义和广义的数据新闻概念。她认为，狭义上的数据新闻是“基于数据的抓取、挖掘、统计、分析和可视化

① 方洁，颜冬．全球视野下的“数据新闻”：理念与实践．国际新闻界，2016（6）．

② Gray J，Bounegru L，Chambers L. The Data Journalism Handbook. CA：O'Reilly，2012：6.

呈现的新型报道方式”，广义上的数据新闻是“大数据时代新闻学发展形成的新领域，它代表未来新闻业发展的一大方向”①。

而吴小坤教授从数据新闻操作适用性的角度指出，“数据新闻是基于数据分析和计算机技术的可视化新闻样式，在新闻叙事中使用数据呈现原本仅靠文字所难以呈现的内容，或者通过数据分析发现问题，并进而挖掘出新闻故事”②。

综合以上学者的观点，我们认为数据新闻是大数据时代发展起来的新型报道形态，是指基于数据的抓取、挖掘、统计、分析并采用可视化方法进行呈现的新闻报道方式。

在这个概念之下我们需要明确几点：第一，数据新闻并非使用了数据或者数字的新闻，它的诞生与大数据时代的来临相伴随；第二，数据新闻不可简化为数据的可视化呈现，数据新闻作为新的叙事模式，其运用是灵活和富有弹性的，而可视化呈现只是其中的一种方法；第三，数据新闻是一种新型新闻报道方式，具有新闻性；第四，并不是每一种新闻都适合运用数据新闻进行报道，数据新闻有自己的适用范围，它倾向于选择仅靠文字难以呈现的内容作为报道对象。

二、数据新闻兴起的社会背景

（一）大数据时代的兴起

20 世纪 90 年代，随着互联网的出现和发展，数据量以几何级别增长和传播。人们逐渐步入一个充斥着数据的时代，一个为了易于机器理解和传播而不断将事物量化的时代，“大数据时代”使得世界可以通过数据而获得解释。人们不再仅仅满足于新闻事件中的因果关系，而想要通过全数据呈现来了解新闻事件中的相关关系。数据新闻正是媒体针对大数据时代的兴起做出的应对之策。

（二）开放数据运动的推进

政府开放数据运动发源于美国，旨在推动政府及其控制的实体将自身产生的对政府活动、公共事务和普通民众有影响的数据资源在“脱敏”后予以开放。被开放的各类原始数据本身并没有明显的价值，但经过分析、挖掘之后却能产生巨大的价值。2009 年，时任美国总统奥巴马签署《开放透明政府备忘录》，数据门户网站 data. gov 上线；2011 年，美国、英国、挪威、巴西、墨西哥等八国联合签署《开放数据声明》，成立开放政府合作伙伴组织。截至 2014 年 2 月，全球已有 63 个国家加入开放政府合作伙伴组织，开放数据运动呈现蔓延全球之势。

近年来，我国政府也为开放数据做出不懈努力，国家统计局建立了“国家数据”网(data. stats. gov. cn)；党的十八大报告中提出建设透明、高效的服务型政府的要求；2015 年 9 月，我国颁布《促进大数据发展行动纲要》，明确提出要加快推进政府开放数据共享，促进数据的利

① 方洁．数据新闻概论：操作理念与案例解析．北京：中国人民大学出版社，2015：2－3.

② 吴小坤．数据新闻：理论承递、概念适用与界定维度．新闻与传播研究，2017（10）.

用创新。开放数据为数据新闻提供了重要的数据来源，是数据新闻得以发展的重要保障。

（三）软件市场的开放趋势

软件市场的开放，主要是指开源软件和云计算技术的发展。开源软件指所有向公众公开源代码的软件。它源于一些软件技术发烧友因热爱软件技术或意图展现技术，将自己开发出的软件的源代码无偿发布到互联网上供用户共享。云计算是一种基于互联网的超级计算模式，为互联网用户提供了安全可靠的数据存储中心，使不同设备间的数据共享成为可能。开源软件和云计算技术的迅速发展让我们拥有了分析数据的工具和能力，新闻媒体通过对二者的运用实现了对新闻生产流程的改造，为数据新闻的产生和兴起打下了坚实的技术基础。

三、数据新闻的特征

（一）数据在新闻生产中占据主导地位

数据新闻在一定程度上改变了传统新闻生产的思路与流程。在传统新闻写作中，一篇完整的新闻报道大致包括时间、地点、人物、事件、原因等要素。只要能够确定这些要素，基本上一篇新闻报道就能见诸报端，所以记者报道新闻的首要任务就是采集新闻所需的要素，而文字就是最为主要的表达载体。[①] 当然一些报道中也有数据或是数字，但其仅仅起到补充说明的作用。

数据新闻则是由数据驱动的新闻。对数据新闻来说，数据才是整篇新闻报道的主角。数据新闻的线索获取源自海量的数据；记者通过数据挖掘找寻具有新闻价值的关注点；记者对新闻事实开掘尤其是对其社会影响和意义的挖掘也需要依托于数据；最终新闻的呈现也是以数据的可视化呈现来完成的。

（二）传播可视化特征明显

“可视化是利用计算机图形学和图像处理技术，将数据转换成图形或图像在屏幕上显示出来，并进行交互处理的理论、方法和技术。”[②] 可视化是数据新闻不可或缺的要素之一，其最主要的呈现方式就是各种信息图表。

“数据新闻报道的可视化叙事，是对传统新闻叙事的加工和创新，是将抽象数据具象化，在挖掘出数据之间的相关性形成新闻文本的同时，制作出具有高度动态性、参与性的可视化信息，用动态、直观、互动的文本挖掘出数据背后的深层意义。”[③]

（三）以搭建新闻事件与受众关联为目的

数据新闻将本来难以用文字描述的新闻事件以场景重现的方式呈现在受众眼前并产生关联

---

① 章戈浩．作为开放新闻的数据新闻：英国《卫报》的数据新闻实践．新闻记者，2013（6）．

② 柳竹．数据新闻报道形式及其特征探微．声屏世界，2015（10）．

③ 同②．

性；辅之以交互化、个性化的前端设计，提高受众的参与感，加强关联性。“所有数据新闻的处理和呈现归根究底是为了让公众理解我们身边的大数据变迁的内涵，了解宏观数据如何影响每个人。”①

四、全球的数据新闻实践

数据新闻较早的实践者是英国《卫报》和美国《纽约时报》。2009 年，《卫报》开设了“数据博客”，专攻数据新闻。2010 年 10 月，《卫报》发布了题为《维基百科伊拉克战争日志：每一次死亡地图》的数据新闻（见图 9－1）。该新闻借用谷歌地图的免费软件 Google Fushion Tables 制作了一幅点图（dot map），将伊拉克战争中美国军方重大行动数据库记录的事件以红点的形式标注在地图上，以此展现与叛乱分子激烈的交战。鼠标点击红点后弹出的窗口则有关于军事形式、伤亡人数、时间信息、事件摘要的详细说明。“新闻从业者富于人性的思索通过精准的数据和适当的技术被传达出来。”② 该数据新闻在一定程度上推动了英国最终做出从伊拉克撤军的决定，《卫报》也因此一鸣惊人。

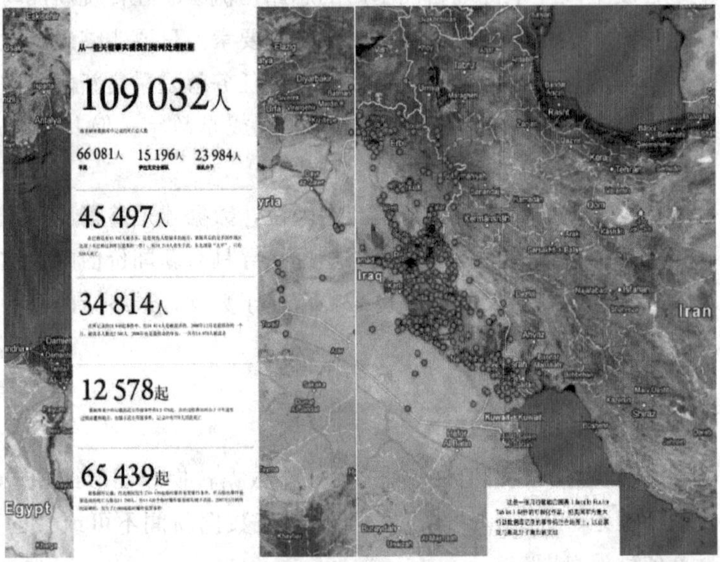

图 9－1 《维基百科伊拉克战争日志：每一次死亡地图》页面截图

资料来源：罗杰斯．数据新闻大趋势：释放可视化报道的力量．北京：中国人民大学出版社，2015：72－73.

2007 年，《纽约时报》成立了“互动新闻技术部”，推出“以数据为支撑、以互动为手段”的大型新闻报道专题。2014 年成立了新栏目 The Upshot，主打数据新闻。其数据新闻团队推出的《255 图解析衰退之后的美国经济》，通过对美国劳动统计局发布的就业数据进行梳理，用一张交互式信息图全面再现了 2009 年美国经济衰退之后各大产业的发展趋势，读者点击鼠标便可以进一步看到编辑团队对不同产业发展的分类诠释。该新闻通过对政府开放数据的挖掘

---

① 方洁，颜冬．全球视野下的“数据新闻”：理念与实践．国际新闻界，2016（6）.

② 章戈浩．作为开放新闻的数据新闻：英国《卫报》的数据新闻实践．新闻记者，2013（6）.

梳理和可视化再现，不仅能让读者对美国经济复苏的趋势一目了然，还能清晰了解产业变迁的不同节奏，明确特定行业在整体经济版图中的位置。①

2012 年 1 月 13 日，网易新闻中心数据新闻频道创立了《数读》栏目，这是国内最早开设的数据新闻专栏。该栏目定位为“用数据说话，提供量化的阅读体验”。之后，《北京晚报》、《新京报》、财新数据新闻团队等也纷纷推出数据新闻报道。

目前国内比较好的数据新闻制作平台包括财新数据可视化实验室、第一财经与阿里巴巴合力打造的数据新媒体 DT 财经、腾讯新闻的数据控等，这几大平台推出的数据新闻作品引起了广泛的关注。如 2016 年 7 月 25 日 DT 财经出品的数据新闻《10 万条挂号大数据显示：互联网也救不了看病难》，对 2016 年 6 月 23 日至 29 日之间，互联网医院国家试点平台挂号网上 7 189 家医院的 10 万条数据进行了细致的清理和分析，通过数据和图表将挂号难的具体问题分 7 个部分以可视化方式呈现出来。

2012 年，跨平台媒体社区全球编辑协会（Global Editor Network，GEN）发起设立了数据新闻奖（Data Journalism Awards，DJA），这是全球首个为嘉奖数据新闻领域的杰出作品而设置的奖项。② 数据新闻奖历年的提名和获奖作品无论对于数据新闻从业者或是初学者和爱好者来说，都是宝贵的学习材料。

第二节 数据新闻的生产流程

数据新闻作为一种新型新闻报道方式，在生产的流程上具有一定的独特性。数据新闻的生产流程随着新工具和新技术的使用在不断变化，但是万变不离其宗。接下来我们就简要介绍数据新闻生产的一般流程。

一、确定选题

数据新闻生产的第一步是选题。“数据只有在使用的过程中才能转化为信息，并通过与故事结合呈现其意义。因此，数据新闻具有一定操作适用性，即并非所有的新闻都适合做数据新闻。”③ 媒体确定数据新闻的选题一般有两种途径：一是确定选题后根据选题去寻找数据；二是根据手中已有数据确定选题并制作数据新闻。

一般来说，采用数据新闻方式去报道的新闻应该具备以下特点：

第一，新闻事件仅靠文字无法完整呈现，需要通过数据处理和可视化呈现的方式来进行展

---

① 孟笛．开放理念下的新闻叙事革新：以《纽约时报》数据新闻为例．新闻界，2016（2）．

② 数据新闻奖（DJA）每年颁发一次，在全球数据新闻领域占据相当重要的位置。数据新闻奖奖项包括年度最佳数据可视化奖、年度最佳调查报道奖、年度最佳数据新闻应用奖、开放数据奖、年度最佳数据新闻网站、最佳突发新闻数据使用奖、最佳个人作品奖、最佳团队作品奖、学生和青年数据记者奖、小型新闻编辑室最佳作品奖、公众选择奖。

③ 吴小坤．数据新闻：理论承递、概念适用与界定维度．新闻与传播研究，2017（10）．

现。例如，DJA 2016年度最佳数据可视化奖作品《天空中的密探》中，Buzzfeed根据飞行器追踪网站Flightrader24对大约200架飞机的轨迹与范围进行统计，并将这数万条数据在地图上呈现出来，清晰地展现了美国人民被政府飞机监视的情况（见图9-2）。

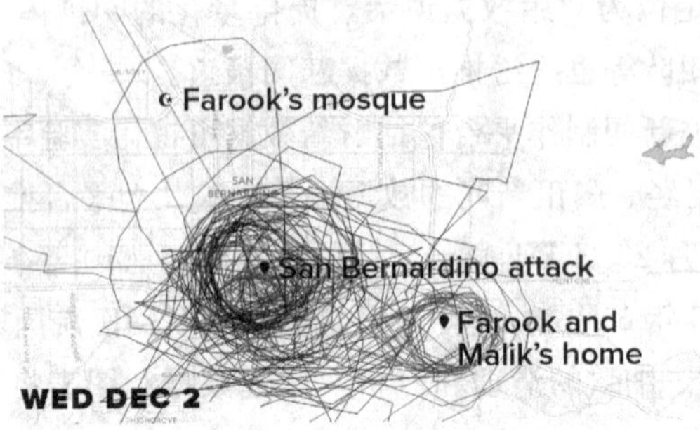

图9-2 《天空中的密探》页面截图

第二，数据新闻是为了发掘数据背后的故事，利用数据打破人们的常规思维，从而探究事实真相的手段。如数据新闻的经典作品《卫报》的《骚乱谣言如何在Twitter中传播》，就通过对260万条与骚乱相关的Twitter数据进行统计，将谣言用支持、反对、质疑、批评四种态度量化。在可视化设计中，谣言的起点是一个圆点，随着谣言的扩散，圆点会演变成圆圈，合成集群，再针对每个谣言设计时间轴，伴随着时间的发展，用户可以看到各个谣言生成、扩散、消亡的过程（见图9-3）。

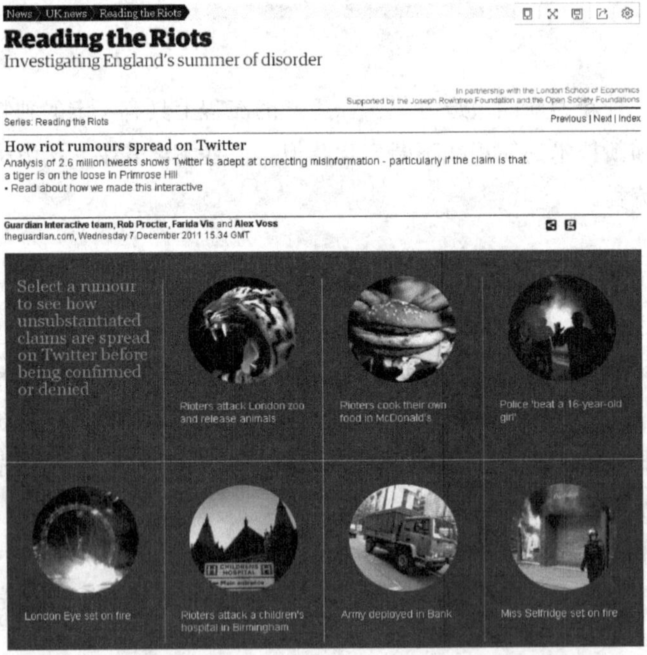

图9-3 《骚乱谣言如何在Twitter中传播》页面截图

这则报道的最大影响是修正了人们运用经验判断的误差，用数据分析证明社交媒体具有一定的谣言自我澄清机制。用户虽然借助社交平台传播和扩散谣言，但同时也会自觉对这些谣言提出反对、质疑和批评，并最终粉碎谣言。

二、数据获取

数据获取对于数据新闻的制作至关重要，这就要求记者通过多种途径查找数据、接收数据，比如突发新闻中的数据、政府发布的数据、记者自己的调查研究等等。数据的收集通常分为三种：

第一，通过网络在线搜索，图书馆、档案室馆藏资源检索和工具自动采集等方式直接获取政府、国际组织与第三方机构的公开数据。如获得 DJA 2017 年度公众选择奖提名的《2016 年外交部发言人被问最多的是哪些事?》(How do Chinese spokespersons of MFA answer questions?)，见图 9－4。该作品是由《新京报》的 2 名编辑、1 名技术人员、1 名实习生共同完成的，他们通过对外交部官网公布的 216 场发布会上共计 1 755 个问题进行筛选分类，提炼有效信息，宏观展现了 2016 年外交部新闻发言人所提及的所有内容要点，体现了外交部发言人答记者问的语言艺术。

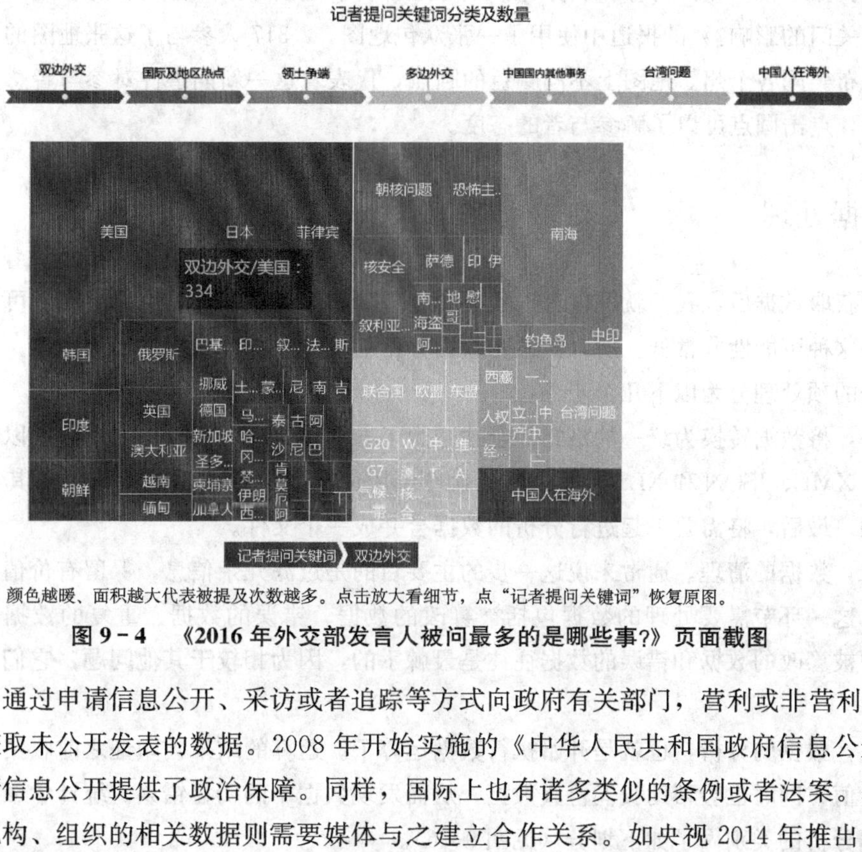

注：颜色越暖、面积越大代表被提及次数越多。点击放大看细节，点"记者提问关键词"恢复原图。

图 9－4　《2016 年外交部发言人被问最多的是哪些事?》页面截图

第二，通过申请信息公开、采访或者追踪等方式向政府有关部门，营利或非营利机构、组织及个人获取未公开发表的数据。2008 年开始实施的《中华人民共和国政府信息公开条例》，为国内申请信息公开提供了政治保障。同样，国际上也有诸多类似的条例或者法案。获取营利或非营利机构、组织的相关数据则需要媒体与之建立合作关系。如央视 2014 年推出的《百度迁徙》就是与百度公司合作完成的，通过对百度后台每天数十亿次的 LBS 定位数据进行计算分析，展现了春节前后人口大迁徙的轨迹与特征。中央电视台《晚间新闻》以"据说春运"为题对此进行了报道（见图 9－5）。针对个人的数据获取主要通过采访等方式实现。在之前提及的 2011 年 8 月的伦敦骚乱事件中，《卫报》在《解读骚乱》的第二个研究阶段，对 300 多名受骚乱波及的人进行采访并予以报道。

第三，发起用户众包，借助一些公民记者的报道平台，将公民记者吸纳进内容生产环节来

图 9-5 中央电视台《晚间新闻》“据说春运”节目截图

获取数据。如 2013 年的“美国政府关门”事件中，《华盛顿邮报》在其名为《全美哪些地方感受到政府关门的影响?》的报道中使用了一张众包地图，2 317 人参与了这张地图的绘制，参与者几乎遍布美国各个州。地图上不同颜色的圆点，代表着这一新闻事件对参与者感知的影响和差异程度，点击圆点可以了解参与者的态度。

三、数据处理

顺利获取数据后，我们就可以进入数据的处理阶段。有时候，获得的数据是可以直接使用的，但是这种可能性非常低。所以在进行数据分析前，首先要对数据进行预处理。

数据的预处理分为以下几个步骤：

第一，将数据转换为统一的格式并合并。为了方便数据的分析工作，我们可以将数据转换为 CSV、XML、JSON 和 XLS 等适合分析软件调用的格式，并根据需要统一为其中一种方便后期使用。最后，将需要一起进行分析的数据合并成一个文件。

第二，数据的清理。通常来说这一步的主要目的是过滤冗余信息，保留有价值的数据。具体来说，这一环节需要处理的数据包括被篡改的数据、错误的数据、重复的数据、缺失的数据。其中被篡改的数据和错误的数据往往是最棘手的，因为相较于其他问题，它们难以被发现和改正。

第三，数据的分析，也就是开始执行数据运算了。运算的结果会印证之前收集的数据是否真的有价值，同时也会帮助我们检查数据，从而发现数据中的明显错误。统计学领域的一些学者对数据分析的类别做了如下划分（见图 9-6)。

描述性分析主要是分析数据的特征、位置、关联等，属于初级的分析方式，如 2017 年财新网数字说的数据新闻《范雨素居住的皮村，是个怎样的存在?》。该作品针对同年 4 月下旬的一篇名为《我是范雨素》的自传体散文展开讨论，用形象的图示标出了“天安门广场”“首都国际机场”“皮村”“通州城市副中心”的位置，辅以皮村到其他各地的时间，让读者对皮村的地理位置一目了然。再通过数据分析“皮村的生态”，以柱状图配合图片文字的方式揭示打工者的普遍生存状态。由“北京还有多少皮村?”的问题进一步推演出打工者为何会聚居于此：

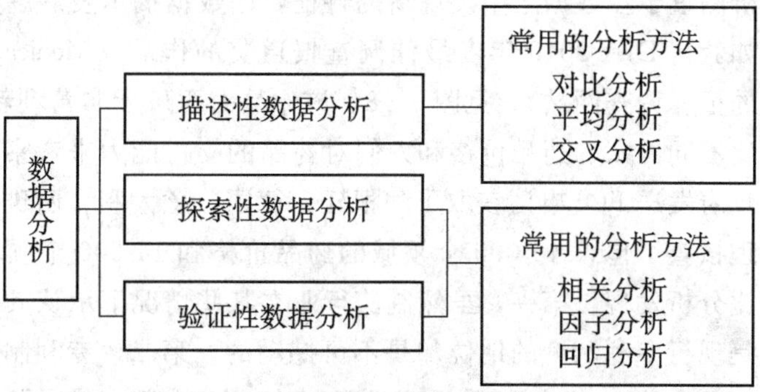

图 9－6 数据分析类别示意图

城市工作需要他们的地方在六环内，城市规划管不到他们居住的地方，打工子弟学校多在此地。继而指出，在中国城乡分治的“二元化”向“一体化”管理体制过渡的阶段中，一线城市外来打工者们在城市边缘区的真实生活面貌，引发人们的思考与讨论（见图 9－7）。

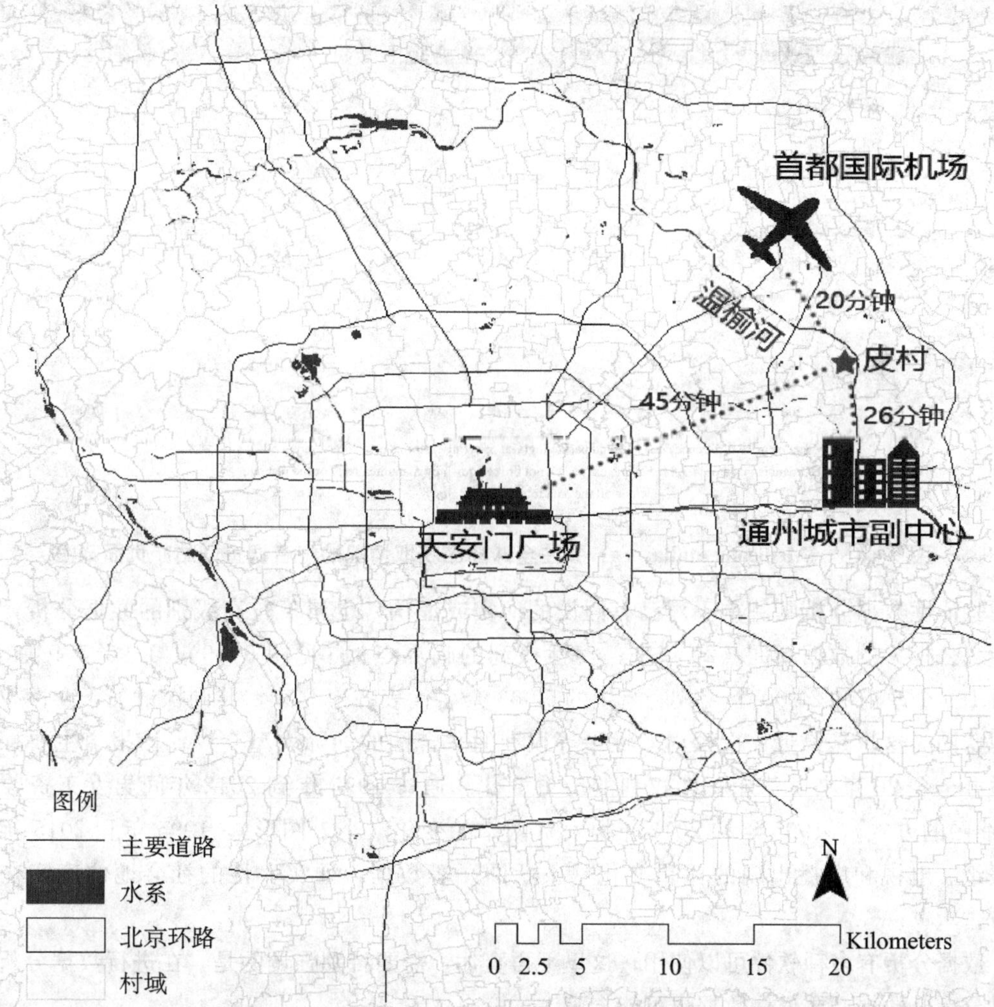

图 9－7 《范雨素居住的皮村，是个怎样的存在?》页面截图

探索性数据分析侧重于在数据之中发现新的特征，用数据揭示发展趋势，而这需要更高的数据分析能力。如获得 DJA 2016 年度最佳调查报道奖的作品《Medicamentalia. org：关注全球药品获取情况的记者调查网站》，见图 9－8。该作品由西班牙非营利新闻机构 Civio 基金完成，旨在通过对比不同国家的药品价格和人们对药品的支付能力来考察全球药品的可获得情况。团队通过向政府发送 FOI 申请获取了阿根廷、德国、意大利、西班牙等多个国家的药品价格数据库，整理核查了包含 45 000 个领域的药品价格和 14 500 个领域的药品支付情况的数据库。通过对比分析发现：第一，虽然制药行业在某些情况下承认其他制度对于保护知识产权的益处，但是现行专利制度的地位却是不可撼动的。第二，专利制度之外，其他制度同样具有可行性，如巴西从 2007 年起采用药品强制许可证制度，带来了外国投资和专利数量的同步增长。Civio 基金希望在呈现事实和证据的基础上，引发公众对于制药行业现行制度的讨论。

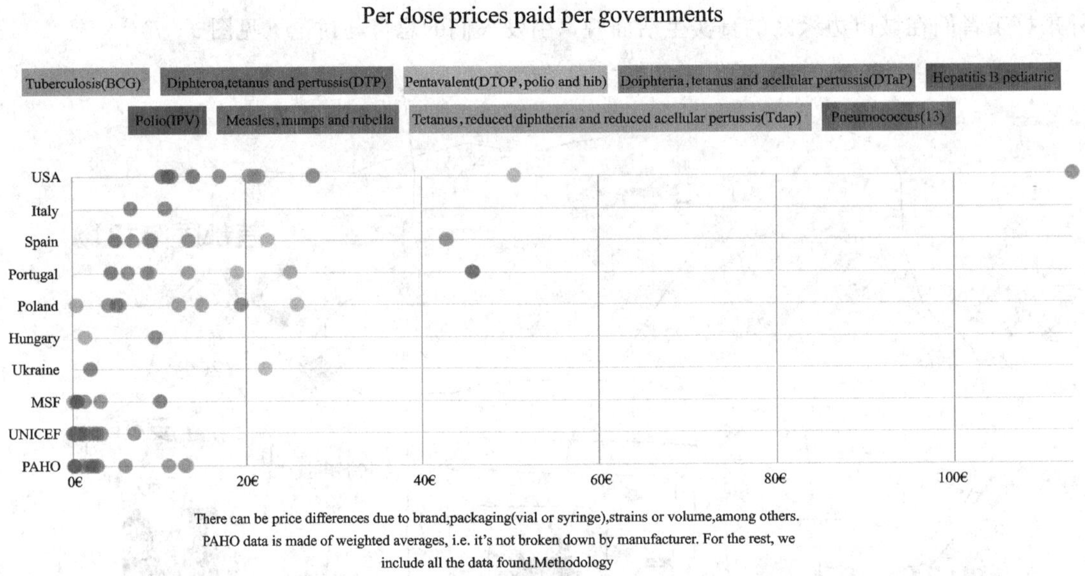

图 9－8 《Medicamentalia. org：关注全球药品获取情况的记者调查网站》页面截图

验证性数据分析则侧重于对已有假设的证实或证伪，也属于较高级别的数据分析，如葡萄牙《公报》的数据新闻《20 年来：女性权利的临界点》（见图 9－9）。1995 年 9 月 4 日，来自 189 个政府和 2 100 个无政府组织的 5 000 余名代表齐聚北京，共同探讨关于女性权利的问题，同时这也是最近一次探讨女性平等权利的联合国的国际大型会议。该报道主要探讨会议举办至今 20 年来葡萄牙女性权利的历史变化。通过 1995 年到 2012 年间男女工资收入差（曲线图的方式），1995 年和 2013 年男女贫困率的变化（小人图形），1995 年和 2015 年女性在报纸、电视和广播出现的比重变化（条状图）等数据，证实女性的社会地位确实在稳步上升。

数据分析有多种软件可以使用，这里不再赘述。需要特别强调的是，在进行数据分析时不可过分迷恋数据，要记住数据也可能会骗人。

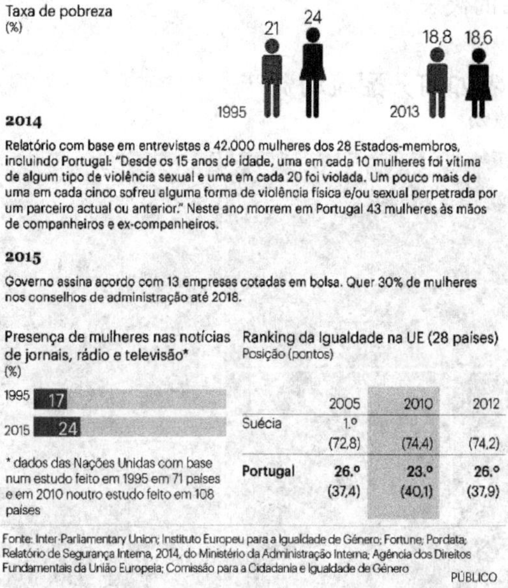

图 9-9　《20 年来：女性权利的临界点》页面截图

四、数据可视化

在数据新闻的生产流程中，“可视化”是一个非常关键的环节。“数据新闻可视化，是利用先进的计算机网络工程技术和图像处理技术，将数据转化成数字图像在荧屏上显示出来的形式，通过对新闻图像化的处理，新闻不再以文字形式出现在公众面前，而是以可视化的形式向公众传达具有视觉冲击力的新闻。”①

（一）数据可视化的分类

从可视化解决方案的角度出发，我们可以对数据可视化做进一步的了解。

从可视化呈现平台来说，可视化可分为 PC 端可视化和手机端可视化。

从可视化的呈现形态来看，可视化包括静态可视化和动态可视化两种形式。静态可视化是数据可视化最早表现出来的形式，也是制作成本最低的可视化方式。其技术门槛低，制作时间短，呈现的数据简单明确、一目了然。如《卫报》中文网作品《中国存款资金流向金融科技产品》以静态可视化的方式直观展现了中国存款资金越来越多地流向金融科技产品的事实（见图 9-10）。动态可视化通常有两种：第一种是以网络和交互程序为基础的具有交互性的可视化，如由财新数据可视化实验室、财新视频、财新图片联手推出的《2016·洪水暴至》。该报道引入 VR（虚拟现实）元素的同时又配合交互地图、图表等形式对洪灾进行了深度解析（见图 9-11）。第二种是具有连续的通过非线性编辑技术把信息图表、视频、音频结合起来，在时间轴上将新闻以动态视频的形式表现出来的可视化，主要以电视或网络视频的形式出现，央视的

① 方秋玲．大数据支持的数据新闻可视化研究．重庆：西南大学，2015.

“据”说系列就是这类作品的代表。

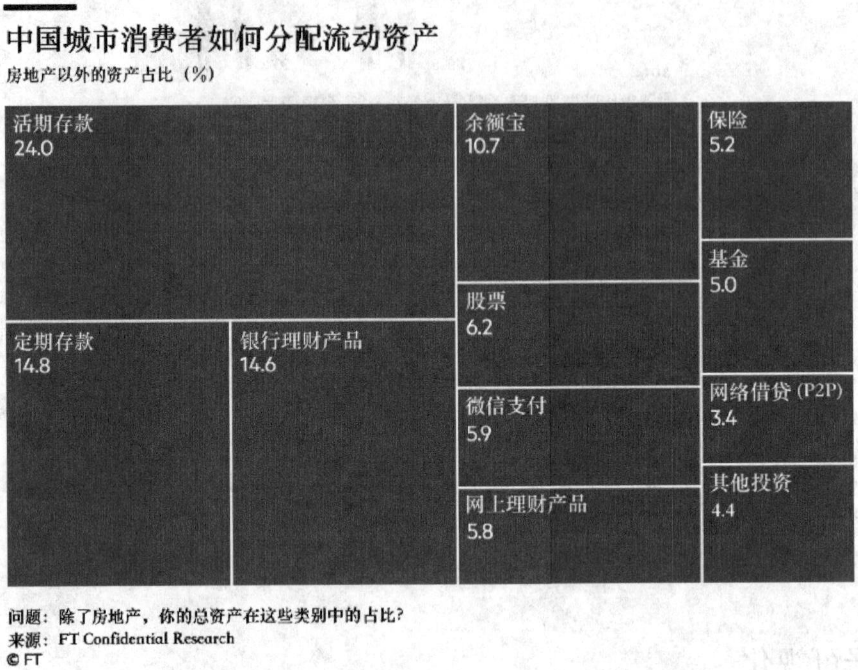

图 9－10　《中国存款资金流向金融科技产品》页面截图

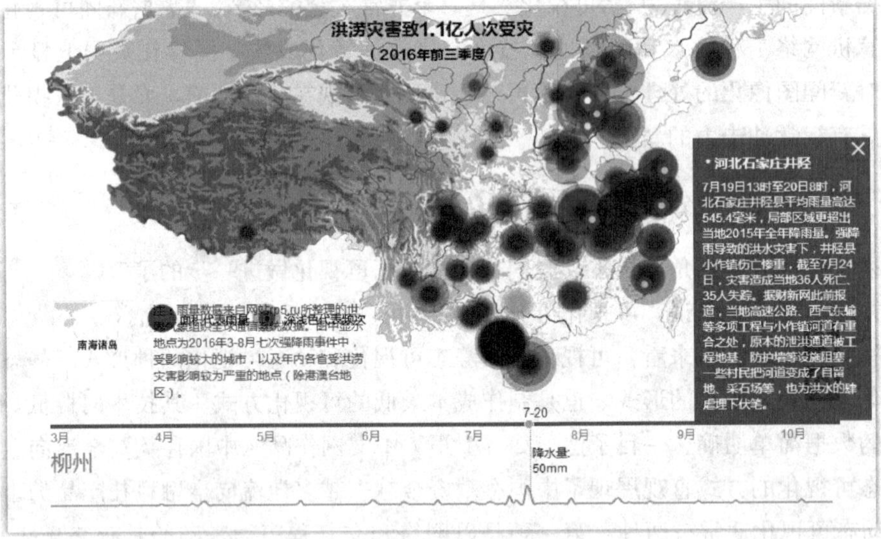

图 9－11　《2016 · 洪水暴至》页面截图

从用户的权利来看，可视化又分为封闭可视化和交互可视化。所谓封闭可视化就是指用户看到的所有内容都是统一的设计模式，无法获取自己关注的个性化信息，如前面提及的静态可视化和一些动画视频等。其优势是一目了然、焦点信息集中、简洁清晰。对于一些内容简单、便于理解的数据，应用封闭可视化简单设计即可。但如果数据庞大复杂、难以理解，就可以考虑交互可视化。设计者可以通过图像引导用户点击图片，帮助用户寻找自己所需要的数据，实现过滤和简化信息的目的。有的交互可视化设计还会专门提供用户参与和分享的板块，如《Medicamentalia. org：关注全球药品获取情况的记者调查网站》就采用了交互可视化设计。

总之，数据可视化的解决方案是多种多样的，每一种方案的具体实施方法有所不同，但是基本步骤具有一定的相似性。

（二）数据新闻可视化的基本步骤

第一，观察数据类型和特点，分析数据属于分类数据、时序数据、空间数据中的哪一种。这里的数据分析和之前的数据分析稍有不同，它不是针对数据本身的分析，而是结合数据类型来确定具体的可视化方式。

分类数据是指反映事物类别的数据，如人按性别分为男女两类。分类数据是离散数据，包括地理位置、工作类别和商品类型。有很多方法产生分类数据的概念分层，如《Medicamentalia. org：关注全球药品获取情况的记者调查网站》中根据国家、种类等数据对药品进行分类。

时序数据是指时间序列数据。时间序列数据是在不同时间点上收集到的数据，这类数据反映了某一事物、现象等随着时间变化的状态或程度。在同一数据列中的各个数据必须是同口径的，要求具有可比性，如《骚乱谣言如何在 Twitter 中传播》中谣言数据的影响范围就是以时间为轴逐渐发生变化的。

空间数据是指用来表示空间实体的位置、形状、大小及其分布特征等诸多信息的数据，它可以用来描述来自现实世界的目标，具有定位、定性、时间和空间关系等特性。空间数据是一种用点、线、面以及实体等基本空间数据结构来表示人们赖以生存的自然世界的数据，如《天空中的密探》中飞机的运行轨迹。

当然，在实际操作中存在大量分类数据、时序数据、空间数据三种数据类型并存的情况，那就需要根据数据类型进行合理的处理。同时，分析这些数据时，应该注意数据中的变量数量，探索变量之间的关系。首先要确定数据集中有哪些变量信息，然后确定变量之间存在怎样的关系，最后思考变量之间的关系应该如何通过可视化的方式呈现出来。如日本《朝日新闻》的作品《战后 70 年》，见图 9－12。该报道是在第二次世界大战胜利七十周年纪念日时推出的“二战结束后 70 年在日本”系列的一部分。由于地理跨度大，《朝日新闻》用收集的数据制作了一幅地图，将二战中的重要军事事件用点标注于地图之上，鼠标点击标注点即可弹出相应的文字描述、照片和视频。由于二战中日军的军事活动长达十数年，所以该作品还设计了时间线，读者可以拖动左侧的时间滑动条，浏览战争不同阶段发生的主要事件。

第二，根据数据的类型和数量匹配不同的可视化方案，如安德鲁·阿贝拉的《图表建议》，见图 9－13。

描述比较数据之间的差异时，有以下几种方法：对于分类数据，如果报道中只涉及一个变量且分类数据较少，可以使用柱形图或条形图，其中柱形图适合数量较少的分类数据，条形图适合数量较多的分类数据；如果报道中涉及两个变量，则可以使用不等宽的柱形图。对于时间数据，如果数据是多周期数据，则可以使用雷达图或曲线图，其中雷达图适合展示循环数据，折线图适合展示非循环数据；如果数据是少数周期数据，则可以使用柱形图或曲线图，柱形图

图 9-12　《战后 70 年》页面截图

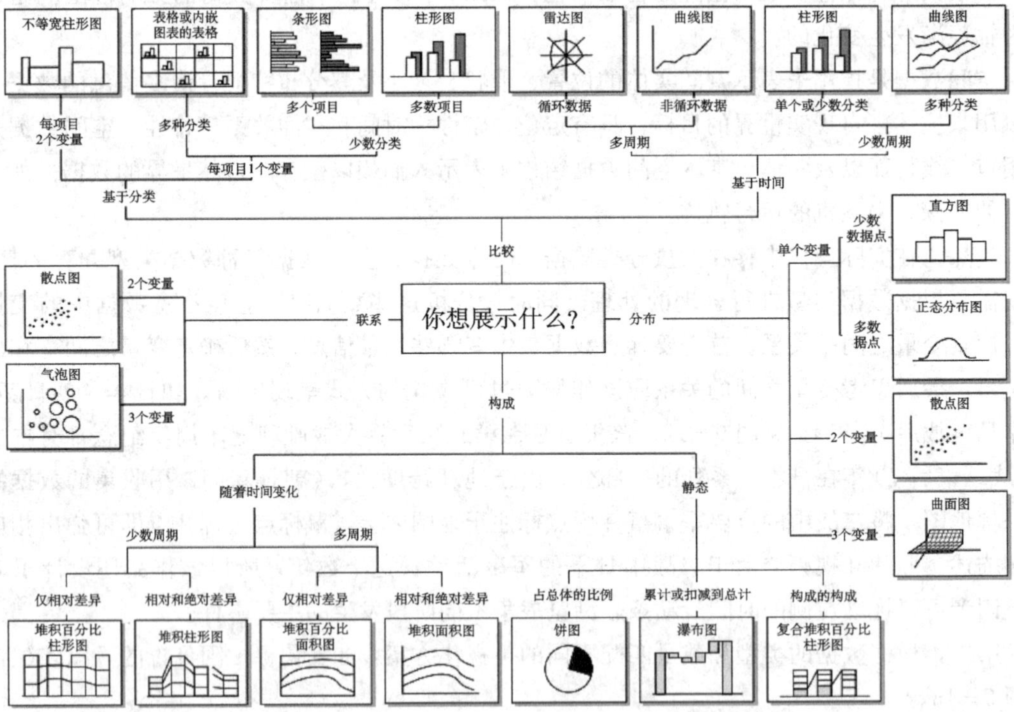

图 9-13　安德鲁·阿贝拉的《图表建议》

适合只有单个或少数分类数据的情形，曲线图适用于包含多种分类数据的情形。

描述分析数据的结构时，有以下几种方法：对于数据会随着时间变化的，如果数据描述的是少数周期情况，可以使用堆积百分比柱形图或堆积柱形图，堆积百分比柱形图适合仅需展示相对差异的情况，堆积柱形图则适合展示相对和绝对的差异；如果数据描述的是多周期的情况，可以使用堆积百分比面积图或堆积面积图，其中堆积百分比面积图适合仅需展示相对差异的情况，而堆积面积图则可呈现相对或绝对差异。对于数据不会随着时间变化的，建议使用饼图、瀑布图或复合堆积百分比柱形图。饼图可以诠释数据占总体的比例，瀑布图可以展示累计或扣减到总计的数据，复合堆积百分比柱形图则可以展现相对复杂的情形。

描述展示数据之间的关联时，有以下几种方法：当数据包含两个变量时，建议使用散点图。如果数据包含三个变量时，可以使用气泡图。

描述数据的分布时，有以下几种方法：当数据只有一个变量时，可用直方图或正态分布图，直方图适合少数据点的情形，正态分布图则适合多数据点的情形。当数据包含两个变量时，可以用散点图。当数据包含三个变量时，可以用曲面图。

以上介绍的只是一些基本的图表类型，想要呈现出更加精美的可视化设计，还需要对可视化工具多加学习和实践。

第三节　数据新闻操作技巧

前两节中，我们重点介绍了数据新闻的概念和基本生产流程，本节我们将结合国内外经典数据新闻案例，从操作层面入手为数据新闻初学者提供一些思路和启发。

一、选择数据量大且公众关注的话题

根据对 2012—2017 年全球数据新闻奖（DJA）六年间积累的 411 件提名作品（其中包括 59 件获奖作品）的分析可以发现：政治是数据新闻作品最青睐的选题，有 17.9%的作品与政治有关。另外，政府、公共服务、战争犯罪等严肃类报道也是较为热门的选题，如图 9 - 14 所示。

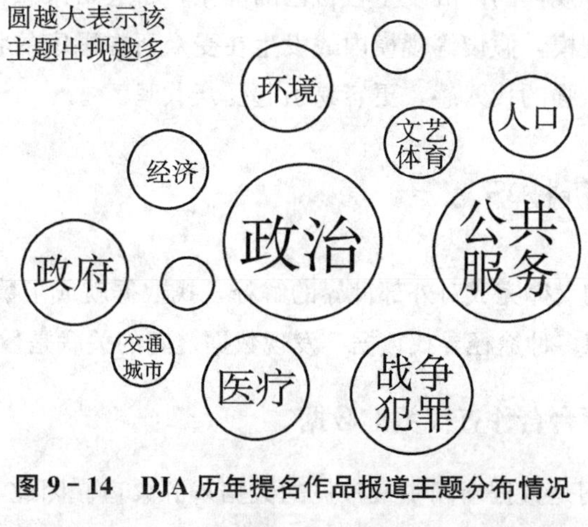

图 9 - 14　DJA 历年提名作品报道主题分布情况

这些选题备受青睐有两方面原因：一方面，这与数据新闻对于数据的依赖不无关系，以上选题所涉及的新闻事件通常包含大量数据。另一方面，这些选题通常也是读者最为关心的话题。除此以外，在决定是否运用数据新闻进行报道时，还应考虑自己手中的数据或者可以获得的数据是否能够挖掘出足够的新闻，用以保证作品的社会意义。

以获得数据新闻奖 2016 年度公众选择奖的作品《如果叙利亚内战发生在你的国家会怎样?》为例，这则新闻由美国的公共国际广播电台（Public Radio International）制作，以战争为主题，以大量数据为报道基础（见图 9－15）。

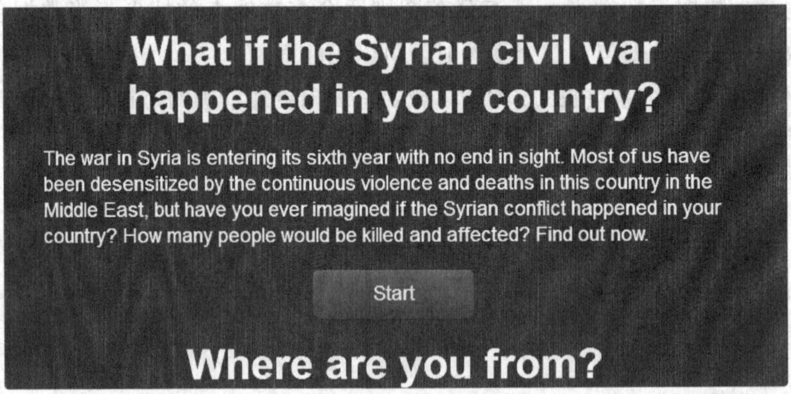

图 9－15 《如果叙利亚内战发生在你的国家会怎样?》页面截图

2011 年叙利亚内战爆发，冲突 5 年来已经造成了至少 27 万人死亡，超过 120 万人受伤。在叙利亚的 2 000 万人中，有超过一半的人流离失所，其中 460 万人逃离叙利亚，成为难民。据估计有 1 350 万人需要人道主义援助，1 150 万人需要健康援助，870 万人没有足够的食物，240 万人需要避难，70％的人口没有定期获得安全的饮用水。以上诸多数据和我们平时看到的战争新闻似乎没有太大区别，毕竟新闻报道中的战争伤亡人数、难民人数都是就叙利亚而言的，客观而冰冷的数字很难让新闻受众感同身受。为了警醒世人战争的危害，Kuang Keng Kuek Ser 发布了《如果叙利亚内战发生在你的国家会怎样?》这则数据新闻，选择自己所在的国家，便可以查看如果等规模的内战发生在自己的国家，将会带来怎样的危害。这部数据新闻作品，基于各地的人口规模，假设等规模内战发生在受众所在国家的状况展示，拉近了新闻与受众的距离，给受众以极强的代入感，更容易引起受众共鸣。

二、数据挖掘和分析技巧

数据新闻需要数据的支撑完成对外部世界的解释，找数据就成了数据新闻讲故事的第一步，也是关键性的一步。运用多种途径寻找数据，发现数据之间的关联是数据新闻走向成功的前提。

（一）通过互联网平台合作查找关键数据

大数据时代，互联网是数据新闻中最常见的数据来源渠道。因此，完成数据新闻作品首先要学会从互联网平台上查找数据，还要学会借力其他平台获取关键性数据。

DT财经的数据新闻《10万条挂号大数据显示：互联网也救不了看病难》将选题目光聚焦于关注度极高的“看病难”问题，接着遍览各大挂号网站寻找数据获取渠道，最终选定挂号网作为关键数据的获取平台。究其原因：第一，挂号网作为“互联网医院国家试点平台”早在2014年7月份就实现了与全国23个省份900多家重点医院的信息连接，拥有超过3 000万的实名注册用户，积累的数据规模相对较大；第二，挂号网的网站结构比较清晰，包含人数、医院、满意度等多个维度的数据，易于抓取与分析。

（二）通过信息知情申请查证异常数据

很多时候，数据的获取难度往往比我们想象的大。出于安全的需要，很多重要数据被存储在政府部门和相关单位的数据库中，通过互联网检索不到。这时，记者就要通过信息知情申请的方法来获取相关信息。

以数据新闻奖2017年度最佳调查报道奖的获奖作品，来自加拿大《环球邮报》的《无据可依》为例，调查伊始，调查团队在得知加拿大统计局从2002年起便不再收录“无根据”性侵案件数据后，便转而采取向警察局提交信息知情申请的办法，获得相关数据。自2015年6月至2016年4月，调查团队分两个阶段，向全国1 119个辖区内的178个警察局发出近250封申请。最终，调查团队收到了873个辖区的回应，所得数据覆盖全国92%的人口。团队为此制作了一个网上系统来收集与追踪收到的回复，然后输出数据集以作分析。《环球邮报》通过数据比对，发现加拿大“无根据”性侵案件比例高得不同寻常，揭露了国内犯罪数据不真实的问题（见图9-16）。

图9-16　《无据可依》页面截图

（三）通过日常数据积累应对不时之需

互联网和信息知情申请所获得的数据大都涉及社会、政府、机构日常所关注的问题，然而，很多未引起注意但具有较高新闻价值的数据同样需要媒体自行采集或整理，这些日常积累的数据往往会在关键时刻发挥重要作用。

2015 年 5 月，美国费城外一列美国铁路公司的火车在一处急转弯路段发生脱轨事故，造成 5 人死亡和超过 200 人受伤。在费城到纽约的这一常用路段上，此次事故的发生显得非比寻常。不可思议的是半岛电视台美国频道在事故发生的次日早晨，就发布了脱轨前火车的准确行驶速度：每小时 106 英里（约合每小时 170 公里），是该路段限速（每小时 80 公里）的两倍还多，这正是导致事故发生的原因。异国作战的半岛电视台美国频道之所以能够迅速做到这一点，正是缘于其平时的数据积累。事实上，早在事故发生一年之前，半岛电视台就开始仔细调查美铁列车并设计了追踪其行驶的地图，每隔 5 分钟收集和存储一次数据，建立起了庞大的数据库。依托这个数据库，半岛电视台可以提供美国国内每列火车的实时定位和行驶速度，自然能够快速标出火车在事故发生之前的定位，准确给出该趟列车的行驶轨道和速度。最终，这篇题为《脱轨美铁列车：死亡曲线上的飞驰》获得了数据新闻奖 2016 年度最佳突发新闻数据使用奖（见图 9－17）。

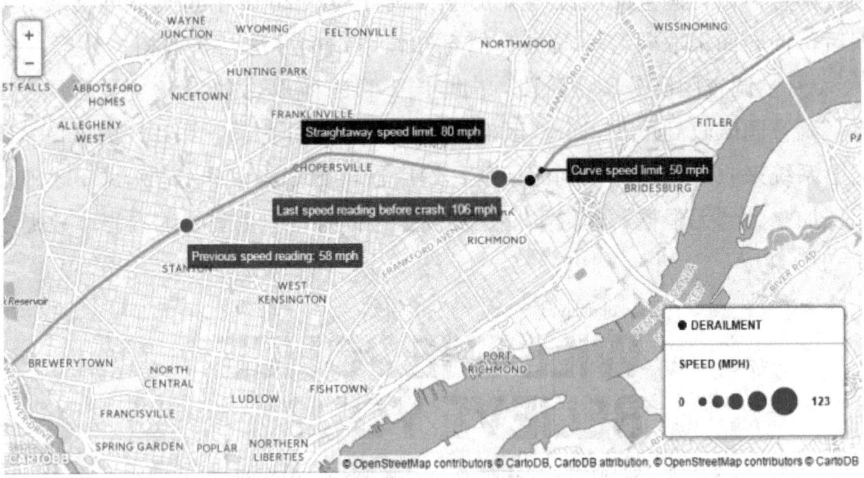

图 9－17 《脱轨美铁列车：死亡曲线上的飞驰》页面截图

（四）通过实地采访调查挖掘深层真相

虽然通过对采集和获取的数据进行处理，能够发现事件背后的问题和症结所在，但也只能停留于事实表面。若想进一步了解事实的真相和原因所在，还需要进行实地采访调查，进一步验证假设并对问题进行深度剖析。

在《无据可依》中，为进一步了解性侵案件高“无根据”率现象背后的深层原因，《环球邮报》记者采访了上百名相关人员，其中包括性侵受害者（54 名）、警察、律师和法律学者、创伤与医疗专家、犯罪学家等。在调查具体案例过程中，记者还搜集了大部分案件的物证，如警察的书面记录、邮件、受害者医疗记录、法院文件、采访音频或视频，以及警察内部的专业标准报告等，用以验证受害者讲述的故事。通过个案剖析与专家意见的结合，《环球邮报》指出：警察职业素养的缺陷、未能专业调查与处理性侵案件，成为导致高“无根据”率的重要原因。

三、寻求可视化的最佳路径

（一）加强交互化设计，让作品更有亲和力

对于数据新闻而言，新闻不再是单向度的传导，而逐步具有了双向交流的属性。数据新闻的交互性设计使读者能够根据界面提示选择自己感兴趣的线索进行阅读，不仅加强了新闻的互动性和参与感，也使得数据新闻具有了更强的亲和力。

前文所述数据新闻奖2016年度最佳数据可视化奖作品《天空中的密探》，其主要特点在于利用动图展现新闻内容，增强新闻作品的交互功能，利用AR（增强现实）技术满足受众对体验式新闻的需求。为了使用户更形象地感知数据，《天空中的密探》使用地图动图的形式展示出飞机的监视动态（见图9-18）。地图中设计了一个横向可拖动的时间条，时间的设置是从2015年8月中旬到12月，读者可以通过拖动该时间条查看飞机的飞行动态。图中细线展示了飞行轨迹，并用红色与蓝色两种颜色区分了联邦调查局和国土安全部的飞机飞行轨迹。当飞机反复监视同一个地点时，细线汇聚成了一个稠密的圆，活动的点展示了个别飞机不同时间的航程。在右上角搜索栏中输入想要查找的城市，还能查看监视飞机在特定地区的路线变化。该作品在设计上满足了移动设备的使用需求，通过形象和色彩的使用将枯燥乏味的数据变得生动有趣，增强了新闻的视觉感和交互性，为读者带来了只有可视化才能呈现出的层次和深度。

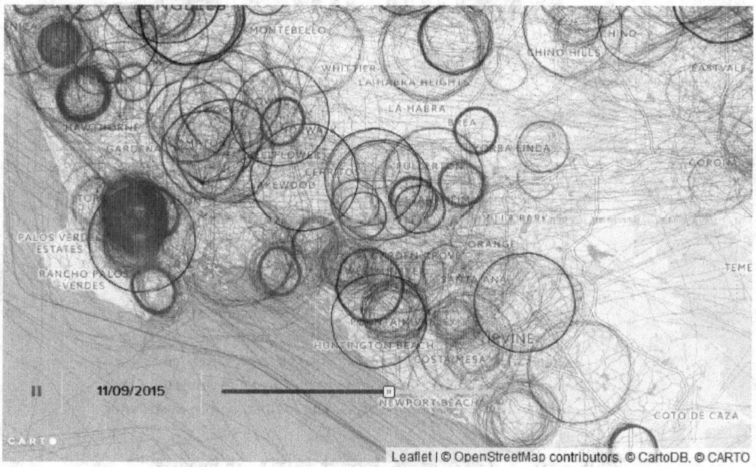

图9-18　《天空中的密探》交互性设计

（二）动态与静态多种形式配合，加强可视化效果

在数据新闻的呈现中，数据再也不是枯燥、冗长的表格，而是一张张新颖、美观、充实、高效的静态或者动态图像。这种可视化效果不仅满足了当前大数据时代下电子用户对于直观化信息的需求，也吸引了更多的注意力，使得新闻信息的传递更加清楚和透彻。

例如，数据新闻奖2015年度最佳数据可视化奖（小型新闻编辑室组）获奖作品《博尔扎诺人民共和国》，在讲述移民起源、现状和未来时，就善于利用地图，采用动静结合的方式让读者

清楚看到最早移民至意大利的浙江、福建两省移民的历史渊源和基本情况（见图 9-19）。

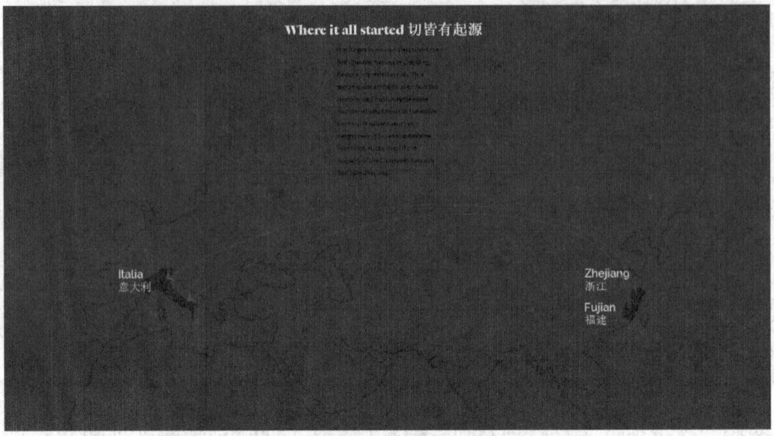

图 9-19 《博尔扎诺人民共和国》页面截图一

这则数据新闻还利用抽象图的形式展示了在意大利博尔扎诺部分行业的中国企业所占比例，每一类企业用不同的颜色进行标识，配以文字和百分比，清晰可见，易于辨别。讲到酒吧与餐馆所占的比例时则采用了动态图的方式，如通过筷子（中式餐厅）逐渐变为叉子（其他餐厅）并最后定格的方式，将中国餐厅在当地所占的百分比形象地展示出来（见图 9-20）。

图 9-20 《博尔扎诺人民共和国》页面截图二

（三）创新语言风格和报道结构，增强可读性

我们应当意识到，数据不能成为数据新闻中华而不实的摆设，在数据新闻的写作过程中要做到善于从数据中找角度、找问题，让辅助叙事成为数据的最终归宿。回顾近年来较为成功的数据新闻报道，叙事性强、故事性强是让这些报道脱颖而出的关键所在。

以《10 万条挂号大数据显示：互联网也救不了看病难》为例，为了便于受众对报道内容的理解，作者采用了通俗易懂的语言风格。首先，作者通过自称“DT 君”的方式拉近了与受众之间的距离，一改财经报道严肃刻板的面孔，让受众对接下来的内容产生了天然的好感度。

其次，作者以内心“OS”等的表达方式对想要备注说明的问题予以备注补充，符合时下流行的表达方式和接受习惯，如“众人皆说挂号难，但具体哪里最难，难到什么程度谁也说不准，毕竟DT君没有手眼通天，拿不到全国那么多医院的挂号数据（DT君OS：大概也没有这样的系统数据……）”“那么，到底用什么数据呢？DT君寻遍各大挂号网站，最后选定了挂号网（DT君注：这里绝对没有植入……）”“话不多说，你们先来看下图。（DT君注：是的，这一次黑河腾冲线居然不起作用了……另外一条线诞生了！叫它‘DT挂号线’?）”。

同时，作者的报道结构也十分灵活。首先，作者通过几个言简意赅的小标题将报道清晰地分成七个部分，既能够帮助受众快速捕捉关键信息，又能够避免通篇叙述给受众带来的阅读倦怠和疲劳。其次，最后一部分“彩蛋：你或许需要避开这10家医院……”作为对报道内容的补充，没有按照普通新闻报道的逻辑将其添加到某一相关部分中，而是模仿电影彩蛋的形式放到报道最后，打破了以往数据新闻报道的结构，更显新颖灵活。

（四）提高数据新闻技术，实现移动端适配

随着智能手机和移动互联网的普及，越来越多的用户开始使用移动端阅读新闻。这一改变就要求数据新闻的制作不仅要能够在PC端正常运行，更要实现移动端的适配。

近年来，H5基于兼容性强、开发便利、界面友好、体验丰富等原因被广泛运用，成为媒体在移动端APP、FLASH之外的全新选择。荣获亚洲出版业协会（SOPA）颁发的2016年度卓越新闻奖之卓越网络新闻奖作品《从调控到刺激：楼市十年轮回》以H5的形式呈现给广大受众，很好地实现了PC端和移动端的适配（见图9-21）。财新数据可视化实验室在操作这则数据新闻时，大胆使用了交互地图、图表和新闻相结合的表现手法，回顾中国房地产十年的价格及政策走势。内容涵盖中国70个大中城市，既关注到了北上广深等大城市，也没有忽略一众面临房地产困境的中小城市，呈现出十年间中国房地产市场的变迁画卷。最后，将落点放在了呈现普通中国人买房难的现象上。

图9-21　《从调控到刺激：楼市十年轮回》页面截图

【本章小结】

数据新闻是大数据时代发展起来的新型报道形态，是基于数据的抓取、挖掘、统计、分析并采用可视化方法进行呈现的新闻报道方式。

数据新闻具有以下特征：数据在新闻生产中占据主导地位，传播可视化特征明显，以搭建新闻事件与受众关联为目的。其生产的基本流程可以总结为确定选题、数据获取、数据处理、数据可视化四个步骤。

【思考题】

1. 什么是数据新闻？数据新闻具有哪些特征？
2. 数据新闻生产的一般流程是什么？
3. 数据新闻生产有哪些技巧？可以如何划分？

【推荐阅读书目（或视频、网站等）】

1. 方洁．数据新闻概论：操作理念与案例解析．北京：中国人民大学出版社，2015.
2. 陈积银，曹树林．数据新闻入门教程．西安：西安交通大学出版社，2016.
3. 许向东．数据新闻：新闻报道新模式．北京：中国人民大学出版社，2017.

第十章

机器新闻写作

【本章学习要点】

机器新闻写作的优势

机器新闻写作的发展历程

机器新闻写作的流程分解

机器新闻写作的前景

随着互联网的不断发展，媒体所需处理的数据量与日俱增，繁重而乏味的基础性工作使得媒体人疲于应对。与此同时，受众对于个性化、高品质报道的要求在不断提高，如何吸引并保证自身的流量成为亟待解决的问题。适逢人工智能第三次浪潮到来，大数据技术和云计算技术的发展使得对于互联网上积累的大量半结构化数据和非结构化数据的分析和处理成为可能，机器新闻写作应运而生。

第一节　机器新闻写作概述

一、机器新闻写作的界定

“机器新闻写作”作为人工智能技术运用于新闻实践领域的代表性产物，又称算法新闻、计算新闻、自动化新闻等。它最早诞生于美国，指“运用算法对输入或收集的数据进行加工处理，从而自动生成新闻稿件的计算机程序，其最大的特征就是新闻生产的自动化”①。

机器新闻写作如同工业生产中的自动化机床，可以由程序自动完成预先设定的工作目标，从而将记者编辑从简单、重复而乏味的基础数据搜集和报道写作中解放出来。被解放出来的记者编辑，则可以去完成机器难以完成的更具创造性和人文关怀的报道。同时，通过人机协作，借助机器算法，媒体人也可以进一步了解受众，实现报道精准推送，实现“千人千面”的个性化报道。

① 许向东．数据新闻：新闻报道新模式．北京：中国人民大学出版社，2017：234.

在人工智能技术进入新闻业之前，计算机技术就已经对新闻业产生了深刻的影响。从精确新闻报道到计算机辅助报道，从数据新闻再到自动化新闻的术语演变，数据和计算机在新闻生产中的地位不断上升。

因为机器新闻写作要依赖计算机程序来完成，所以很多人自然会联想到计算机辅助报道。事实上，机器新闻写作和计算机辅助报道还是有区别的。从广义上来说，计算机辅助报道就是使用计算机完成报道的各种辅助工作，如打字、排版、图形图像编辑等，“也指使用互联网搜索消息源、文件和各种主题的有关信息”①。随着计算机和互联网技术的普及，当计算机已经成为各行各业必备工具的时候，人们一般多是在狭义上使用计算机辅助报道的概念，专指“利用计算机对新闻素材进行结构化、半结构化数据与非结构化数据处理、分析，从而完成的新闻报道”②。从这个视角来看，计算机辅助报道与机器新闻写作似有交集，机器新闻写作可以被视为自动化技术与计算机辅助报道的有机结合，是计算机辅助报道的新阶段、新分支。但机器新闻写作倾向于自动化的机器生产，具有更强的针对性，适用范围因预设不同而较为狭窄。计算机辅助报道则更倾向于对人工作的辅助作用，具有更强的工具性，适用范围因人操作的灵活性而较宽。

此外，对比数据新闻和机器新闻写作的生产过程，我们也会更容易地理解机器新闻写作。在数据新闻的生产过程中，计算机的主要工作是帮助记者搜集、处理和呈现数据，生产过程中的选题、文本、框架、可视化的方式等都是由记者决定的，计算机仅仅作为一种辅助工具。而机器新闻写作的最大特征就是生产过程的完全自动化，从数据的搜集、处理到呈现都是由计算机程序独立完成的。虽然其选题和撰写稿件所运用的计算程序出自程序员，但是计算程序一旦完成，计算机在新闻生产的过程中就可以摆脱人的参与而独立运行，成为生产的主体而独立存在。

总体来说，“精确新闻强调使用科学方法，计算机辅助报道强调数字化工具的使用，数据库新闻强调信息存储和检索的结构，数据和数据驱动的新闻强调在数据集中找到故事，而计算新闻强调在工具和方法应用中融合计算和新闻价值”③。

二、机器新闻写作的发展历程

2001 年，谷歌推出个性化新闻推荐，开启了机器选编新闻的历史，也成了机器新闻写作的起点。2006 年 3 月，美国信息供应商汤姆森公司运用电脑程序实现了经济和金融方面新闻稿件的自动生成。2007 年，美联社应用新闻编写软件 Wordsmith，输入数据后自动生成报道。

2009 年，美国西北大学智能信息实验室研发并推出了一款名为“统计猴”（StatsMonkey）的软件。作为世界上最早操作新闻的人工智能软件，该软件能对棒球比赛中选手、比赛得分和

---

① 里奇．新闻写作与报道训练教程．北京：中国人民大学出版社，2004：513.

② 苏宏元，陈娟．从计算到数据新闻：计算机辅助报道的起源、发展、现状．新闻与传播研究，2014（10）.

③ 沈浩，元方．“大数据时代”的自动化新闻写作的历史、实践与未来．新闻爱好者，2017（4）.

获胜率等数据进行抓取和筛选，并在12秒内自动生成一篇完整的报道。2010年年初，“统计猴”被运用于财经报道，该项目的两位研发人员“下海”成立了“叙事科学”（Narrative Science）公司。[①] 2010年，位于美国芝加哥的“叙事科学”公司开发出一款名为Quill的自动写作软件，它可以将数字转化为有结构的描述性文字。Quill的工作从早期自行生成新闻标题到编写体育赛事新闻以及撰写基金业绩报告，不仅受到诸如《福布斯》、《财富》、瑞士信贷、USAA等知名企业客户的肯定，更获得美国情报机构的青睐，为其生成大量的文字报告。[②]

美国时间2014年3月17日早上6时25分，洛杉矶发生地震。《洛杉矶时报》在地震发生3分钟后在其网站上发布的第一条新闻，是所有新闻媒体中最先发布的突发新闻报道，而这条新闻是新闻写作机器人Quakebot撰写的。该条机器新闻的文本如下：

> 根据美国地质勘探局的消息，星期一早上，在距加州韦斯特伍德约5英里地区，发生了震级为4.7级的浅表地震。地震发生时间是太平洋时间早上6时25分，震中约深5英里。
>
> 据地质勘探局的数据，本次地震震中距离加州贝弗利山庄约6英里，距离加州环球影城约7英里，距离加州Santa Monica约7英里，距离加州Sacramento约348英里。在过去10天，在该地区附近，并无监测到任何震级达到或超过3.0级的地震。
>
> 此消息来自美国地质勘探局的地震通报服务。本条内容是由作者所写的算法自动产生的。[③]

2014年7月，美联社与Automated Insights（AI）公司共同研发出Wordsmith自动写作程序，Wordsmith主要被用来撰写企业财报新闻，其AI系统在上市公司公布业绩后仅0.3秒就可以发布一篇盈利报道。2015年，除了美联社的Wordsmith，《纽约时报》的Blossom、《华盛顿邮报》的Truth Teller、《洛杉矶时报》的智能内嵌模板、英国《卫报》的Open001、路透社的Open Calais等国际顶级媒体都分别拥有了各自的机器人写作服务系统。

国内媒体采用机器撰写新闻稿件起步较晚，但后续发展势头强劲。2015年8月，腾讯率先推出了写作机器人Dreamwriter。这位由腾讯财经研发的新闻写作机器人，能够根据算法在第一时间自动生成稿件，瞬时输出分析和研判。2015年9月，写作机器人Dreamwriter撰写出一条关于我国2015年8月CPI的报道，题目为《8月CPI同比上涨2.0% 创12个月新高》。具体文本如下：

8月CPI同比上涨2.0% 创12个月新高

> **腾讯财经讯** 国家统计局周四公布数据显示，8月CPI同比上涨2.0%，涨幅比7月的1.6%略有扩大，但高于预期值1.9%，并创12个月新高。
>
> 国家统计局城市司高级统计师余秋梅认为，从环比看，8月份猪肉、鲜菜和蛋等食品价格大幅上涨，是CPI环比涨幅较高的主要原因。8月份猪肉价格连续第四个月恢复性上

① 史安斌，龙亦凡．新闻机器人溯源、现状与前景．青年记者，2016（22）．

② 黄可．机器人记者：本质、模式与意义．中国记者，2015（5）．

③ 金兼斌．机器新闻写作：一场正在发生的革命．新闻与写作，2014（9）．

涨，环比涨幅为7.7%，影响CPI上涨0.25个百分点。部分地区高温、暴雨天气交替，影响了鲜菜的生产和运输，鲜菜价格环比上涨6.8%，影响CPI上涨0.21个百分点。蛋价环比上涨10.2%，影响CPI上涨0.08个百分点，但8月价格仍低于去年同期。猪肉、鲜菜和蛋三项合计影响CPI环比上涨0.54个百分点，超过8月CPI环比总涨幅。

他表示，从同比看，8月份CPI同比上涨2.0%，涨幅比上月扩大0.4个百分点，主要原因是食品价格同比涨幅有所扩大。8月份，食品价格同比上涨3.7%，涨幅比上月扩大1.0个百分点，其中猪肉、鲜菜价格同比分别上涨19.6%和15.9%，合计影响CPI上涨1.05个百分点。非食品价格同比上涨1.1%，涨幅与上月相同，但家庭服务、烟草、学前教育、公共汽车票和理发等价格涨幅仍然较高，涨幅分别为7.4%、6.8%、5.6%、5.3%和5.2%。

8月份，全国居民消费价格总水平环比上涨0.5%。

银河证券的分析报告认为，预计到年末生猪价格将超过上一轮“猪周期”价格高点，如果猪肉价格集中在四季度上涨，并且重合蔬菜上涨周期，那么四季度单月，尤其是12月份CPI同比涨幅超过2%的可能性较大。

交通银行金融研究中心预计，未来CPI仍有缓慢上行的可能，部分月份同比涨幅可能高于2%，但全年CPI涨幅将低于3%的政策目标值，物价状况暂不会明显制约货币政策操作空间。

民族证券宏观分析师朱启兵表示：“7月实体经济新增信贷的大幅回落难以持续，预计8月新增信贷再度扩张至11 000亿元，货币政策继续维持宽松。”

申银万国证券研究所首席宏观分析师李慧勇表示：“预计后面至少还会有25个基点的降息空间。一方面，实际负利率已不是制约，如果需要可以继续降息。另一方面，降息此前受制于汇率，汇改主动释放了贬值压力。”

8月26日起，央行下调一年期存款基准利率0.25个百分点至1.75%，目前工商银行、建设银行等金融机构一年期存款利率普遍为2%。

居民消费价格指数（Consumer Price Index，简称CPI）是度量居民生活消费品和服务价格水平随着时间变动的相对数，综合反映居民购买的生活消费品和服务价格水平的变动情况。

【本文来源：Dreamwriter，腾讯财经开发的自动化新闻写作机器人，根据算法在第一时间自动生成稿件，瞬时输出分析和研判，一分钟内将重要资讯和解读送达用户。】

这是国内媒体首次尝试使用机器写作新闻。这条新闻内容涉及对国家统计局公布数据的信息抽取、专家数据解读、机构分析和预测、相关信息补充等。整篇报道逻辑层次分明，文字简练，信息全面翔实，看上去和媒体记者日常写的经济新闻稿件并无不同。

2015年11月7日，新华社的第一位机器人记者快笔小新正式上线。快笔小新可以胜任中英文体育赛事稿件和财经信息稿件的撰写工作，从简单的报盘信息到较为复杂的公司财报，再到行情快讯，快笔小新写起来都能得心应手。“每逢重要体育赛事结束，或股市开收盘、突破整数关口，或是上市公司财报季报等金融信息发布之时，就会自动根据所公布的信息快速生成新闻稿件，编辑记者在编辑系统对快笔小新生成的稿件进行核对后正式签发。”①

2016年里约奥运会期间，今日头条研发的新闻写作机器人Xiaomingbot在奥运赛事报道中大放异彩，在比赛结束2秒内就完成了赛事报道的创作、审核和分发，几乎与电视直播保持了同步。整个里约奥运会期间，Xiaomingbot撰写了四百多篇新闻稿，赢得了一百多万的阅读量，平均阅读率接近整个奥运会期间体育频道的阅读率，甚至还略高一点。从用户浏览量来看，机器创作出来的新闻与人写出来的新闻持平。②

科技是第一生产力，每一次新技术的应用都会给新闻信息的生产方式带来翻天覆地的变化。继腾讯财经的Dreamwriter、新华社的快笔小新，第一财经、《南方都市报》和封面新闻等媒体也纷纷推出了自己的新闻写作机器人。阿里巴巴战略入股第一财经后，双方联合推出了一款写稿系统DT稿王，该系统主要以股市异动为新闻切入点，平均每天需要发布1 900篇稿件。最关键的是，原来记者编辑用15～30分钟时间完成的稿件，机器人记者只需要3～5秒钟。这不仅大大提升了新闻信息的生成能力和发稿时效性，也大幅度降低了记者编辑的工作强度，让他们能够从基础数据信息的采写中解放出来，将更多时间用于采写深度分析稿件。

目前，各媒体的新闻写作机器人在逐步升级并更新换代，它们的服务从单纯的稿件撰写延伸到文本复述、语言交互、看图写话、视频写稿、智能模板生成、丰富数据库等更广泛的领域，机器人智能化水平在不断提高。从内容丰富度和写作呈现形式来看，机器人写出来的新闻在语法上和人类并无区别。相比国内第一代写稿机器人——腾讯的Dreamwriter和第一财经的DT稿王，Xiaomingbot的写稿技术已经发展至第二代写稿水平，其在技术上的飞跃主要体现在以下四个方面：

第一，成稿速度更快。数据库数据更新的2秒之内就可以生成并发布新闻稿。

第二，写作样式更加丰富。机器写作自动化成稿的初期只能生成短篇幅文章。第二代机器人不仅可以生成简明扼要的简报和快讯，也可以生成长篇幅的总结性、描述性报道。

第三，自动调整稿件的语气。升级后的写作程序可以根据比赛选手的排名、赛前预测与实际比赛的差异、比分悬殊程度等，自动调整新闻稿件的语气并使用具有感情色彩的词语，如“实力不俗”“笑到了最后”等，为稿件注入人情味。

第四，通过自动选图技术，自行完成稿件的选图和配图。第一代机器人新闻写作一般只能自动生成文本，需要人工介入完成配图。到了第二代机器人新闻写作，机器写作程序在生成文本后会自动为文本配图。

“从工业革命开始，人类的自动化梦想就一直在加速膨胀，试图在一切有可能把人力解放出来的领域，代之以无论是硬件还是软件意义上的‘机器’的协助甚至完全自动化。”③ 机器新闻写作在媒体的广泛应用已经宣布了新闻传播领域自动化革命的开始，人工智能研究的进展更是为机器新闻写作提供了无限的可能性。

---

① 钟盈炯．“快笔小新”：新华社第一位机器人记者．传媒评论，2017（9）．

② 刁毅刚，陈旭管．产学研合作路径下网红“Xiaomingbot”的前世今生：专访今日头条实验室技术总监李磊博士．中国传媒科技，2016（9）．

③ 金兼斌．机器新闻写作：一场正在发生的革命．新闻与写作，2014（9）．

第二节　机器新闻写作优势

作为一种由计算机根据预设程序进行的自动化新闻报道方式，机器新闻写作对传统报道方式在工作时间、数据处理、个性化写作、人员配置上的不足有所弥补，具有24小时精准抓取和处理数据、极速出稿、高效写作、私人定制等优势。机器新闻写作长于进行突发事件、体育赛事、财经金融等报道中重复、常规和模式化的写作。

一、全时段极速出稿

新闻业诞生以来，时效性就是各大媒体竞争的关键点，能否“抢抓头条”成为衡量一个媒体水平的重要指标。在大数据时代，大量信息经由网络分发，媒体获取信息更加便捷的同时操作难度反而增加了，媒体间的竞争转变为高效地发现数据、处理分析数据、撰写稿件和实时分发上的比拼。

机器新闻写作的整个过程是由计算机程序完成的，在技术人员对写作程序的预设和配套设备连接完成后，机器新闻写作不需要人为干预就能完成对预设目标的写作任务。在供电稳定、存储空间充足和预设程序完备的情况下，机器新闻写作可以全天候24小时无间歇地搜集信息和创作稿件，而且其从数据的发现、抓取和处理到嵌入预设模板生成新闻稿件通常仅需几秒钟的时间。

在讲求时效性的新闻领域，反应机敏、高速运转以及不知疲倦无疑是写作机器人最大的优势。在机器新闻写作擅长的体育和财经等领域，其全时段极速出稿的特点更是展现得淋漓尽致。今日头条的Xiaomingbot对体育赛事报道的出稿速度几乎与电视直播同步。新华社的快笔小新可以独立完成晚间中超赛事的稿件写作。

对于彰显媒体影响力的突发事件，机器新闻写作可以根据预设在第一时间搜集捕捉到新闻线索并迅速生成稿件进而完成推送。如2017年8月8日21时19分，四川九寨沟县发生7.0级地震，21时37分中国地震台网机器人迅速自动编写了稿件《四川阿坝州九寨沟县发生7.0级地震》(见图10-1)。这篇报道全文540字并配发多张图片，内容包括速报参数、震中地形、热力人口、周边村镇、周边县区、历史地震、震中简介、震中天气八大项，成稿时间只用了25秒，展现了机器人极速出稿的特点。

值得一提的是，中国地震台网依托机器人还实现了对地震信息的随时发送，对当天发生在四川阿坝州九寨沟县的小级别地震进行了跟进快报。其中包括21时28分发生的3.3级地震、21时41分发生的3.2级地震、23时4分发生的3.2级地震、23时49分发生的3.0级地震，见图10-2。

除突发事件外，目前机器新闻写作在日常报道中也开始发挥作用。如《南方都市报》写稿机器人小南在2017年1月18日发出的首篇春运报道《20日广州—武汉还有大量无座票》，其文本如下：

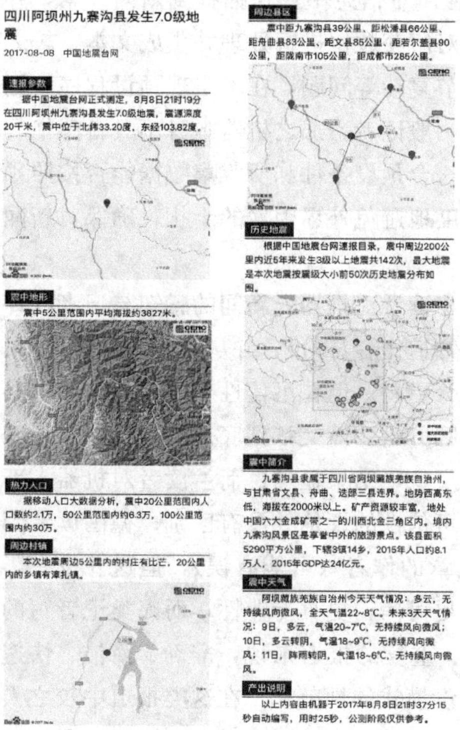
四川阿坝州九寨沟县发生7.0级地震

2017-08-08　中国地震台网

速报参数

据中国地震台网正式测定，8月8日21时19分在四川阿坝州九寨沟县发生7.0级地震，震源深度20千米，震中位于北纬33.20度、东经103.82度。

震中地形

震中5公里范围内平均海拔约3827米。

热力人口

据移动人口大数据分析，震中20公里范围内人口数约2.1万，50公里范围内约6.3万，100公里范围内约30万。

周边村镇

本次地震周边5公里内的村庄有比芒，20公里内的乡镇有漳扎镇。

周边县区

震中距九寨沟县39公里、距松潘县66公里、距舟曲县83公里、距文县85公里、距若尔盖县90公里，距陇南市105公里，距成都市285公里。

历史地震

根据中国地震台网速报目录，震中周边200公里内近5年来发生3级以上地震共142次，最大地震是本次地震按震级大小前50次历史地震分布如图。

震中简介

九寨沟县隶属于四川省阿坝藏族羌族自治州，与甘肃省文县、舟曲、迭部三县连界。地势西高东低，海拔在2000米以上。矿产资源较丰富，地处中国六大金成矿带之一的川西北金三角区内。境内九寨沟风景区是享誉中外的旅游景点。该县面积5290平方公里，下辖3镇14乡，2015年人口约8.1万人，2015年GDP达24亿元。

震中天气

阿坝藏族羌族自治州今天天气情况：多云，无持续风向微风，全天气温22~8°C。未来3天天气情况：9日，多云，气温20~7°C，无持续风向微风；10日，多云转阴，气温18~9°C，无持续风向微风；11日，阵雨转阴，气温18~6°C，无持续风向微风。

产出说明

以上内容由机器于2017年8月8日21时37分15秒自动编写，用时25秒，公测阶段仅供参考。

图 10－1　《四川阿坝州九寨沟县发生 7.0 级地震》页面截面

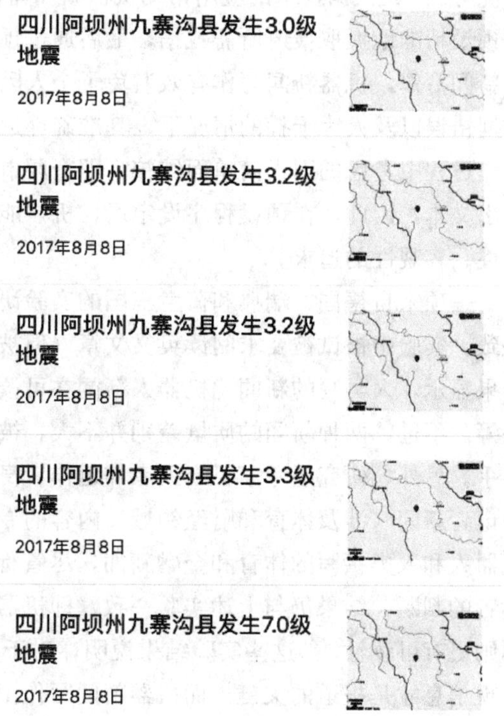
四川阿坝州九寨沟县发生3.0级地震

2017年8月8日

四川阿坝州九寨沟县发生3.2级地震

2017年8月8日

四川阿坝州九寨沟县发生3.2级地震

2017年8月8日

四川阿坝州九寨沟县发生3.3级地震

2017年8月8日

四川阿坝州九寨沟县发生7.0级地震

2017年8月8日

图 10－2　中国地震台网 8 月 8 日对九寨沟县地震信息的跟进推送

20 日广州—武汉还有大量无座票

南都讯（机器人小南）根据 12306 网站余票信息，截至 2017 年 1 月 17 日 20：00：18，1 月 20 日从广州出发至多个热门目的地的路线中，广州到北京、洛阳、南昌、贵阳的火车票全部卖完，想要去这些地方的朋友只有另谋他法了。

广州到大连、郑州、青岛、上海、南京、南宁的票比较紧张，都不足 100 张。其中余票最少的是广州到郑州、上海、南宁，均只有 1 张，有需要的旅客赶紧动手啊。

在这些车次中，广州到南京的票以高铁为主，余票少且为商务座，票价昂贵。

广州到武汉、长沙、岳阳的票十分充足，其中，余票最多的是广州到武汉，还有 1 534 张。不过，车次主要是 K 字头和普列，基本都是无座票，一站到底，路途会比较辛苦。

南都写稿机器人小南将持续为您带来春运车票动态信息，请关注我哦。

机器人小南写作这篇 300 余字的新闻报道，用时不到一秒，还写出了“车次主要是 K 字头和普列”“基本都是无座票”“一站到底，路途会比较辛苦”这样颇具人情味的语句。

二、报道更加准确客观

机器新闻写作长于枯燥的、海量数据的资料处理，在整体性、精确性和高效能方面具有独特优势。[①] 大数据技术的应用帮助机器新闻写作能够在海量信息中快速捕捉到新闻线索，并根据预设精准地抓取报道所需数据，最后通过预设程序对所获数据进行处理并生成文本。较之传统新闻写作，机器新闻写作有效避免了个人因素、环节复杂等问题，在不出现预设程序、网络数据错误以及人为干扰的情况下，其准确性远远高于一般记者。加之机器本身不具备感情，在写作过程中考虑的因素简单而纯粹，即新闻事件是否符合预设条件和所收集数据能否按照预设输出文本，因此，在预设程序设定后，机器能最大限度地避免外界因素的干扰，确保对新闻准确性、客观性的追求。

一项来自德国、瑞典和荷兰三国的实验研究发现，读者对机器人新闻的感知与记者的评价一致。实验中被试被要求阅读英文文章（但被试并不知道作者身份），并从不同维度做出评分。结果显示，人类写的新闻比机器人新闻在可读性上得分更高，但在可信性上机器人新闻则略胜一筹。不过，两种新闻的质量差别并不大，被试很难区分出一篇文章到底是出自机器人还是人之手。另外，研究还考察了当读者知道作者身份时的反应，结果显示：荷兰读者对机器人新闻和记者新闻（涉及体育和财经领域）内容的专业度和可信性的评估并没有区别；德国读者阅读机器人和人类撰写的体育和金融新闻，尽管标明了文章的作者（可能有误），但这并没有影响读者的判断，结果仍与上述实验一致，即机器人新闻更可信，更具专业性，而人类记者写的新闻则更有可读性。[②] 这些实验结果说明，对于常规的、重复的报道来说，准确、简洁、快速地展现信息才是报道的关键。而机器新闻写作由于其预设模式的规范化，在这类报道中较之人类记者则显得更加准确和客观。

以 2017 年 12 月 19 日今日头条机器人 Xiaomingbot 撰写的报道《巴特勒 37 分，森林狼艰难战胜开拓者》为例，其文本如下：

巴特勒 37 分，森林狼艰难战胜开拓者

北京时间 2017 年 12 月 19 日 09：00，森林狼主场迎来开拓者的挑战。最终，开拓者以 107 比 108 无奈败给森林狼。巴特勒 37 分 6 篮板 4 助攻，利拉德 17 分 8 篮板 13 助攻 6 失误。

比赛开始，双方一直紧咬比分，首节结束双方仍难分胜负。第二节，森林狼不敌开拓者，单节落后 3 分。半场结束，开拓者以 54 比 51 领先。易边再战，开拓者战胜，单节取得 6 分的优势。三节结束时，开拓者领先森林狼 9 分。最后一节，森林狼逆转颓势，获得胜利。

本场比赛十分精彩，森林狼 5 人得分上双，开拓者 6 人得分上双。利拉德在比赛中状况频发，失误 6 次。

森林狼数据：巴特勒：37 分 6 篮板 4 助攻；克劳福德：23 分 1 篮板 2 助攻 1 失误；唐斯：16 分 8 篮板 4 助攻 4 失误；蒂格：13 分 3 篮板 5 助攻 3 失误；吉布森：10 分 4 篮板 1 助攻 2 失误。

开拓者数据：利拉德：17 分 8 篮板 13 助攻 6 失误；努尔基奇：20 分 7 篮板 1 助攻 2

---

① 喻国明，刘瑞一，武丛伟．新闻人的价值位移与人机协同的未来趋势．新闻知识，2017（2）．

② 叶韦明．机器人新闻：变革历程与社会影响．中国出版，2016（10）．

失误；麦科勒姆：20 分 2 篮板 4 助攻 2 失误；纳皮尔：15 分 1 篮板 1 失误；阿米努：13 分 6 篮板 1 失误。

可以发现，文稿中 Xiaomingbot 站位中立，未曾偏向任何一方，很好地保证了新闻的客观性。此外，这篇报道语言简明扼要，在总结概括比赛过程的同时，更注意将读者所关心的球员及其数据呈现出来，可谓准确、简洁且直观。

三、内容可实现私人定制

机器新闻写作 24 小时极速出稿的工作模式使它能够生产全面、海量的新闻报道。相关资料显示，腾讯公司 Dreamwriter 财经＋科技应用的发稿量超过 2 000 篇/天，体育发稿量 500 篇/天，包括每天行情报盘、上市公司公告精要报道，以及体育赛事每轮每场的消息。尤其在里约奥运会期间，Dreamwriter 产出内容达 3 600 余篇。[①] 这就使得机器新闻写作生产的稿件具备了实现精准完备的个性化定制服务的可能。

在谈及今日头条的写作机器人 Xiaomingbot 时，今日头条实验室负责人李磊博士这样评价，Xiaomingbot“最大的意义在于，面对奥运会这样同时举行上百场比赛的综合赛事，记者很难关注到每一场比赛，而机器人可以任劳任怨地为每一场比赛报道，无论这场比赛多么冷门和不重要。传统新闻理论并不认为这些冷门比赛或者热门比赛（比如乒乓球）的前几轮小组赛有新闻价值，可是通过我们的平台测试，我们发现对冷门场次的报道仍然有可观的阅读量”[②]。这说明在互联网平台上新闻报道的长尾效应十分突出，即由于受众基数巨大，即使小众用户其数量也十分可观。同时，互联网平台的新闻传播对个性化新闻需求的满足也有利于用户黏性的增强。这也符合未来定制新闻、分众化新闻的大趋势。

进一步来说，随着技术的革新、技术人员对机器新闻写作程序的升级换代，机器新闻写作的写作内容将更加人性化，写作视角将更加多元，写作风格将更加迥异。当机器新闻写作能够完成足够多的报道来满足各类用户偏好时，机器人可以根据对用户的画像，精准推送与用户个人兴趣相匹配的私人定制报道，甚至能够根据用户生活的习惯、所处的位置、作息的规律进行单独写作，实现在合适的时间、合适的场景将合适的报道分发给用户，达到全方位的私人定制。而这种千人千面、精准到达的方式是传统报道和分发所无法实现的。

第三节　机器新闻写作流程分解

作为一套自动生成稿件的计算机程序，机器新闻写作的工作流程可以分为人工设计和机器

① 刘佳．5 个人 2 年时间　腾讯写稿机器人写得怎么样了？．（2017－04－18）［2018－02－28］．http：//www.yicai. com/news/5268559. html.

② 快看　今日头条搞出一个写稿机器人．（2016－08－12）［2018－02－28］．http：//it. gmw. cn/2016－08/12/content _ 21436476. htm.

运行两个环节。

一、人工设计环节

（一）人工设计的五个步骤

人工设计，顾名思义，就是媒体从业人员和技术人员根据自身的知识储备对机器新闻写作程序进行设计并实现的过程，一般来说可以大体分解为“初设—试运行—调试—正式运行—修复和升级”五个步骤。在实际操作过程中，各个环节可能出现一次甚至多次反复，但基本遵循这样的先后顺序进行。

1. 初设阶段

首先，媒体从业人员根据自身需要和技术人员展开讨论，就机器新闻写作程序的设计目标、实现思路、基本框架等问题对设计方案进行沟通。确定初步方案后，由技术人员进行程序的设计和实现。

2. 试运行阶段

一方面，由媒体从业人员根据自身的经验对机器新闻写作生产的稿件进行评价，判断稿件是否符合新闻专业的要求；另一方面，可以直接邀请或者通过网络联系部分读者对稿件进行评价，从读者的角度指出稿件的不足。

3. 调试阶段

主要是根据上一阶段媒体从业人员和读者的反馈，对初设阶段的程序进行局部或者整体的调试。调试的主要目的是完善程序，但由于程序的复杂性，调试阶段在解决原有问题的同时往往会带来新的问题，需要再次试运行。如果试运行的结果显示机器新闻写作完成的稿件符合设计目标和用稿要求，那么机器新闻写作将投入正式运行阶段，否则将再次进行调试。

4. 正式运行阶段

就是将机器新闻写作程序正式投入使用，辅助记者编辑完成报道的撰写和推送工作。这一阶段的机器新闻写作程序较为完善，但由于试运行过程中参与者范围具有局限性，程序往往还会存在一些问题，在正式运行阶段将会被发现甚至放大。同时，随着程序的投入使用，媒体从业人员和技术人员会产生一些新的想法和思路，这个时候将进入修复和升级阶段。

5. 修复和升级阶段

修复与升级阶段是对程序运行中反映出的问题和技术人员与媒体从业人员对程序产生的新想法的实现过程。与调试阶段不同，此阶段中机器新闻写作的旧程序通常会继续正式运行，直到修复和升级产生的新程序通过审核后，才会使用新程序替代旧程序进行新闻报道的生产。修复和升级不仅是一个阶段，而且可以被视为一种常态，贯穿于机器新闻写作正式运行的全过程。

（二）人工设计的基本思路

从人工设计层面来说，机器新闻写作程序的完成可分为五步进行，但其设计思路却有着一定的程式。

国内就有学者将机器新闻写作的具体实现思路总结如下：

一是利用结构化数据生成稿件。在掌握大量整合好、便于计算机读取的结构化数据的基础上，参照行业专家提供的计算公式、判别规则，在预先设置的新闻模板中生成新闻稿件，这种方式主要用于财经报道、体育报道和医疗卫生报道等。二是在挖掘用户数据的基础上生成个性化稿件。对用户的阅读内容、阅读习惯等进行分析、挖掘，或者根据受众自定义的标签，将同一内容的信息整合成多篇角度不同、风格迥异的稿件，为用户推送个性化产品，增强用户黏性。三是利用记者数据模型智能化生成稿件。将采集到的文字、图片、语音、视频等素材以及其他背景资料，与某个记者的数据模型相结合，通过软件运算自动生成符合该记者风格的稿件。①

目前使用较为广泛是第一种思路，也是最具意义和高效的新闻稿件生成思路。

以足球赛事战报为例，其实现的思路一般如下：首先，分析处理已有的战报，到实时数据中编辑人们认为最为关键的事件，间接完成对实时数据的标注，得到训练集。其次，训练一个基于卷积神经网络的模型，自动识别实时数据中的关键事件，实时数据中定义的事件能够精确地反映事件发生的时间、位置、动作目标，甚至助攻队友。最后，仅需针对不同类型的事件制作少量的模板句，再将这些模板句填入模板库，就能生成一篇生动翔实的战报。②

以 NBA 赛事新闻报道为例，其实现的思路一般如下：首先，根据两支球队的比分差构建比分差函数，并提出基于比分差函数性质的数据分片算法和数据合成算法。其次，对数据片进行分类处理，根据数据片的类别和 NBA 赛事的历史报道构建 NBA 赛事报道模板库。最后，以球队和球员的表现为中心，将数据片的信息填入已构建好的模板，得到一篇自动生成的 NBA 赛事新闻稿。③

二、机器运行环节

机器运行，也就是计算机根据预设的程序完成新闻报道写作的过程。虽然实现机器新闻写作设计的思路多种多样、实现的方式各不相同，但从机器运行层面来看，机器新闻写作的运作具有一套较为固定的生产流程。

美国“叙事科学”公司机器人（算法）新闻的生产流程主要包括五个步骤：第一步，读入大量结构化和标准化数据；第二步，测量数据中的“新闻性”；第三步，找出合适的报道角度，如有多个角度，则按报道的重要性排序；第四步，将报道角度与数据中的具体事实相匹配；第五步，生成报道文本。④

腾讯 Dreamwriter 进行写作的整个流程主要经历五个步骤：通过购买或自建的方式建立数据库；利用机器学习技术让机器对数据库和模板库进行理解；就具体项目进行写作；内容审

---

① 许向东，郭萌萌．智媒时代的新闻生产：自动化新闻的实践与思考．国际新闻界，2017（5）.

② 王文超，吕学强，张凯，等．足球赛事战报的自动写作研究．北京大学学报（自然科学版），2017（6）.

③ 陈玉敬，吕学强，周建设，等．NBA 赛事新闻的自动写作研究．北京大学学报（自然科学版），2017（2）.

④ 邓建国．机器人新闻：原理、风险和影响．新闻记者，2016（6）.

核；分发。①

新华社快笔小新的机器人写稿流程为三个步骤：一是“采集清洗”，依托大数据技术对数据进行实时的采集、清洗和数据的标准化；二是“计算分析”，根据业务的需求设计相应的算法模型，对数据进行实时的计算和分析；三是“模板匹配”，根据计算和分析的结果选取合适的模板生成CNML（中文新闻信息置标语言）稿件，并自动写入待编稿库，编辑审核后再进行签发。②

综合上述三种不同的机器新闻写作生产流程和机器新闻写作的自动化属性，我们不难发现，任何一个机器新闻写作算法都具有自身的针对性和固定性，即一种算法只完成一种类型的写作。换句话说，在程序预设完成后，机器新闻写作的基本流程可以总结为数据搜集和整理、新闻评定、报道输出、审核推送四个阶段。

（一）数据搜集和整理

作为一个以数据处理为基础来工作的写作平台，机器新闻写作所做的第一步就是要采集各种形式的数据和资料并将数据“对号入座”。无论是读入大量结构数据和标准化数据，还是建立数据或“采集清洗”，都会“涉及对各种数据的解析以及内在关联的勾勒，并把它们放在历时性的演变背景中来进行解读”③。因此，数据搜集和整理阶段的工作，实质是将新的数据推入预设好的采集装置，让数据对号入座的一个过程。对体育赛事或者财经报道来说，包括把足球比赛中足球位置、NBA比赛中的分差、财经报道中的涨跌情况等信息对应匹配到数据库中。

（二）新闻评定

新闻评定、选择报道角度、机器理解、计算分析的过程，对机器运行来说，就是根据新闻点评定阶段的预设，对对号入座的数据进行对比运算的过程，即选择最符合预设要求的新闻点的过程。如足球位置在球门内的数据就比足球在中场时的数据更加重要，NBA比赛中分差快速变化的时候往往更加精彩，股票出现大起大落时更加值得关注。

（三）报道输出

将报道角度与数据中的具体事实相匹配并生成报道文本、就具体项目进行写作及“模板匹配”的过程，则是根据报道输出阶段的预设，对最符合预设要求的新闻点进行写作的过程。如当足球位置在球门内时，需要调用足球之前的几个定位中的所有信息，形成“某某球队某某球员中场吊射直接入网”“某某球员接某某球员角球头球破网”等文字。NBA比赛最终分差只有一分，且比赛结束的最后一秒还出现了分差变化，那么题目就可以为“某某球员中距离投篮绝杀，某某球队1分惜败”。股市的具体情况则可以描述为“截至午盘收盘，沪指报××××点，跌幅×%，成交量×××亿元；深指报××××点，涨幅×%，成交量×××亿元；创业板指

---

① RUC新闻坊．腾讯Dreamwriter：自动化新闻发展之路 媒体调研报告之六．(2017-02-16)[2018-02-28]．http：//dy.163.com/v2/article/detail/CDE87HS605259I38.html.

② 许向东，郭萌萌．智媒时代的新闻生产：自动化新闻的实践与思考．国际新闻界，2017(5).

③ 金兼斌．机器新闻写作：一场正在发生的革命．新闻与写作，2014(9).

报××××点，涨幅×%”。

（四）审核推送

根据不同公司的具体要求，机器新闻写作的审核推送规则有所不同。有的程序会实行直接推送的办法，有的程序则会经由人工编辑审核后再进行推送。目前很多学者认为机器新闻写作已经具备精准推送的功能，但本书所述的机器新闻写作还只停留在稿件生产端，所述的审核推送也只是一般推送。

【本章小结】

机器新闻写作作为智媒时代下计算机技术与自动化技术应用于新闻生产领域的产物，具有全时段极速出稿、报道更加准确客观、内容可实现私人定制等优势。

其工作流程可以分为人工设计和机器运行两个环节。其中，人工设计环节又可分为“初设—试运行—调试—正式运行—修复和升级”五个步骤；而机器运行环节可分为数据搜集和整理、新闻评定、报道输出、审核推送四个步骤。

对机器新闻写作一般工作流程的了解，有利于我们理解它是如何实现成稿速度快、写作样式丰富、自动调整稿件语气、自行完成稿件选图和配图等功能的。

【思考题】

1. 什么是机器新闻写作？它具有哪些优势？
2. 简述机器新闻写作的一般流程。

【推荐阅读书目（或视频、网站等）】

1. 博登．AI：人工智能的本质与未来．北京：中国人民大学出版社，2017.
2. 李开复，王咏刚．人工智能．北京：文化发展出版社，2017.
3. 中国地震台网微信公众号：zgdztw。

第五部分

规范篇

第十一章 新闻写作的法制规范

【本章学习要点】

新闻写作对于维护国家安全的重要性

新闻写作与维护社会秩序的关系

新闻写作中易产生的侵权行为

在大众传播时代，新闻媒体是参与社会环境和国家秩序建构的重要力量，它的发展变化牵涉到国家社会及人民生活的方方面面。因此，几乎所有国家都出台相关法律法规对新闻事业进行规范。本章我们着重探讨新闻写作与法律规范的关系。

第一节 新闻写作与维护国家安全

国家安全是一个国家的基本利益，没有国家安全，社会发展、人民幸福便无从谈起。任何一个法治政府都坚决反对和打击危害国家安全的行为。因此，作为新闻写作活动，也应该为维护国家安全做出贡献。

一、新闻写作应与维护国家安全相统一

国家安全是指作为政治权力组织的国家机器所建立的社会制度生存与发展的保障，它包括国家独立、主权和领土完整，以及相关的国家政权、社会制度和国家机关的安全。在我国，维护国家安全即中华人民共和国的国家安全，就是维护中华人民共和国的独立、主权和领土完整，就是维护我国人民民主专政的社会主义制度。[①] 任何一个国家都不会允许危害国家安全的行为，对危害国家安全的个人和组织都给予严厉打击。以美国为例，《美国法典》第 2385 条明文规定，任何蓄意“鼓吹、煽动、劝说或讲授”推翻或摧毁美国政府的行为，包括为此而“印

① 黄瑚．新闻法规与职业道德教程．上海：复旦大学出版社，2003：143－144.

刷、出版、发表、传递、出售、分发或公开展出任何书写或印刷品”①，均要受到严厉制裁。

《中华人民共和国宪法》第五十四条规定：“中华人民共和国公民有维护祖国的安全、荣誉和利益的义务，不得有危害祖国的安全、荣誉和利益的行为。”《中华人民共和国国家安全法》第十一条规定：“中华人民共和国公民、一切国家机关和武装力量、各政党和各人民团体、企业事业组织和其他社会组织，都有维护国家安全的责任和义务。中国的主权和领土完整不容侵犯和分割。维护国家主权、统一和领土完整是包括港澳同胞和台湾同胞在内的全中国人民的共同义务。”从上述法律规定的原则和精神出发，党领导下的新闻事业有维护国家安全的义务。新闻传播活动不得对国家安全产生危害，新闻写作必须与维护国家安全统一起来。

为维护国家安全，许多国家制定相关法律法规对新闻传播活动的内容做出一些禁载规定。比如，英国的《官方保密法》规定：禁止获取、收集、记录或向他人传递可能旨在对敌方有用的任何情报。我国的相关法律法规在这方面也有详尽的规定。我国《出版管理条例》第二十五条中规定：“任何出版物不得含有下列内容：（一）反对宪法确定的基本原则的；（二）危害国家统一、主权和领土完整的；（三）泄露国家秘密、危害国家安全或者损害国家荣誉和利益的。……”从新闻写作的角度看，记者在进行写作时要严格遵守相关法律法规的禁载规定，新闻报道绝不能对国家安全产生危害。下文，我们将结合我国现有的法律体系，具体地阐述一下新闻写作与国家安全的相关规定。

二、新闻写作与煽动罪

所谓煽动是指公开利用发表言论、散布文字、制作传播音像制品等方式，以造谣、侮辱、诽谤等手段对他人进行鼓吹，意图使他人接受或相信所煽动的内容或去实行所煽动的行为。按照《中华人民共和国刑法》，煽动罪涵盖以下五项罪名。

（一）煽动分裂国家罪

《刑法》第一百零三条第二款规定：“煽动分裂国家、破坏国家统一的，处五年以下有期徒刑、拘役、管制或者剥夺政治权利；首要分子或者罪行重大的，处五年以上有期徒刑。”

煽动分裂国家罪在客观方面表现为煽惑、挑动群众分裂国家、破坏国家统一的行为。分裂国家、破坏国家统一，是指窃据地方权力，抗拒中央领导，脱离中央，搞地方割据或地方独立，或者制造民族矛盾和民族分裂，破坏统一的多民族国家。只要行为人进行以分裂国家、破坏国家统一为宗旨的煽动行为，不管其所煽动的对象是否接受或相信所煽动的内容，也不管其是否去实行所煽动的行为，都应属于本条规定的煽动行为。

（二）煽动颠覆国家政权罪

《刑法》第一百零五条第二款规定：“以造谣、诽谤或者其他方式煽动颠覆国家政权、推翻社会主义制度的，处五年以下有期徒刑、拘役、管制或者剥夺政治权利；首要分子或者罪行重

① 黄瑚．新闻法规与职业道德教程．上海：复旦大学出版社，2003：143-144.

大的，处五年以上有期徒刑。”

煽动颠覆国家政权罪，侵犯的客体是人民民主专政的政权和社会主义制度。本罪的主体为一般主体，即达到法定刑事责任年龄、具有刑事责任能力的自然人。本罪在主观方面表现为故意，具有颠覆或者煽动颠覆国家政权、推翻社会主义制度的恶意。

（三）煽动民族仇恨、民族歧视罪

《刑法》第二百四十九条规定：“煽动民族仇恨、民族歧视，情节严重的，处三年以下有期徒刑、拘役、管制或者剥夺政治权利；情节特别严重的，处三年以上十年以下有期徒刑。”

煽动民族仇恨、民族歧视罪，是指以各种蛊惑人心的方法，公开煽动民族仇恨、民族歧视，情节严重的行为。这里的民族仇恨，是指基于民族的来源、历史、风俗习惯等的不同而产生的民族之间相互敌对、仇恨的状况。民族歧视，是指按照民族成分划分人们的社会地位和法律地位，限制和侵犯民族的基本权利的现象。

（四）煽动群众抗拒法律实施罪

《刑法》第二百七十八条规定：“煽动群众暴力抗拒国家法律、行政法规实施的，处三年以下有期徒刑、拘役、管制或者剥夺政治权利；造成严重后果的，处三年以上七年以下有期徒刑。”

煽动群众抗拒法律实施罪是指煽动群众暴力抗拒国家法律、行政法规实施，扰乱社会秩序的行为。本罪侵犯的客体是国家法律、行政法规的实施秩序。群众一般是指三人以上，既可以是守法公民，也可以是违法犯罪分子。本罪属于行为犯，只要行为人将暴力抗拒国家法律实施这一特定内容以煽动的形式灌输给了群众，只要行为人实施了煽动群众暴力抗拒国家法律、行政法规实施的行为，原则上就构成犯罪，而无论群众是否听信其煽动，是否造成实际的危害后果。

（五）煽动军人逃离部队罪

《刑法》第三百七十三条规定：“煽动军人逃离部队或者明知是逃离部队的军人而雇用，情节严重的，处三年以下有期徒刑、拘役或者管制。”

煽动军人逃离部队罪，是指煽动军人逃离部队，情节严重的行为：鼓动正在服役的军人不经领导批准，擅自离开部队；或者经批准离队后拒不归队，逃避兵役义务。

从以上罪名的界定性描述中，我们可以看出，以信息散播为目标的新闻传播活动具备成为以上犯罪行为实施载体的可能性。不管是出于故意还是无意，新闻报道只要是不恰当地传递了上述具有煽动性质的内容，新闻传播机构或者记者就可能成为实施或协助以上犯罪行为的主体，相关犯罪主体就应当受到法律的惩罚。

鉴于新闻出版、信息传播活动与国家安全的关系，我国相关法律法规在这方面作出了更为明确和细致的规定。《中华人民共和国国家安全法实施细则》（1994 年发布）第八条，对于《国家安全法》第四条所称“危害国家安全的其他破坏活动”进行了列举性规定，明确了“捏造、歪曲事实，发表、散布文字或者言论，或者制作、传播音像制品，危害国家安全的”“制造民族纠纷，煽动民族分裂，危害国家安全的”行为属于“危害国家安全的其他破坏活动”。《出版管理条例》第二十五条规定，任何出版物不得含有“煽动民族仇恨、民族歧视，破坏民族团结，或者侵害民族风俗、习惯”的内容。《最高人民法院关于审理非法出版物刑事案件具体应用法律若干问题的解释》（1998）第一条规定：“明知出版物中载有煽动分裂国家、破坏国家统一或者煽动颠覆国家政权、推翻社会主义制度的内容，而予以出版、印刷、复制、发行、传播的，依照刑法第一百零三条第二款或者第一百零五条第二款的规定，以煽动分裂国家罪或者煽动颠覆国家政权罪定罪处罚。”

所以在新闻传播活动中，尤其是在新闻报道的采写活动中，新闻从业者必须增强相关的政治意识和法律意识，掌握新闻从业者必备的法律知识，提高基本的法律素养，以防为少数别有用心的人所利用，坚决拒绝报道虚假信息、谣言和明显带有反常性的信息，拒绝宣扬错误的政治观点和理论。在报道文字方面，应秉承理性认知态度，拒绝夸张化、情绪化或者带有明显蛊惑性的语言，注意用合理得当的表达方式展现观点。

三、新闻写作与保守国家秘密

《中华人民共和国保守国家秘密法》第九条规定：“下列涉及国家安全和利益的事项，泄露后可能损害国家在政治、经济、国防、外交等领域的安全和利益的，应当确定为国家秘密：（一）国家事务重大决策中的秘密事项；（二）国防建设和武装力量活动中的秘密事项；（三）外交和外事活动中的秘密事项以及对外承担保密义务的秘密事项；（四）国民经济和社会发展中的秘密事项；（五）科学技术中的秘密事项；（六）维护国家安全活动和追查刑事犯罪中的秘密事项；（七）经国家保密行政管理部门确定的其他秘密事项。政党的秘密事项中符合前款规定的，属于国家秘密。”

新闻传播活动一向被视为泄密的高发领域。1995 年 1 月，时任国家保密局局长的沈鸿英在接受记者采访时透露，当前泄密的现象主要有四种：一是国外情报机构长期渗透进来窃取经济技术秘密；二是在外贸洽谈中无意有意泄露秘密；三是通过通信邮电方式把国家秘密泄露出去；四是在报刊上刊登了不该刊登的秘密。在这四种情形中，属于新闻泄密的占了绝大部分。① 国家秘密一旦泄露将对国家社会经济发展产生不可估量的不利影响，因此各国高度重视保密工作，纷纷从立法的角度防范新闻泄密现象的出现。以美国为例，美国的《信息自由法》规定了九种不应公开的内容，包括保密文件、机关内部人事规则和制度、根据其他法律作为例外的信息、商业秘密、政府的内部联系、个人隐私、执法文件、金融制度和地质信息。

随着改革开放步伐的深入和国际信息交流合作活动的开展，我国也出台了一系列涉及保守国家秘密的法律。

1988 年 9 月，全国人大常委会通过了《中华人民共和国保守国家秘密法》，自 1989 年 5 月开始实施；2010 年 4 月，第十一届全国人民代表大会常务委员会第十四次会议对其进行了修订。

---

① 黄瑚．新闻法规与职业道德教程．上海：复旦大学出版社，2003：154.

2001 年，最高人民法院公布《关于审理为境外窃取、刺探、收买、非法提供国家秘密、情报案件具体应用法律若干问题的解释》，最高人民法院、国家保密局《关于执行〈关于审理为境外窃取、刺探、收买、非法提供国家秘密、情报案件具体应用法律若干问题的解释〉有关问题的通知》，为境外窃取、刺探、收买、非法提供国家秘密、情报案件的定罪量刑提供了司法审判的指引。

2014 年 11 月，第十二届全国人民代表大会常务委员会第十一次会议通过《中华人民共和国反间谍法》。其中，第二十三条规定，“任何公民和组织都应当保守所知悉的有关反间谍工作的国家秘密”。第二十四条规定，“任何个人和组织都不得非法持有属于国家秘密的文件、资料和其他物品”。

上述法律规定都适用于新闻传播活动，而且有些法律还对新闻传播活动有专门规定。

《中华人民共和国保守国家秘密法》第三条规定：“一切国家机关、武装力量、政党、社会团体、企业事业单位和公民都有保守国家秘密的义务。任何危害国家秘密安全的行为，都必须受到法律追究。”此外，该法第二十七条对新闻传播领域的保密工作予以了专门规定：“报刊、图书、音像制品、电子出版物的编辑、出版、印制、发行，广播节目、电视节目、电影的制作和播放，互联网、移动通信网等公共信息网络及其他传媒的信息编辑、发布，应当遵守有关保密规定。”

我国《刑法》中涉及保守国家秘密的罪名主要有故意泄露国家秘密罪、过失泄露国家秘密罪，非法获取国家秘密罪，非法持有国家绝密、机密的文件、资料或者其他物品罪，为境外窃取、刺探、收买、非法提供国家秘密、情报罪等。

1. 故意泄露国家秘密罪、过失泄露国家秘密罪

根据我国《刑法》第三百九十八条的规定，是指国家机关工作人员或者非国家机关工作人员违反保守国家秘密法，故意或过失使国家秘密被不应知悉者知悉，或者故意或过失使国家秘密超出了限定的接触范围等情节严重的行为。

2. 非法获取国家秘密罪

根据我国《刑法》第二百八十二条的规定，非法获取国家秘密罪是指以窃取、刺探、收买方法，非法获取国家秘密的行为。

3. 非法持有国家绝密、机密的文件、资料或者其他物品罪

根据我国《刑法》第二百八十二条的规定，非法持有国家绝密、机密的文件、资料或者其他物品罪指非法持有属于国家绝密、机密的文件、资料或者其他物品，拒不说明来源与用途的行为。

4. 为境外窃取、刺探、收买、非法提供国家秘密、情报罪

根据我国《刑法》第一百一十一条的规定，为境外的机构、组织、人员窃取、刺探、收买、非法提供国家秘密或者情报的，处五年以上十年以下有期徒刑；情节特别严重的，处十年以上有期徒刑或者无期徒刑；情节较轻的，处五年以下有期徒刑、拘役、管制或者剥夺政治权利。

1992 年 10 月 4 日上午，新华通讯社国内新闻编辑部原编辑吴士深利用工作之便，将本单位有关人员内部传阅的江泽民《在中国共产党第十四次全国代表大会上的报告》送审稿（绝密

级）私自复印并携带回家。当日下午，吴士深指使其妻马涛按事先约定的地点将该“报告”非法提供给香港《快报》记者梁慧珉。而后，梁慧珉使用私自安装的传真机将此“报告”全文传回香港《快报》报社。10月5日，香港《快报》全文刊登了这个“报告”，在国内外造成极为恶劣的影响。10月21日，梁慧珉与吴士深、马涛在约定地点见面，梁付给吴士深人民币外汇兑换券5 000元。案发后，吴士深犯为境外人员非法提供国家秘密罪，被判处无期徒刑，剥夺政治权利终身。马涛犯为境外人员非法提供国家秘密罪，被判处有期徒刑六年，剥夺政治权利一年。这样的教训令人警醒和深思，也说明了新闻传播中保密工作形势的严峻性。

保守国家秘密是宪法规定的中国公民的一项基本权利和义务。新闻传播中的保密工作是党、国家、军队保密工作的重要组成部分，做好保密工作是党和国家对新闻工作的要求，是法律赋予新闻工作者的政治责任。为了加强新闻传播的保密工作，1992年国家保密局、新闻出版署①等有关部门制定的《新闻出版保密规定》，对新闻出版领域的保密工作作出详细规定。

> 第七条　新闻出版单位和提供信息的单位，对拟公开出版、报道的信息，应当按照有关的保密规定进行自审；对是否涉及国家秘密界限不清的信息，应当送交有关主管部门或其上级机关、单位审定。
>
> 第八条　新闻出版单位及其采编人员需向有关部门反映或通报的涉及国家秘密的信息，应当通过内部途径进行，并对反映或通报的信息按照有关规定作出国家秘密的标志。
>
> 第九条　被采访单位、被采访人向新闻出版单位的采编人员提供有关信息时，对其中确因工作需要而又涉及国家秘密的事项，应当事先按照有关规定的程序批准，并向采编人员申明；新闻出版单位及其采编人员对被采访单位、被采访人申明属于国家秘密的事项，不得公开报道、出版。
>
> 对涉及国家秘密但确需公开报道、出版的信息，新闻出版单位应当向有关主管部门建议解密或者采取删节、改编、隐去等保密措施，并经有关主管部门审定。
>
> 第十条　新闻出版单位采访涉及国家秘密的会议或其他活动，应当经主办单位批准。主办单位应当验明采访人员的工作身份，指明哪些内容不得公开报道、出版，并对拟公开报道、出版的内容进行审定。
>
> …………
>
> 第十五条　个人拟向境外新闻出版机构提供报道、出版涉及国家政治、经济、外交、科技、军事方面内容的，应当事先经过本单位或其上级机关、单位审定。向境外投寄稿件，应当按照国家有关规定办理。

随着科技的进步和社会的信息化转型，在国家秘密保护方面，我们也进行了与时俱进的调整和完善。为加强计算机信息系统国际联网的保密管理，确保国家秘密的安全，1999年国家保密局发布了《计算机信息系统国际联网保密管理规定》，该规定于2000年1月1日开始实施；2010年《中华人民共和国保守国家秘密法》又进行了修订；2014年，国务院发布《中华人民共和国保守国家秘密法实施条例》。有了这些严格的法律和规章，新闻从业者在进行新闻

① 新闻出版署是新闻出版总署的前身。2001年4月，新闻出版署升格为正部级单位，名称改为“中华人民共和国新闻出版总署”。2013年，国务院将新闻出版总署、广电总局的职责整合，组建国家新闻出版广播电影电视总局。

活动时，尤其是写作内容涉及政治、经济、军事、科技等敏感领域时，应时刻具有强烈的保密意识，遵守有关法律的规定，杜绝泄密现象的发生。

四、特殊领域的新闻写作与国家安全

这里的特殊领域的新闻包括：重大政务新闻，重大灾害、疫情、气象新闻，重大金融新闻，重大军事、科技新闻等。这些领域的新闻对社会政治经济发展的影响范围广、力度大。在进行这些领域的新闻采写时，稍有不慎就可能对国家安全产生不利影响，需要我们格外注意。

（一）重大政务新闻

重大政务新闻主要是指：党和政府的重大政策、决定；重要文件；重要会议新闻；中央领导人的重要活动；中央领导人同外宾会见、会谈时发表的涉及国内国际重大问题的谈话；重要人事任免；领导人去世等。[①] 新华社作为党和国家发布新闻的机关，凡是涉及上述新闻均由新华社及时统一发布通稿。所以，对这类新闻不能随意进行写作，要严格遵守宣传纪律，注意统一发布的口径，在措辞上字斟句酌，与中央保持一致。

对于涉及党和国家主要领导人的新闻报道，有关部门也有详细规定。在进行这类新闻报道写作时，要遵守相关规定。党和国家主要领导人是指现任或曾任党中央政治局的常委，国家主席、副主席，国务院总理，全国人大常务委员会委员长，中央顾问委员会主任，全国政协主席。1990 年，中宣部和新闻出版署联合发布的《关于对描写党和国家主要领导人的出版物加强管理的规定》指出：出版、发表这类图书、文章必须十分严肃、慎重。所述史实一定要准确，观点必须符合党中央《关于若干历史问题的决议》《关于建国以来党的若干历史问题的决议》以及中央有关文件的精神。各有关主管部门和出版单位必须严格把关，凡不符合上述要求的，不得出版、发表。该规定还批评了涉及党和国家主要领导人的作品所存在的问题：有的事实内容不准确、不真实，对人物的评价偏颇、不公正；有的擅自公开党中央内部情况和领导人的重要言论；有的热衷于“秘闻”“内幕”“隐私”“野史”，大量使用道听途说的传闻，捏造史实，杜撰领导人的心态、言论和领导人之间的关系，贬低甚至诬蔑革命领袖。

1993 年，中宣部下发《关于发表和出版有关党和国家主要领导人工作和生活情况作品的补充规定》，规定指出：凡发表和出版这类作品，必须严格执行送审制度。《人民日报》、新华社、中央电视台、中央人民广播电台发表的新闻报道，按照各自的审批程序报批。其他中央或地方新闻单位发表的新闻报道，报送党和国家主要领导人指定的部门或人员审批。报纸、期刊发表或转载这类作品，要与各自的性质、分工相符，不符的不得刊载。地方报刊在发表这类作品前，须报省级政府主管部门审核，由主管部门提出意见，经省、自治区、直辖市党委宣传部同意后，报新闻出版署审批；中央的报刊须报主管部门审核，由主管部门提出意见，报新闻出版署审批。

1997 年，新闻出版署发出《关于重申对出版反映党和国家主要领导人工作和生活情况图书

---

① 黄瑚．新闻法规与职业道德教程．上海：复旦大学出版社，2003：111－112.

加强管理的紧急通知》，重申了对反映党和国家主要领导人工作和生活情况图书的专题报批规定。

（二）重大灾害、疫情、气象新闻

重大的灾害、疫情和气象事件通常会对国民经济和人民生命财产产生重大影响。这类新闻往往对应对灾害起着极端重要的参考和服务作用。如果这类新闻产生偏差或者时效性不够，就很有可能造成巨大损失。因此，从事这类新闻的写作，记者不仅要具备一定的专业知识，还需要树立法制意识，不能偏听偏信，相关信息要得到权威部门确定后才能报道。

1. 关于地震的新闻

我国《地震预报管理条例》第六条规定："任何单位和个人根据地震观测资料和研究结果提出的地震预测意见，应当向所在地或者所预测地区的县级以上地方人民政府负责管理地震工作的机构书面报告，也可以直接向国务院地震工作主管部门书面报告，不得向社会散布。任何单位和个人不得向国（境）外提出地震预测意见；但是，以长期、中期地震活动趋势研究成果进行学术交流的除外。"第十四条规定："国家对地震预报实行统一发布制度。全国性的地震长期预报和地震中期预报，由国务院发布。省、自治区、直辖市行政区域内的地震长期预报、地震中期预报、地震短期预报和临震预报，由省、自治区、直辖市人民政府发布。新闻媒体刊登或者播发地震预报消息，必须依照本条例的规定，以国务院或者省、自治区、直辖市人民政府发布的地震预报为准。"所以，在进行有关地震新闻的写作时一定要核实信息来源的可靠性，当记者接到相关异常现象的报告时，应立即向有关部门报告，不能擅自进行采写。

2. 关于传染病疫情的新闻

1989 年，卫生部[①]下发的《关于授权公布传染病疫情的通知》规定：各省、自治区、直辖市卫生厅（局）可以决定及时如实地通报和公布本行政区域内的传染病疫情，并同时将对外公布的疫情报我部备案。发生鼠疫、霍乱、病毒性肝炎、流行性出血热暴发性大流行的疫情，以及艾滋病、性病（淋病、梅毒）病例，在对外通报和公布前须征得卫生部的同意。任何其他单位和个人未经批准，不准对外通报、公布和引用发表未经公布的传染病疫情。《中华人民共和国传染病防治法》第三十八条规定："国家建立传染病疫情信息公布制度。国务院卫生行政部门定期公布全国传染病疫情信息。省、自治区、直辖市人民政府卫生行政部门定期公布本行政区域的传染病疫情信息。传染病暴发、流行时，国务院卫生行政部门负责向社会公布传染病疫情信息，并可以授权省、自治区、直辖市人民政府卫生行政部门向社会公布本行政区域的传染病疫情信息。公布传染病疫情信息应当及时、准确。"2006 年，卫生部制定了《卫生部法定传染病疫情和突发公共卫生事件信息发布方案》，从传染病疫情和突发公共卫生事件分类分级标准、信息发布内容、信息发布制度、加强正面宣传和舆论引导等四个方面作出了详细的规定："从本方案公布之日起，卫生部授权各省、自治区、直辖市卫生行政部门在本行政区域内发生传染病暴发、流行以及发生其他突发公共卫生事件时，及时、准确地发布辖区内的法定传染病疫情和突发公共卫生事件信息。"

---

① 2013 年，国务院将卫生部的职责、人口计生委的计划生育管理和服务职责整合，组建国家卫生和计划生育委员会。

3. 关于重大气象的新闻

国务院2010年公布的《气象灾害防御条例》第三十一条规定："广播、电视、报纸、电信等媒体应当及时向社会播发或者刊登当地气象主管机构所属的气象台站提供的适时灾害性天气警报、气象灾害预警信号，并根据当地气象台站的要求及时增播、插播或者刊登。"第四十条规定："广播、电视、报纸、电信等媒体应当及时、准确地向社会传播气象灾害的发生、发展和应急处置情况。"第四十六条规定："违反本条例规定，有下列行为之一的，由县级以上气象主管机构责令改正，给予警告，可以处5万元以下的罚款；构成违反治安管理行为的，由公安机关依法给予处罚：（一）擅自向社会发布灾害性天气警报、气象灾害预警信号的；（二）广播、电视、报纸、电信等媒体未按照要求播发、刊登灾害性天气警报和气象灾害预警信号的；（三）传播虚假的或者通过非法渠道获取的灾害性天气信息和气象灾害灾情的。"

综上所知，媒体在进行有关地震灾害、重大疫情和灾害性天气的信息采集与发布时必须遵守相关法律规定。

（三）重大金融新闻

在当今世界，一个国家的金融安全也是国家安全的题中应有之义。随着金融业的不断发展，新闻传播活动与金融活动的关系日益密切。许多金融信息都要以大众传播媒介为载体进行公开与交流。重大金融新闻的发布，对国家经济生活的影响日益明显。因此，重大金融新闻的写作，事关金融安全，更进一步说，事关国家安全。为规范金融新闻报道，国家有关部门也出台了相关的法律法规。这些法律法规应引起从事金融新闻写作记者的高度重视。

中国证监会、新闻出版署、邮电部、广电部[①]、国家工商行政管理局、公安部1997年联合发布的《〈关于加强证券期货信息传播管理的若干规定〉的通知》，对媒体刊发和传播证券期货信息，作出了一些原则性规定。

新闻出版总署、中国证券监督管理委员会2010年共同制定发布的《关于印发〈关于加强报刊传播证券期货信息管理工作的若干规定〉的通知》，对改进和加强证券期货新闻宣传和报刊出版管理工作，作出了更为细致的规定。

> 第三条　传播证券期货信息，必须遵守国家法律、法规、规章，坚持正确的舆论导向，遵循真实、客观、禁止误导的原则。报刊从事证券期货信息传播的报道宗旨及报道内容必须做到：
>
> （一）牢固树立政治意识、大局意识、责任意识，自觉维护资本市场正常秩序，促进资本市场稳定健康发展；
>
> （二）正确宣传有关证券、期货市场的方针、政策、法规、规章；
>
> （三）客观、准确、完整和公正地传播有关证券、期货市场的信息；
>
> （四）重视引导投资者理性投资；
>
> （五）禁止编造和传播证券期货市场虚假不实信息，扰乱证券期货市场秩序。

---

① 广电总局前身。1998年3月，广播电影电视部改为国家广播电影电视总局，2013年与新闻出版总署职责整合，组建国家新闻出版广播电影电视总局。

第四条　从事证券期货新闻采访的记者，须持有新闻出版总署统一核发的新闻记者证，在新闻采访中应主动向采访对象出示，充分听取各方意见，努力确保新闻事实全面准确无误。

第五条　严格报刊新闻采编管理，确保信息来源合法真实。

（一）涉及证券期货市场改革监管重要政策的报道，须严格以证券期货监管部门正式发布的信息为依据。

（二）审慎报道可能影响投资者预期和市场稳定运行的新闻题材。涉及证券期货行业重要政策及其他可能影响市场稳定的重要信息，须事先向证券期货监管部门核实；涉及上市公司等市场主体的重要新闻信息应向所涉对象事先核实。

（三）记者报道证券期货市场新闻事件应尽量进行全面采访，并对信息源多渠道核实，信息来源应相互印证、真实可靠。严禁依据道听途说制造或编造新闻，不得凭借猜测想象炮制或歪曲新闻事实，避免误导性陈述。

（四）建立健全证券期货新闻转载审核管理制度，报刊转载证券期货新闻信息必须事先核实，确保新闻事实真实准确后方可转载；不得转载未经核实的新闻报道、社会自由来稿和互联网信息；不得摘转内部资料或非法出版物上的内容；不得随意转载境外媒体信息。

（四）重大军事、科技新闻

军事、科学技术领域的重要信息通常会和国家安全密切相关，其社会敏感性不言而喻。“新中国成立之初，碍于时局的限制、保密的需要，无论是第一颗原子弹爆炸、第一颗氢弹爆炸，还是 1970 年第一颗人造地球卫星上天，我们如今都只能搜寻到一则简单的公报。”① 如今，伴随着信息环境的日益开放、透明，重大军事、科技报道在各类媒体上的曝光率越来越高。但是，在从事这类新闻的写作时，稍有不慎就有可能泄露国家秘密，进而危害国家安全。这又反过来提醒我们报道时必须遵循相应的法律法规。

目前，涉及这一领域的相关法律法规主要有《中华人民共和国保守国家秘密法》《中华人民共和国科学技术进步法》，以及《中华人民共和国保守国家秘密法实施条例》《中国人民解放军保密条例》《科学技术保密规定》等。

《中国人民解放军保密条例》第二十六条规定：“公开出版发行军事报刊、书籍、地图、声像制品，公开展示军事装备、国防科学技术成果，应当遵守有关保密规定，不得泄露军事秘密。拟公开发表的军事学术、国防科学技术论文和反映军队情况的各类稿件，投稿前必须经撰稿人所在单位或者文稿涉及事项的主管单位进行保密审查。”

《科学技术保密规定》第二条规定，“本规定所称国家科学技术秘密，是指科学技术规划、计划、项目及成果中，关系国家安全和利益，依照法定程序确定，在一定时间内只限一定范围的人员知悉的事项”。第三十条规定，机关、单位和个人在“利用互联网及其他公共信息网络、广播、电影、电视以及公开发行的报刊、书籍、图文资料和声像制品进行宣传、报道或者发表

---

① 邹倚岚，王雪宇. 关于军事科技新闻报道. 国防科技，2014（2）.

论文”时不得涉及国家科学技术秘密。

对重大军事、科技报道工作者而言，“新闻保密”与“新闻发现”同等重要。报道者应该严格遵守宣传报道相关规范和审批程序，注意掌握好报道的范围、深度和时机，既要对公众的获知权负责，更要对国家秘密、国家安全负责。

第二节　新闻写作与维护社会秩序

一个社会的快速、稳定、持久发展的基本前提之一就是良好的社会秩序。新闻传播活动作为整个社会大系统的子系统之一，与社会秩序有着密切的关系。从新闻写作的角度看，为维护良好的社会秩序，在新闻写作中禁止出现某些内容是各国新闻法律法规的通例。

一、禁止传播淫秽色情内容

淫秽色情内容损害普通人特别是未成年人的身心健康，甚至诱发性犯罪，对社会秩序的破坏不言而喻。因此，虽然各国对淫秽色情的理解稍有不同，但都制定了相关的法律法规禁止淫秽色情内容的传播。例如，加拿大《刑法典》规定，制作、印刷、发行、分发、传递或为发行、分发、传递而持有淫秽出版物或其他物品，无合法正当原因而出售、展示淫秽物品，都是犯罪行为。我国也制定了完备的法律法规禁止淫秽色情内容的传播。在新闻传播活动中出现淫秽色情内容是任何法治国家所不能容忍的。

1998年，新闻出版署公布的《关于认定淫秽及色情出版物的暂行规定》第二条规定：“淫秽出版物是指在整体上宣扬淫秽行为，具有下列内容之一，挑动人们的性欲，足以导致普通人腐化堕落，而又没有艺术价值或者科学价值的出版物：（一）淫亵性地具体描写性行为、性交及其心理感受；（二）公然宣扬色情淫荡形象；（三）淫亵性地描述或者传授性技巧；（四）具体描写乱伦、强奸或者其他性犯罪的手段、过程或者细节，足以诱发犯罪的；（五）具体描写少年儿童的性行为；（六）淫亵性地具体描写同性恋的性行为或者其他性变态行为，或者具体描写与性变态有关的暴力、虐待、侮辱行为；（七）其他令普通人不能容忍的对性行为的淫亵性描写。”第三条规定：“色情出版物是指在整体上不是淫秽的，但其中一部分有第二条（一）至（七）项规定的内容，对普通人特别是未成年人的身心健康有毒害，而缺乏艺术价值或者科学价值的出版物。”第四条规定：“夹杂淫秽、色情内容而具有艺术价值的文艺作品；表现人体美的美术作品；有关人体的解剖生理知识、生育知识、疾病防治和其他有关性知识、性道德、性社会学等自然科学和社会科学作品，不属于淫秽出版物、色情出版物的范围。”

我国《刑法》第三百六十三条规定：“以牟利为目的，制作、复制、出版、贩卖、传播淫秽物品的，处三年以下有期徒刑、拘役或者管制，并处罚金；情节严重的，处三年以上十年以下有期徒刑，并处罚金；情节特别严重的，处十年以上有期徒刑或者无期徒刑，并处罚金或者没收财产。为他人提供书号，出版淫秽书刊的，处三年以下有期徒刑、拘役或者管制，并处或者单处罚金；明知他人用于出版淫秽书刊而提供书号的，依照前款的规定处罚。”《中华人民共和国治安管理处罚法》第六十八条规定：“制作、运输、复制、出售、出租淫秽的书刊、图片、影片、音像制品等淫秽物品或者利用计算机信息网络、电话以及其他通讯工具传播淫秽信息的，处十日以上十五日以下拘留，可以并处三千元以下罚款；情节较轻的，处五日以下拘留或者五百元以下罚款。”

向未成年人传播色情淫秽内容更是为我国法律所禁止。《中华人民共和国未成年人保护法》第三十四条规定：“禁止任何组织、个人制作或者向未成年人出售、出租或者以其他方式传播淫秽、暴力、凶杀、恐怖、赌博等毒害未成年人的图书、报刊、音像制品、电子出版物以及网络信息等。”《中华人民共和国预防未成年人犯罪法》第三十一条规定：“任何单位和个人不得向未成年人出售、出租含有诱发未成年人违法犯罪以及渲染暴力、色情、赌博、恐怖活动等危害未成年人身心健康内容的读物、音像制品或者电子出版物。任何单位和个人不得利用通讯、计算机网络等方式提供前款规定的危害未成年人身心健康的内容及其信息。”

虽然近年来在新闻报道中公然传播淫秽色情的现象少之又少，但是，某些新闻报道还是在打淫秽色情的擦边球。某些体育类报道为了获取更高的点击率，出现了泛情色化倾向，在体育报道中突出“性”元素，描写露骨，用语粗俗，这种现象应引起人们的注意。2002 年日韩世界杯期间，《新周刊》发表了标题为《足球性高潮：一场球赛就是一场性爱》的文章，《南方体育》也发表了一篇《忍受没有性生活的日子》。不说具体内容，单看这些带有色情倾向的标题对于引导读者养成正确的阅读趣味显然是无益的，对抵抗力较差的未成年人就更加有害了。下面是节选的《足球性高潮：一场球赛就是一场性爱》的部分文字：

> 荷兰人克鲁伊维特曾经因为强奸少女而被传讯，曼联球星约克的前女友乔丹是个隆过胸的脱衣舞女，阿根廷人贝隆 15 岁的时候就把第一次给了一个妓女。荷兰人戴维斯喜欢虐待，德国人马特乌斯结了 3 次婚，日本人中田英寿 2 年换了 5 个女朋友……
>
> …………
>
> 也就是说，当性爱与足球遭遇女人，一切都变得艺术化了——在此之前，没有女人的配合，性爱很可能只是强奸或者止于发泄，足球也只是野蛮人的游戏。女人改造足球的目的相当单纯——她们只试图响应自己的感官快感，什么冲出亚洲为争光之类的话留给男人去说吧。因为大多止于旁观，这种行为的动机与结果都变得简单，所以说，一个真正爱球的女人，总能通过看足球，找到自己身体的性感带。足球成了最好的春药，旁观的快乐与身体的快感互相导引，不可或缺。
>
> …………
>
> 在古代中国的典籍里，性爱常常被描述为一场战争，目的是取得养生通道的优先权，尤其是道教所谓采阴补阳采阳补阴之类，无非是在两性之争中取得上风。这当然是所谓权术谋略思想浸淫床榻的结果——与人斗，其乐无穷，日常生活中还不够，即使到了拉灯熄火最露出原形的时候也不敢放松半点——快感与繁殖都不再重要。这是个让人悲哀的结果，事实上，中国男人一过 40 就极易阳痿，这是神经末梢绷得太紧的缘故，稍微漂亮矜持点的女生也多是性冷淡，谁愿意自家床帏上整天硝烟弥漫？
>
> …………

1958年的贝利只有17岁，成名于世界杯的同时他也在性上开了窍。此后的贝利几乎每踢进一个球，就抠上一个女人，贝利今年62岁，没有人记得清他曾经有多少次拉着一个可以做自己孙女的小姑娘步入教堂了。能与贝利相比的也许只有另一位球王马拉多纳。马兄在祖国阿根廷和发迹地意大利曾经被视为神，投怀送抱的美女丑女数不胜数，直到现在他还在为层出不穷的私生子私生女头疼不已。

还有一些记者热衷于将反腐报道"桃色化""情色化"，围绕着"性"做文章。这样的写作手法将"色情"作为卖点，很容易消解反腐新闻的严肃性，使反腐新闻成为庸俗的"色情故事"。2006年7月26日《成都晚报》刊登的题为《安徽宣城市委原副书记杨枫用MBA管理"二奶团"》的文章，其小标题分别是"他对爱情的'忠贞'让她痴迷""'高论'：优秀男人哪能不风流？""'科学'管理情妇还真有效""'首席情妇'失宠遂将他'出卖'"，全文毫无反腐报道应有的义正词严，很难使读者对贪官产生批判的感觉，反而可能会使某些人对贪官的生活产生羡慕。2006年11月15日，《检察日报》专门刊发《反腐报道不见"贪"只言"色"?》一文批评这种现象。

早些时候，关于贪官的报道往往尖刻、犀利，贪官一出，媒体直指要害，百姓拍手称快。百姓喜欢看各色各样的贪官落马，喜欢抒发贪官被惩治后的一种"替天行道"般的豪迈情怀。但时下在个别媒体、记者的眼里，贪官怎么贪、如何反贪仿佛都不重要了，重要的是他们的私生活。因为有了这样的媒体和记者，高官的日常生活不再私密，他们的私生活都被有声有色甚至莫须有地报道出来。顾左右而言"色"，就是不愿意言"贪"。如此一来，本来是严肃的反腐报道，却成了一场情色故事会。不知道这样的所谓新闻，是娱乐了百姓，还是娱乐了这个社会？

所以，在涉及性的新闻报道中，记者应充分考虑未成年人的身心特点，确保写作品位，用含蓄简练的手法描述事实，不能为吸引读者眼球而过分描述细节。

二、禁止传播凶杀暴力内容

新闻出版署颁布的《关于部分应取缔出版物认定标准的暂行规定》（1989年发布）规定："宣扬'凶杀暴力'的出版物，是指以有害方式描述凶杀等犯罪活动或暴力行为，足以诱发犯罪，破坏社会治安的出版物：（1）描写罪犯形象，足以引起青少年对罪犯同情或赞赏的；（2）描述罪犯践踏法律的行为，唆使人们蔑视法律尊严的；（3）描述犯罪方法或细节，会诱发或鼓动人们模仿犯罪行为的；（4）描述离奇荒诞、有悖人性的残酷行为或暴力行为，令普通人感到恐怖、会对青少年造成心理伤害的；（5）正面肯定抢劫、偷窃、诈骗等具有犯罪性质的行为的。"

凶杀暴力内容和淫秽色情内容一样，都会对社会秩序产生不良影响。未成年人识别判断是非的能力较差而又善于模仿，面对凶杀暴力内容，很有可能加以模仿而实施犯罪。《北方新报》2010年11月24日就曾报道，一名14岁的少女绑架8岁男孩，通过多部公用电话向男孩的母亲索要赎金5万元。当民警将其抓获时，这名少女称受到电视剧情节的影响，从而产生了犯罪的念头。有鉴于此，各国制定法律法规，禁止凶杀暴力内容的传播。新加坡的《不良刊物法令》将“描述、表达或设计色情、恐怖、犯罪、残暴、暴力以及毒品和可使人麻醉的物品”的刊物定为应受抵制的刊物。我国《出版管理条例》第二十五条规定，任何出版物不得含有宣扬淫秽、赌博、暴力或者教唆犯罪的内容。

但是，在新闻采写实践中，某些新闻媒体单纯追求经济效益，为了吸引受众的眼球而将报道过分集中在凶杀、强奸、抢劫等恶性暴力犯罪上，在写作上更是大肆渲染描写犯罪细节。例如，2010 年震惊全国的南平校园惨案发生后，《新商报》发表了题为《福建南平小学校园惨案 禽兽男 55 秒刀捅 13 个孩子》的报道，文中写道：“我还以为是父亲在门口教训孩子，没想到他拿出了把刀子!”“接下来惊人的一幕发生了：男子从背后掏出一把约 30 厘米长的刀，直接往女孩脖子上抹去，女孩当场倒下。接着男子抓住身边的一个学生，用刀狂捅。”这样的描写，显然已经有渲染犯罪细节之嫌。

中国青少年研究中心副主任孙云晓在接受《中国青年报》记者采访时谈道：“对犯罪报道细节的模仿，也是引起未成年人犯罪的直接动因。媒体对细节报道得越细，青少年模仿得越多，因为不假思索的模仿是儿童的天性，儿童的学习方式也是观察性学习。”① 因此，媒体在报道犯罪新闻，尤其是暴力犯罪时，务必要坚持两个原则：对未成年人保护的恒定原则；回避犯罪的细节的报道原则。

三、禁止宣扬封建迷信和邪教

普及科学文化知识一直都是我国新闻媒体重要的职责之一。在提高全面科学素养方面，新闻媒体起着不可估量的重要作用。党和政府一直以来都把新闻媒体当成宣传科学、普及知识的重要阵地。

（一）禁止宣扬封建迷信

中共中央办公厅、国务院办公厅 1989 年发布的《关于整顿、清理书报刊和音像市场，严厉打击犯罪活动的通知》明确规定：“凡属于下列范围的书报刊和音像制品一律取缔：宣扬资产阶级自由化或其他内容反动的；有严重政治错误的；淫秽色情的；夹杂淫秽色情内容、低级庸俗、有害于青少年身心健康的；宣扬封建迷信、凶杀暴力的；封面、插图、广告及其他宣传品存在上述问题的；非法出版的书报刊和音像制品。”其中封建迷信出版物也是取缔的重点。

新闻出版署 1989 年公布的《关于部分应取缔出版物认定标准的暂行规定》对“宣扬封建迷信”的出版物作出界定：“指除符合国家规定出版的宗教出版物外，其他违反科学、违反理性，宣扬愚昧迷信的出版物：1. 以看相、算命、看风水、占卜为主要内容的；2. 宣扬求神问卜、驱鬼治病、算命相面以及其他传播迷信谣言、荒诞信息，足以蛊惑人心，扰乱公共秩序的。”这一解释，一方面进一步明确了新闻报道中不能涉及的内容，另一方面要求记者要崇尚

① 黄冲．孙云晓：受媒体不良报道影响的青少年更容易犯罪 专家呼吁媒体联合起来建立一个保护未成年人的自律联盟．中国青年报，2009-08-13.

科学观念、反对唯心主义，对一些明显违反自然规律、耸人听闻的所谓灵异现象要加以谨慎甄别。

2001年，尼泊尔王室发生惨案，包括国王和王后在内的十几名王室成员遭枪击身亡。《中国日报》网站刊发了题为《230年的古老预言显灵　尼泊尔王室难逃此劫》的文章。

> 230年前有一则可怕的预言，诅咒尼泊尔的沙阿王朝只能延续到第11代国王。今天，令人震惊的尼泊尔王室血案似乎印证了这一预言。
>
> 据法新社报道，1786年，普里特维-纳拉扬-沙阿国王统一了尼泊尔，建立了沙阿王朝。
>
> 据一则传说故事讲，当普里特维-纳拉扬-沙阿国王即将挺进加德满都河谷时，偶遇乔装成哲人的印度神 Gorakh Nath。沙阿国王送给哲人一块凝乳，没想到哲人吞下后就反胃，全吐了出来，还给了国王。沙阿国王感到恶心之至，就把凝乳往地上扔，没料到掉在了自己的脚上。哲人批评国王傲慢，并告诉国王：如果国王当时吞下了那块凝乳，那么他就可以实现自己的每一个愿望；而现在事已至此，凝乳粘在了国王的十个脚指头上，预示着沙阿国王之后只能延续10代继承人，届时沙阿王朝必将覆灭。
>
> 而6月1日晚遇害的比兰德拉国王恰恰是沙阿王朝的第11位国王、沙阿国王之后第10代继承人。
>
> 一位名叫沙伽的占星家说："是巧合，还是预言灵验，还要拭目以待。"沙伽还兼任加德满都一所大学的教授。
>
> 比兰德拉国王遇害后，29岁的王储迪彭德拉6月2日被宣布为新国王。但是，王储开枪打死包括国王和王后在内的8名王室成员后，开枪自杀，目前一直昏迷不醒，处于"临床死亡状态"，根本不可能生还并继承王位。比兰德拉国王的弟弟贾南德拉已被任命为摄政王。

这篇新闻报道将尼泊尔王室发生血案的新闻事实与230年前的一则预言挂上因果联系，强调所谓预言印证和预言灵验，明显带有封建迷信色彩，字里行间宣扬的都是神秘主义，显然不应该出现在信奉无神论和马克思主义新闻观的媒体之上。在新闻报道中宣扬有关封建迷信的内容，不仅与媒体宣传科学、推动社会进步的宗旨背道而驰，也违反了国家相关法律法规。

（二）禁止宣扬邪教

新闻媒体要反对宣扬封建迷信，更要反对宣扬邪教。邪教是全世界公认的社会公害，对社会秩序的危害尤其严重。我国也是深受邪教危害的国家之一。会道门等邪教组织到处散布歪理邪说，蛊惑人心，制造了不少骇人听闻的惨案，给人民群众的生命财产安全带来了极大危害。

在新闻写作中，宣扬邪教是法律所严厉禁止的行为。最高人民法院、最高人民检察院1999年发布的《关于办理组织和利用邪教组织犯罪案件具体应用法律若干问题的解释》规定，出版、印刷、复制、发行宣扬邪教内容出版物，以及印制邪教组织标识，依照《刑法》第三百条第一款的规定定罪处罚。最高人民法院、最高人民检察院2001年发布《关于办理组织和利用邪教组织犯罪案件具体应用法律若干问题的解释（二）》，其中第一条规定："制作、传播邪教宣传品，宣扬邪教，破坏法律、行政法规实施，具有下列情形之一的，依照刑法第三百条第一款的规定，以组织、利用邪教组织破坏法律实施罪定罪处罚：（一）制作、传播邪教传单、图片、标语、报纸300份以上，书刊100册以上，光盘100张以上，录音、录像带100盒以上的；（二）制作、传播宣扬邪教的DVD、VCD、CD母盘的；（三）利用互联网制作、传播邪教组织信息的；（四）在公共场所悬挂横幅、条幅，或者以书写、喷涂标语等方式宣扬邪教，造成严重社会影响的；（五）因制作、传播邪教宣传品受过刑事处罚或者行政处罚又制作、传播的；（六）其他制作、传播邪教宣传品，情节严重的。"第二条规定："制作、传播邪教宣传品，煽动分裂国家、破坏国家统一，或者煽动颠覆国家政权、推翻社会主义制度的，依照刑法第一百零三条第二款、第一百零五条第二款的规定，以煽动分裂国家罪或者煽动颠覆国家政权罪定罪处罚。"第三条规定："制作、传播邪教宣传品，公然侮辱他人或者捏造事实诽谤他人的，依照刑法第二百四十六条的规定，以侮辱罪或者诽谤罪定罪处罚。"第四条规定："制作、传播的邪教宣传品具有煽动分裂国家、破坏国家统一，煽动颠覆国家政权、推翻社会主义制度，侮辱、诽谤他人，严重危害社会秩序和国家利益，或者破坏国家法律、行政法规实施等内容，其行为同时触犯刑法第一百零三条第二款、第一百零五条第二款、第二百四十六条、第三百条第一款等规定的，依照处罚较重的规定定罪处罚。"

在我国，新闻媒体不仅是党和政府的喉舌，也是人民的喉舌，要服务于广大人民的物质利益和精神利益。新闻报道要秉承对人民生命财产、安全负责的态度，防止人们受到邪教思想的精神毒害，这是媒体人对社会应尽的责任和义务。

四、新闻写作中的民族、宗教问题

我国是一个多民族的国家，信仰的宗教丰富，包括佛教、道教、伊斯兰教、基督教、天主教等。民族、宗教问题具有高度敏感性，新闻报道中如果出现不尊重民族宗教的内容，就很有可能会伤害民族团结，造成民族间冲突和社会不稳定。因此，在涉及民族、宗教的新闻写作中，记者应具备一定的民族宗教知识，从维护民族团结、社会稳定的高度，谨慎写作每一篇新闻报道。

国家民族事务委员会、中宣部、中央统战部等部委1994年发布的《关于严禁在新闻出版和文艺作品中出现损害民族团结内容的通知》规定："新闻、出版、文艺、影视部门要制定必要的规章制度，各级领导和编辑人员要尽职尽责，层层严格把关，坚决禁止在新闻、出版和文艺作品中出现伤害民族感情、损害民族团结的内容。对于少数民族的风俗习惯和宗教信仰，要予以充分的理解和尊重，不能猎奇和主观臆断，以偏概全，更不能加以丑化、侮辱、胡编乱造。新闻、出版和文艺创作要把社会效益放在第一位，对涉及民族、宗教内容的新闻稿、出版物和文艺作品，如无太大把握，一定要征求民族、统战、宗教工作部门的意见，对涉及重大问题的要送上一级主管部门审查。"

在采访报道中，记者要对各民族的文化包括宗教方面的信仰和习俗给予理解和尊重。一些少数民族在饮食、婚姻和丧葬方面有自己独特的风俗习惯，记者应充分了解各民族的风俗习惯，知道一些基本的禁忌。比如，了解和尊重信仰伊斯兰教的少数民族的饮食禁忌。在涉及藏族丧礼问题上，应遵守西藏自治区政府2006年发布的《天葬管理暂行规定》。该规定第四条明确指出天葬受法律保护。禁止任何组织和个人对天葬活动现场进行围观、拍照、摄影、录像；禁止通过报纸、杂志、图书、广播、影视、网络等媒体刊登、播放、刻录、转载渲染与天葬活动有关的文字、图片、报道等。因为报道中对这些生活细节上稍有疏忽，就可能引起少数民族群众的反感和厌恶。在民族和宗教问题上的不谨慎，很可能会诱发严重的后果。

因此，当报道关涉少数民族信教群众以及宗教活动时，记者和媒体一定要秉持严肃认真的态度，不能盲目猎奇、道听途说。即便有些宗教信仰带有封建色彩，也不能大肆抨击。对于少数民族的一些不符合现代文明社会法律和道德规范的陋习、陋俗，更不要盲目猎奇，大肆渲染。新闻报道涉及一些敏感问题时，要注意向权威部门请教，切不可擅自臆测。

第三节　新闻写作与侵权

所谓新闻侵权，是指新闻媒体和新闻采写者利用采写编评等新闻手段对公民、法人或其他社会组织造成不法侵害的行为。从新闻写作的角度看，新闻写作与公民的名誉权、隐私权、姓名权、著作权等密切相关。

一、新闻写作与名誉权

名誉权，是指公民或法人保持并维护自己名誉的权利。它是人格权的一种。《中华人民共和国民法通则》第一百零一条规定：“公民、法人享有名誉权，公民的人格尊严受法律保护，禁止用侮辱、诽谤等方式损害公民、法人的名誉。”大众传播媒体传播范围广、影响力大，一旦新闻报道侵害他人的名誉权，引起的后果是严重的。对于公民个人来说，名誉权受损意味着社会评价的降低，会对个人的生活、工作、学习产生巨大的影响，从而带来精神痛苦。名誉权的受损还可能带来财产损失，这一点在企业法人名誉受损的案件中较为多见。

（一）新闻写作侵害名誉权的形式

新闻写作侵害公民或法人的名誉权主要有侮辱和诽谤两种形式。

1. 新闻写作中的侮辱

新闻写作中的侮辱一般是指记者在新闻报道中运用明显带有贬损性的词汇，对公民或法人进行不恰当的评价和定性，使公民和法人的名誉遭受损害。

新闻写作中的侮辱行为包括无事实根据地贬损他人甚至辱骂。比如用“恶棍”“魔鬼”“傻子”“二百五”等词语形容他们，甚至用不雅词汇进行辱骂。把人比作“非人”，比如“猪”“狗”“禽兽”“垃圾”等。还有用丑化、贬低的语言进行描述。比如某报曾刊登题为《这家伙，我认识》的文章，文中写道：“一件脏兮兮的西服起码有好几年未洗，油腻腻的领带黑得酷似海带，更令人恶心的是粉刺丛生的脸上时有星星点点的脓血渗出，一张嘴焦黄的牙齿缝里露出残存的菜渣。”这样的描述就是典型的丑化他人形象的描述。

2. 新闻写作中的诽谤

新闻写作中的诽谤是指记者捏造虚假事实加以散布，造成损害公民或法人名誉的行为。新闻写作中诽谤行为的最大特点就是发表了不实信息，造成他人名誉受损。

我国较早的一起自诉诽谤案，杜融状告沈涯夫、牟春霖就属于这方面的典型案例。[①]

被告人沈涯夫、牟春霖合作撰写了《二十年“疯女”之谜》（以下简称《谜》文）一文，刊载在1983年第1期《民主与法制》杂志上。《谜》文以“仅将调查经过公布于众”的口吻，披露杜融（《谜》文中化名屠勇）为了达到从武汉市调到上海市的目的，采取毒打等手段，逼妻子狄振智（《谜》文中化名田珍珠）装疯，并于1961年2月、1962年3月两次将狄振智送进精神病医院。杜融调到上海后，因私生活露出马脚，害怕妻子揭发，于1973年3月第三次强行将狄振智送进精神病医院，致使狄振智戴着“疯女”的帽子生活了20年。《谜》文呼吁：将狄振智那样的当事人从不解之谜中解放出来，让那些该受到法律制裁的人不能再逍遥法外。

《谜》文发表之后，造成恶劣影响，全国各地一些不明真相的读者，纷纷写信给《民主与法制》杂志，谴责杜融，并强烈要求给予法律制裁。之后，沈涯夫、牟春霖又撰写了《“疯女”之谜的悬念……》，连同《谜》文，同时在辽宁《妇女》杂志1983年第12期上发表，继续对杜融进行诽谤，致使杜融的人格、名誉遭受严重损害，无法正常工作，经济上也遭受一定损失。杜融的女儿亦因此遭到非议。

1985年1月20日，自诉人杜融向上海市长宁区人民法院起诉，指控被告人沈涯夫、牟春霖利用写文章对他进行诽谤，要求依法追究刑事责任，并要求被告人赔偿诽谤行为带来的经济损失。

法院审理查明：狄振智确系精神病患者；杜融从武汉调至上海，属于正常工作调动；杜融作风正派，根本不存在私生活腐化问题。被告人沈涯夫、牟春霖不顾狄振智有精神病史的事实，违反要否定精神病的诊断结论必须要作司法医学鉴定的规定，拒不接受有关医生、同事、受害人住地部分群众、当事人单位组织、上级领导机关的忠告和规劝，故意捏造和散布足以损害自诉人杜融人格、名誉的虚构的事实，手段恶劣，情节严重，影响很坏，其行为已构成《中华人民共和国刑法》第一百四十五条第一款规定的诽谤罪。由于被告人的犯罪行为使原告遭受了一定经济损失，依照《刑法》第三十一条的规定，应酌情赔偿受害人的经济损失。被告人沈涯夫犯诽谤罪，判处剥夺政治权利一年六个月；被告人牟春霖犯诽谤罪，判处剥夺政治权利一年；并分别判处沈涯夫、牟春霖赔偿附带民事诉讼原告杜融的经济损失。

（二）新闻写作涉及名誉报道时应注意的问题

新闻写作要避免名誉权侵害，记者至少要注意三方面的问题。

1. 要坚持以事实为依据

这是新闻写作避免侵犯名誉权的最有力武器，只要新闻报道内容真实，行为人就无须承担侵犯名誉权的责任。所以，在新闻写作中一定要坚持新闻真实性原则，努力弄清新闻事件发展

---

① 沈涯夫牟春霖诽谤案刑事判决书．最高人民法院公报，1988（2）．

的来龙去脉，立足事实进行报道。

2. 注意引用权威的消息来源

最高人民法院《关于审理名誉权案件若干问题的解释》(1998) 明确规定："新闻单位根据国家机关依职权制作的公开的文书和实施的公开的职权行为所作的报道，其报道客观准确的，不应当认定为侵害他人名誉权；其报道失实，或者前述文书和职权行为已公开纠正而拒绝更正报道，致使他人名誉受到损害的，应当认定为侵害他人名誉权。"因此，只要新闻报道是根据权威消息来源进行的客观报道，就无须承担侵害名誉权的责任。

3. 理性写作，避免情绪化

记者应进行理性写作，尽量避免明显的主观倾向。在描述事实时，应用客观、准确的语言，不要使用带有明显情绪的语言，将观点隐藏于事实的客观描述之中。在进行评论时，要以事实为依据，不要主观臆断，也不要对事件或人物轻易下结论。

二、新闻写作与隐私权

隐私权作为一种基本人格权利，是指公民享有的私人生活安宁与私人信息依法受到保护，不被他人非法侵扰、知悉、搜集、利用和公开的一种人格权。

(一) 我国现行法律中关于隐私权的内容

1.《中华人民共和国宪法》

我国《宪法》第三十八条规定："中华人民共和国公民的人格尊严不受侵犯。禁止用任何方法对公民进行侮辱、诽谤和诬告陷害。"人格尊严是人格权的重要内容，是人格利益的集中体现。《宪法》对人格尊严的规定，为我国日后完善隐私权制度提供了宪法依据。

第三十九条规定："中华人民共和国公民的住宅不受侵犯。禁止非法搜查或者非法侵入公民的住宅。"这是《宪法》对公民私生活免受干扰的规定。

第四十条规定："中华人民共和国公民的通信自由和通信秘密受法律的保护。除因国家安全或者追究刑事犯罪的需要，由公安机关或检察机关依照法律规定的程序对通信进行检查外，任何组织或者个人不得以任何理由侵犯公民的通信自由和通信秘密。"

2.《中华人民共和国刑法》

第二百四十五条第一款　非法搜查他人身体、住宅，或者非法侵入他人住宅的，处三年以下有期徒刑或者拘役。

第二百四十六条　以暴力或者其他方法公然侮辱他人或者捏造事实诽谤他人，情节严重的，处三年以下有期徒刑、拘役、管制或者剥夺政治权利。前款罪，告诉的才处理，但是严重危害社会秩序和国家利益的除外。

通过信息网络实施第一款规定的行为，被害人向人民法院告诉，但提供证据确有困难的，人民法院可以要求公安机关提供协助。

第二百五十二条　隐匿、毁弃或者非法开拆他人信件，侵犯公民通信自由权利，情节严重的，处一年以下有期徒刑或者拘役。

3.《中华人民共和国未成年人保护法》

第三十九条　任何组织或者个人不得披露未成年人的个人隐私。

对未成年人的信件、日记、电子邮件，任何组织或者个人不得隐匿、毁弃；除因追查犯罪的需要，由公安机关或者人民检察院依法进行检查，或者对无行为能力的未成年人的信件、日记、电子邮件由其父母或者其他监护人代为开拆、查阅外，任何组织或者个人不得开拆、查阅。

4.《中华人民共和国妇女权益保障法》

第四十二条　妇女的名誉权、荣誉权、隐私权、肖像权等人格权受法律保护。

禁止用侮辱、诽谤等方式损害妇女的人格尊严。禁止通过大众传播媒介或者其他方式贬低损害妇女人格。未经本人同意，不得以营利为目的，通过广告、商标、展览橱窗、报纸、期刊、图书、音像制品、电子出版物、网络等形式使用妇女肖像。

5.《中华人民共和国侵权责任法》

第二条　侵害民事权益，应当依照本法承担侵权责任。

本法所称民事权益，包括生命权、健康权、姓名权、名誉权、荣誉权、肖像权、隐私权、婚姻自主权、监护权、所有权、用益物权、担保物权、著作权、专利权、商标专用权、发现权、股权、继承权等人身、财产权益。

此外，最高人民法院《关于审理名誉权案件若干问题的解答》（1993）规定：对未经他人同意，擅自公布他人的隐私材料或者以书面、口头形式宣扬他人隐私，致他人名誉受到损害的，按照侵害他人名誉权处理。因新闻报道严重失实，致他人名誉受到损害的，应按照侵害他人名誉权处理。

（二）新闻写作侵害隐私权的形式

新闻写作侵犯他人隐私权的形式主要包括在采写报道的过程中：

（1）未经公民许可，公开其姓名、肖像、住址和电话号码；

（2）非法侵入、搜查他人住宅，或以其他方式破坏他人居住安宁；

（3）非法跟踪他人，监视他人住所，安装窃听设备，私拍他人私生活镜头，窥探他人室内情况；

（4）非法刺探他人财产状况或未经本人允许公布其财产状况；

（5）私拆他人信件，偷看他人日记，刺探他人私人文件内容，以及将它们公开；

（6）调查、刺探他人社会关系并非法公之于众；

（7）干扰他人夫妻性生活或对其进行调查、公布；

（8）将他人婚外性生活向社会公布；

（9）泄露公民的个人材料，或公之于众或扩大公开范围；

（10）收集公民不愿向社会公开的纯属个人情况的信息。

新闻写作侵犯他人隐私权，一般都是在新闻报道中非法公布他人隐私，从而使他人隐私权受损。近几年这样的案例时有发生。2002 年 3 月 23 日《扬子晚报》头版头条披露了南京“四胞胎”是人工受孕的消息，产后体虚的母亲看到报道后，一直躺在床上痛哭，而父亲既要照顾爱人和孩子，又要应付别人的闲言碎语，几近崩溃。他说："别人知道我们不能生育就算了，但孩子们是无辜的，如今社会上都知道了他们是试管婴儿，以后怎么成长啊!"[①] 2004 年，娱乐报纸《明星- BIGSTAR》制作了一期"明星地图"的专题报道，刊登了京城众多艺人的家庭住址，导演冯小刚为此勃然大怒，认为该报道影响到他的正常生活。[②]

（三）新闻写作如何规避对隐私权的侵害

1. 以公共利益为出发点

许多记者为了新闻报道引起轰动，往往喜欢追逐明星私生活，或者挖掘明星情感、家庭、生活习惯等较为私密性的故事。这样的写作稍有不慎就有可能侵犯他人隐私，引发麻烦。所以，记者应提高自己的写作品位，把关注点转向涉及公众利益的新闻上，不要一味地追求明星效应。采写社会新闻时，应删繁就简，用简洁的语言概述主要事件，不要在文章中牵扯与主旨无关的新闻人物的生活细节、儿女私情等内容。

2. 获得当事人同意

如果实在避免不了公开新闻人物的隐私，应获得当事人的同意。如果当事人明确表示可以在新闻报道中公开自己的某项隐私，记者就可以加以报道，否则就不可以。需要指出的是，记者在新闻报道中公开新闻人物的某项隐私不能超过当事人同意的范围或限度，当事人同意公开自己的某项隐私并不代表同意公开另一项隐私。记者在报道这项隐私时也要用适度准确的语言加以叙述，不得夸大渲染。

3. 善于模糊化处理

在报道新闻人物隐私事项时，善于运用模糊化处理的方法也能避免侵害他人隐私权。比如，可以用化名或模糊化的语言描述当事人的住址、职业、单位等。只要涉及新闻人物隐私事项的新闻报道没有了特定指向性，受众不能指认该新闻报道指向当事人，就可以避免侵害他人隐私权。

三、新闻写作与姓名权

姓名权是公民依法享有的决定、使用、变更自己的姓名并要求他人尊重自己姓名的一种人格权利。姓名权保护的客体是权利人的姓名。姓名并不限于公民在户籍机关正式登记的本名。我国《民法通则》第九十九条第一款规定："公民享有姓名权，有权决定、使用和依照规定改变自己的姓名，禁止他人干涉、盗用、假冒。"侵犯他人姓名权的主要表现：第一，干涉他人决定、使用、改变姓名。第二，盗用他人姓名。盗用他人姓名指的是未经他人同意或授权，擅自以他人的名义实施某种活动，以抬高自己身价或谋求不正当的利益。第三，冒用他人姓名。指的是使用他人的姓名，冒充他人进行活动，以达到某种目的。

---

① 侯敬华．新闻侵害隐私权探讨．(2004 - 07 - 08) [2018 - 02 - 28]．http://www.chinacourt.org/public/detail.php? id=122597&k_title.

② 徐丽媛．娱乐新闻侵害隐私权问题研究．青年记者，2011 (3)．

在新闻写作中，侵犯他人的姓名权一般有擅自篡改他人姓名、张冠李戴、盗用他人姓名等。为了在新闻写作中避免侵犯他人姓名权，记者应该认真核实新闻当事人的姓名，防止粗心大意将他人姓名混淆或写错。要尊重当事人关于使用其姓名的声明，不能擅自篡改新闻当事人所要求使用的姓名。同时，要坚守职业操守，不能盗用他人姓名，特别是名人姓名，以达到轰动效应。

四、新闻写作与著作权

从事文字报道的新闻工作具有智力劳动的职业特征，著作权也因此成为与新闻工作者联系最为紧密的权利之一。在现实生活中，新闻工作者经常会和他人发生著作权纠纷，有的是因为记者侵犯了他人的著作权，有的是别人侵犯了记者的著作权。我们在此重点探讨的是记者在写作中如何避免侵犯他人的著作权。对权利的保护，永远建立在对相关法律法规的充分了解之上。

（一）涉及新闻写作著作权保护的法律依据

我国现行的《中华人民共和国著作权法》为新闻写作的著作权保护提供了直接的法律依据。

第十条　著作权包括下列人身权和财产权：

（一）发表权，即决定作品是否公之于众的权利；

（二）署名权，即表明作者身份，在作品上署名的权利；

（三）修改权，即修改或者授权他人修改作品的权利；

（四）保护作品完整权，即保护作品不受歪曲、篡改的权利；

（五）复制权，即以印刷、复印、拓印、录音、录像、翻录、翻拍等方式将作品制作一份或者多份的权利；

（六）发行权，即以出售或者赠与方式向公众提供作品的原件或者复制件的权利；

（七）出租权，即有偿许可他人临时使用电影作品和以类似摄制电影的方法创作的作品、计算机软件的权利，计算机软件不是出租的主要标的的除外；

（八）展览权，即公开陈列美术作品、摄影作品的原件或者复制件的权利；

（九）表演权，即公开表演作品，以及用各种手段公开播送作品的表演的权利；

（十）放映权，即通过放映机、幻灯机等技术设备公开再现美术、摄影、电影和以类似摄制电影的方法创作的作品等的权利；

（十一）广播权，即以无线方式公开广播或者传播作品，以有线传播或者转播的方式向公众传播广播的作品，以及通过扩音器或者其他传送符号、声音、图像的类似工具向公众传播广播的作品的权利；

（十二）信息网络传播权，即以有线或者无线方式向公众提供作品，使公众可以在其个人选定的时间和地点获得作品的权利；

（十三）摄制权，即以摄制电影或者以类似摄制电影的方法将作品固定在载体上的权利；

（十四）改编权，即改变作品，创作出具有独创性的新作品的权利；

（十五）翻译权，即将作品从一种语言文字转换成另一种语言文字的权利；

（十六）汇编权，即将作品或者作品的片段通过选择或者编排，汇集成新作品的权利；

（十七）应当由著作权人享有的其他权利。

著作权人可以许可他人行使前款第（五）项至第（十七）项规定的权利，并依照约定或者本法有关规定获得报酬。

著作权人可以全部或者部分转让本条第一款第（五）项至第（十七）项规定的权利，并依照约定或者本法有关规定获得报酬。

…………

第三十三条　著作权人向报社、期刊社投稿的，自稿件发出之日起十五日内未收到报社通知决定刊登的，或者自稿件发出之日起三十日内未收到期刊社通知决定刊登的，可以将同一作品向其他报社、期刊社投稿。双方另有约定的除外。

作品刊登后，除著作权人声明不得转载、摘编的外，其他报刊可以转载或者作为文摘、资料刊登，但应当按照规定向著作权人支付报酬。

第三十四条　图书出版者经作者许可，可以对作品修改、删节。

报社、期刊社可以对作品作文字性修改、删节。对内容的修改，应当经作者许可。

第三十五条　出版改编、翻译、注释、整理、汇编已有作品而产生的作品，应当取得改编、翻译、注释、整理、汇编作品的著作权人和原作品的著作权人许可，并支付报酬。

（二）新闻写作侵害著作权的表现及需要承担的责任

《著作权法》第四十七条规定，下列行为构成了对他人作品著作权的侵害：

（一）未经著作权人许可，发表其作品的；

（二）未经合作作者许可，将与他人合作创作的作品当作自己单独创作的作品发表的；

（三）没有参加创作，为谋取个人名利，在他人作品上署名的；

（四）歪曲、篡改他人作品的；

（五）剽窃他人作品的；

（六）未经著作权人许可，以展览、摄制电影和以类似摄制电影的方法使用作品，或者以改编、翻译、注释等方式使用作品的，本法另有规定的除外；

（七）使用他人作品，应当支付报酬而未支付的；

（八）未经电影作品和以类似摄制电影的方法创作的作品、计算机软件、录音录像制品的著作权人或者与著作权有关的权利人许可，出租其作品或者录音录像制品的，本法另有规定的除外；

（九）未经出版者许可，使用其出版的图书、期刊的版式设计的；

（十）未经表演者许可，从现场直播或者公开传送其现场表演，或者录制其表演的；

（十一）其他侵犯著作权以及与著作权有关的权益的行为。

侵犯著作权的行为，可能需要承担的民事责任种类主要包括停止侵害、消除影响、赔礼道歉、赔偿损失等。

（三）新闻写作中如何避免侵犯他人著作权

1. 严禁抄袭、剽窃、篡改

在新闻写作中，记者不能抄袭他人作品，包括未公开发表的作品，也严禁以稍加修改、改头换面等较为隐秘的方式对他人作品进行抄袭。要修改他人作品，须经过相关作者及组织同意，否则不能修改。

2. 使用他人作品应遵守法律规范

记者在使用他人作品时，应遵守相关规定，注明作者姓名及原文出处，并向相关作者及组织及时支付稿酬。

【本章小结】

媒介化时代，新闻传播活动对社会、政治、经济生活的方方面面都产生着巨大的影响。

制定相关法律规范对新闻传播活动进行规制与约束是每一个法治国家都要面临的重要课题。

作为新闻传播活动核心环节的新闻写作，必须严格遵循所在国的法律框架，不得危害国家安全和良好的社会秩序，同时还要避免侵害公民或者法人等的合法权益。

【思考题】

2013年2月2日凌晨，重庆多名高官不雅视频案涉案人赵红霞的辩护律师张智勇陪同赵红霞家人，到重庆公安机关报案称，个人信息可能被他人以不正当方式非法获取。2月4日，赵红霞的辩护律师张智勇在其个人微博里发布消息称，赵红霞恳请媒体千万不要公开丈夫和孩子的照片。请结合相关法律规定，评价媒体在该事件中的行为表现。

【推荐阅读书目（或视频、网站等）】

1. 泽莱兹尼．传播法：自由、限制与现代媒介：第4版．北京：清华大学出版社，2007.

2. 卡特，迪伊，朱克曼．大众传播法：第5版．北京：法律出版社，2004.

3. 孙旭培．新闻传播法学．上海：复旦大学出版社，2008.

4. 陈绚．大众传播法规案例教程．北京：中国人民大学出版社，2009.

第十二章 新闻写作的伦理规范

【本章学习要点】

报刊自由主义理论的核心观点

新闻写作要遵守的伦理规范

媒介从业者职业道德失范的具体表现

在一个媒介化时代，新闻业不仅直接决定着人们接触的信息，还承担着塑造人类精神世界的重任。除了必须遵守的新闻法律规范之外，媒介的伦理建设问题也变得日益突出。新闻工作者在写作中要明确自身的社会责任，对传媒低俗化、虚假新闻、有偿新闻等媒介失范现象保持高度警觉，积极推动传媒环境的净化。

第一节　新闻工作者的社会责任

在西方，对新闻工作者社会责任的强调主要集中体现在从报刊自由主义理论向社会责任论的理论转型。在我国，新闻工作者的社会责任则主要体现在实践层面上对党和政府负责、对受众负责及对社会负责。

一、西方：从报刊自由主义理论到社会责任论

自从媒介诞生以来，新闻媒介就肩负着重要的社会责任。但是在西方的传媒理论中，媒介逐渐认识到自身的社会责任是从 20 世纪上半叶开始的。此前的三个多世纪中，在西方媒介理论领域占据主导地位的理论是“报刊自由主义理论”。

(一) 报刊自由主义理论的兴起与核心观点

1. 报刊自由主义的理论渊源

自由主义媒介理论起源于西方资产阶级革命时期。在 17 世纪，欧洲的资产阶级逐渐壮大，为了争取自身的利益，资产阶级在欧洲掀起了轰轰烈烈的资产阶级革命和思想启蒙运动。在当

时，培根、笛卡尔、霍布斯和洛克等伟大的思想家从哲学的角度阐释了人生而平等、天赋人权、自由主义和个人主义等思想。而在媒介领域，这些思想也为当时的资产阶级报刊提供了反对封建统治和书报检查制度的思想武器。

1644年，约翰·弥尔顿发表《论出版自由》，他阐述了“意见的自由市场理论”。他认为，人生而自由并且有平等的选择权，而言论出版自由是一切自由中最重要的自由，每个人都有表达自己意见的权利。因此，应该让人们充分地自由讨论，“让她（真理）与谬误交锋吧，谁看见在自由而公开的交战中，真理会败下阵来?”弥尔顿所倡导的出版自由观念，以及从中衍生出的“观念的公开市场”“自我修正过程”等概念，最终成为报刊自由主义理论的基本原则。可以说《论出版自由》代表了西方早期媒介自由主义理论家的理论成就，为资产阶级废除封建报刊检查制度提供了理论准备，并且促使资产阶级将新闻自由原则写入宪法予以保护。

在法国大革命时期，由于受到了法律面前人人平等和权利自由的思想鼓舞，各种政治报刊争相出版。当时法国著名的哲学家查理·路易·孟德斯鸠在其著作《论法的精神》中指出，人的自由蕴含在法律之中，人有权在法律允许的范围内做一切事情。由此，他提出了立法、行政和司法三权分立的思想。三方权力的相互制约保证了公民的自由权利不被剥夺，以此来保障公民的新闻和出版自由。另外一位法国思想家让-雅克·卢梭在其发表的《社会契约论》中认为，社会经由自由人所达成的契约组合为一个整体，在这一整体中，所有成员坚定的意志就是“全体的意志”。由此他提出了公众舆论学说，这一学说以“全体的意识”为前提，这一学说也开启了资产阶级的政党报刊时代。

19世纪，两次工业革命给西方带来了先进的技术，西方资本主义的发展随之达到了新的高度，同时，自由主义的发展也达到了顶点。有学者对约翰·密尔的《论自由》评论道：“对于一个要让真理不断前进的社会而言，个人意见的自由形成与发表，全社会就多种问题的公开的充分的讨论（辩论、批评等）的意义，在密尔那里已经得到充分证明，而正在兴起的大众传媒——报刊，就是个人意见自由发展、多种问题公开讨论的公共平台，就是不言自明的题中之义了。”① 这一观点为传媒自由主义理论提供了新的理论支持并确立了媒介自由主义最根本的原则，即“用个人自我引导来促进人类的利益和幸福”②，使传媒自由主义理论的发展达到了巅峰。

2. 报刊自由主义理论的核心观点

在西方各国争取新闻自由的斗争中，报刊自由主义理论逐渐成熟，并形成了系统的观点和原则，具体来说包含以下内容：

第一，任何人不必经过政府当局特别许可，均享有出版自由，政府不得采取任何措施干涉、收买或控制报刊。

第二，报刊拥有对政府的监督权，是独立于立法、行政、司法的“第四种权力”。对政府和官员进行除人身攻击之外的其他形式的批评，属于报刊所拥有的合法权利。

第三，“自由意见市场”和“自我修正”理论，主张在观点与意见和信念的传播方面，真

---

① 黄建新．传媒：自由与责任——西方“报刊的社会责任理论”解读．上海：上海交通大学出版社，2010：36.

② 同①31.

理和谬误拥有同样的权利，任何人都可以在报刊上发表意见，传播消息，而不应受到任何限制。

（二）报刊自由主义理论衰落及社会责任论的兴起

1. 报刊自由主义理论受到质疑

报刊自由主义理论的发展和鼎盛正值西方资产阶级逐渐发展壮大的时期，因此适应了当时西方资本主义世界的发展需要。通过工业革命带来的媒介技术的变革，传媒传递给人们的信息达到了前所未有的丰富。新闻媒介独立自由的权利也得到了充分的保障，新闻媒介除了为人们提供信息和娱乐外，还被赋予监督政府的权利，成为“社会公器”。

19 世纪末 20 世纪初，西方资本主义的发展开始进入垄断时期。在经济生活中，企业越来越唯利是图，经济中的个人主义也引起了社会生活中个人主义之极端的盛行，自由新闻媒介的发展也发生了很大的变化。在美国，各种政党报刊不择手段地进行斗争，以通俗社会新闻和猎奇性及故事性新闻为主导的“便士报”运动逐渐兴起，用各种奇闻逸事进行煽情报道。传媒业也由服务民主政治转向以盈利为目的，为了追逐利润，大型传媒企业不断兼并小媒体并形成垄断，过分追逐自身经济利益的资本主义新闻媒介逐渐放弃了媒介作为“社会公器”守望社会的职责，导致新闻媒介公信力和公众对媒介期望的丧失。

2. 社会责任论对报刊自由主义理论的继承与发展

20 世纪 30 年代，为了挽救美国的经济危机，罗斯福提出了一系列新经济政策，强调公众利益，反对对经济的自由放任，由此美国进入了国家干预资本主义时期。在媒介领域内，公众利益和“社会公器”说再获关注。约翰·杜威用实用主义哲学的方法论反驳传统的自由主义哲学，并且倡导“社会共同体”的理念，他认为，媒介应该成为连接公众和社会生活的桥梁，以推动社会共同体的形成。沃尔特·李普曼在其著作《公众舆论》中也写道：“如果舆论想要发出声音，那就必须利用新闻界加以组织，而不是像今天的情况那样由新闻界加以组织。”① 他的研究否定了传统自由主义者坚持的“真理自我修正理论”，认为新闻媒介必须要避免主观臆断，尽力为公众提供真实客观的报道。

查尔斯·霍顿·库利和罗伯特·E. 帕克对大众媒介进行了一系列的社会学实验，把大众传播媒介作为社会整体的一部分引入了社会学的研究领域。他们坚信新闻媒介在日常生活中维系着社会作为一个整体的运作，并推动着社会的进步，而且当社会处于危机时，媒介还具有强大的社会凝聚力。这些观点使研究者和公众对媒介角色的认知发生了转变，媒介不再仅仅被看作可以让个人完全自由表达的舞台，而更被认为是整个社会发展的一部分，在社会的发展和进步中起着重要的推动作用。以上这些研究者的理论综合起来，便为媒介社会责任理论的产生提供了坚实的理论基础。

1947 年，美国的哈钦斯委员会以大量的研究取证工作为依据，出版了一份名为《一个自由而负责的新闻界》的报告。这标志着媒介社会责任理论正式形成，为新闻和大众传播媒介实践工作提供了新的指导原则。

---

① 李普曼. 公众舆论. 北京：商务印书馆，2002：24-25.

社会责任论是在对传统的报刊自由主义理论进行反思和修正的过程中衍生而来的，其目标不是要彻底否定和抛弃自由主义理论，而是要对自由主义理论进行革新与发展。一方面，社会责任论继承了自由主义理论中关于新闻自由不可剥夺的思想，始终强调新闻自由的宝贵性、重要性；另一方面，社会责任论坚持享有新闻自由的同时必须承担社会责任，强调自由是权利和义务的统一。“自由伴随着一定的义务，享受着政府赋予的特权地位的报刊，有义务对社会承担一定的责任，这就是作为现代社会的公众通信工具而执行一定的基本功能。”①

社会责任论对自由主义理论进行了反思，并修正了其中部分不合时宜的内容。

第一，修正了人性认识中的理性观。在传统自由主义理论下，人被视为有道德的、完全理性的人，能够倾向于追求真理。但历史事实和现代社会学已表明，人类理性并非如此完美。有鉴于此，社会责任论提出，人并非完全的理性动物，人类的目标不是寻求真理而是满足自身直接的需求和欲望，人类理性不可靠且人们懒于运用它，传媒负有引导理性生活、塑造道德精神的责任。

第二，扩充了传统的责任观。社会责任论摒弃了绝对自由的观念，强调责任与自由、责任与权利的统一。

第三，揭示了责任的社会性。社会责任论不仅强调责任与权利的统一，还揭示了传媒所负责任的社会性。只要媒体对社会产生影响，其社会责任就是无法回避的问题，越是对他人产生重要影响，其所承担的责任就越重大。因此，那些传媒从业者及传媒集团的控制者对社会整体都负有不可推卸的责任。②

从报刊自由主义理论到社会责任论，这一过程看似是一种理论对一种理论的替代，其背后却是传媒业的急速发展和传媒权力的扩张。社会责任论的提出，实现了新闻自由由从不受限制的“消极自由”到勇于担责的“积极自由”的转变，在无形中已经将媒介自身的理想与整个社会的稳定发展结合在了一起。

二、中国：传媒具体而实际的责任承担

（一）新闻工作者要对党和政府负责

在我国，新闻事业是中国共产党领导下的具有中国特色的社会主义新闻事业，这表明了无产阶级新闻思想中的鲜明党性。我国新闻媒体接受中国共产党的领导，既是党和政府的耳目喉舌，也是人民的耳目喉舌，党性原则是新闻事业发展过程中最重要的指导原则。

1. 新闻事业要坚持党性原则

中国共产党成立之初，我党就认识到以党性原则指导党的新闻实践的重要意义。《中国共产党第一个决议》第二部分“宣传”规定：“一切书籍、日报、标语和传单的出版工作，均应受中央执行委员会或临时中央执行委员会的监督。每个地方组织均有权出版地方的通报、日

① 郭庆光．传播学教程．2版．北京：中国人民大学出版社，2011：143.

② 朱辉宇．传媒社会责任理论再思考．传媒，2010（11）．

报、周刊、传单和通告。不论中央或地方出版的一切出版物，其出版工作均应受党员的领导。任何出版物，无论是中央的或地方的，均不得刊登违背党的原则、政策和决议的文章。”[①] 1942年3月16日，中宣部发出《为改造党报的通知》，明确指出：“报纸是党的宣传鼓动工作最有力的工具，每天与数十万的群众联系并影响他们，因此，把报纸办好，是党的一个中心工作，各地方党部应当对自己的报纸加以极大注意，尤应根据毛泽东同志整顿三风的号召，来检查和改造报纸。”《通知》还明确指出，“报纸的主要任务就是要宣传党的政策，贯彻党的政策，反映党的工作，反映群众生活，要这样做，才是名副其实的党报”。

十一届三中全会以后，邓小平同志向新闻界提出了全面、正确、完整、生动地宣传党的四项基本原则的任务和要求，以更加有效地向人们宣传党的工作重心和政策，真正实现党的工作着重点的转移。他认为，坚持新闻工作的党性原则必须要坚定不移地高举马列主义、毛泽东思想的伟大旗帜，要完整准确地宣传党的纲领路线和方针政策，要高度自觉地强化党对新闻工作的领导。

1994年，江泽民同志在全国宣传会议上指出了新时期党的新闻事业的基本要求。他提出，党的新闻事业要“以科学的理论武装人，以正确的舆论引导人，以高尚的精神塑造人，以优秀的作品鼓舞人”。

2002年1月，胡锦涛同志在全国宣传部长会议上指出：“新闻媒体是党和人民的喉舌，一定要坚持新闻工作的党性原则，坚持团结稳定鼓劲、正面宣传为主的方针，牢牢把握正确的舆论导向，努力营造昂扬向上、团结奋进、开拓创新的良好氛围。”

2016年2月，习近平总书记在党的新闻舆论工作座谈会上发表重要讲话，指出：“党的新闻舆论工作是党的一项重要工作，是治国理政、定国安邦的大事，要适应国内外形势发展，从党的工作全局出发把握定位，坚持党的领导，坚持正确政治方向，坚持以人民为中心的工作导向，尊重新闻传播规律，创新方法手段，切实提高党的新闻舆论传播力、引导力、影响力、公信力。”

坚持新闻事业的党性原则是马克思主义新闻观的核心要求，是我国社会主义新闻事业的根本原则，是党的新闻事业和宣传工作成功的决定性因素，其内涵也是与当代中国的基本国情和根本制度相适应的。

首先，中国共产党是我国社会主义事业的领导核心，我国新闻事业是党的事业的重要组成部分。新闻媒体是党和政府的喉舌，那么就必须主动地接受党的领导，积极地宣传党的政策，在政治立场上与党和政府保持一致，保证党的方针的正确性，真正起到新闻事业的喉舌作用。只有坚持党性原则，我国的新闻事业才能在新时代瞬息万变的大环境中坚持正确的政治方向，在错综复杂的形势中分清是非，坚定立场，为我国的社会主义建设事业提供强大的舆论保证。

其次，我国的新闻媒体同时也是人民的喉舌，为人民服务，走群众路线也是新闻事业坚持党性原则的内在要求。中国共产党代表的是中国最广大人民的根本利益，有利于社会的发展、人民生活水平的提高，不仅是判断党的工作成功的标准，也是衡量我国新闻事业党性原则的标

---

① 方纲要．我国新闻事业的党性原则刍议．中国法硕，2011（8）．

准。只有坚持党性原则，才能使新闻深入群众生活、体察百姓疾苦，做到真正的为人民服务，也才能使我国的新闻事业受到人民的拥护与支持。

再次，进入21世纪，我国面临着日渐复杂的国内外的新局面。在国际范围内，由于传播技术的飞速发展，各种思想潮流的交流与融合比以往更加容易和频繁，国际上对新闻舆论导向的竞争也更加激烈。在国内，我国正处于社会转型时期，人们的生活、思想等方面都发生了深刻的变化，多元化程度加剧。在这种情况下，我国的新闻事业就更加需要坚持党性原则，与中央保持一致，增强大局意识，并且要发挥新闻事业的舆论导向作用，坚持正确地引导社会舆论，坚持科学发展，促进社会和谐，维护国家的长治久安。

最后，我国新闻事业自身正在经历着巨大的变革。我国新闻行业的发展速度越来越快，新的媒介技术和媒介形式层出不穷。在社会主义市场经济体制下，发行量和收视率受到了前所未有的关注，同时低俗、恶俗和炒作之风诸多问题显现出来。面对这种情况，只有坚持和加强党性原则，才能使我国的新闻事业改革沿着正确、健康的道路发展。

2. 新闻事业如何坚持党性原则

既然坚持党性原则是马克思主义新闻观的根本原则，那么新闻工作者在新闻实践中就必须充分认识到党性原则的重要性，保持清醒的头脑，树立大局意识，在工作中坚持党性原则。

首先，新闻工作者要正确认识新闻事业的党性原则，在工作中和思想上确立党性原则在实践中的核心地位。必须无条件地服从党的领导；把党的纲领作为自己总的宣传纲领，无条件地宣传党的基本理论、方针政策，使之变为广大人民的自觉行动；不得公开传播任何违背党纲、党章及党组织决议的文章；不得公开批评关系到全局性的重大理论问题以及重大方针政策；对任何违背中央制定的路线、方针、政策的错误展开斗争；积极维护党和国家的权力与利益，不得泄露国家机密。

其次，新闻工作者在实践中要坚持正确的舆论导向，把社会效益放在首位，必须明白新闻事业是与党和国家的前途命运密切相关的。在一些重大事件和重大问题上，如果新闻工作者的新闻观不正确，就无法正确地引导公众舆论，那么将会给党和国家的事业带来重大的负面影响。2008年，胡锦涛同志在视察人民日报社时指出："舆论引导正确，利党利国利民；舆论引导错误，误党误国误民。要牢固树立政治意识、大局意识、责任意识、阵地意识，把坚持正确导向放在新闻宣传工作的首位，坚持团结稳定鼓劲、正面宣传为主，唱响主旋律，打好主动仗，更加自觉主动地为人民服务、为社会主义服务、为党和国家工作大局服务。"这说明了新闻工作者坚持舆论导向的重大意义。

再次，新闻工作者在新闻实践中必须坚持维护社会主义新闻事业的党性与人民利益的统一，坚持密切联系群众的作风。新闻媒体既是党和政府的喉舌，也是人民的喉舌，反映人民的愿望与要求和宣传党的方针政策是一致的，维护人民的利益，对人民负责与维护党和国家的利益也是统一的。新闻工作者要深入实际，坚持落实新闻工作的"三贴近"原则，积极反映人民的利益诉求，这样同时坚持了党的立场，促进党和人民的沟通与交流。

最后，在社会主义市场经济环境中，新闻工作者在工作中坚持党性原则的同时，也要充分发挥新闻工作者自身的积极性、主动性和创造性。重视新闻规律的作用，一切从实际出发，在宣传党的方针政策时要结合自身的实际情况，同时要善于发现新出现的问题和情况，这样，新闻工作者才能更好地完成党的新闻舆论工作。

（二）新闻工作者要对受众负责

受众是信息传播的接受者，作为信息传播过程中的最终端，他们在大众传播过程中有着相当重要的影响力。受众赋予了媒介报道新闻信息、发表评论和进行舆论监督的权利，是媒介权利的来源。所以作为新闻工作者，在新闻实践中不仅要考虑媒介自身的经济效益，更要注重总体的社会效益，必须对受众负责。

1. 尊重、维护受众的权利和尊严

受众在媒体面前，首先是法律意义上的公民。既然是公民，就应该享有我国宪法和法律所赋予的一切权利和尊严。我国的媒介受众作为公民，在信息传播领域内应有的主要权利如下：

（1）知情权。知情权，指受众可以利用新闻媒介获取有关社会公共领域的信息以及与本人相关信息的权利，具体来说包括政治知情权、司法知情权、公共生活知情权和个人信息知情权。新闻作为大众信息传媒，是信息传递的中介。所以，新闻工作者在实际工作中必须要保障媒介受众的知情权，要为受众提供真实、有用的新闻信息，扩大公共信息的资源和范围，以便帮助受众选择满足他们需要的信息，更加准确地做出判断和决定。但是，新闻工作者维护受众的知情权并不是没有限制的，在涉及国家利益和公民个人隐私等信息的情况下，新闻工作者就不得再为受众提供此类信息，否则就超越了法律所允许的范围。

（2）表达权。表达权，主要指媒介受众利用媒介来表达自己意见和愿望的权利和自由，其中包括受众针对媒介批判自己的意见提出反驳的权利，参与媒介上关于社会问题讨论发表自己的意见和建议的权利等方面。新闻媒介在社会生活中不仅是信息传播的中介机构，还作为表达的窗口履行着自身的重要职责。如果受众的一些观点和愿望不能表达或者得不到表达的机会，那么最终会对社会的稳定带来巨大的威胁。因此，新闻工作者必须要重视受众的表达权利，给每一个受众以公平的机会来公开地表达自己。但是，新闻工作者也应该意识到，和知情权一样，受众的表达权也不是无限制的。一切自由的表达都必须在法定的范围内，否则便无法真正维护受众的表达自由。

（3）批评建议和监督的权利。批评建议和监督的权利有两层含义：第一个层面主要是指受众在法定范围内，有通过媒介对社会生活中各个领域内的部门和各项活动进行批评建议和监督的权利，依法行使舆论监督权。新闻媒介和新闻工作者要在法律范围内积极拓宽受众交流和表达的各种渠道，使受众的舆论监督权得到正确、合理和充分运用。第二个层面是指受众还依法享有对新闻媒介的各项工作进行批评建议和监督的权利。我国的新闻媒介是对党和人民负责，为党和人民服务的。同时，新闻媒介作为社会公共生活的重要构建者之一，肩负着维护公共利益和满足公众要求的职责。所以，我国的新闻媒介和新闻工作者要自觉地接受人民的监督，积极听取人民的批评和建议，把人民的利益放在第一位。这样才能真正地做到想人民所想，急人民所急，才能使我国的新闻媒介更好地为人民服务。

2. 引导、培养受众积极健康的媒介消费方式

在如今的媒介时代，受众作为媒介的消费者受到了极大的重视。媒介受众观也正在经历由“传者中心”向“受者中心”的转变。特别是我国在改革开放后，在市场经济体制下，面对激

烈的市场竞争，我国的大众传播媒介逐渐认识到了受众的重要性，以受众需求为导向成为各个媒介的发展共识。一些新闻媒介极力迎合受众，试图最大限度地满足受众对媒介的要求。但是如此不加分辨地迎合受众的需要，就很容易导致媒介出现娱乐化和低俗化的倾向，如有些新闻媒介和新闻工作者过分迎合受众的猎奇心理，专门为受众提供八卦绯闻、恶俗炒作和渲染暴力色情等内容来吸引受众的注意力。媒介用这样的方法来迎合受众，并不是真正地以受众为信息传播的中心，更不能真正做到对受众负责。

新闻媒介和新闻工作者作为社会领域内信息传播的“把关人”，不能只顾追求经济效益而忘记了自身肩负着的社会责任。新闻工作者有责任正确地引导受众，而不只是一味地迎合受众。要在坚持正确导向的前提下合理地满足受众的媒介消费需求，并不是受众的一切需求都要予以满足。同时，新闻工作者更要重视受众的高层次需求，为受众多推荐一些高雅的媒介文化，更要发挥新闻媒介的教育功能，提高受众的媒介素养，在潜移默化中培养受众高雅的审美趣味，使受众养成良好的媒介消费习惯。另外，新闻工作者自身也要自觉自律，坚决抵制低俗化的新闻报道。只有这样，新闻工作者才能真正做到对受众负责。

（三）新闻工作者要对社会负责

新闻媒介在我国的社会发展和进步的过程中承担着重要的社会责任。作为新闻工作者，要树立为公众和社会服务的理念，真正做到对社会负责。

1. 正确处理经济效益和社会效益的关系

新闻媒介和新闻工作者要有一定的社会担当，把社会效益放在第一位，关注人民所关心的事情，积极主动地为人民服务，以推动社会整体的和谐发展为目标，以我国的实际情况为依据，为人民生活水平的改善做出努力。要公正客观地报道新闻，揭露损害公众和社会利益的现象。在这样的前提下，新闻工作者才能做到经济和社会效益的“双赢”，而不是过分地追逐经济利益，置社会效益于不顾，如果这样，那么媒介的经济效益是不能长久的。

2. 转换传统的媒介角色来适应媒介环境的变化

媒介技术的发展使得人人都可以成为信息的制作者和传播者，但是在这些海量的信息中，很多信息真假难辨，这使得受众比以往更加容易在信息中迷失。所以，我国新闻工作者应该适应新时期的变化，将把关人的角色转变为信息的解释者，来补充受众所获得的信息的准确性，并且要做到平衡公众意见的表达，真正做到守望社会。

3. 充分认识媒介对公众生活、社会舆论的引导作用

首先，在大力传播我国优秀文化的过程中，要充分发挥媒介的文化传承功能，要及时纠正新闻庸俗化的倾向，力避低俗、媚俗、恶俗的信息和娱乐内容的沉渣泛起，努力为公众打造文明的生活方式和积极向上的社会风气。其次，要充分发挥媒介监督和引导舆论的职能，发挥媒介作为“社会公器”的作用，进行舆论监督，纠正政策中存在的偏差，督促政府真正地以人民的利益为福祉。最后，媒体更要注意为人民拓宽意见表达的渠道，使人民的意愿能够被政府知晓。

总之，有社会责任感的媒体，必然反映公众心声，代表公众良知，引领社会风尚，维护社会秩序，和谐社会关系，推动社会进步。

第二节　新闻写作中的职业伦理规范

没有良好道德与职业操守的支撑，社会责任的理论规范再好，也是无法实现的。因此，在社会责任论提出之初，人们就极力强调传媒的道德自律，倡导传媒的独立与自省。在今天社会环境急剧变化的背景下，强调“以德治业”，加强新闻职业伦理规范建设仍然是一个非常重要的命题。

一、新闻职业伦理规范的建设历程

相对于我们前面一章谈及的新闻法制规范，媒介自律属于道德范畴，要求新闻工作者加强自身的职业道德修养，按照一定的道德标准来约束自己。自律一般是要通过制定新闻道德自律信条来实现的。伴随着新闻业的发展，世界各国都意识到了加强新闻职业道德建设的重要性，也纷纷制定了相关的职业道德准则和信条。

（一）西方各国纷纷制定新闻职业守则及信条

早在1874年，瑞典政治家俱乐部就制定了职业守则，对报业行为进行规范，这是世界上第一个新闻职业道德准则。不过，在全球范围内有重大影响力的新闻职业道德准则多出自美国的一些著名报人、学者和新闻团体。1908年，密苏里新闻学院院长沃尔特·威廉（Walter Williams）亲手制定的《报人守则》，被译成几十个国家的文字，在世界上广为流传；1923年，美国报纸主编人协会制定了《报业信条》，1975年修订后《信条》涉及责任、新闻自由、独立、诚信、公平、正直、庄重等七条内容，这一信条在世界范围内广泛传播，被很多国家视为职业道德建设的参考范本。此外，在美国，许多新闻单位也制定了自己的职业守则。有调查显示，在20世纪80年代，美国大约三分之二的报社有成文的道德规范。因此，美国成为全球新闻职业道德建设开展最全面的国家。

20世纪中叶开始，随着新闻事业的快速发展，世界各国在新闻职业道德建设方面都投入了很大力量。在日本，日本新闻协会在1946年和1958年分别制定了《新闻伦理纲领》和《广告伦理纲领》；1966年，法国全国新闻记者联合会修订公布了道德信条；1964年，加拿大法人报人协会通过了《报业廉政章程》。

国际上形形色色的职业道德规范虽然很多，但是在内容和主旨上却有着很大的共性。学者王怡红认为，媒介自律的内容通常由两部分组成：“一部分是工作标准，另一部分是职业道德标准。工作标准建立在信仰新闻自由的基础上，建立在维护新闻品性标准的基础上。它们包括新闻业的独立精神，为公众利益服务的宗旨；对新闻的真实、客观、公正、平衡等标准的恪守。站在自律的立场上，这部分内容带有‘应该做’的意味。职业道德准则是建立在道德责任的基础上，由十分具体的约束条款组成，如禁止虚假新闻，禁止在批评报道中进行诽谤，禁止在采访报道中侵犯他人的隐私，禁止收受影响客观报道的酬谢，禁止参与商业及广告活动等等，这些条款是‘禁止性’的。”①

欧洲学者统计分析了31个欧洲国家或地区新闻职业道德准则的57个关键词汇，认为表达以下含义的词汇具有普遍性：信息的真实、公正、准确；更正；禁止基于种族的、民族的、宗教的等方面的歧视；尊重隐私权；禁止受贿和接受礼物；以公正手段获取信息；禁止外界力量影响记者工作；言论自由；保守职业秘密；等等。② 这个关于职业道德准则的研究分析基本上印证了国际新闻界在职业操守上的共同认识。

（二）我国新闻职业道德建设的历程

五四运动后，西学东渐之风把西方新闻道德自律信条传到了中国。1921年12月密苏里新闻学院院长威廉博士到中国访问，带来了他的《报人守则》；此后，美国报纸主编人协会制定的《报业信条》也被介绍到中国。1939年，新闻教育家俞颂华写的《论报业道德》一文也介绍了美国报业的一些信条。这些信条，对我国新闻职业道德建设的开展提供了有益的借鉴和参考。

1942年，马星野受中国新闻学会的委托，在参考了西方特别是美国一些新闻团体的信条后起草拟订了《中国新闻记者信条》。不过，受到当时战争环境的影响，《中国新闻记者信条》只在大后方国民党管辖下部分地区的新闻界实行。

新中国成立后，范长江于1950年7月在华东新闻讲习班开学典礼上发表讲话，提出“人民新闻工作者的四个信条”。其要点如下：消息绝对真实；思想要正确；群众观点的建立；建立自我批评。由于种种原因，这四个信条也未能在全国新闻界得到普遍认可和推行。

改革开放后，我国的新闻职业道德建设日益得到重视，职业道德信条的确定成了首要任务。1981年，中共中央宣传部新闻局和中央新闻单位商拟了一个《记者守则（草案）》，在内部发到各新闻单位试行。“试行草案”的颁行，标志着我国新闻职业道德建设的起步。“试行草案”共十条，其内容基本上涵盖了新闻从业人员所应遵循的职业道德要求。“解读这十条新闻职业道德要求，其中与新闻真实性原则相关的就达六条之多。可见，‘试行草案’的重点，是维护新闻真实性原则，反对新闻失实现象。”③

1987年，《中国新闻工作者职业道德准则》草案出台，提出社会责任、真实全面、客观公正、遵纪守法、坚持真理、廉洁奉公、增进友好和团结协作等八条行为规范。这一草案在试行和征集各方面意见的基础上，于1991年1月在中国记协第四届第一次理事会上正式通过。后来又根据《准则》实行的情况和会员的意见，于1994年6月、1997年1月和2009年11月进行过三次修订。修订后的准则包括七条内容：

第一条　全心全意为人民服务。要忠于党、忠于祖国、忠于人民，把体现党的主张与

① 王怡红．越过迷误：追寻新闻自律的价值意义——兼论美国新闻自律领域．新闻与传播研究，1994（4）．

② 陈中原．点击新闻职业道德关键词：84个国家或地区新闻职业道德准则73个关键词汇的统计分析（上）．新闻记者，2007（6）．

③ 黄瑚．探析改革开放后我国新闻职业道德建设的历史轨迹．湖南大众传媒职业技术学院学报，2002（12）．

反映人民心声统一起来，把坚持正确导向与通达社情民意统一起来，把坚持正面宣传为主与加强和改进舆论监督统一起来，发挥党和政府联系人民群众的桥梁纽带作用。

第二条　坚持正确舆论导向。要坚持团结稳定鼓劲、正面宣传为主，唱响主旋律，不断巩固和壮大积极健康向上的舆论。

第三条　坚持新闻真实性原则。要把真实作为新闻的生命，坚持深入调查研究，报道做到真实、准确、全面、客观。

第四条　发扬优良作风。要树立正确的世界观、人生观、价值观，加强品德修养，提高综合素质，抵制不良风气，接受社会监督。

第五条　坚持改革创新。要遵循新闻传播规律，提高舆论引导能力，创新观念、创新内容、创新形式、创新方法、创新手段，做到体现时代性、把握规律性、富于创造性。

第六条　遵纪守法。要增强法治观念，遵守宪法和法律法规，遵守党的新闻工作纪律，维护国家利益和安全，保守国家秘密。

第七条　促进国际新闻同行的交流与合作。要努力培养世界眼光和国际视野，积极搭建中国与世界交流沟通的桥梁。

与以前的版本相比，2009年版《准则》在形式和内容上都有重大调整，其中一些内容，如第五条“坚持改革创新”是首次出现在《准则》中的。“坚持改革创新”强调了新闻职业道德建设的时代性、现实针对性以及与时俱进的思想，具有十分重大的现实意义。

二、新闻写作中的媒体职业道德失范

新闻工作包括采写编评等多个环节。从新闻工作自身流程来说，大家可能会更看重采访，因为采访从一开始就决定了我们获取信息的质量，所以人们才会说七分采访，三分写作。但是从读者角度来说，新闻写作才是其中最重要的环节，因为媒体是通过作品与读者进行交流的，新闻写作是联系读者与记者的一座桥梁。在这一环节，媒体是否能坚守职业道德规范直接影响到最终的新闻作品和媒体的公信力问题。

“新闻自律信条，是从道德方面进行约束，靠内心信念来维系，因此，有的人道德观念强，执行就比较自觉；反之，有的人道德观念弱，或者因为别的原因，就不认真执行，甚至我行我素。”[①] 在如市场竞争、媒体环境、社会大风气的影响下，媒体职业道德失范成为全球传媒业的致命伤，新闻写作环节暴露出的媒体失范现象比比皆是，然而读者抱怨最多的集中在虚假新闻、有偿新闻、媚俗新闻和缺乏人文关怀等几个方面。

（一）虚假新闻

新闻是新近发生的事实的报道，各国的新闻道德信条无一不把新闻的真实性问题放在核心位置。但是在真正的新闻实践中，新闻失实的情况却屡见不鲜。虚假新闻虽然表现形式很多，但是“都有一个共同特征，即新闻报道离开新闻赖以生存和依存的客观事实，任意凭着个人的

---

① 蓝鸿文．世界扫描：新闻自律的一项基本建设——道德信条．国际新闻界，2001（2）．

主观愿望或依据他人的意志去报道新闻”[①]。除了记者刻意捏造事实之外，在新闻写作环节中媒体的断章取义、以偏概全已经成为虚假新闻泛滥的重要原因。

断章取义主要表现为三方面：其一，张冠李戴，将本来代表某些人或事物的观念、言论、情况等安排到另外一些人或事物之上；其二，掐头去尾，将一些原本需要上下关联或联系语境来理解的言论去掉前提和最终结论刊播出来，造成与被采访者的原意不相符甚至完全相反的新闻报道；其三，指鹿为马，对事件或某些概念进行错误的解释，并将原本相似或者不同的概念加以混淆，造成对受众的误导。

以偏概全主要表现为两方面：其一，在没有全面了解实际情况之前，就主观地将原本代表某些人、群体或某一地方的言论、观点、情况等夸大至整体公众或全国范围。尤其在言论方面，一些新闻工作者容易将只代表私人意见的个人言论片面夸大，扩大至公共舆论、政府官方言论等范畴。其二，以点代面，新闻工作者在撰写新闻稿件时，经常会将在新闻事件中出现的某一方面的情况或问题单独挑选出来，着重描写并突出渲染这些情况和问题，以至于在整个的新闻报道中强化了这些具体细微的点而弱化了新闻事件整体的地位。

2011年沸沸扬扬的所谓北大校长批评美国教育的新闻[②]就属于断章取义、以偏概全的典型案例：

> 北大校长周其凤是湖南长沙浏阳人，因为敢讲敢说，数次成为媒体关注焦点。昨日，周其凤站在家乡长沙市一中的讲台上，面对长沙四大名校中学生进行演讲。周其凤数次强调演讲的目的不是宣传北大，但演讲中多次赞颂北大是中国最好的一所大学，以至于很多学生或者老师都觉得周校长此行就是揽生源的。……
>
> 演讲会进行了2个多小时，周其凤说自己要讲两个方面的内容，一是谈谈北大，二是谈谈自己。不过，谈北大的时间明显要多很多，他反复告诉同学们，北大是中国最好的一所大学，“如果错过北大，真的很亏”。
>
> 对于现在很多人否定中国的教育，周其凤持不同态度，“我认为美国的教育一塌糊涂，他们的每一任总统都不懂得尊重人，总是把自己的意愿强加于别人，如此看来，他们的教育是一塌糊涂的”。周其凤认为中国的教育很成功，理由是中国这些年都在飞速发展，“我们的国家在进步，靠的就是我们的教育培养的人才”。

在这个案例中，新闻的撰写者为了达到轰动的新闻效果，并没有把北大校长所说的话完整地呈现给读者，也没有把前后的语境交代清楚，而是把其讲话断章取义，选择了其中最有可能引起广泛争议的词句，并把这些词句作为其此次讲话的重要内容加以渲染报道。报道对其他关键信息的刻意忽略，致使人们纷纷对周其凤的表述做出了非常负面的评价。而其完整的原话表述的并不是这个意思，其完整表述如下[③]：

> 现在大家都觉得美国的教育好，我们也在向美国学习，什么哈佛、MIT等等，其实美国的教育也不是那么好。它有它好的地方。怎么讲？美国的教育对于培养合格的或者说

---

① 郑保卫．新闻职业道德之误区之一：虚假新闻．军事记者，2001（7）．

② 北大校长批美国教育一塌糊涂　称总统不懂尊重人．潇湘晨报，2011－12－25．

③ 北大校长演讲报道被指断章取义．东南快报，2011－12－27．

优秀的美国公民，这是很成功的，因为美国培养了那么多人才，把美国建设成为这么一个很霸气的强国。但是如果是从我们现在是个地球村，在培养世界公民这个角度来说，我认为美国的教育是一塌糊涂。它培养的人，也就是说他们感到骄傲的是他们的总统，哪个总统懂得尊重人家？就想欺负人家，就想把它的价值观强加于人，就想按照美国说怎么样就怎么样办。所以，从这个角度来说美国的教育是一塌糊涂，这是我的看法。

…………

我们的教育有我们教育的优势，特别是我们中华民族的一些教育思想，是值得我们很好地学习和发扬的。如果我们的教育能这样的话，我们培养的人才能够懂得尊重人家，同时也会尊重自己，不会看不起自己。我们也有的人一天到晚就是看不起自己，一天到晚都是觉得美国什么都好，我们中国自己的什么都不好，要全盘学人家的。其实不是，我们中国的教育思想有很多非常优秀的精华、传统，是值得我们挖掘、学习、继承和弘扬的。

不难看出，《潇湘晨报》那篇报道的写作者为了制造热点，有意忽略了另外一些重要的表述。无独有偶，有媒体报道安徽“环卫奶奶”被解聘，却只字不提有关部门已为其办理低保与救济的事实。这样的选材偏向直接暴露出当前媒体的“缺乏善意”和“不怀好意”的顽疾。“个别媒体的报道越来越缺乏善意，甚至不怀好意，离自己所应肩负的社会责任越来越远。本来，媒体首先应考量报道的社会效果，是否有利于形成社会共识、弥合社会裂痕，是否有利于推动社会发展。媒体的立场应该是善意的、富有建设性的。但现实是，有些媒体却刻意制造社会矛盾。”① 因此，如何客观公正和怀抱善意地看待和报道社会事件，是媒体亟须补习的功课。

（二）有偿新闻

有偿新闻有多种形式，其中有偿出售版面或播出时段和新闻工作者收取“红包”或其他利益是其最普遍的形式。虽然有偿新闻为新闻媒体和新闻工作者提供了私人经济来源，却在整个新闻界甚至在社会中引起了巨大的负面影响。它破坏了新闻的真实性、客观性和公正性，导致了非新闻的新闻化和新闻侵权事件的频发。此外，有偿新闻的特点之一就是牟取私利，这就和贪污腐败有了共同之处，这一特点对社会腐败起了推波助澜的作用，严重损害了社会公益，并且腐蚀了新闻工作者的职业能力，降低了新闻报道的质量，侵害了受众利益，也使得新闻媒介的公信力迅速丧失。为了杜绝有偿新闻现象的泛滥与危害，1993 年，中宣部和新闻出版署联合下发了《关于加强新闻队伍职业道德建设，禁止“有偿新闻”》的通知，要求新闻单位和新闻工作者不得接受被采访或被报道者以任何名义给的礼金和有价证券，不得向被采访或被报道者索要钱物；各单位不得以任何名义向新闻单位和新闻工作者赠送礼金和有价证券，也不得以重奖办法吸引新闻工作者到本地区、本单位采访报道。

1997 年，中宣部、新闻出版署、中国记协等单位联合颁布了《关于禁止有偿新闻的若干规定》，其中规定：新闻单位及新闻工作者在采集、编辑、发表新闻时，不得以任何形式收取费用，不得以任何名义向采访报道对象索要钱物，不得接受采访报道对象以任何名义提供的钱

---

① 林琳．媒体，请守住真实和善意的底线．人民日报，2012－02－20．

物、有价证券、信用卡等；新闻工作者不得以任何名义向采访报道对象借用、试用车辆、住房、家用电器、通信工具等物品；新闻工作者参加新闻发布会和企业开业、产品上市以及其他庆典活动，不得索取和接受各种形式的礼金；新闻单位在职记者、编辑不得在其他企事业单位兼职以获取报酬；未经本单位领导批准，不得受聘担任其他新闻单位的兼职记者、特约记者或特约撰稿人；新闻工作者个人不得擅自组团进行采访报道活动；新闻工作者在采访活动中不得提出工作以外个人生活方面的特殊要求，严禁讲排场、比阔气、挥霍公款；新闻工作者不得利用职务之便要求他人为自己办私事，严禁采取“公开曝光”“编发内参”等方式要挟他人以达到个人目的；新闻报道与广告必须严格区别，新闻报道不得收取任何费用，不得以新闻报道形式为企业或产品做广告；凡收取费用的专版、专刊、专页、专栏、节目等，均属广告，必须有广告标识，与其他非广告信息相区别；新闻报道与赞助必须严格区分，不得利用采访和发表新闻报道拉赞助；新闻单位必须把各种形式的赞助费，或因举办“征文”“竞赛”“专题节目”等得到的“协办经费”，纳入本单位财务统一管理，合理使用，定期审计；在得到赞助或协办的栏目、节目中，只可刊播赞助或协办单位的名称，不得以文字、语言、图像等形式宣传赞助或协办单位的形象和产品；新闻报道与经营活动必须严格分开，新闻单位应由专职人员从事广告等经营业务，不得向编采部门下达经营创收任务，记者、编辑不得从事广告和其他经营活动。

虽然有了禁止有偿新闻的规定，但是有偿新闻依然不断。2002 年 6 月 22 日，山西省繁峙县义兴金矿发生特大爆炸，造成 38 人死亡，直接经济损失 1 000 余万元。事故发生后，矿主和有关部门试图隐瞒事故真相。新华社山西分社的四名记者赶到繁峙后，非但未去事故现场采访，反而收受了矿主的巨额贿赂和接受了地方政府的盛情款待，将本该报道的新闻压了下来。后经山西省和中央相关媒体记者的不懈努力，真相大白于天下。

进入 21 世纪之后，有偿新闻又演变出一种新的形式，即“新闻敲诈”，指的是媒体或记者以威胁发表相关批评稿件或新闻报道的方式来获取私人利益。一些毫无社会责任感和职业道德感的新闻媒体和记者，利用自身拥有媒体话语权的优势，专门挑剔地方政府和企业的不足和错误，以写出或发表针对性的批评报道来威胁被报道者，来达到他们的私人目的。近年来我国关于有偿新闻的案例中，影响比较大的是 2008 年的“山西封口费”事件①和 2014 年的 21 世纪网新闻敲诈案②。“山西封口费”事件和 21 世纪网新闻敲诈案给我国新闻界和记者的声誉造成了非常恶劣的影响，损害了新闻媒体的公信力。不管是“有偿新闻”还是“有偿不闻”，其实质都是运用新闻采编权和舆论监督权去牟取私利，作为媒体身上的“恶性肿瘤”，其不仅损害了

① 2008 年 9 月 20 日，山西省霍宝干河煤矿发生坍塌。事故发生后，煤矿负责人为隐瞒事实真相，封锁消息，未及时向上级报告，反而为闻风而来的各地的所谓“记者”发放“封口费”，多则上万元，少则几千元，并且有 28 名不法分子假借媒体记者的名义来勒索“封口费”。本书在第五章和第七章介绍了《中国青年报》对此事的报道。

② 2014 年 9 月 3 日，上海市公安局宣布侦破一起以舆论监督为幌子、通过有偿新闻非法获取巨额利益的特大新闻敲诈案件，涉案的 21 世纪网主编和相关管理、采编、经营人员以 21 世纪网为平台，以不报道负面新闻为诱饵，联合公关公司收取上市或者拟上市公司的“保护费”。对于愿意“合作”的企业，在收取高额费用后，通过夸大正面事实或掩盖负面问题进行“正面报道”；对不与之合作的企业，在 21 世纪网等平台发布负面报道，以此要挟企业投放广告或签订合作协议，从中获取高额广告费或好处费。自 2010 年 4 月起，21 世纪网与 100 多家 IPO 企业、上市公司建立了合作关系，收取每家企业 20 万元至 30 万元费用，累计数亿元。

媒体的客观公正，更直接危害着社会公众的利益，贻害无穷。

（三）媚俗新闻

媚俗新闻指以传播色情、暴力、凶杀、恐怖、犯罪等新闻内容并运用耸人听闻的编排手法刺激感官，具有煽情和媚俗倾向的新闻报道。媚俗新闻以争取受众的注意力为主要目标，倾尽全力来满足受众的全部需求，尤其是具有刺激性的低层次需求。美国新闻史上的黄色新闻就是媚俗新闻的典型代表。在市场经济的刺激下，媚俗操作手法在国内很多都市报和一些网站上频频现身。

1. 煽情、夸张，耸人听闻

习惯使用大字号并且颜色醒目的煽情标题，例如红色和黑色，并且极力渲染并不重要的新闻，使之夸张到耸人听闻的程度。为了在市场竞争中取胜，尤其是印刷媒体经常把标题做得很大，来吸引读者的注意。并且这些标题都竭尽全力地突出新闻报道的世俗意味，用来刺激读者的感官，满足部分读者的窥私欲等低层次需求。

2. 捏造新闻，欺骗读者

欺骗读者，捏造并刊播虚假新闻和不实访谈等报道内容，并且经常冒充科学或权威专家，严重违背了新闻的真实性原则。为了吸引读者的注意，一些媒体经常策划一些令人震惊的新闻事件，以此来为自身提供新闻素材，更有媒体为了提高发行量或收听/收视率，经常凭空捏造新闻。

3. 频现滥用和伪造图片

为了使新闻达到预定的传播效果，一些媒体常常打着“有图有真相”的旗号滥用新闻图片，剽窃或伪造的新闻图片频现报端。比如在一些报道中，时常会出现充满血腥、暴力、恐怖和色情的图片，而这些图片却与这些新闻事件无关甚至部分图片本身就是用技术手段伪造的。

在媚俗理念的影响下，不少媒体片面追求“看点”、寻找“卖点”，大肆炒作歌星、影视明星的隐私和绯闻，用媚俗的语言、煽情的标题和不负责任的评论来吸引受众眼球，追求高点击率，制造轰动效应，满足部分受众追逐明星、窥探隐私的心理。许多新闻网站的页面上充斥着美女艳照。“3000年前的女木乃伊怀孕”“大连瓦房店市一女子3年多一口东西不吃能正常生活”等虚假新闻堂而皇之上了报纸。在“社会新闻”板块中，强奸、性骚扰、凶杀等报道内容比比皆是，而且不惜篇幅介绍细节，同时配以大标题和图片刺激读者感官。“点击网络，《今夜激情澎湃》《媚惑》《不良少年11岁有性经验》《一夜情调查实录》充斥其间；图书市场更不必提，某出版社竟然将李渔的《闲情偶寄》分三册重新包装推出，分别冠以‘春光乍泄’‘妖颜惑众’和‘女人好色’的艳名……正所谓：‘书名不坏，读者不爱，书店不卖。’”[①] 媚俗新闻的错误理念和操作手法势必会给整个新闻和传媒行业带来巨大的危害。

首先，媚俗新闻刻意追求戏剧冲突的报道手法使得一些重大且严肃的新闻关注度降低，“明星取代了模范，美女挤走了学者，绯闻顶替了事实，娱乐覆盖了文化，低俗代替了端庄”[②]，人们已经无法再依赖媒介获得有价值的信息，做出正确的决策。

---

① 刘琼．媒体又现媚俗“三招数”．人民日报，2004-12-20.

② 同①.

其次，媚俗新闻并不十分关注对社会进步起推动作用的新闻，而是把注意力放在各种花边新闻和八卦话题上，过分报道“性、星、腥”的新闻，给媒介受众尤其是青少年受众造成了严重的误导，从而导致舆论引导方向的偏差，使得传媒逐渐失去了原本的舆论导向作用。

最后，媚俗新闻的主要目的就是满足受众感官刺激方面的需求，所以其内容主要以满足受众猎奇心理和窥私欲为主，缺乏积极健康的内容，这就导致社会整体道德水平的降低，并危害社会的健康发展。

（四）缺乏人文关怀

新闻道德中最核心的理念就是要关注人、关心人、爱护人，倡导人文精神，这也是新闻真实、客观、公正、自由原则的依据和出发点。在大力倡导构建和谐社会的今天，倡导人文关怀应是媒体义不容辞的一项社会责任。但是，当下新闻写作领域还存在着人文关怀缺失的现象。

1. 新闻伤害当事人权益

在新闻写作中，记者和编辑还应该注意保护报道对象的合法权益，尊重他们合法的个人利益、情感以及人格尊严，不能伤害他人的名誉权、隐私权等个人权利。如果新闻工作者只是把镜头对准报道对象而缺乏对他们的保护意识，就容易在报道中给他们造成伤害。因此，在写作涉及灾难或犯罪案件的新闻报道时，尤其是报道有可能会涉及受害人及其家属时，新闻工作者不能为了渲染报道的煽情因素而不顾事件受害人的尊严和人格，将其个人隐私及私人状态完全地呈现给新闻受众，用这样的方式来“博眼球”极易造成对事件当事人或受害者的“二次伤害”。有时，新闻报道对受害人造成的“二次伤害”甚至比之前发生的事件本身对其的伤害更为严重。

在新闻专业主义领域，避免二次伤害已经被认为是新闻伦理规范的基本要求之一，也是很多新闻媒体及新闻工作者的共识，比如在涉及未成年人的报道中多使用化名、在新闻报道中不能轻易涉及新闻当事人的家庭住址等隐私内容。

2. 恶言冷语无人情味

在语言的运用上，为了追求强烈效果，吸引受众眼球，有些媒体使用抢眼的字词，甚至恶语攻击。例如：吉林某报，报道一跳楼自杀者，标题为《昨晚上演高空飞人》；广州连日酷暑，导致三十余人死亡，某报标题为《广州“酷”毙三十人》；某男子不慎触电身亡，某报标题为《触电男子成烧焦烤鸭》；南京溧水县一行人被车撞倒，当场惨死，当地一家媒体的报道竟然以《骑车人“中头彩”惨死》作为标题。一家省级晚报用《奇怪奇怪真奇怪　一条钢筋穿两人》的标题，报道两个不慎从高楼坠下的建筑工人，另一家都市报形容钢筋将他们像糖葫芦一样“串”在一起。这些标题和报道，对人的生命缺乏应有的尊重，对生命的逝去不但没有惋惜，反而有一种幸灾乐祸的感觉。

2002年大连空难中第一个黑匣子打捞出水时，有媒体曾经发布一张非常有名的照片。记者抓拍到的画面是潜水员找到黑匣子的那一刻：潜水员捧着黑匣子在笑，在场的工作人员在欢呼、鼓掌。显然，记者编辑们忽略了一个前提：这是一起机毁人亡的空难惨剧，这样的照片难免让人觉得不合情理。

三、净化新闻写作中的道德失范现象

新闻职业道德建设并非一蹴而就，要净化新闻写作中的道德失范现象，还需要新闻工作者从理念和实践上继续努力。

（一）强化"真实至上"原则，防范虚假新闻、有偿新闻

1. 确立专业规范，指导新闻实践

媒体要注意把新闻职业道德内化为媒体内部传统的组成部分，内化为一种职业自觉意识和专业标准。媒体要通过各种途径让记者编辑明确新闻职业道德的严格要求，从理念上树立"真实至上"的原则，在新闻实践中确立一系列专业规范。"对于不确定的信息，头脑要清醒，要特别注意区分一般事实与新闻事实，要有三个以上的信息源交叉确认才能采用；强调既要用腿跑新闻，必须亲临现场，更要用脑思考，善于'去粗取精、去伪存真、由此及彼、由表及里'；要摒弃先入为主的立场，不预设这是谁的责任、谁的过错，要通过深入接触，全面采访，尽可能与权威消息源接触，听取权威方面的声音，做出专业判断；要以强烈的责任感充分考虑报道发表后的社会效果；等等。"①

2. 建立可操作制度，确保新闻真实

新闻真实性原则的真正贯彻和实现，需要一系列可操作的制度做保证。报社内部可以设立"新闻职业规范委员会"，由报社高层和内部各部门推举的思想作风正、业务能力强和公信力高的人员组成，负责处理和审查内外部提出的涉及职业道德、新闻真实性等方面的问题，这一措施对于履行职责提供了组织保证，加强了内部监督的力度。

以有偿新闻的防治为例。众所周知，有偿新闻是侵蚀新闻职业道德、阻碍新闻真实性的一个重要因素。在有偿新闻的防治上，除了加强职业道德思想教育外，采编制度和管理制度的设计可以起到一定的监督作用。在采编方面，通过编辑中心制或编辑负责制，由编辑、板块负责人或分管副总编定期对一线记者采写的稿件进行层层审核把关，可以有效增加稿件的真实准确度，减少虚假报道出现的概率。在管理制度安排上，采编部门与经营管理部门更要彻底分家，广告以及其他多种经营活动应由广告和经营管理部门进行，新闻采访、编辑等业务部门严禁参与，同时禁止采编人员介入经营业务。这对于防范有偿新闻、保持新闻真实性和纯洁性大有裨益。此外，还可以建立适当的奖惩制度，将职业道德的考核纳入对新闻从业人员的考核体系中，这无形中也会促进职业道德意识的养成。

（二）避免低俗、媚俗，倡导积极的价值观

"媒体具有强大的社会动员能力，同时在保障人民享有和行使知情权、参与权、表达权、监督权等方面负有不可推卸的社会责任。然而，一段时间以来，人们还没来得及为权利的到来欢呼，蓦然回首，却发现自己常常在真假难辨的信息中迷失了自我，在娱乐化、低俗化的新闻

---

① 张东明．从源头抓起 防范虚假新闻：对新闻职业道德内化的思考．中国记者，2007（10）．

中痛苦挣扎。”① 低俗、媚俗现象的产生，在很大程度上是市场竞争机制引入后，媒体片面追求经济效益和巨额利润的结果。换句话说，低俗、媚俗现象的泛滥归根到底源于媒体对自身社会责任的放弃和背离。

惩治新闻媚俗现象，需要媒体和从业人员在新闻实践中加强社会责任意识的培养和融入，学会从百姓的视角进行新闻报道活动，为受众提供有用、有益的信息和优质、高品位的服务，使媒体成为发布、接收信息和表达、交流意见的公共平台，体现多元的价值取向和丰富多彩的社会生活，提高人们的文化生活水平。即便是对虚假与丑恶现象进行揭批的新闻报道，也不能为了片面追求“眼球”，大肆宣扬丑恶、猎奇、凶杀和色情等，而应以一种有厚度的庄重感和有内涵的严肃性正确地引导受众。如《南方周末》在对社会假、丑、恶行为和现象进行批评性报道时，从不采用简单煽情和片面迎合的手法，该报的报道总是能让“人们在痛心和流泪的同时，得到的是心灵的震撼和净化”，“让读者看到了希望，看到了正义终将战胜邪恶的光明前途”，“让无力者有力，让悲观者前行”，带给人积极向上的精神力量和希望。

“媒体有自身的运作规律，新闻人也有自己的职业尊严。凡是有影响力的媒体，都有着自己的品质风骨，有对底线的坚守，对职责的敬畏。”② 作为社会精神食粮的提供者，媒体还要注意处理好社会效益与经济效益的关系，任何时候勿忘正确引导舆论的职责和本分。在报道争议性人物和事件、现象时，不能丧失起码的道德立场，不可简单迎合部分受众的“娱乐化”需求。在面对热点题材时，作为舆论导向者的媒体还应该学会冷静思考，做出合理的评判，时刻不要忘记自己肩负的引导者职责，力求做到“以高尚的精神塑造人，以优秀的作品鼓舞人”。

（三）坚守媒体良知，重塑人文精神

新闻传媒作为最引人注目的文化载体，在新闻写作的过程中应致力于人文关怀，即在新闻报道中要以人为本，时刻保持对人及其价值、尊严的尊重和爱护，关注人的精神存在和人的可持续发展。

面对转型期的社会调整和市场经济下的躁动紊乱，新闻报道有责任、有能力沉淀出理性和规则。一个有良知的媒体，应该把“人文关怀当作自己的理想和目标，担负起历史和社会的重任，以人文关怀精神来指导报道的实践，把镜头尽可能地瞄准民众关注的焦点，尽可能多地把新闻传递给大众，尽可能多地把客观事实展现给社会，最大限度地尊重民众的知情权，维持和促进社会的健康发展，体现媒体应有的社会责任”③。

媒体在进行新闻采访或写作时要多从被报道者的角度出发，考察在特定情境下被报道者的心理及生命状态，采取合适的采访和报道方式，记者编辑要始终保持真诚的报道态度，不使用嘲讽性的叙述方式、不使用歧视性语言，要尊重受众与报道对象的情感。对于新闻事件的当事人或知情者要采取尊重态度，必要时采用化名或对人物真实图像进行马赛克处理。媒体在新闻报道中，尤其是对普通群众和弱势群体的报道中，应当努力避免调侃、讥讽、揶揄等语气，要

① 高薇，何晏．中国媒体：社会责任的守望者．半月谈，2009（20）．

② 冯雪梅．媒体的责任是要追寻社会真相．中国青年报，2013-01-16.

③ 靖鸣，王辉．新闻报道环节如何实现新闻的人文关怀．改革与战略，2004（11）．

投注真正的理解、关怀、支持和帮助，给予他们切切实实的人文关怀。在呈现新闻报道时，应当考虑到受众的接受程度以及可能的反应，防止造成受众心理上的不适和阴影。[①] 2010 年 11 月 15 日，新华网在上海静安区火灾报道中刊出的图片便很好地体现了人文关怀原则，图片或以现场忙碌的救护人员，或以高楼灾情全景来反映火灾的严重程度，避免了受害者的痛苦被媒体消费的现象，在引起大众关注的同时巧妙避免了在受众心中留下阴影。

人文关怀精神的提倡能够深化新闻主题、扩充新闻内涵、提升报道品位，引发受众的思考与共鸣，从而完成新闻信息价值和文化价值的双重构建，使媒体赢得更多的受众，从而为自身的发展开拓出更为广阔的天地。

【本章小结】

媒体处在意识形态领域的前沿，对社会精神生活和人们思想意识有着重大影响。因此，媒体的社会责任问题才会备受关注。虽然不同国家对社会责任的具体内涵理解不同，但是各国对媒体社会责任的重视态度却是一致的。对社会责任的担当，是媒体的生存之道，也是媒体的长远发展之道。

加强职业伦理道德建设是媒体履行社会责任的前提，我们需要制定新闻职业道德规范，更需要能够将规范付诸实施的制度和措施。职业伦理建设只有双管齐下，才能有效防止新闻写作中的媒体失范。

【思考题】

1904 年，普利策在为成立新闻学院进行的辩护中说了这样一段话："只有最高的理想、兢兢业业的正当行为、对于所涉及的问题具备正确知识以及真诚的道德责任感，才能使得报刊不屈从于商业利益，不寻求自私的目的，不反对公众的福利。"结合当前的新闻业现状，谈谈你的理解和认识。

【推荐阅读书目（或视频、网站等）】

1. 鲁蒂诺，格雷．媒体与信息伦理学．北京：北京大学出版社，2009.

2. 克里斯蒂安，法克勒，罗特佐尔，等．媒体伦理学——案例与道德论据：第 5 版．北京：华夏出版社，2000.

3. 蓝鸿文．新闻伦理学．北京：中国人民大学出版社，2006.

① 陈自雅．"被消费"现象：新闻报道中人文关怀的缺失．青春岁月，2011（12）．

参考文献

专著

新闻自由委员会．一个自由而负责的新闻界．北京：中国人民大学出版社，2004.

门彻．新闻报道与写作：第 9 版．北京：华夏出版社，2004.

哈克特，赵月枝．维系民主？西方政治与新闻客观性．修订版．北京：清华大学出版社，2010.

西伯特，等．传媒的四种理论．北京：中国人民大学出版社，2008.

埃默里，等．美国新闻史：大众传播媒介解释史：第 9 版．北京：中国人民大学出版社，2009.

丹尼斯，梅丽尔．媒介论争：19 个重大问题的正反方辩论．北京：北京广播学院出版社，2004.

卡彭．美联社新闻写作指南．北京：新华出版社，1988.

格拉瑟．公共新闻事业的理念．北京：华夏出版社，2009.

斯旺伯格．普利策传．北京：新华出版社，1989.

贝茨．美国普利策奖内幕．北京：新华出版社，1993.

弗林特．报纸的良知．北京：中国人民大学出版社，2005.

布隆代尔．《华尔街日报》是如何讲故事的．北京：华夏出版社，2006.

李普曼．公众舆论．北京：商务印书馆，2002.

佩普，费瑟斯通．特稿写作：从入门到精通．北京：中国人民大学出版社，2011.

爱克曼．歌德谈话录．北京：人民文学出版社，1978.

陆定一．陆定一新闻文选．北京：新华出版社，1987.

孙发友．当代新闻写作．武汉：华中科技大学出版社，2002.

展江，林克勤．新闻与正义．海口：海南出版社，1998.

李良荣．新闻学概论．3 版．上海：复旦大学出版社，2011.

刘明华，徐泓，张征．新闻写作教程．北京：中国人民大学出版社，2002.

郭庆光．传播学教程．2 版．北京：中国人民大学出版社，2011.

黎信．外国新闻通讯选评．北京：长征出版社，1984.

童兵．中西新闻比较论纲．北京：新华出版社，1999.

洪天国．现代新闻写作技巧．北京：中国新闻出版社，1986.

毛家武．多维视野下的普利策新闻奖特稿作品研究：1979—2011．成都：西南交通大学出版社，2012.

曹璐，吴缦．新闻专稿教程．北京：中国广播出版社，2001.

刘其中．诤语良言：与青年记者谈新闻写作．北京：新华出版社，2003.

甘惜分．新闻学大辞典．郑州：河南人民出版社，1993.

李良荣．西方新闻事业概论．上海：复旦大学出版社，1997.

程曼丽，乔云霞．新闻传播学辞典．北京：新华出版社，2012.

徐明武．新闻英语与翻译．北京：中国对外翻译出版公司，2003.

刘海贵．中国新闻采访写作教程．上海：复旦大学出版社，2008.

高钢．新闻写作精要．北京：首都经济贸易大学出版社，2005.

李良荣．中国报纸的理论与实践．上海：复旦大学出版社，1992.

杜骏飞．深度报道写作．北京：中国广播电视出版社，2000.

杜骏飞，胡翼青．深度报道原理．北京：新华出版社，2001.

王春泉．武装的眼睛：现代新闻报道形式及写作．合肥：安徽人民出版社，2008.

陈作平．新闻报道新思路：新闻报道认识论原理及应用．北京：中国广播电视出版社，2000.

彭兰．网络传播概论．3版．北京：中国人民大学出版社，2012.

彭兰．网络新闻学原理与应用．北京：新华出版社，2003.

匡文波．新媒体概论．北京：中国人民大学出版社，2012.

石磊．新媒体概论．北京：中国传媒大学出版社，2009.

宫承波．新媒体概论．2版．北京：中国广播电视出版社，2009.

罗时进．信息学概论．苏州：苏州大学出版社，1998.

尹韵公，中国新媒体发展报告：2011．北京：社会科学文献出版社，2011.

黄瑚．新闻法规与职业道德教程．上海：复旦大学出版社，2003.

黄建新．传媒：自由与责任——西方“报刊的社会责任理论”解读．上海：上海交通大学出版社，2010.

论文

刘玉栋．从个体真实到整体真实：批评报道真实性问题初探．新闻采编，2003（1）．

杨保军．新闻整体真实的含义、特征与困境．湖南大众传媒职业技术学院学报，2005（6）．

陆贵山．论局部真实与整体真实．前线，1982（5）．

许燕．“客观报道”：六种策略仪式．新闻知识，2006（6）．

赵利．把握新闻客观性和倾向性的平衡．军事记者，2010（11）．

滕晓东．“简洁是天才的姐妹”：《古田会议决议》对新闻文风的启示．军事记者，2010（2）．

陶健．“两难”境遇下的抉择与方法：中国新闻奖一等奖作品《短短一个月“拒资”十亿元》采写心得．新闻记者，2011（1）．

崔立．浅谈新闻中的“人情味”．新闻与写作，1997（10）．

郑保卫．马克思主义新闻观的发展与创新：上．新闻前哨，2002（1）．

顾广欣．从中国新闻奖评选看我国主流新闻价值观：中国新闻奖十年综述．新闻知识，2008（4）．

翟惠生．导向是根本　真实是生命　特色是活力所在．中国记者，2010（12）．

丁柏铨，刘会．中国新闻奖获奖作品的价值取向分析．新闻传播，2007（6）．

黄歆，王攀，顾烨．把握时代脉动，用思想的力量拉近中西方距离：中国新闻奖一等奖作品《从“芭比”到“苹果”：笼罩在数据迷雾下的“中国制造”》采写感悟．新闻记者，2012（3）．

刘保全．主题重大　角度新颖：评第21届中国新闻奖消息一等奖作品《平潭大开发，共筑两岸人民美好家园》．新闻与写作，2012（4）．

尹韵公．中国新闻奖青睐什么样的报道．军事记者，2007（2）．

张卓．搜索传统　走向沟通．国际新闻界，2000（2）．

王宇．从普利策公共服务奖获奖作品看美国主流媒体的公共服务观．现代传播，2010（8）．

张冉，尹魏，高戈．从社会公器的谬误审视新闻自由．采写编，2004（6）．

展江．普利策新闻奖及其媒体融合时代之变．新闻记者，2012（8）．

展江．2003普利策奖：继续守望“暗礁险滩”．国际新闻界，2003（4）．

许光．第89届普利策新闻奖特色评析．新闻知识，2005（6）．

李萌．从普利策新闻奖透视美国新闻价值观．新闻记者，2004（6）．

曾建雄，毛家武．略论美国新闻特稿的人情味特色．新闻大学，2004（4）．

丁柏铨，程力沛．延续揭丑传统　展现人文关怀：2012年普利策奖颁给了谁．传媒观察，2012（7）．

魏星．试论电视新闻故事对戏剧手法的借鉴．艺术百家，2006（4）．

马胜利．特稿：网络时代报纸的生存之道．新闻三昧，2007（1）．

毛家武．特稿“特”在哪里?：从美国特稿谈起．新闻传播，2007（8）．

唐弦，刘珺．特稿，以什么打动人心?．新闻采编，2006（2）．

刘建明．电视深度报道的意蕴和情感：兼评中央电视台深度报道的导向艺术．电视研究，1997（2）．

李希光．写人性的故事与找回记者的尊严．新闻传播，2006（4）．

许建平，杨小丽．特稿及其形象典型化．现代语文（文学研究版），2007（7）．

南香红．特稿之特．中国记者，2006（1）．

胡连利，甄巍然．《普利策新闻奖特稿卷》：新闻奖的创新意义．光明日报，2004-01-25.

徐国源．“特稿”新论．新闻导刊，2005（4）．

肖曜．特稿之特．新闻前哨，2004（5）．

董义斌．特稿化：快餐时代的新闻选择．新闻三昧，2007（9）．

钱勤发．略论新闻特稿的故事性含义．新闻记者，2007（3）．

薛国林，牟晓伟．多角度　立体化　可读性：当代特稿追求的报道价值．新闻爱好者，2006（4）．

杨丽萍．特稿导语表现形式．记者摇篮，2012（8）．

刘保全．精心打扮凤头　重视导语写作：兼评“中国新闻奖”部分消息的导语（三）．新闻与写作，2006（12）．

刘君．从“华尔街日报体”看特稿写作．中国记者，2005（8）．

沈谦．将文学叙事技巧引入新闻写作：对特稿类深度报道写作技巧及传播效果的思考．采写编，2011（6）．

陈冠兰．电视连续报道与系列报道的融合：以《焦点访谈》2008年的两次大型灾难报道为例．新闻爱好者，2008（12）．

曹仁义．新闻实用业务系列谈之九：连续报道和系列报道．中国广播，2010（5）．

于芳．从批评性报道看舆论监督的社会功能．东南传播，2009（1）．

梁媛．连续报道社会效果初探．湖南大学学报（社会科学版），1998（1）．

谢清华．再谈新闻的真实性．理论观察，2011（4）．

谢静．如何确保在第一时间报道新闻的真实性．淮南师范学院学报，2006（3）．

王伟，万国强．浅谈连续报道的写作技巧．黑河学刊，2003（3）．

于泳．组合报道：现代平面媒体深度报道的另一种尝试．新闻战线，2005（9）．

卜松涛．从信息学的视角透视报纸的组合报道．辽宁教育行政学院学报，2005（3）．

孙剑忠，刘曦．对复杂事实的综合演绎：论组合报道的组合效应．中国记者，2000（4）．

匡文波．“新媒体”概念辨析．国际新闻界，2008（6）．

熊澄宇，廖毅文．新媒体：伊拉克战争中的达摩克利斯之剑．中国记者，2003（5）．

廖祥忠．何为新媒体？．现代传播，2008（5）．

邵庆海．新媒体定义剖析．中国广播，2011（3）．

钱岳林．新媒体与新兴媒体．广播与电视技术，2009（8）．

潘新红．三网融合对传媒产业的影响．青年记者，2010（21）．

章宏法．报网融合的战略管理．新闻实践，2008（1）．

赵晴，贺颖舫．解放思想　顺应时势　探索报网融合之路．中国记者，2009（3）．

彭启有，李宜航．还能做些什么?：羊城晚报报业集团对QQ平台的开发运用．中国记者，2010（12）．

薛国林，马双丽．新媒体的叙事特征．新闻与写作，2010（12）．

范龙，张荣．公民新闻时代新闻教育的核心竞争力．当代传播，2010（1）．

张羽，赵俊峰．我国公民新闻的发展现状与问题．西北大学学报（哲学社会科学版），2007（5）．

喻季欣，薛国林．新媒体：催生“新新闻文体”．新闻与写作，2010（1）．

朱宝奇．网络新闻专题探析．扬州大学学报（人文社会科学版），2007（5）．

彭兰．网络新闻专题的特点、发展及编辑原则．中国编辑，2007（4）．

宋克．“新闻博客”与新闻传媒功能．新闻爱好者，2010（4）．

赵志立．新闻博客的三道坎．网络传播，2006（2）．

胡忠青．新闻博客与博客新闻．新闻界，2007（5）．

吴晓明．博客新闻的写作形态．中文自学指导，2006（3）．

吴畏．新闻博客网站《赫芬顿邮报》何以迅速崛起．传媒观察，2012（1）．

盛蓉．新闻博客：打开新闻的又一扇窗．青年记者，2009（11）．

韩春秒．当前手机报新闻传播误区规避初探．中国报业，2007（2）．

吴光恒，李俊青．手机报的内容同质化问题与对策研究．湖北社会科学，2012（4）．

王卫明，甘昕鑫．微博新闻的特征及其采写原则．新闻与写作，2012（1）．

薛国林，胡秀．微博新闻的写作及其文体特征：以2010年两会微博报道为例．新闻与写作，2010（5）．

朱辉宇．传媒社会责任理论再思考．传媒，2010（11）．

方纲要．我国新闻事业的党性原则刍议．中国法硕，2011（8）．

王怡红．越过迷误：追寻新闻自律的价值意义——兼论美国新闻自律领域．新闻与传播研究，1994（4）．

陈中原．点击新闻职业道德关键词：84个国家或地区新闻职业道德准则73个关键词汇的统计分析（上）．新闻记者，2007（6）．

黄瑚．探析改革开放后我国新闻职业道德建设的历史轨迹．湖南大众传媒职业技术学院学报，2002（12）．

蓝鸿文．世界扫描：新闻自律的一项基本建设——道德信条．国际新闻界，2001（2）．

郑保卫．新闻职业道德之误区之一：虚假新闻．军事记者，2001（7）．

林琳．媒体，请守住真实和善意的底线．人民日报，2012-02-20.

刘琼．媒体又现媚俗“三招数”．人民日报，2004-12-20.

张东明．从源头抓起防范虚假新闻：对新闻职业道德内化的思考．中国记者，2007（10）．

高薇，何晏．中国媒体：社会责任的守望者．半月谈，2009（20）．

冯雪梅．媒体的责任是要追寻社会真相．中国青年报，2013-01-16.

靖鸣，王辉．新闻报道环节如何实现新闻的人文关怀．改革与战略，2004（11）．

陈小宁，于晓晓．微信5.0之后，看被折叠的媒体微信号如何逆袭．新闻实践，2013（10）．

辜晓进，徐蔓，张鑫瑶．作为报业转型突破口的社交媒体战略．新闻与传播研究，2017（8）．

曹茶香．“两微一端”新闻的传播与写作特点研究．新闻前哨，2016（3）．

王超．三类新闻客户端面面观．中国记者，2014（9）．

梁智勇，郭紫薇．中国新闻类APP的市场竞争格局及其盈利模式探讨．新闻大学，2015（1）．

刘永钢．坚持内容为王　坚决整体转型：澎湃新闻的实践与探索．传媒，2017（15）．

李润阳．新媒体环境下的版权保护与侵权规避：“今日头条”的实践与启示．青年记者，2016（36）．

范孟娟，钟瑛．新闻客户端内容规范化管理探析．中国出版，2015（16）．

李嵘．澎湃新闻：内容类平台的实践探索．新闻与写作，2017（10）．

覃如冰．人民日报客户端媒体融合创新的路径．传媒，2017（19）．

方洁，颜冬．全球视野下的“数据新闻”：理念与实践．国际新闻界，2016（6）．

吴小坤．数据新闻：理论承递、概念适用与界定维度．新闻与传播研究，2017（10）．

章戈浩．作为开放新闻的数据新闻：英国《卫报》的数据新闻实践．新闻记者，2013（6）．

柳竹．数据新闻报道形式及其特征探微．声屏世界，2015（10）．

孟笛．开放理念下的新闻叙事革新：以《纽约时报》数据新闻为例．新闻界，2016（2）．

苏宏元，陈娟．从计算到数据新闻：计算机辅助报道的起源、发展、现状．新闻与传播研究，2014（10）．

沈浩，元方．“大数据时代”的自动化新闻写作的历史、实践与未来．新闻爱好者，2017（4）．

史安斌，龙亦凡．新闻机器人溯源、现状与前景．青年记者，2016（22）．

黄可．机器人记者：本质、模式与意义．中国记者，2015（5）．

金兼斌．机器新闻写作：一场正在发生的革命．新闻与写作，2014（9）．

钟盈炯．“快笔小新”：新华社第一位机器人记者．传媒评论，2017（9）．

刁毅刚，陈旭管．产学研合作路径下网红“Xiaomingbot”的前世今生：专访今日头条实验室技术总监李磊博士．中国传媒科技，2016（9）．

喻国明，刘瑞一，武丛伟．新闻人的价值位移与人机协同的未来趋势．新闻知识，2017（2）．

叶韦明．机器人新闻：变革历程与社会影响．中国出版，2016（10）．

许向东，郭萌萌．智媒时代的新闻生产：自动化新闻的实践与思考．国际新闻界，2017（5）．

王文超，吕学强，张凯，等．足球赛事战报的自动写作研究．北京大学学报（自然科学版），2017（6）．

陈玉敬，吕学强，周建设，等．NBA赛事新闻的自动写作研究．北京大学学报（自然科学版），2017（2）．

邓建国．机器人新闻：原理、风险和影响．新闻记者，2016（6）．

荣翌．微信时代的新闻写作嬗变：以人民日报官方微信公众号为例．新闻研究导刊，2017（2）．

第一版后记

在这个一切都快餐化的时代，“十年磨一剑”的故事早已不再是值得炫耀的事情，但是这本教材的写作却实实在在地走过了十年的历程。

早在2003年年底，白贵教授就提议一起合作一本新闻写作的教材，随后在2005年和2008年，我们先后做出来两个初稿，最后却惶恐于教材自身新意的匮乏，在“自己都没有信心的东西怎么能够公之于众”的心理下，成文的书稿一拖再拖却没有出版。两人再次约定提笔续写是2011年，交出书稿清样的此时此刻，时间已经推进到了2013年。2003年至2013年，这十年正是新媒体突飞猛进、日新月异的时期，除了网络新闻专题，其他我们所熟悉的有影响力的新媒体形式，从博客、手机报到微博都诞生于这个时期；这十年也是信息传播全球化和中西媒体交流碰撞最多的时期，从新闻专业主义理念到特稿写作样式，中国媒体以“拿来主义”的精神对西方新闻业进行了批判性的引入和借鉴。恰逢其时的时代感让我们为十年的拖沓找到了自我安慰的理由：因为有着这么一个教材夙愿，我们时刻提醒自己去捕捉新闻业界的每一个变化，看问题也多会从新闻业务的角度进行相应的思考和梳理。这一方面确保了本教材在理念和操作上的共时性、前沿性视角；另一方面也让我们在各类体裁和报道方式的流变梳理上具有一种历时性视角。这两种视角的融入促成了本书在总体架构和具体内容上的创新。不过，这种创新意图是否真正实现并得到认可，还有待读者的检验和评判。

教材写作的具体分工如下：白贵和彭焕萍负责全书框架搭建、章节提纲及细目的拟定，共同完成了第一章、第二章、第三章、第九章第二节、第九章第三节、第十一章主体部分的撰写；李瑜参与了第四章、第五章、第六章、第七章的撰写；王龙珺参与了第八章、第九章第一节和第四节、第十章的撰写；王曦参与了第十一章第一节“二、中国：传媒具体而实际的责任承担”、第二节“二、新闻写作中的媒体职业道德失范”等内容的撰写；全书的最后统稿和修改由白贵和彭焕萍完成。

本书出版在即，我们十分感谢中国人民大学出版社的翟江虹编辑，她的积极推动与辛勤付出使得本教材得以如期面世；感谢曾经为书稿修改提出宝贵意见的各位同仁与挚友，你们的严谨与无私令拙著日臻合理、完备。这个呱呱坠地的婴儿将在今后众多关注的目光中不断成长。

彭焕萍

2013年4月

第二版后记

本书于2013年初版面世后，先后得到武汉大学新闻与传播学院罗以澄教授、四川大学文学与新闻学院蒋晓丽教授、时任中国社会科学院新闻与传播研究所研究员的姜飞教授、天津师范大学新闻传播学院刘卫东教授、江苏师范大学传媒与影视学院刘行芳教授等学者大力推荐。2014年，本书荣获第十四届河北省社会科学优秀成果一等奖。不过对于所有的作者而言，没有任何奖项带来的欣喜可以超越来自广大读者的认可和出版社编辑的鼓励。因此，在过去几年中，每次从本书的责任编辑翟江虹老师口中听到本书重印的消息，每次听闻有新闻院校采用本书作为指定教材，都会抑制不住心头的激动和喜悦。在此，感谢大家给予本书的肯定和厚爱。

五年时光飞逝，传媒行业的变革翻天覆地，本书中的一些内容已然落后于新时代、新形势。于是，在翟江虹老师三番五次的督促下，终于有了本书的修订再版。本次修订保留了“范本篇”“体裁篇”“报道方式篇”“新媒体篇”“规范篇”的总体框架，具体内容的修订和变更如下：

第一，彻底重写了“新媒体篇”，删掉了原来的第八章“新媒体技术视域下的新闻写作”、第九章“新媒体新闻写作”，直接切入时下新媒体业务前沿。目前的“新媒体篇”分为三章，分别是第八章“‘两微一端’的新闻写作”、第九章“数据新闻的制作”、第十章“机器新闻写作”。第二，“范本篇”“体裁篇”和“报道方式篇”替换了一些代表性案例，根据读者的反馈修改了一些措辞和表述上的问题。第三，“规范篇”与时俱进补充了新的法律法规、国家政策并增加了相关注释，剔除了已经失效的法律和过时的规定，更换了一些案例。

除了初版的参与撰写者之外，在本书的修订过程中，我的博士生刘念念同学参与了第八章撰写和全书文字校对，白贵教授的研究生王太隆同学参与了第九章、第十章的撰写和图表校对，在此对两位的付出表示感谢。

最后，需要特别感谢的是翟江虹老师，她不仅为本书的修订出谋划策、提供具体的修改建议，更是全程跟进和督促修订进程，没有她的努力推动，就不会有新版的面世。

彭焕萍

2018年2月

图书在版编目（CIP）数据

当代新闻写作/白贵，彭焕萍著．—2版．—北京：中国人民大学出版社，2018.4
新编21世纪新闻传播学系列教材
ISBN 978-7-300-25688-7

Ⅰ．①当…　Ⅱ．①白…　②彭…　Ⅲ．①新闻写作-高等学校-教材　Ⅳ．①G212.2

中国版本图书馆CIP数据核字（2018）第069306号

新编21世纪新闻传播学系列教材
当代新闻写作（第二版）
白贵　彭焕萍　著
Dangdai Xinwen Xiezuo

出版发行	中国人民大学出版社		
社　　址	北京中关村大街31号	**邮政编码**	100080
电　　话	010－62511242（总编室）		010－62511770（质管部）
	010－82501766（邮购部）		010－62514148（门市部）
	010－62515195（发行公司）		010－62515275（盗版举报）
网　　址	http://www.crup.com.cn		
经　　销	新华书店		
印　　刷	固安县铭成印刷有限公司	**版　　次**	2013年8月第1版
开　　本	787 mm×1092 mm　1/16		2018年4月第2版
印　　张	22.25	**印　　次**	2024年5月第6次印刷
字　　数	511 000	**定　　价**	49.80元

关联课程教材推荐

书号	书名	作者	定价	出书时间
978-7-300-25972-7	新闻采访与写作	高钢 潘曙雅	49.80 元	2018-08
978-7-300-03981-7	新闻写作教程	刘明华 徐泓 张征	39.00 元	2002-03
978-7-300-04501-6	新闻作品选读	刘明华 张征	26.00 元	2003-05
978-7-300-15293-6	新闻写作与报道训练教程（第六版）	［美］卡罗尔·里奇	69.80 元	2012-04
978-7-300-10697-7	当代媒体新闻写作与报道（第六版）	［美］布鲁斯·D·伊图尔等	59.80 元	2009-06
978-7-300-11762-1	标题写作：从入门到精通	［印度］苏内尔·萨克塞纳	35.00 元	2010-03
978-7-300-12212-0	报纸新闻：从入门到精通	［英］苏珊·佩普	39.80 元	2010-06
978-7-300-12213-7	特稿写作：从入门到精通	［英］苏珊·佩普	29.80 元	2011-09
978-7-300-11959-5	体育新闻：从入门到精通	［英］菲尔·安德鲁斯	32.00 元	2010-06

配套教学资源支持

尊敬的老师：

衷心感谢您选择使用人大版教材！

相关的配套教学资源，请到人大出版社网站（www.crup.com.cn）下载，或是随时与我们联系，我们将向您免费提供。

欢迎您随时反馈教材使用过程中的疑问、修订建议并提供您个人制作的课件。您的课件一经采用，我们将署名并付费。让我们与教材共成长！

联系人信息：

地址：北京海淀区中关村大街 31 号 206 室　龚洪训　收　邮编：100080

电子邮件：gonghx@crup.com.cn　电话：010-62515637　QQ：6130616

如有相关教材的选题计划，也欢迎您与我们联系，我们将竭诚为您服务！

选题联系人：	电子邮件：	电话：
翟江虹	zhaijh@crup.com.cn	010-62515636
周莹	383902102@qq.com.cn	010-62511612

俯仰天地　心系人文

人大出版社网站 www.crup.com.cn

专业教师 QQ 群：723715191（全国新闻教师群）

欢迎您登录人大出版社网站浏览，了解图书信息，共享教学资源

期待您加入专业教师 QQ 群，开展学术讨论，交流教学心得

群名称:全国新闻教师2群

群　号:723715191